U0934824

本书为国家社科基金重点项目“中国印度学研究”（项目批准号：16AZD045）和教育部人文社会科学研究青年基金项目“谭云山与中印文化交流研究”（项目批准号：14YJCZH059）的阶段性成果。

深圳学派建设丛书

（第六辑）

“一带一路”开创人类文明新纪元

——兼论中国、印度的历史担当

The "Belt and Road" Initiative Starting a New Era of World Civilization and the Historic Responsibilities of the Chinese and the Indians

郁龙余　等著

中国社会科学出版社

图书在版编目（CIP）数据

“一带一路”开创人类文明新纪元：兼论中国、印度的历史担当/郁龙余等著.—北京：中国社会科学出版社，2019.4
（深圳学派建设丛书．第六辑）
ISBN 978-7-5203-4327-5

Ⅰ.①一… Ⅱ.①郁… Ⅲ.①中印关系—文化交流—文化史—研究 Ⅳ.①K203②K351.03

中国版本图书馆 CIP 数据核字（2019）第 071358 号

出 版 人　赵剑英
责任编辑　王　茵　马　明
责任校对　王福仓
责任印制　王　超

出　　版　中国社会科学出版社
社　　址　北京鼓楼西大街甲 158 号
邮　　编　100720
网　　址　http://www.csspw.cn
发 行 部　010-84083685
门 市 部　010-84029450
经　　销　新华书店及其他书店

印刷装订　北京明恒达印务有限公司
版　　次　2019 年 4 月第 1 版
印　　次　2019 年 4 月第 1 次印刷

开　　本　710×1000　1/16
印　　张　27.25
字　　数　405 千字
定　　价　118.00 元

凡购买中国社会科学出版社图书，如有质量问题请与本社营销中心联系调换
电话：010-84083683

（时任印度总统普拉纳布·慕克吉先生为郁龙余颁授“杰出印度学家奖”，
2016 年 12 月 1 日，印度新德里总统府）

印度新德里总统府合影

［左起：洛克希·金德尔、阿克巴（时任印度外交国务部长）、普拉纳布·慕克吉（时任印度总统）、郁龙余、郁秀（作家、郁龙余之女），2016 年 12 月 1 日］

（郁龙余教授受邀参加印度总统府举办的
“第一届世界印度学家大会”并在会上发言，2015 年 11 月 22 日）

（郁龙余教授受邀出席“高级别人文交流机制开幕式暨文化之夜”，
与印度 ICCR 前主席洛克希·金德尔会谈，2018 年 12 月 21 日）

总序：学派的魅力

王京生*

学派的星空

在世界学术思想史上，曾经出现过浩如繁星的学派，它们的光芒都不同程度地照亮人类思想的天空，像米利都学派、弗莱堡学派、法兰克福学派等，其人格精神、道德风范一直为后世所景仰，其学识与思想一直成为后人引以为据的经典。就中国学术史而言，不断崛起的学派连绵而成群山之势，并标志着不同时代的思想所能达到的高度。自晚明至晚清，是中国学术尤为昌盛的时代，而正是在这个时代，学派性的存在也尤为活跃，像陆王学派、吴学、皖学、扬州学派等。但是，学派辈出的时期还应该首推古希腊和春秋战国时期，古希腊出现的主要学派就有米利都学派、毕达哥拉斯学派、埃利亚学派、犬儒学派；而儒家学派、黄老学派、法家学派、墨家学派、稷下学派等，则是春秋战国时期学派鼎盛的表现，百家之中几乎每家就是一个学派。

综观世界学术思想史，学派一般都具有如下特征：

其一，有核心的代表人物，以及围绕着这些核心人物所形成的特定时空的学术思想群体。德国19世纪著名的历史学家兰克既是影响深远的兰克学派的创立者，也是该学派的精神领袖，他在柏林大学长期任教期间培养了大量的杰出学者，形成了声势浩大的学术势力，兰克本人也一度被尊为欧洲史学界的泰斗。

其二，拥有近似的学术精神与信仰，在此基础上形成某种特定的学术风气。清代的吴学、皖学、扬学等乾嘉诸派学术，以考据为

---

* 王京生，现任国务院参事。

治学方法，继承古文经学的训诂方法而加以条理发明，用于古籍整理和语言文字研究，以客观求证、科学求真为旨归，这一学术风气也因此成为清代朴学最为基本的精神特征。

其三，由学术精神衍生出相应的学术方法，给人们提供了观照世界的新的视野和新的认知可能。产生于20世纪60年代、代表着一种新型文化研究范式的英国伯明翰学派，对当代文化、边缘文化、青年亚文化的关注，尤其是对影视、广告、报刊等大众文化的有力分析，对意识形态、阶级、种族、性别等关键词的深入阐释，无不为我们认识瞬息万变的世界提供了丰富的分析手段与观照角度。

其四，由上述三点所产生的经典理论文献，体现其核心主张的著作是一个学派所必需的构成因素。作为精神分析学派的创始人，弗洛伊德所写的《梦的解析》等，不仅成为精神分析理论的经典著作，而且影响广泛并波及人文社科研究的众多领域。

其五，学派一般都有一定的依托空间，或是某个地域，或是像大学这样的研究机构，甚至是有着自身学术传统的家族。

学派的历史呈现出交替嬗变的特征，形成了自身发展规律：

其一，学派出现往往暗合了一定时代的历史语境及其“要求”，其学术思想主张因而也具有非常明显的时代性特征。一旦历史条件发生变化，学派的内部分化甚至衰落将不可避免，尽管其思想遗产的影响还会存在相当长的时间。

其二，学派出现与不同学术群体的争论、抗衡及其所形成的思想张力紧密相关，它们之间的“势力”此消彼长，共同勾勒出人类思想史波澜壮阔的画面。某一学派在某一历史时段“得势”，完全可能在另一历史时段“失势”。各领风骚若干年，既是学派本身的宿命，也是人类思想史发展的“大幸”：只有新的学派不断涌现，人类思想才会不断获得更为丰富、多元的发展。

其三，某一学派的形成，其思想主张都不是空穴来风，而有其内在理路。例如，宋明时期陆王心学的出现是对程朱理学的反动，但其思想来源却正是前者；清代乾嘉学派主张朴学，是为了反对陆王心学的空疏无物，但二者之间也建立了内在关联。古希腊思想作为欧洲思想发展的源头，使后来西方思想史的演进，几乎都可看作对它的解释与演绎，“西方哲学史都是对柏拉图思想的演绎”的极端说法，却也说出了部分的真实。

其四，强调内在理路，并不意味着对学派出现的外部条件重要性的否定；恰恰相反，外部条件有时对于学派的出现是至关重要的。政治的开明、社会经济的发展、科学技术的进步、交通的发达、移民的会聚等，都是促成学派产生的重要因素。名噪一时的扬州学派，就直接得益于富甲一方的扬州经济与悠久而发达的文化传统。综观中国学派出现最多的明清时期，无论是程朱理学、陆王心学，还是清代的吴学、皖学、扬州学派、浙东学派，无一例外都是地处江南（尤其是江浙地区）经济、文化、交通异常发达之地，这构成了学术流派得以出现的外部环境。

学派有大小之分，一些大学派又分为许多派别。学派影响越大分支也就越多，使得派中有派，形成一个学派内部、学派之间相互切磋与抗衡的学术群落，这可以说是纷纭繁复的学派现象的一个基本特点。尽管学派有大小之分，但在人类文明进程中发挥的作用却各不相同，有积极作用，也有消极作用。例如，法国百科全书派破除中世纪以来的宗教迷信和教会黑暗势力的统治，成为启蒙主义的前沿阵地与坚强堡垒；罗马俱乐部提出的“增长的极限”“零增长”等理论，对后来的可持续发展、协调发展、绿色发展等理论与实践，以及联合国通过的一些决议，都产生了积极影响；而德国人文地理学家弗里德里希·拉采尔所创立的人类地理学理论，宣称国家为了生存必须不断扩充地域、争夺生存空间，后来为法西斯主义所利用，起了相当大的消极作用。

学派的出现与繁荣，预示着一个国家进入思想活跃的文化大发展时期。被司马迁盛赞为“盛处士之游，壮学者之居”的稷下学宫，之所以能成为著名的稷下学派之诞生地、战国时期百家争鸣的主要场所与最负盛名的文化中心，重要原因就是众多学术流派都活跃在稷门之下，各自的理论背景和学术主张尽管各有不同，却相映成趣，从而造就了稷下学派思想多元化的格局。这种“百氏争鸣、九流并列、各尊所闻、各行所知”的包容、宽松、自由的学术气氛，不仅推动了社会文化的进步，而且也引发了后世学者争论不休的话题，中国古代思想在这里得到了极大发展，迎来了中国思想文化史上的黄金时代。而从秦朝的“焚书坑儒”到汉代的“独尊儒术”，百家争鸣局面便不复存在，思想禁锢必然导致学派衰落，国家文化发展也必将受到极大的制约与影响。

深圳的追求

在中国打破思想的禁锢和改革开放30多年这样的历史背景下，随着中国经济的高速发展以及在国际上的和平崛起，中华民族伟大复兴的中国梦正在进行。文化是立国之根本，伟大的复兴需要伟大的文化。树立高度的文化自觉，促进文化大发展大繁荣，加快建设文化强国，中华文化的伟大复兴梦想正在逐步实现。可以预期的是，中国的学术文化走向进一步繁荣的过程中，具有中国特色的学派也将出现在世界学术文化的舞台上。

从20世纪70年代末真理标准问题的大讨论，到人生观、文化观的大讨论，再到90年代以来的人文精神大讨论，以及近年来各种思潮的争论，凡此种种新思想、新文化，已然展现出这个时代在百家争鸣中的思想解放历程。在与日俱新的文化转型中，探索与矫正的交替进行和反复推进，使学风日盛、文化昌明，在很多学科领域都出现了彼此论争和公开对话，促成着各有特色的学术阵营的形成与发展。

一个文化强国的崛起离不开学术文化建设，一座高品位文化城市的打造同样也离不开学术文化的发展。学术文化是一座城市最内在的精神生活，是城市智慧的积淀，是城市理性发展的向导，是文化创造力的基础和源泉。学术是不是昌明和发达，决定了城市的定位、影响力和辐射力，甚至决定了城市的发展走向和后劲。城市因文化而有内涵，文化因学术而有品位，学术文化已成为现代城市智慧、思想和精神高度的标志和“灯塔”。

凡工商发达之处，必文化兴盛之地。深圳作为我国改革开放的“窗口”和“排头兵”，是一个商业极为发达、市场化程度很高的城市，移民社会特征突出、创新包容氛围浓厚、民主平等思想活跃、信息交流的“桥头堡”地位明显，是具有形成学派可能性的地区之一。在创造工业化、城市化、现代化发展奇迹的同时，深圳也创造了文化跨越式发展的奇迹。文化的发展既引领着深圳的改革开放和现代化进程，激励着特区建设者艰苦创业，也丰富了广大市民的生活，提升了城市品位。

如果说之前的城市文化还处于自发性的积累期，那么进入21世纪以来，深圳文化发展则日益进入文化自觉的新阶段：创新文化发展理念，实施“文化立市”战略，推动“文化强市”建设，提升文化软实力，争当全国文化改革发展“领头羊”。自2003年以来，深圳文化发展亮点纷呈、硕果累累：荣获联合国教科文组织“设计之都”“全球全民阅读典范城市”称号，原创大型合唱交响乐《人文颂》在联合国教科文组织巴黎总部成功演出，被国际知识界评为“杰出的发展中的知识城市”，三次荣获“全国文明城市”称号，四次被评为“全国文化体制改革先进地区”，“深圳十大观念”影响全国，《走向复兴》《我们的信念》《中国之梦》《迎风飘扬的旗》《命运》等精品走向全国，深圳读书月、市民文化大讲堂、关爱行动、创意十二月等品牌引导市民追求真善美，图书馆之城、钢琴之城、设计之都等“两城一都”高品位文化城市正成为现实。

城市的最终意义在于文化。在特区发展中，“文化”的地位正发生着巨大而悄然的变化。这种变化首先还不在于大批文化设施的兴建、各类文化活动的开展与文化消费市场的繁荣，而在于整个城市文化地理和文化态度的改变，城市发展思路由“经济深圳”向“文化深圳”转变。这一切都源于文化自觉意识的逐渐苏醒与复活。文化自觉意味着文化上的成熟，未来深圳的发展，将因文化自觉意识的强化而获得新的发展路径与可能。

与国内外一些城市比起来，历史文化底蕴不够深厚、文化生态不够完善等仍是深圳文化发展中的弱点，特别是学术文化的滞后。近年来，深圳在学术文化上的反思与追求，从另一个层面构成了文化自觉的逻辑起点与外在表征。显然，文化自觉是学术反思的扩展与深化，从学术反思到文化自觉，再到文化自信、自强，无疑是文化主体意识不断深化乃至确立的过程。大到一个国家和小到一座城市的文化发展皆是如此。

从世界范围看，伦敦、巴黎、纽约等先进城市不仅云集大师级的学术人才，而且有活跃的学术机构、富有影响的学术成果和浓烈的学术氛围，正是学术文化的繁盛才使它们成为世界性文化中心。可以说，学术文化发达与否，是国际化城市不可或缺的指标，并将最终决定一个城市在全球化浪潮中的文化地位。城市发展必须在学术文化层面有所积累和突破，否则就缺少根基，缺少理念层面的影响，缺少自我反省的能力，就不会有强大的辐射力，即使有一定的辐射力，其影响也只是停留于表面。强大的学术文化，将最终确立一种文化类型的主导地位和城市的文化声誉。

近年来，深圳在实施“文化立市”战略、建设“文化强市”过程中鲜明提出：大力倡导和建设创新型、智慧型、力量型城市主流文化，并将其作为城市精神的主轴以及未来文化发展的明确导向和基本定位。其中，智慧型城市文化就是以追求知识和理性为旨归，人文气息浓郁，学术文化繁荣，智慧产出能力较强，学习型、知识型城市建设成效卓著。深圳要建成有国际影响力的智慧之城，提高文化软实力，学术文化建设是其最坚硬的内核。

经过30多年的积累，深圳学术文化建设初具气象，一批重要学科确立，大批学术成果问世，众多学科带头人涌现。在中国特色社会主义理论、经济特区研究、港澳台经济、文化发展、城市化等研究领域产生了一定影响；学术文化氛围已然形成，在国内较早创办以城市命名的“深圳学术年会”，举办了“世界知识城市峰会”等一系列理论研讨会。尤其是《深圳十大观念》等著作的出版，更是对城市人文精神的高度总结和提升，彰显和深化了深圳学术文化和理论创新的价值意义。

而“深圳学派”的鲜明提出，更是寄托了深圳学人的学术理想和学术追求。1996年最早提出“深圳学派”的构想；2010年《深圳市委市政府关于全面提升文化软实力的意见》将“推动‘深圳学派’建设”载入官方文件；2012年《关于深入实施文化立市战略建设文化强市的决定》明确提出“积极打造‘深圳学派’”；2013年出台实施《“深圳学派”建设推进方案》。一个开风气之先、引领思想潮流的“深圳学派”正在酝酿、构建之中，学术文化的春天正向这座城市走来。

“深圳学派”概念的提出，是中华文化伟大复兴和深圳高质量发展的重要组成部分。竖起这面旗帜，目的是激励深圳学人为自己的学术梦想而努力，昭示这座城市尊重学人、尊重学术创作的成果、尊重所有的文化创意。这是深圳30多年发展文化自觉和文化自信的表现，更是深圳文化流动的结果。因为只有各种文化充分流动碰撞，形成争鸣局面，才能形成丰富的思想土壤，为“深圳学派”的形成创造条件。

深圳学派的宗旨

构建“深圳学派”，表明深圳不甘于成为一般性城市，也不甘于仅在世俗文化层面上造成一点影响，而是要面向未来中华文明复兴的伟大理想，提升对中国文化转型的理论阐释能力。“深圳学派”从名称上看，是地域性的，体现城市个性和地缘特征；从内涵上看，是问题性的，反映深圳在前沿探索中遇到的主要问题；从来源上看，“深圳学派”没有明确的师承关系，易形成兼容并蓄、开放择优的学术风格。因而，“深圳学派”建设的宗旨是“全球视野，民族立场，时代精神，深圳表达”。它浓缩了深圳学术文化建设的时空定位，反映了对学界自身经纬坐标的全面审视和深入理解，体现了城市学术文化建设的总体要求和基本特色。

一是“全球视野”：反映了文化流动、文化选择的内在要求，体现了深圳学术文化的开放、流动、包容特色。它强调要树立世界眼光，尊重学术文化发展内在规律，贯彻学术文化转型、流动与选择辩证统一的内在要求，坚持“走出去”与“请进来”相结合，推动深圳与国内外先进学术文化不断交流、碰撞、融合，保持旺盛活力，构建开放、包容、创新的深圳学术文化。

文化的生命力在于流动，任何兴旺发达的城市和地区一定是流动文化最活跃、最激烈碰撞的地区，而没有流动文化或流动文化很少光顾的地区，一定是落后的地区。文化的流动不断催生着文化的分解和融合，推动着文化新旧形式的转换。在文化探索过程中，唯一需要坚持的就是敞开眼界、兼容并蓄、海纳百川，尊重不同文化的存在和发展，推动多元文化的融合发展。中国近现代史的经验反复证明，闭关锁国的文化是窒息的文化，对外开放的文化才是充满生机活力的文化。学术文化也是如此，只有体现“全球视野”，才能融入全球思想和话语体系。因此，“深圳学派”的研究对象不是局限于一国、一城、一地，而是在全球化背景下，密切关注国际学术前沿问题，并把中国尤其是深圳的改革发展置于人类社会变革和文化变迁的大背景下加以研究，具有宽广的国际视野和鲜明的民族特色，体现开放性甚至是国际化特色，也融合跨学科的交叉和开放。

二是“民族立场”：反映了深圳学术文化的代表性，体现了深圳在国家战略中的重要地位。它强调要从国家和民族未来发展的战略出发，树立深圳维护国家和民族文化主权的高度责任感、使命感、紧迫感。加快发展和繁荣学术文化，尽快使深圳在学术文化领域跻身全球先进城市行列，早日占领学术文化制高点，推动国家民族文化昌盛，助力中华民族早日实现伟大复兴。

任何一个大国的崛起，不仅伴随经济的强盛，而且伴随文化的昌盛。文化昌盛的一个核心就是学术思想的精彩绽放。学术的制高点，是民族尊严的标杆，是国家文化主权的脊梁；只有占领学术制高点，才能有效抵抗文化霸权。当前，中国的和平崛起已成为世界的最热门话题之一，中国已经成为世界第二大经济体，发展速度为世界刮目相看。但我们必须清醒地看到，在学术上，我们还远未进入世界前列，特别是还没有实现与第二大经济体相称的世界文化强国的地位。这样的学术境地不禁使我们扪心自问，如果思想学术得不到世界仰慕，中华民族何以实现伟大复兴？在这个意义上，深圳和全国其他地方一样，学术都是短板，与经济社会发展不相匹配。而深圳作为排头兵，肩负了为国家、为民族文化发展探路的光荣使命，尤感责任重大。深圳的学术立场不能仅限于一隅，而应站在全国、全民族的高度。

三是“时代精神”：反映了深圳学术文化的基本品格，体现了深圳学术发展的主要优势。它强调要发扬深圳一贯的“敢为天下先”的精神，突出创新性，强化学术攻关意识，按照解放思想、实事求是、求真务实、开拓创新的总要求，着眼人类发展重大前沿问题，特别是重大战略问题、复杂问题、疑难问题，着力创造学术文化新成果，以新思想、新观点、新理论、新方法、新体系引领时代学术文化思潮。

党的十八大提出了完整的社会主义核心价值观，这是当今中国时代精神的最权威、最凝练表达，是中华民族走向复兴的兴国之魂，是中国梦的核心和鲜明底色，也应该成为“深圳学派”进行研究和探索的价值准则和奋斗方向。其所熔铸的中华民族生生不息的家国情怀，无数仁人志士为之奋斗的伟大目标和每个中国人对幸福生活的向往，是“深圳学派”的思想之源和动力之源。

创新，是时代精神的集中表现，也是深圳这座先锋城市的第一标志。深圳的文化创新包含了观念创新，利用移民城市的优势，激发思想的力量，产生了一批引领时代发展的深圳观念；手段创新，通过技术手段创新文化发展模式，形成了“文化 + 科技”“文化 + 金融”“文化 + 旅游”“文化 + 创意”等新型文化业态；内容创新，以“内容为王”提升文化产品和服务的价值，诞生了华强文化科技、腾讯、华侨城等一大批具有强大生命力的文化企业，形成了读书月等一大批文化品牌；制度创新，充分发挥市场的作用，不断创新体制机制，激发全社会的文化创造活力，从根本上提升城市文化的竞争力。“深圳学派”建设也应体现出强烈的时代精神，在学术课题、学术群体、学术资源、学术机制、学术环境方面迸发出崇尚创新、提倡包容、敢于担当的活力。“深圳学派”需要阐述和回答的是中国改革发展的现实问题，要为改革开放的伟大实践立论、立言，对时代发展作出富有特色的理论阐述。它以弘扬和表达时代精神为己任，以理论创新为基本追求，有着明确的文化理念和价值追求，不局限于某一学科领域的考据和论证，而要充分发挥深圳创新文化的客观优势，多视角、多维度、全方位地研究改革发展中的现实问题。

四是“深圳表达”：反映了深圳学术文化的个性和原创性，体现了深圳使命的文化担当。它强调关注现实需要和问题，立足深圳实际，着眼思想解放、提倡学术争鸣，注重学术个性、鼓励学术原创，不追求完美、不避讳瑕疵，敢于并善于用深圳视角研究重大前沿问题，用深圳话语表达原创性学术思想，用深圳体系发表个性化学术理论，构建具有深圳风格和气派的学术文化。

称为“学派”就必然有自己的个性、原创性，成一家之言，勇于创新、大胆超越，切忌人云亦云、没有反响。一般来说，学派的诞生都伴随着论争，在论争中学派的观点才能凸显出来，才能划出自己的阵营和边际，形成独此一家、与众不同的影响。“深圳学派”依托的是改革开放前沿，有着得天独厚的文化环境和文化氛围，因此不是一般地标新立异，也不会跟在别人后面，重复别人的研究课题和学术话语，而是要以改革创新实践中的现实问题研究作为理论创新的立足点，作出特色鲜明的理论表述，发出与众不同的声音，充分展现特区学者的理论勇气和思想活力。当然，“深圳学派”要把深圳的物质文明、精神文明和制度文明作为重要的研究对象，但不等于言必深圳，只囿于深圳的格局。思想无禁区、学术无边界，“深圳学派”应以开放心态面对所有学人，严谨执着，放胆争鸣，穷通真理。

狭义的“深圳学派”属于学术派别，当然要以学术研究为重要内容；而广义的“深圳学派”可看成“文化派别”，体现深圳作为改革开放前沿阵地的地域文化特色，因此除了学术研究，还包含文学、美术、音乐、设计创意等各种流派。从这个意义上说，“深圳学派”尊重所有的学术创作成果，尊重所有的文化创意，不仅是哲学社会科学，还包括自然科学、文学艺术等。

“寄言燕雀莫相啅，自有云霄万里高。”学术文化是文化的核心，决定着文化的质量、厚度和发言权。我们坚信，在建设文化强国、实现文化复兴的进程中，植根于中华文明深厚沃土、立足于特区改革开放伟大实践、融汇于时代潮流的“深圳学派”，一定能早日结出硕果，绽放出盎然生机！

“杰出印度学家奖”颁奖典礼致辞*

普拉纳布·慕克吉

（印度总统）

很荣幸能在此与诸位见面，欢迎你们参加此隆重典礼，吾亦有幸能颁发2016杰出印度学家奖。在场的著名印度学家们长期致力于探索和传播印度知识体系。我对诸位同仁在全世界推动和传播印度学的宝贵贡献表示深深谢意。

我非常高兴能将“2016杰出印度学家奖”授予中华人民共和国尊贵的郁龙余教授。作为研究员、教师和学者，他因对印度研究的重大贡献而被博学的评审专家团评为获奖者。他是印度宗教史领域研究前沿的标志性学者。其作品增添了印度学的研究内容，将会沿此方向长期启发后学。我赞赏专家团的评选，同时祝贺郁龙余教授。毫无疑问，郁教授在印度学研究方面的著作和贡献将会对其祖国与他国学者有深远之启迪。

第二届杰出印度学家奖授予中国学者并不出人意料，印度与中国已有悠久的学术和文化交往。两地学人、科学家和史学家之接触可上溯至古代。双方相互启发之关系更为宗教、贸易和文化亲和力之联络纽带所促进加强。中国文学艺术对印度地理和神话要素之吸收，即为两大文明思想彼此充分促生、两大民族之间持续繁荣且生

---

* 印度政府外交事务发布局于2016年12月2日供英文稿，恽文捷中译。

机勃勃的文化和经济联系之明证。中国史家之记载与多姿多彩之描述亦为印度史学中无价之宝。

尊敬的女士们、先生们，从各方面看，印度都体现了传统与现代性之平衡。我们的历史和传承反映在我们生活的几乎全部方面——从日常习惯和礼仪的世俗层面到学术工作——科学、创新和数学——以及我们的精神追求、创造力和文化行动的层面。我们的村庄牢牢扎根在传统之上，同时也蛙跳式跃进到网络空间。瑜伽和阿育吠陀医学就是古代印度科学在我们现代日常生活中依然有重要影响之证明。它们一直很普及，并不断被人们主动维新和推广。印度文明也一直向思想和信息的新潮流开放。多样性正是我们多元社会之核心内容。我们多元经验的财富使印度学拥有了博大视野。我们独特的历史传承也使研究者收获颇丰——他们的研究对象正是在印度充满活力的传统框架内的历史、语言、文化和宗教等。

需要注意的是，要认识到，印度学是一门相对现代和发展中的学科。我们将其发展和普及归功于18世纪的学术先驱威廉·琼斯、亨利·托马斯·科尔布鲁克和奥古斯特·威廉·冯·施莱格尔等人。19世纪，诸如亚洲学会、美国东方学会、德国东方学会、日本印度学佛教学会等组织在印度学的演进中扮演了重要角色。在此我再次向他们的开创性工作致以敬意。

女士们、先生们，外国学者对印度学发展的贡献非常重要。他们的努力使世界了解印度丰厚的文化和文明史。印度学有助于理解人类文明的发展。从宗教、哲学到科学、社会科学、语言、语法和美学，古代印度对人类生命复杂性的全部领域均有其理论与解释。这就是我认为有必要特别推广印度学的部分原因。我很高兴得知印度文化关系委员会不仅将此奖项制度化，还与其他国家的相关机构合作以推进此事。

我借此机会感谢总理莫迪、外交部长斯瓦拉吉和印度外交国务部长阿克巴的领导及其在国内外推广印度学研究的努力和倡议。他们的工作将会产生丰硕成果，将在全世界促进对印度研究的兴趣。我对此充满信心。

最后，我再次祝贺中华人民共和国的郁龙余教授。我也对今年在中华人民共和国成功举办第二届世界印度学家大会表达我最诚挚的祝福。我祝贺会议圆满成功。

谢谢！

印度万岁！

2016 年 12 月 1 日

“杰出印度学家奖”颁奖典礼致辞*

洛克希·金德尔

（印度文化关系委员会主席，印度国际
文化研究院院长）

愿我们志同道合，
我们评审一致，
我们同心同德，
愿我们获得神授。

公元前2年，月氏太子教授汉朝使者景卢梵文。在由此为起点的2000年文化交流之后，郁龙余教授体现了这一心志。由中国人采取主动，对梵语佛教的长途朝觐，在其思想、文献和视觉艺术领域率先肇始。这是两种各具个性的文化的汇流。佛教僧团的理想，创立了一种新的社会组织形式。在这样的组织中，森严的等级界限被消弭。高僧从各行各业汇入这股主流。由于佛教的新的大众文化的注入，儒家的宫廷文化焕发生机。佛教沙门以白马驮经东来，中国第一座佛寺白马寺由此诞生。中国政府视之为“力与德”。同高僧鸠摩罗什一样，郁教授除把中国经典翻译成印地语之外，还培育了一代新人去理解现代印度。印中两国的哲学，注重发挥人内心深处的动力，以造就一个与不断演进的使命相一致的社会形态。孔子曰：“有教无类。”在此，我想引用《论语》来归纳郁教授的独特品格：“子绝四：毋意，毋必，毋固，毋我。”

---

* 印度文化关系委员会（ICCR）供英文稿，吴蔚琳中译，刘建审校。

郁教授充实了中印两国之间伟大的价值交流活动。在这些价值之中，心灵是一束神圣的亮光。他令我想起了手持莲花、观照世界的大慈大悲的观音菩萨。慈悲使世界美好，如同晨曦之于白昼。

中国是对自己的遗产、语言、传统儒家理想以及更为深邃的佛教世界的韵律怀着挚爱的唯一国度。郁教授象征着照拂我们的文化的亮光，使我们人工圈的空白之处熠熠生辉。我们欢聚于此，向一位中国学者致敬。他寻求以微妙而质朴的言语创造美丽、团结、和谐，以令中印两大文化和文明臻于和睦。

中国已经开始了文化固本的进程，以充实和丰富人们的心灵。郁教授洒下来自幽深岁月的具有多重意义的甘乳。他艰辛的付出，旨在使不同的中心得以复兴，犹如王子虔诚地给多重身份的睡美人献上一吻。与他的祖国一致的是，他投身于中印遗产研究，使之成为火种，使之富有吸引力。中国的印度学是最古老的，可追溯到公元前 2 年汉朝使者前往堪称梵语中心的月氏王廷学习梵语。所有的荣光属于郁教授以及他那些寻求多姿多彩的文化分享的印度学同仁！最后，请允许我以唐代诗人李商隐的诗行做结语：

我是梦中传彩笔，欲书花叶寄朝云。

2016 年 12 月 1 日

郁龙余荣膺ICCR“杰出印度学家奖”感言*

郁龙余

（深圳大学印度研究中心主任，教授，印度学家）

尊敬的普拉纳布·慕克吉总统

尊敬的洛克希·金德尔主席

尊敬的各位来宾：

2015年11月，印度文化关系委员会（ICCR）在新德里总统府隆重召开世界印度学家大会。慕克吉总统将“杰出印度学家”奖授予德国学者斯戴腾可隆（Stietencron）教授。

今天，慕克吉总统在这庄严的总统府，将“杰出印度学家”奖授予了我。这是一份无上的荣誉。

1965年夏天，还是一名中国上海的农村青年的我，在语文老师陈一冰先生的鼓励下，报考了北京大学。入学后，每个人可以选择三个专业。也许是神明的安排，我选择了印地语专业，印地语专业选择了我。

中国古代圣人孟子有一段名言：“民为贵，社稷次之，君为轻。”我将它改造成了自己的座右铭：“成事为重，名次之，利益为轻。”我用半个世纪的时间，将印度语言文化研究，从专业变成了

---

* 此文刊载于《深圳大学印度研究通讯》2016年第3期（总第20期），第40页。

职业，又从职业变成了终生的事业。

事实证明，这个座右铭对我是行之有效的。当然，一切成绩无论大小，都离不开环境——天时、地利、人和的支持。对我今天取得“杰出印度学家”奖，我认为，这份荣誉属于我的母校北京大学，属于我的师尊季羡林先生。我在那里求学、任教十九年，是北京大学给了我智慧与力量。

这份荣誉，属于我服务了三十多年的深圳大学，她给了我平台和机会，我在深圳大学创建了中国南方第一个印度研究中心，并且培养了一批优秀学生。

这份荣誉，属于中国、印度和世界各国的印度学家。我的成绩是在他们的学术基础上研究获得的。

今天，陪同我来领奖的是我的女儿郁秀。她是一位作家，十六岁时写的长篇小说《花季·雨季》在中国家喻户晓。我希望她能了解、热爱印度，将来在她笔下出现印度的形象和故事。

当今世界，正在迎接一个前所未有的新时代。而中国和印度，正在处于前所未有的历史发展时期。印度学研究，比任何时候都更加重要，更加富于意义。11 月 11—13 日在中国深圳召开的第二届世界印度学家大会的巨大成功，充分证明了这一点。

最后，让我用曾经响彻中印上空的口号来结束我的《获奖感言》——印地基尼帕依帕依，中印人民是兄弟！

谢谢！

2016 年 12 月 1 日

前　言

《“一带一路”开创人类文明新纪元》书稿辑成之后，不止一家出版社有出版之意。见到2018年《深圳学派建设丛书》征稿通知，我们就决定应征投稿。因为我来深圳三十多年了，应该为深圳学派建设做点儿事情；当年讨论建设“深圳学派”时，我是大力支持者；2001年我的第一本专著《中国印度文学比较》，就是由中国社会科学出版社出版的。当接到通知说经过专家评审，此书纳入《深圳学派建设丛书》（第六辑），由著名出版机构中国社会科学出版社出版，我内心自然充满愉悦。

这是一本论文集，分“‘一带一路’与中国—印度文化关系”和“中国与印度：在精神层面上相互加深了解”两篇。所收文章有的在学术刊物上发表过，有的是为各种学术会议所写，也有一些是书评或应邀所写的文章。

习近平总书记提出的“一带一路”的宏伟倡议，以“构建人类命运共同体”思想为观照，在人类思想发展史上具有划时代的意义。我在学习、研究的过程中，结合自己的印度学专业背景，将自己的一些心得体会，写成《“一带一路”开创人类文明新纪元》《“一带一路”建设的内涵、目标、方法与作风》《深圳与“一带一路”建设》等文章。从听到的反映来看，还都比较正面。这次结集出版，是一次交流、切磋的新机会。

古代的丝绸之路、海上丝绸之路，是商贸之路，但归根结底是文化交流之路。当下的“一带一路”是古代丝绸之路和海上丝绸之路的现代版。所以，“一带一路”既是经济工程，又是文化工程，只有经济文化双轮驱动，才能雄鹰在天，展翅高翔。

当下，印度政府对“一带一路”建设采取“左右摇摆”“实应口不应”的暧昧态度，这是人所共知的。正是这种态度，成了我写作《“龙象共和”是否可能？——论中印关系现实困境和发展前景》《“龙象共和”是历史的神圣召唤》等文章的一大动力，目的就是对印度的精英特别是智库人士进行宣导。他们囿于西方的英语信息，不易走出无形的思想囚室。这些文章，从效果上讲是令人颇为满意的。

中国和印度是东方文明的代表，自古和丝绸之路、海上丝绸之路紧密相连，为人类文明进步作出过重大贡献，应该而且能够为“一带一路”建设、为构建人类命运共同体作出新的更大的贡献，并使自己获益。我们以思想文化的梳理为切入口，通过研究分析，努力消除地缘政治造成的思想隔阂，阐明中国梦、印度梦息息相通。

2014 年 9 月 18 日，习近平主席在印度世界事务委员会做《携手追寻民族复兴之梦》的演讲，他说：“中华民族主张的‘天下大同’和印度人民追求的‘世界一家’、中华民族推崇的‘兼爱’和印度人民倡导的‘不害’是相通的，我们都把‘和’视作天下之大道，希望万国安宁、和谐共处。”这个演讲，获得印度人民的高度认同，也是我们撰写中印关系论文的根本遵从。

书中的一些文章都有英文稿，一些印度朋友阅读之后都持点赞立场。他们希望早日出版并有机会在印度出版英文版和印地文、孟加拉文、泰米尔文版。

在《“一带一路”开创人类文明新纪元》即将付梓之际，祝愿此书的出版对“一带一路”建设和中印关系的发展，起到推动、促进的作用，成为一本真正有用的书。

2018 年 10 月 19 日

目　录

上篇　“一带一路”与中国—印度文化关系

下篇 中国与印度：在精神层面上相互加深了解

上　篇

“一带一路”与中国—印度文化关系

“一带一路”开创人类文明新纪元

自从中国国家主席习近平提出建设陆上新丝绸之路经济带和海上丝绸之路（以下简称“一带一路”）的宏伟构想之后，不但在中国引起强烈共鸣，而且在国际上也引起了巨大反响。一些敏锐的政治家、经济学家表现出极大兴趣，都感觉到了“一带一路”所蕴藏着的无限商机与利益。但是也有一部分人囿于冷战思想和习惯思维，出现一些误判、误读，如有人认为“一带一路”是对“亚太再平衡”的再平衡战略。除了这些有冷战思想和习惯思维的人之外，还有一些人受到他们的影响，对“一带一路”存在诸多疑虑和误解。“一带一路”不是什么谋略或战略，不针对任何国家或国家集团，而是为全世界和平发展提出的愿景和构想。所有参与国家，无论大小，都是起点、终点和中心点，都是主办国和主宾国。

“一带一路”建设不是一个简单的经济问题，而是一个在人类发展进程中遇到的空前重要而复杂的系统工程，其中包括必不可少的文化理论建设。所以，有必要从“一带一路”提出的历史依据、“一带一路”的使命与内涵、“一带一路”的建设与前景等方面，谈谈我们的一管之见。

一　“一带一路”是丝路和海上丝路的现代版

“一带一路”是一个崭新的中国概念，它的英译至今尚无定论。“一带一路”的概念虽新，但是它的历史非常悠久。它的前身是世界各国人民耳熟能详的“丝绸之路”和“海上丝绸之路”。大家知道“丝绸之路”（The Silk Road），首先由德国地理学家李希霍芬于1870年提出，并逐渐得到广泛使用。“海上丝绸之路”之名由“丝绸之路”而来，也称陶瓷之路、香料之路。

在这两个概念提出之前，这两条丝绸之路早已存在。一般认为，丝绸之路开始于汉代张骞通西域。实际上丝绸之路的存在，要大大早于汉代。而且，丝绸之路不是一条路、两条路，而是一张交通网。除了东西方间的“绿洲丝路”之外，还有一条从四川、云南通往缅甸、印度的“南方丝绸之路”，也称“西南丝绸之路”。这条“南方丝绸之路”的出现和“绿洲丝路”一样古老，甚至比“绿洲丝路”更加古老。因为，南方丝路途经崇山峻岭，虽然艰辛，但对人类而言，远比跋涉几千里戈壁沙漠要容易。四川，是中国丝绸的发源地之一。“中国”（cina，丝）之名最早通过印度传向世界，这和“南方丝绸之路”有关。

研究证明，早在东西丝绸之路之前，就存在一条北方草原之路。草原之路也是一类东西贸易商路的总称，它大概起自亚速海的塔纳伊斯，经过里海、咸海、巴尔喀什湖北部地区，在阿尔泰山之南、天山之北，与通往中原的商道相连接。

总而言之，在丝绸之路的概念提出之前，东西方之间的经济文化交流早已开始。当今的“一带一路”，是数千年丝绸之路和海上丝绸之路的现代版，两者之间存在着传承和发展的关系。今天要传承、发展得好，我们必须对丝绸之路和海上丝绸之路做出客观、科学的认识。这是一个大课题。我们不揣简陋，提出如下意见，以就正于大家。

（一）丝路、海上丝路是东西方交流的主渠道

当代著名学者季羡林多次强调：文化交流是人类文明进步的重要力量。他在给“外国作家与中国文化”跨文化丛书的题笺中说：“文化交流是推动人类社会前进的重要动力之一。”这是世界上无数智者所确认了的真知灼见，季羡林只是做了再一次强调。如果没有文化交流，人类文明的发展史难以想象。交流必须要有渠道，人类

文化交流依靠的就是无数的各种各样的渠道。在这无数渠道中，丝绸之路和海上丝绸之路是人类东西方文化交流的主渠道。在人类文明发展史上，再也没有比丝绸之路和海上丝绸之路更重要、更持久、更富有意义的文化交流的渠道了。

（二）文化交流的层次不断由广义、狭义到深义

人类文化是分层次的。著名历史学家周一良认为：“一个国家，一个民族，只有与外界交流，从各方面吸取营养，以丰富充实自己，才能在政治、经济、文化各方面辉煌发展。历史上气象恢宏的汉唐盛世就是如此。”① 文化交流追求持久和深入。国之交，在民相亲；民相亲，在心相知。所以，周一良说：“认识一个人，只知其姓名籍贯身材面貌当然不够，还必须了解其经历。但如果说真正认识一个人，最根本的还须了解其灵魂深处的思想性情，这才算得上真知其人。同样，对于一个民族，只了解其政治经济制度当然不够，还要通晓其历史语言，但更重要的，还要了解其文化——不仅狭义、广义的文化，而且要了解深义的文化，亦即一个民族的灵魂深处。”② 在人类文化交流史上，大多数文化交流都在广义、狭义的文化层次上进行，真正在深义层次上进行的不多，这是我们今天需要努力的。

（三）文化交流总是在正反、进退中波浪式前行

人类文化交流不是直线前进的，总是摆脱不了正反、进退的波浪式前进的规律。无论是东方还是西方，反复出现这样的现象：一个处于落后、孱弱状态中的民族，为了改变自己的处境，就大力开展文化交流，向其敬佩、膜拜的先进民族学习。于是，它就渐渐变得先进、强大起来。但是，当这个民族变得先进、强大之后，就会藐视对方，甚至侵犯、伤害对方。我们以欧洲为例，来具体了解一下情况：

在中国和欧洲的文化交流史上，曾经出现过一个美好的“歌德一代”。17 世纪和 18 世纪之初，随着中国文化传入欧洲，出现了风

① 周一良主编：《中外文化交流史》，河南人民出版社 1987 年版，第 1 页。
② 同上书，第 4 页。

行一时的“罗柯柯风尚”（也称“洛可可风尚”）。丁建弘说：“罗柯柯的发源地是路易十五在位时期的法国。这种‘中国味的新风尚’不久遍及德、英、意、西等欧洲主要国家。盛期从十八世纪二十年代至七八十年代。可以说‘罗柯柯风尚’是中国文化直接影响下出现的（有的西方学者认为是‘由中国直接假借而来’的）。‘罗柯柯’时代不仅发展了中西之间哲学文化的亲和性，而且也接受了中国的艺术和工艺。”① 歌德、席勒、洪堡兄弟，都对中国文化表示出高度赞赏。歌德于1827年作《中德四季晨昏杂咏》（*Chinesisch-Deutsche Jahres-und Tageszeiten*）十四阕，诗中把他晚年得自中国的美好印象糅合进去：“中国的事物显得轻盈、纤丽；生活如‘一池清水’，恬静地置于原始法的舞台上；一切都‘比较明朗，比较清晰，比较合乎道德——正是这些严格的节制，才使中华帝国几千年来得以保持，并将久存下去’。”② 在这《中德四季晨昏杂咏》中，“视线所窥，永是东方”的诗句，代表了歌德和“歌德一代”欧洲人对中国的美好感情。

然而，随着时光的推移，这种“美好感情”发生了变化，中国“图像”在欧洲出现了倒转。“十九世纪三四十年代，工业革命，自然科学和技术进步，借助优越的技术和军事力量的殖民扩张，追求强权的获益，代替了对中国的兴趣。现在不是中国，而是欧洲，陷入一种‘自大感’和‘欧洲中心’的精神状态中。以往对中国的谐和之音转向反面，中国和中国人的图像变成为怪诞不经，滑稽可笑，穷困潦倒，毫无希望。由利玛窦和汤若望等打开的朝向中国的窗口，再度被关上。‘罗柯柯’时代中国对欧洲的巨大影响很少被承认。十九世纪的欧洲人对于中国文化的了解，远逊于十七、十八世纪他们的祖先。德国一些大思想家这时对于中国优秀文化基本上抱着自高自满和否定的态度。”③

德国自古就有的“向东方压进”口号，此时，其含义也从“东

① 周一良主编：《中外文化交流史》，河南人民出版社1987年版，第107页。

② ［德］爱克曼辑录：《歌德谈话录》，朱光潜译，人民文学出版社1982年版，第112页。

③ 周一良主编：《中外文化交流史》，河南人民出版社1987年版，第117页。

部斯拉夫人土地"指向了中国。"德国侵占胶州湾和参加镇压义和团起义，是'向东方压进'的军事表现，它严重损害了两国之间文化交流的基础"。[1]

和德国相比较，日本的表现更加发人深省。公元6世纪起，日本向中国派"遣隋使""遣唐使"，持久、深入地向中国学习，很快它就和韩国并驾齐驱，从孤悬海上的"蛮荒之国"成为东亚强国。进入明治维新，日本出现"皇学派""汉学派""洋学派"之争，皇学派在加强天皇权威的同时，全面向欧洲学习，很快日本成了世界强国。于是日本人对昔日的老师中国，从觊觎到大规模入侵，造成中华民族五千年历史上的最大伤害。同时，对它的欧洲老师也心怀不轨。它一方面搞"脱亚入欧"，另一方面搞带有排欧倾向的"大东亚共荣圈"，在极大欺骗性后面，隐藏着蛇吞象的祸心。日本是从中国文化中汲取最多养分的民族之一。1943年金田一京助监修的《明解国语词典》中，收汉语词汇23963个，占词汇总数的59.3%。这样一个从中国受惠最多的民族，为什么会成为对中国危害最大的民族？这是需要中国、日本和世界各国做出深刻分析的。

（四）文化交流导致不同民族间的移民

导致移民的因素很多，天灾、战乱、贸易、传教，等等。其中，由于文化交流而产生的移民，因其移民主体文化素养较高，对移居国的文化贡献很是明显。为了生活和管理上的方便，中国古代在城市中设立"蕃坊"。内设由外侨推选然后经中国政府任命的"都蕃长""蕃长"。在通常情况下，这些外国移民生活殷富，甚至能积财几百或几千万缗。但是，一旦社会动乱，他们往往首当其冲。如唐末黄巢攻陷广州后，"犹太教、火袄教以及伊斯兰教、景教等异国教徒死者达十二万人"。[2] 这种情况，古今中外都有发生。

比较理想的情况，是外国人一旦移民，便融入居住国的社会与文化。这种成功例子，在中外历史上更是比比皆是，是文化交流和

---

① 周一良主编：《中外文化交流史》，河南人民出版社1987年版，第127页。

② 叶奕良：《"丝绸之路"丰硕之果：中国伊朗文化关系》，载周一良主编《中外文化交流史》，河南人民出版社1987年版，第244页。

移民的常态与主流。中国史籍中留有记载的也不少。唐代诗人李珣本是波斯人后裔，黄巢起义时随唐僖宗入川定居，他在文学艺术上颇有造诣，有五十多首诗入《全唐诗》。他的《渔父歌》写道：

水接衡门十里余，信船归去卧看书。
轻爵禄，慕玄虚，莫道渔人只为鱼。
避世垂纶不记年，官当争得似君闲。
倾白酒，对青山，笑指柴门待月还。

这首诗，道家的淡泊思想浓郁，充满闲情逸致。若没有历史记载，有谁会知道作诗的人竟是波斯人的后裔。

中华民族是一个文化的概念。民族的灵魂，首先是文化。文化有多强大，民族就有多强大；文化有多优秀，民族就有多优秀。这是人类文明发展史和文化交流史反复证明了的。今天的中华民族是几千年来，在和世界各族人民的文化交流中一步一步发展壮大起来的。这种文化交流的主渠道丝绸之路和海上丝绸之路，是中华民族和世界各族人民共同缔造的。今天，随着时代的发展，中国人民和世界人民对这种文化交流的主渠道，提出了新的要求和呼唤。“一带一路”宏伟蓝图的提出，顺应了这种历史的新要求、新呼唤。

二　“一带一路”有着自己的指导理念

在了解、掌握了“一带一路”的前世之后，我们现在可以探讨它的设计理念。人类文化如地表之水，不得不流。我们所能做的或者应该做的，就像大禹治水一样，不是堵塞，而是疏导。唯有如此，才能趋利避害，造福中国，造福世界。

人类自有文化那一天开始，文化就在世界各地流动。这种文化的流动，既可以给人类带来红利，又可以给人带来危害。今天，我们建设“一带一路”，不是突发奇想，不是心血来潮，而是在纵观人类五千年文化交流史之后，为人类文化交流提出的新的设计蓝图，目的就是将文化流动可能带来的危害缩小到最小，将文化流动的红利扩大到最大。

那么，怎样才能使文化交流在趋利避害中做到最优？也就是说，应该为文化交流做出什么样的设计，才对中国、对世界最有利呢？

正确的设计，来自正确的理念。在人类发展史上，有的民族陨落了、消失了；有的民族发展了、繁盛了。一般来说，那些陨落、消失的民族，是因为没有能跟上、适应文化交流的大潮，那些发展、繁盛的民族，是因为跟上、适应文化交流的大潮。也就是说，对文化交流的适应与否，关乎一个民族的兴衰存亡。它绝不是邀三五知己喝茶、聊天，决不可等闲视之。那些陨落、消失了的民族的教训，值得全人类吸取；那些发展、繁盛的民族的经验，值得全人类学习、推广。

从我们的视角来看，在21世纪的文化交流中，至少有五个理念值得推广。

第一，民惟邦本的民主观。

“民惟邦本”的民主观。这句话出自《孟子》：“民为贵，社稷次之，君为轻。”是民惟邦本的一个最基本的表达。正因为他提出了这个思想，所以当和尚出身的朱元璋做了皇帝以后，非常不喜欢孟子，要废除对他的祭祀。但最后，孟子还是孟子，这给朱元璋添加了一笔负面的记录。我们中国一直流行船和水的比喻，它最早的出处应该在《荀子》：“君者，舟也；庶人者，水也，水则载舟，水则覆舟。”大家知道比较多的是唐太宗李世民，他对这个思想学得比较到位，是跟魏徵商议的成果。印度的阿育王，是印度历史上最大的一个帝国的统治者。他原来是个暴君，杀人无数。后来被佛教、佛法收服了，信佛了，所以就戒杀、爱民，然后在全国推行佛教。佛教在印度阿育王时代是推广得最好的，他本身也成了护法的一位圣君，在印度历史上地位很高。他明白了政权跟人民之间的关系。民本思想在中国出现得最早，并一直被奉为主流思想意识，这就是中国三千年长治久安的重要原因。当下中国社会无论是内部环境还是外部环境都与过去不可同日而语，但是民本思想依然充满活力，只要经过有效的更新改造，就可以继续造福人民，为国家政权建设服务。

民惟邦本的思想，和西方的民主思想很相似。但是，它比民主思想更全面、更深刻。西方民主思想往往会滑向极端个人主义、民粹主义和独裁统治。此类的例子，在当今世界随处可见。希特勒、墨索里尼和日本战争内阁，不都是通过民主选举产生的吗？

第二，孔夫子的中庸之道。

中庸之道，是中国人的最基本的方法论，同时又是最高的道德标准。可是，许多人都把“中庸”误解了，甚至抛弃了。这种情况，在孔子时代就出现了。所以孔子说：“中庸之为德也，其至矣乎！民鲜久矣！”在《中庸》一书中，也强调了这点：“子曰：中庸其至矣乎！民鲜能久矣！”他还说：“君子中庸，小人反中庸。君子之中庸也，君子而时中；小人之反中庸也，小人而无忌惮也。”

孔子一生恪守中庸之道，他的许多思想，如“过犹不及”“攻乎异端，斯害也已”等，都贯彻和充满着中庸之思想。子思说：“夫子之道，忠恕而已哉。”是对孔子思想的高度概括。

当今世界是矛盾激化的时代，横行一时的恐怖主义是如何产生的？怎样才能度过恐怖主义这一劫波？单凭以牙还牙、以毒攻毒的办法来反恐？总结近年来的“越反越恐”的情况，真正的有效解决途径，应该是综合治理，切断产生恐怖主义的根源，铲除滋生恐怖主义的土壤，用中庸之道取代极端主义。

第三，“和而不同”的关系准则。

和而不同，是中国人追求的待人之道，即关系准则。它建立在真切的矛盾观之上，千百年来一直受到历代哲人和百姓的遵从。

早在周朝末年，史伯就深刻认识到了“和”与“同”是既有联系又有区别的一对范畴。他认为：“夫和实生物，同则不继。以他平他谓之和，故能丰长而物生之；若以同裨同，尽乃弃矣。”意思是讲不同的东西相结，才能导致新事物、新力量的产生；相同的东西凑合在一起，就什么都不会产生。春秋时代的晏婴对史伯的思想，有了进一步的理解和发挥，他说：和就像调羹，“济其不及，以泄其过，君子食之，以平其心。”“若以水济水，谁能食之？若琴瑟之专一，谁能听之？同之不可也如是。”调制食物，不同的调在一起，才有味道出来，如果你只用水调，调出来还是水的味道，因为水跟水是相同的。这个道理非常简单，但是要真正把握住和而不同这一条，也是不容易的。和而不同，是中国古代哲人的普遍认识，是世界万事万物存在的形态和相互关系的自然法则。谁违反了它，必然出现问题。

人与人之间思想完全一致是不可能的，应遵循“和而不同”的准则，国家与国家、民族与民族之间也应遵循“和而不同”的准则。

第四，“己所不欲，勿施于人”的处世原则。

人与人之间，国民与国民之间，民族与民族之间存在不同。一般而言，用“和而不同”的关系准则即能处理。如果情况特殊，对立严重，则需要采用“己所不欲，勿施于人”的处世原则。这个原则出于儒家经典，2000 多年来，中国人一直奉为圭臬，从制定国家法度、规章制度，到乡规民约、家规家训，莫不遵从。

“己所不欲，勿施于人”的思想，不仅中国有，西方也有。中国称为“恕道”，西方称为“金律”，是东西方之间的重要思想纽带。关于两者的异同，早有学者研究。黄建中指出：“要之，恕道以‘推己及人’为原则，金律以‘爱人如己’为依据，东西圣哲均由人己关系之民族经验中归纳得来，诚所谓‘东海西海，心同理同’也。至于东西道德学说，固各受时代地域之限制，自称系统派别；而补偏救弊，为彼此心理所同，实亦有小异而大同者。”① 正是东西之间这种大同而小异的处世原则，构成了“一带一路”建设的重要思想基础。恕道和金律的合力，足以破解所谓的“修昔底德陷阱”。

第五，天下大同的社会观。

这是一个具有世界意义的、中国传统的价值观。“天下大同”是古代中国人的社会理想，也是现代每个中国人的中国梦。“天下大同”以“天下为公”为道德基础。《礼记·礼运》：“大道之行也，天下为公，选贤与能，讲信修睦。故人不独亲其亲，不独子其

① 郁龙余编：《中西文化异同论》，生活·读书·新知三联书店 1989 年版，第 179 页。

子，使老有所终，壮有所用，幼有所养，矜（鳏）孤独废疾者皆有所养，男有分，女有归。货恶其弃于地也，不必藏于己；力恶其不出于身也，不必为己。是故谋闭而不兴，盗窃乱贼而不作，故外户而不闭，是谓大同。”

今天的中国梦，是几千年来古人大同梦的新发展。几千年来，尽管道路曲折艰难，但中国人的大同梦一直没有断灭。中国人的追梦精神，一方面来自理想自身的力量，另一方面来自家国情怀。在中国人的思想中，修身、齐家、治国、平天下，是顺理成章、天经地义的。

天下大同的思想，印度也有，他们叫“世界一家”（vasudhaiva kutumbakaṃ）。2014 年 9 月 18 日，中国国家主席习近平在印度世界事务委员会，做题为“携手追寻民族复兴之梦”的演讲。他说：“中华民族主张的‘天下大同’和印度人民追求的‘世界一家’、中华民族推崇的‘兼爱’和印度人民倡导的‘不害’是相通的，我们都把‘和’视作天下之大道，希望万国安宁、和谐共处。”这个演讲，获得印度人民的高度认同。

以上五大理念是人类的古老智慧，在东方和西方有着广泛认同基础。但是，将它们聚集在一起，来作为指导“一带一路”的建设理念，这是历史上第一次。

我们相信，“一带一路”在这些理念的指导下，一定会为人类文化交流，创造良好的环境与氛围。

三 “一带一路”通向人类全新的大同之境

在古代，马队、驼队成就了东西方的丝绸之路；帆船成就了东西方的海上丝绸之路。通过这两条丝路交流的，不仅是货物，还有思想、文化、宗教、艺术，等等。单就货物而言，也是十分丰富的。玛扎海里在《丝绸之路：中国波斯文化交流史》中就写有“中国的谷子和高粱与丝绸之路、中国的樟脑与丝绸之路、中国的肉桂与丝绸之路、中国的姜黄与丝绸之路、中国的生姜与丝绸之路、中国的谷子和水稻的种植与丝绸之路、中国的麝香与丝绸之路、中国的大黄与丝绸之路”八章。其实，这只是举其荦荦大者，还有许多货物并没有列入。海上丝路的运输量更加巨大，除了陶瓷之外，还有大量茶叶、铁器、药材、香料、纺织品，等等。

中国在将大量货物输往世界各国的同时，也从各国输入文化与货物。中国还从世界各地引入了大量的新物种，极大地丰富了我们的生活。小麦、葡萄、胡桃、蚕豆、红萝卜、石榴、菠菜、玉米、土豆、红薯、番茄、向日葵、棉花等，莫不从海外引进。

从汉末开始，中国从印度传入了佛教文化。佛学东渐，水静流深，成了中印文化交流史和世界文化交流史上的典范。在唐代又传入了景教、祆教、伊斯兰教。

在驼队、马队、帆船的年代，丝绸之路和海上丝绸之路，沟通东方与西方，给人类文明的发展带来了巨大动力。欧洲文艺复兴之后，轮船、火车、飞机给东西方文化交流提供了更加强大的动力，工业革命的成果，迅速缔造了一个前所未有的新时代。

但是，如同任何事物都具有两面性一样，轮船、火车、飞机时代的文化交流，也像驼队、马队、帆船时代的文化交流，除了给东西方人民带来巨大的光明和欢乐之外，也带来了黑暗和痛苦，而且危害更大。如奴隶贸易、鸦片贸易、“一战”和“二战”，莫不如此。“二战”是人类历史上规模最大、最惨烈的一次战争，现在过去了70年。如何吸取教训，永远不要再发生那样的悲剧，是摆在各国政治家和社会精英面前的重大现实问题。

当下已经进入电子信息时代，一个手指头按错了，就可能导致一场毁灭性的核战争。所以，民族与民族之间，国家与国家之间的沟通，变得比任何时候都更加重要。这种沟通，是文化的沟通、思想的沟通、观念的沟通。

我们的“一带一路”，应该成为友谊之路、合作之路、沟通之路。2015年9月22日，美国进步中心发表文章，认为：“中国在亚洲、中东和东欧的投资——以新的‘一带一路’倡议的名义——是对这些地区的投资和发展需要的回应。这种发展肯定对中国和美国都有益处。”① 在互联网 + 核武时代，“华尔兹困局”必须解决，而成立“世界政府”又是不可能的。于是有学者提出：“全球共治的解决方案试图从自下而上的角度入手。先从人性的角度入手，然后再走向国内政治和国家间关系的调整，最后再致力于全球性权威机制的建设。这种渐进的、递次的方案希望通过人性和国内政治的改善来逐步推进国际秩序的非战争化。”② 美国《福布斯》双周刊网站在 2015 年 9 月 23 日，刊载查尔斯·蒂弗的文章《习近平访美削弱了美国花 1 万亿加强核武的理由》，认为：“与中国打交道，美国需要武器抗衡中国在亚洲不断增长的力量。但是，我们没有必要为了国防承包商所设想的新冷战而耗费 1 万亿美元。”③ 总之，在当下友谊、合作与沟通不再是奢侈品，而是成了必需品。

关于人类的命运前途，一直存在乐观和悲观两派。其实，乐观派和悲观派都缺乏依据。《道德经》说：“天地不仁，以万物为刍狗；圣人不仁，以百姓为刍狗。”这句话是老子说的，于是有人说“老子不仁”。其实，老子是世界本质的洞见者，他只是如实地把自己的发现告诉世人，这个观点，和他的“祸福相依”的观点，是相一致的。他无法使人类脱离苦难、脱离战争，只能向人们揭示世界的真相。但是，人类不是绝对的无奈和被动，所谓“谋事在人，成事在天”。事在人为的精神一直鼓舞着中国人。

中国首倡“一带一路”建设蓝图，就是认真总结世界历史，希望构建人类命运共同体，发展经济、共享和平繁荣。这是人类避免战争、共同发展的上上之策。

当然，悲观派的观点并非空穴来风，他们从历史中得出“国强必霸”的教训。自欧洲工业革命之后，一个又一个强国称霸世界，极大地改变了世界的人口版图、经济版图、文化版图和宗教版图。

我们不是悲观主义者，因为“国强必霸”的逻辑是在西方主导

---

① ［印度］阿里拉·菲厄、阿什·古纳塞克兰、汉纳·唐宁：《理解中国的“一带一路”倡议——机遇与风险》，乔恒译，《环球时报》2015 年 9 月 24 日。

② 高奇琦：《“华尔兹困局”及其破解之道》，《中国社会科学报》2015 年 9 月 17 日“国际月刊”。

③ ［印度］阿里拉·菲厄、阿什·古纳塞克兰、汉纳·唐宁：《理解中国的“一带一路”倡议——机遇与风险》，乔恒译，《环球时报》2015 年 9 月 24 日。

世界的历史中产生的，并不适用于中国。中国是建造长城的国度。而长城唯一的用途是防御，保护百姓不受侵扰。它对任何人不构成威胁。唐代中国，号称天下第一强国。印度戒日王说唐太宗：“少而灵鉴，长而神武……早怀远略，兴大慈悲，拯济含识，平定海内，风教遐被，德泽远洽，殊方异域，慕化称臣”（玄奘《大唐西域记》），而神武的唐太宗却说：“无问中国及四夷，皆养活之。不安者，我必令安；不乐者，我必令乐。”（《册府元龟》）明初郑和七下西洋，所率船队浩浩荡荡天下无双。然而船队只为贸易、友谊、文化交流而已，中国在海外没有建立一寸殖民地。第二次世界大战，中国伤亡3500万人，经济损失5000亿美元以上。1972年，在中日邦交正常化时，中国放弃了战争赔偿。上述四件大事，天下皆知，不足以说明“国强必霸”的推理，在中国行不通吗！

除了用事实说话外，我们还需要以理服人。中国人为何强调和平反对战争呢？因为中国人很早以前就懂得“国虽大、好战必亡”（《史记·平津侯主父列传》）的道理。因为中国文化的核心内容，也就是中国人灵魂深处，装着的是一个“和”字，中国人讲“礼之用，和为贵”“家和万事兴”“和气生财”“和平发展”。当下中国外交政策讲“亲、仁、惠、容”，其突出的还是“和”的精神。

和，在中国拥有至高至尊的地位。在中国人的哲学里，五味因和调出美味，五音因和而奏出至乐，万物因和而一派欣欣向荣。

尊重和平的民族必然反对战争。武，在中国是“止戈”的意思，就是制止、反对戈矛相向。也就是说，如若不得已而动武，也仅仅是为了制止动武，为了和。中国民间都知道：斗则两败，合则双赢。

中国近代以来，所有的战争，从鸦片战争、甲午战争、“一战”和“二战”，都是对手找上门来，中国人民不得不应战。在被迫的应战之中，中国人民进一步明白一个真理：没有抵御外侮的能力，和平无从谈起。中国现在搞一点点军备，完全是为了防御可能的外侮。

第二次世界大战已胜利70周年，它的一大成果是联合国的成立，虽然国际良序远未实现，但70年来世界总体上是太平的。

当下，世界赋予了美国和中国特别重大的和平使命，作为唯一的超级大国美国，和新兴大国中国，如能相互理解，彼此关切，互相尊重，世界的和平发展是完全可能的。中国不仅代表自己，还代表广大东方国家和新兴国家的利益。

最近，中美小朋友合唱的一首歌曲，让人们热泪盈眶，这首歌曲由莎拉·兰蒂女士提议创作，在河北省和艾奥瓦州结好30周年纪念活动上首次演唱。其中几句是：“朋友期待相聚，人民渴望友谊。世界呼唤和平，地球憧憬美丽。”（《人民日报》2015年9月22日）

为了让世界永远摆脱战争，让我们的下一代真正走出战争阴影，让世界人民世世代代友好相处，共享发展、繁荣，我们必须而且完全可以，共同经营好“一带一路”，让“一带一路”成为和平之路、幸福之路。这就是我们讲的“谋事在人”。2015年9月22日至28日习近平访问美国，并在联合国发表重要讲话，取得了空前的成功。世界银行前行长佐利克在英国《金融时报》撰文说：“中国国家主席本月访美，对世界经济的重大意义，可能堪比1979年时任中国副总理邓小平的美国之旅。”佐利克这个见解是深刻的。我们还应看到习近平访美在政治、文化、战略等方面的重大意义。如果说，1979年邓小平的访美，是中美关系的破冰之旅，那么2015年习近平的访美，是新型大国关系的巩固、推进之旅。习近平此次访美，不仅成果丰硕，而且意义重大，在《成果清单》中，列出了“中美新型大国关系”等5部分49项。中美关系是世界上最重要的双边关系，同时也是最复杂、牵扯最多的双边关系。习近平主席的这份访美成果清单为处理大国关系，乃至所有国家间关系树立了榜样。无论是访美成果清单，还是在联合国讲话，都为“一带一路”蓝图的顺利实施，奠定了重要基础。

9月28日国家主席习近平在纽约联合国总部出席第70届联合国大会一般性辩论并发表题为“携手构建合作共赢新伙伴　同心打造人类命运共同体”的重要讲话。习近平强调，和平、发展、公平、正义、民主、自由，是全人类的共同价值，也是联合国的崇高目标。当今世界，各国相互依存、休戚与共，我们要继续坚持和弘扬联合国宪章宗旨和原则，构建以合作共赢为核心的新型国际关系，打造人类命运共同体。[1] 这次讲话，是一次伟大的讲话。不到20分钟，全场至少响起了15次掌声，引起了巨大轰动。

最后，我们重申本文的主旨：“一带一路”，必将开创人类文明的新纪元。

（此文于2015年10月15—16日在昆明举行的中国南亚学会年会上发表，收入中国新兴经济体研究会主编《2030可持续发展目标与一带一路建设论文集》，第621—630页）

① 习近平：《携手构建合作共赢新伙伴　同心打造人类命运共同体》，新华社，2015年9月29日。

“一带一路”建设的内涵、目标、方法与作风*

“一带一路”是一个崭新的中国概念。它既有丰富的历史内涵又有广阔的发展前景。在几年间迅速获得世界各国政要、学者、企业家和普通民众的欢迎，它又成了一个国际热词。

“一带一路”概念虽新，但是它的历史非常悠久，它的前身是世界各国人民熟知的“丝绸之路”和“海上丝绸之路”。怎样搞好“一带一路”建设，是摆在中国和世界各国面前的重大课题。然而，无论是在国内还是在国外，对于“一带一路”建设都有着不同的理解和表述。它伴随着中国崛起，一方面受到各国人民的欢迎，另一方面也受到西方一些人的非难指责。美国战略研究专家鲁瓦克（Edward N. Luttwak）在《世界对中国崛起的恐慌在加剧》一文中，提出了减少恐慌的建议：“在许多国家看来，中国想要继续崛起，当前在大战略上的最好选择是，放下自己在外交立场上的傲慢态度，无论是在领土争端上还是在其他事务上，还要放慢军事增长的步伐。”① 对鲁瓦克的建议，我们应用“有则改之，无则加勉”的态度待之。但是，他并没有讲清楚产生“恐慌”的真正原因。这是我们“一带一路”研究者必须搞清楚的。

---

* 本文作者为郁龙余、朱璇。凡未注明之处，均是郁龙余作为独立作者的文章。

① 谷棣、谢戎彬主编：《我们误判了中国》，华文出版社 2015 年版，第 232 页。

一 "一带一路"建设的内涵

在现代以前的大多数时间里，中国一直是世界上最强大、做出最多贡献的国家之一。中国的繁荣昌盛和对外文化交流，在很大程度上依赖着丝绸之路和海上丝绸之路。

进入21世纪，崛起的中国如何和世界各国加强交流，走共同富裕、共同发展的道路呢？让古老的丝绸之路和海上丝绸之路重新焕发青春的活力，无疑是最富魅力和现实意义的。2013年9月7日，习近平在哈萨克斯坦做演讲时，庄严地提出了共建"丝绸之路经济带"。他说："为了使我们东亚各国经济更加紧密、互相合作更加深入、发展空间更加广阔，我们可以用创新合作模式，共同建设'丝绸之路经济带'。"① 同年10月3日，习近平在印度尼西亚国会发表演讲《共同建设21世纪"海上丝绸之路"》时说："东南亚地区自古以来就是'海上丝绸之路'的重要枢纽，中国愿同东盟国家加强海上合作，使用好中国政府设立的中国—东盟海上合作基金，发展好海洋合作伙伴关系，共同建设21世纪'海上丝绸之路'。"② 在中亚大国哈萨克斯坦讲"丝绸之路经济带"，在千岛之国印度尼西亚讲21世纪"海上丝绸之路"，到2014年6月5日，习近平在"中阿合作论坛第六届部长级会议"开幕式上的讲话《弘扬丝路精神，深化中阿合作》中，将"丝绸之路经济带"和"海上丝绸之路"合称为"一带一路"。他说："'一带一路'是互利共赢之路，将带动各国经济更加紧密结合起来，推动各国基础设施建设和体制机制创新，创造新的经济和就业增长点，增强各国经济内生动力和抗风险能力。"③

这样，习近平在合适的地点、合适的时机，先讲"丝绸之路经济带"，再讲21世纪"海上丝绸之路"，三讲"一带一路"，为中

---

① 《习近平谈治国理政》，外文出版社2014年版，第289页。

② 同上书，第293页。

③ 同上书，第316页。

国和世界各国人民提出了一个既古老又全新的命题——“一带一路”建设。

中国对“一带一路”的观点、立场，完全是公开的，光明正大的。为什么国外会有那么一些人，总是对它心存疑虑甚至恐慌呢？要弄清楚这个问题，我们需要懂一点西方殖民史。今天我们讲“一带一路”，讲互利合作共赢；昨天他们讲的是殖民和被殖民，侵略和被侵略。虽然，殖民主义早就被抛进了历史垃圾堆，但它还在腐烂发臭。还有一些人，以殖民主义之心，度“一带一路”之腹，他们产生一些疑虑甚至恐慌是自然的。同时，我们还要注意工作的方法、作风，包括说话的口气和用词等一切言谈举止。

大多数中国学者认为，习近平提出的“一带一路”是一种伟大的构想与倡议，是一幅宏伟的蓝图。这种构想和倡议，将在中国和各国人民的努力实践中，逐步由蓝图变成现实。中国也有一些专家，称“一带一路”为“伟大战略”。称“伟大战略”的人主要是习惯思维作祟。我们进入社会主义建设年代，甚至改革开放之后，一些带有战争痕迹的用语，还会习惯性地出现在我们日常用语中。如称有竞争力的产品为“拳头产品”，还常常开“誓师大会”、立“军令状”，等等。近年，还出现了误用“桥头堡”的情况。无论是中国词典还是外国词典，桥头堡是一个军事用语，是指为了阻击敌方进攻而在桥头构筑的设施。可是，我们的一些媒体，为了表达中外文化交流的重要桥梁作用，往往使用“桥头堡”一词。这种用词不当的原因，除了习惯思维之外，更多的是不用心。只要用心一点，是不会出现这种错误的。去年，一位著名媒体的记者，在一次国际会议上听说了此事，表示要写一份“内参”。当其了解到报告早已由中央领导批复同意，就立即打消了写“内参”的念头。“不用心”和“唯上”，对我们这样一个国家，实在是要不得的。毋庸讳言，我们在“一带一路”建设中，出现了一些挫折甚至是重大挫折，究其原因，往往是“不用心”和“唯上”起到了主要作用。

做任何一项事业，一切举措，不能和目标相悖。“桥头堡”一事值得我们记取。不然，就会事与愿违，甚至南辕北辙。这仅仅是事情的一个方面，另一个方面是对“战略”一词应有与我们这个时代相适宜的理解。当下的地球人都知道，“战略”一词除了传统的军事意义之外，还有“重大”“全方位”“高级别”等新的意义。所以，就有了“战略合作伙伴关系”“战略对话”等外交概念。我们的战略家朋友，这一点不会不知道。他们应该向印度前安全顾问梅农先生学习，他发表文章表示“中国已然崛起”。我们要多讲“战略共赢”，不讲或者少讲“战略对抗”。

“一带一路”建设是非常之世的非常之举。深入理解“一带一路”建设的意义，必须学习习近平的一系列文章和讲话，尤其是他的天下观思想。

中国历史悠久，人丁兴旺，因为中国有敬天法祖的传统。敬天，就是敬畏大自然，奉行天人合一；法祖，就是效法祖先的嘉言懿行。习近平的天下观思想，是敬天法祖和审时度势的产物。他说：“一个民族最深沉的精神追求，一定要在其薪火相传的民族精神中来进行基因测序。有着5000年历史的中华文明，始终崇尚和平，和平、和睦、和谐的追求深深植根于中华民族的精神世界之中，深深溶化在中国人民的血脉之中。”① 敬天法祖并非墨守成规。在2013年4月的博鳌亚洲论坛的主旨发言中，习近平提出：“世界万物，变动不居。‘明者因时而变，知者随世而制。’要摒弃不合时宜的旧观念，冲破制约发展的旧框框，让各种发展活力充分迸发出来。”②

2012年11月，在中共第十八次全国代表大会上，提出了今后一个时期的奋斗目标：到2020年国内生产总值和城乡居民平均收入在2010年的基础上翻一番，全面建成小康社会；到21世纪中叶，建成富强民主文明和谐的社会主义现代化强国，实现中华民族伟大复兴的中国梦。

经过一百多年的奋斗，到21世纪中国的崛起已经势不可当。但中国人历来奉行“己欲立而立人，己欲达而达人”的处世准则。习近平在《在联合国教科文组织总部的演讲》中说：“一花独放不是春，百花齐放春满园。”“一带一路”建设和实现中华民族伟大复兴

① 《习近平谈治国理政》，外文出版社2014年版，第265页。

② 同上书，第330页。

的中国梦，是互相呼应、相得益彰的。

计当计天下利。天下，在中国人心目中，它的含义是不断扩大的。最初，就是海内、四海、全国，随着视域不断扩大，天下就具有了世界、国际、环球的意义。中国人的“天下”除了空间意义以外，更多的是人文意义。2014 年 5 月 4 日，习近平在给北京大学师生讲话时，强调了中华文化的天下观理念，如：“民惟邦本”“天人合一”“天下为公”“天下兴亡，匹夫有责”“老吾老以及人之老，幼吾幼以及人之幼”，等等。①

如果说，实现中国梦，主要是“立己”“达己”，那么“一带一路”建设，主要是“立人”“达人”。正如习近平在《弘扬丝路精神，深化中阿合作》中所指出的：“中阿共建‘一带一路’，应该坚持共商、共建、共享原则。既要登高望远，也要脚踏实地。”“应该依托并增进中阿传统友谊。”并强调“民心相通是‘一带一路’建设的重要内容，也是关键基础”。② 在 2013 年的博鳌亚洲论坛上，习近平做了一个胸怀天下的主旨演讲，他说：“亲仁善邻，是中国自古以来的传统。亚洲和世界和平发展、合作共赢的事业没有终点，只有一个接一个的新起点。中国愿同五大洲的朋友们携手努力，共同创造亚洲和世界的美好未来，造福亚洲和世界人民！”③

习近平多次讲“小康不小康，关键看老乡”，多次讲“以人民为中心”，并明确提出“人民对美好生活的向往，就是我们的奋斗目标”。这是他的天下观的核心内容。习近平的天下观思想，是中国传统文化精华与现代世界先进思想的有机结合。在他的心目中，人民就是天下，有了人民的观念，就能立于不败之地，人民是力量之源。他强调：“以天下之目视，则无不见也；以天下之耳听，则无不闻也；以天下之心虑，则无不知也”“审度时宜，虑定而动，天下无不可为之事”“天下事未尝不败于专而成于共”“计利当计天下利”“达则兼善天下”“立善法于天下，则天下治”“天下之事，不难于立法，而难于法之必行”，等等。习近平的天下观在时间、

① 《习近平谈治国理政》，外文出版社 2014 年版，第 170 页。

② 同上书，第 317 页。

③ 同上书，第 334 页。

空间和人文三个维度上体现全局观念，强调要胸怀大局、把握大势、着眼大事，善于把解决具体问题与解决深层次问题结合起来，善于把局部利益放在全局利益中去把握，善于把国内形势与国际环境结合起来。

二 "一带一路"建设的目标

对"一带一路"产生的历史背景、现实背景，以及习近平的天下观思想有了深切了解，再来理解"一带一路"建设目标，就变得水到渠成了。

那么，中国首倡的"一带一路"建设的目标，到底是什么呢？

"一带一路"建设的目标，由阶段性目标和终极目标组成。2013 年 9 月 7 日，习近平在纳扎尔巴耶夫大学的演讲《共同建设"丝绸之路经济带"》中说：共同建设丝绸之路经济带，"是一项造福沿途各国人民的大事业。我们可以从以下几个方面先做起来，以点带面，从线到片，逐步形成区域大合作"。[①] 这些可以"先做起来"的，就是"一带一路"建设的阶段性目标，即五通：政策沟通、设施联通、贸易畅通、资金融通、民心相通。这些阶段，其实是一个长期的过程。其中，"民心相通"是基础，更是需要长期努力去做的。

"一带一路"建设的终极目标，是东西方人民梦寐以求的"天下大同"。在人类漫长的历史上，天下大同有着广泛的理想追求的基础。在汉字文化圈，天下大同是广大读书人和老百姓的不懈追求。在印度，对天下大同有着自己的表达，叫"世界一家"，在印度文化圈有着广泛的影响。古希腊有柏拉图的"理想国"，希伯来文明中有"伊甸园"理想，但文艺复兴以来长期起支配作用的是古希腊文明。"希腊城邦在今天被当作民主政治的原型，其实真实情况并非如此。""希腊城邦里，有投票权的公民人数不多，奴隶和被

① 《习近平谈治国理政》，外文出版社 2014 年版，第 289 页。

征服的土著佩拉斯吉人，没有参政的权利。这些城邦并不是我们想象中那样理想的民主政治体，而是战斗群的战士们组成有效攻击力，共享掠夺成果的族群而已。”[①] 这种“胜利者最卑鄙，失败者最正直”的文化，随着资本主义的发展而达到了顶峰。

物极必反。到近代，欧洲的一批有良知的精英，在伊甸园、乌托邦、空想社会主义的基础上，提出了科学社会主义和共产主义。这是对资本主义的反拨和纠正。共产主义（Communism）最接近原意的翻译就是“天下大同”，就是“世界一家”。

人类社会的进程，和人的步行走路一样，总是在左右脚的不断交替中迈向目标。前进中，不可避免呈现出曲折、漫长，甚至走弯路的情况，但迈向天下大同的终极目标是不会变的。这既是人类社会发展的情况，也是“一带一路”建设发展的情况。走向天下大同，是世界大势，顺之者昌，逆之者亡。“一带一路”，是世界各国共同富裕之路，是通往天下大同的必由之路，迎之者兴旺，拒之者衰落。在整整一百年前，即1916年泰戈尔在前往日本的船上，写下了这样的文字：“目前，一些享受世界财富的民族，惧怕中国的崛起，千方百计阻止那一天的到来。”“中国的这种能力，使美国对它畏惧三分，在工作能力方面，美国赢不了中国，所以不要妄图以膂力将它制服。”[②] 如果说在一百年前泰戈尔就如此断言，不得不让人将他视为先知；那么到了今天，实现中华民族崛起的中国梦，以及“一带一路”建设的节节胜利，已经势不可挡。

三　“一带一路”建设的方法

正确目标确定之后，如何才能实现目标，方法成了最为重要的因素。方法就是通往目标的道路、桥梁和舟船。没有这些一切无从谈起。就像终点站和道路紧紧连在一起那样，目标和方法也紧密相连。相对于终极目标的阶段性目标，本身就是实现终极目标的道路

① 许倬云：《中西文明的对照》，浙江人民出版社2013年版，第19页。

② 《泰戈尔作品全集》第10卷，人民出版社2015年版，第584页。

和方法。“天下大同”是人类发展的终极目标，“一带一路”建设也将它作为自己的终极目标。这样就告诉人们：“一带一路”是实现天下大同的道路和方法。中国的“两个一百年”的奋斗目标是宏伟的。但是，它又是实现中华民族“天下大同”这个终极目标的阶段性目标。这和古人追求的“小康”和“大同”之间关系是一样的。

目标的崇高决定了实现目标的方法必须是科学、高尚的，“一带一路”建设以天下大同为自己的崇高目标。这样就规定了作为“一带一路”建设的方法必须是五通（政策沟通、设施联通、贸易畅通、资金融通、民心相通）。因为，这“五通”是科学、高尚的，经得起实践和历史检验的，是和“一带一路”的崇高目标相匹配的。

我们强调崇高目标必须用科学的方法来实现，同时，还必须是高尚的。因为历史上有太多的经验教训值得人们吸取。

欧洲早期，为何城邦国家骤兴骤灭？因为他们用弑父继位的方法，来解决首领的继承权问题。一代又一代部落发展需要首领，如何解决这个问题？东西方都经历过，但手段方法极为不同。西方用弑父的方法，如雷神宙斯杀了他的父亲克洛诺斯才成了大神，而他的父亲也是靠弑父继位的。在东方，中国至少在尧舜禹时代，就崇尚禅让了。弑父与禅让，是方法问题，但是有高尚与卑劣之分。印度古代在很早时就强调王位继承的合法性。大史诗《罗摩衍那》一共有两大主题，一是维护“一夫一妻”制，二是王位继承必须合法。罗摩自我流放十年，就是为了维护父王的决定，哪怕这个决定出于不得已。

王位继承方法在东西方的不同，很大程度上决定了东西方政治格局的不同。中国历史上多大一统的王朝，印度大一统的时间不及中国多，但还是出现了孔雀、笈多、莫卧儿等几个大王朝。欧洲则总是分崩离析、列国纷争不断，罗马帝国是一个绝唱，此后再也没有出现过汉唐或者孔雀那样的大王朝。到现代，搞了个欧盟，但步履蹒跚。

是大一统国家还是列国纷争对人民休养生息有利？答案是不言自明的。中国历史上曾有一谚语“宁为太平犬，不作离乱人”，极深刻地反映了战乱对老百姓造成的灾难。从人口发展规模讲，也深刻反映出列国纷争不利于人口增长，大一统国家有利于人民生息繁衍。历史上，中国、印度都是人口大国，当下更是如此，中印两国人口占全世界的五分之二，欧美国家的人口数量仍在不断下降之中。

东方的发展模式曾受到某些西方学者的歪曲与诬蔑，如美国的魏特夫。他在《东方专制主义》一书中，说东方（中国和印度）是“治水社会”，为了治水，从中央到地方必须要有一张组织网，为了控制这张网，便产生了专制君主、东方专制主义。不过魏特夫的这本书，遭到西方一些严肃、正义学者的批评。英国的李约瑟在1959年即《东方专制主义》出版两年之后指出：此书“是一本后人只能与‘冷战’时期具体情况相联系才能理解的政治读物，而不是一种成熟的、经过深思熟虑的学术著作”。他还指出：“人们发现魏特夫教授已完全失实了，他已进入了一个绝不允许任何事实来修改他的按公式推理的论述的境地。”①

综上可知，方法问题不是小问题，实现伟大目标的方法问题更不是小问题。这对“一带一路”建设的研究者和实践者来讲，是必须谨记和奉行的。同时，还要留意和批判大大小小的“魏特夫”们。这样，才能做到胸怀大局，心中有底。

四　“一带一路”建设的作风

有了崇高的目标，科学、高尚的方法，是不是就万事大吉了呢？不是，还必须有优良的作风。关于作风的重要性，毛泽东在1949年3月有一段经典的表述。他说：“中国的革命是伟大的，但是革命以后的路程更长，工作更伟大，更艰苦。这一点现在就必须向党内讲明白，务必使同志们继续地保持谦虚、谨慎、不骄、不躁的作风，务必使同志们继续地保持艰苦奋斗的作风。”② 在中国历史发生重大转折的关键时刻，雄才大略的毛泽东，语重心长地提出两个

① 李祖德、陈启能主编：《评魏特夫的〈东方专制主义〉》，中国社会科学出版社1997年版，第3页。

② 《毛泽东选集》第4卷，人民出版社1966年版，第1440页。

"务必"。这两个"务必"是中国人民克服一切困难的法宝。

中国的社会主义建设，包括改革开放和"一带一路"建设，必须牢记这两个"务必"。一项伟大神圣的事业，崇高的目标，科学高尚的方法和优良的作风是互为一体、缺一不可的。

习近平不仅给"一带一路"建设指出了前进的方向、奋斗的目标，以及实现目标的科学、高尚方法，而且为我们规定了优良的作风。2014 年 5 月 21 日，他在"亚洲相互协作与信任措施会议"第四次峰会上说："中国坚持与邻为善、以邻为伴，坚持睦邻、安邻、富邻，践行亲、诚、惠、容理念，努力使自身发展更好惠及亚洲国家。中国将同各国一道，加快推进丝绸之路经济带和21 世纪海上丝绸之路建设。"① 在这里，如果我们将"与邻为善、以邻为伴，坚持睦邻、安邻、富邻"看作实现"一带一路"建设目标的方法、路径，那么，"亲、诚、惠、容"就是实现"一带一路"伟大目标所需要的优良作风。"亲、诚、惠、容"和毛泽东的两个"务必"，具有同等的重要性。虽然提出的时代背景，面对的受众各不相同，但是两者同崇高目标的一致性，以及主客观世界的协同性是完全一样的。

关于"一带一路"建设，习近平有着一系列的讲话和论述，其对"一带一路"建设的目标、方法和作风，进行了系统而深入的分析、阐释。我们无论是"一带一路"的研究者还是践行者，都应该认真学习，仔细消化汲取。唯有这样，才能满怀信心、脚踏实地一步一步走向胜利。我们曾在《凡我到处，就是中国——中国梦在海外》一文中说："中国梦的最终实现，必然以世界大多数人民的拍手称好为成功标志。"② 我想，"一带一路"建设的成功，必须和各国的发展规划相对接，以赢得各国人民的拍手称好为成功标志。关于和各国规划对接，明代的一则故事可供借鉴。郑和在七下西洋的过程中，留下了许多故事。其中之一是郑和碑。它用汉文、泰米尔文、波斯文三种文字刻写，三种文字的内容并不相同。这是一个

① 《习近平谈治国理政》，外文出版社 2015 年版，第 358 页。

② 谭中、凌焕铭主编：《海外华人与中国梦》，中央编译出版社 2015 年版，第 18 页。

“和而不同”的典型，目的是交流互鉴，美己之美，美人之美，美美与共。我们的“一带一路”建设就是美美与共的事业。

历史的辩证法告诉我们，誉满天下和谤满天下好像是一对孪生兄弟。“一带一路”建设，一方面大受世界各国人民欢迎，另一方面也受到非难与指责，甚至对其感到恐惧。

美国学者柯文（Paul A. Cohen）对奈波尔（V. S. Naipaul）的小说《河湾》（*A Bend in the River*）中的一段文字很欣赏。他引述道："欧洲人，像所有人一样想要黄金和奴隶；可是同时他们又想给自己树立雕像，就像是对奴隶做了好事。由于他们聪明伶俐，精力饱满又处在权力的鼎盛时代，就可以把自己的文明的这两个方面同时都表达了出来；他们既得到奴隶，又得到雕像。”柯文接着说：“只要权力分配不均，只要切蛋糕的人同时又是挑选的人，某种程度的不均衡或不公状况就很可能出现，有些人就会多得。”[①] 当今世界的乱象，很大一部分原因出在切蛋糕者和挑选者不但是同一个人，而且他变得越来越恶劣。

所以，搞好“一带一路”建设，必须站在人类道义的高地上研究、批判西方殖民史，既要了解奴隶、黄金，也要了解雕像，更要懂得丝绸之路和海上丝绸之路的历史和当下有关“一带一路”建设的方针政策。2014 年 9 月 18 日，习近平在印度世界事务委员会所做演讲《携手追寻民族复兴之梦》中说：“中华民族主张的‘天下大同’和印度人民追求的‘世界一家’、中华民族推崇的‘兼爱’和印度人民倡导的‘不害’是相通的，我们都把‘和’视作天下之大道，希望万国安宁、和谐共处。”[②] “一带一路”建设，就是以“和”为天下之大道，通往万国安宁、和谐共处的大同世界。

历史的经验证明，凡是正义的事业，符合人类共同利益的事业，是一定要胜利的。2016 年 8 月 17 日，习近平在推进“一带一路”建设工作座谈会上指出：“目前，已经有 100 多个国家和国际组织参与其中，我们同 30 多个沿线国家签署了共建‘一带一路’合作协议，同 20 多个国家开展国际产能合作，联合国等国际组织也态度

① ［美］柯文：《在中国发现历史》，林同奇译，中华书局 2002 年版，第 166 页。

② 习近平：《携手追寻民族复兴之梦》，《人民日报》2014 年 9 月 19 日。

积极，以亚投行、丝路基金为代表的金融合作不断深入，一批有影响力的标志性项目逐步落地。‘一带一路’建设从无到有，由点及面，进度和成果超出预期。”这些超出预期的进度和成果，进一步坚定了我们大家的信心：“一带一路”建设必将开创人类文明的新纪元。

［此文于2016年9月18—21日在“2016世界经济特区（长白山）发展论坛：特区发展与‘一带一路’学术研讨会”上发表］

双轮驱动　展翅高翔

——谈“一带一路”建设中的经济与文化*

在古代，丝绸之路和海上丝绸之路上交流的，除货物之外，还有思想、文学、宗教、艺术等文化内容。当代正在热火朝天建设的“一带一路”，其内涵主要也是经济与文化。经济与文化是“一带一路”最重要的组成部分，如车之两轮、鸟之双翼，缺一不可。

一　“一带一路”与“人类命运共同体”

“人类命运共同体”是习近平为当代世界发展所做出的一大理论贡献，是习近平政治学的重要组成部分。2014 年 3 月 27 日，习近平在联合国教科文组织总部演讲时说：“当今世界，人类生活在不同文化、种族、肤色、宗教和不同社会制度所组成的世界里，各国人民形成了你中有我、我中有你的命运共同体。”之后，习近平多次谈到人类命运共同体的问题。2015 年 9 月 28 日，习近平在联合国总部出席第 70 届联合国大会一般性辩论，发表题为《携手构建合作共赢新伙伴　同心打造人类命运共同体》的重要讲话，引起了巨大反响。不到 20 分钟的讲话，全场至少响起 15 次热烈掌声。

---

* 本文作者为郁龙余、黄蓉。

习近平的“人类命运共同体”是对“天下大同”“世界一家”等人类古典天下观的忠实继承和全新发展。习近平在印度所做演讲《携手追寻民族复兴之梦》时说：“中华民族主张的‘天下大同’和印度人民追求的‘世界一家’、中华民族推崇的‘兼爱’和印度人民倡导的‘不害’是相通的，我们都把‘和’视作天下之大道，希望万国安宁、和谐共处。”习近平的“人类命运共同体”思想，不但在中印两国具有悠久的历史渊源和广泛的民意基础，而且获得了世界各国人民的认同和拥护。

习近平政治学内涵丰富深广，是东西方文化交流融合的结晶，是习近平立足中华大地，心怀五洲四海，在几十年的学习、工作、研究中逐渐形成的。从目前已经发表的文字来看，习近平政治学是大政治学，是大政道，包括哲学、史学、法学、军事、党建、文学、宗教学、文艺学等内容，总体上可分为中国政治学（即我们常说的“治国理政”）和“世界政治学”（即“世界治理”）两大部分。中国政治学由“中国特色社会主义”“中国梦”“经济建设”“法治中国”“文化强国”“社会管理”“生态文明”“军队建设”“一国两制”等部分组成；世界政治学由“和平发展”“新兴大国关系”“亲、诚、惠、容”外交理念、“可靠、真诚伙伴”“共创美好未来”等部分组成。这两者是不可分割的、有机的统一体。“一带一路”宏伟构想，是中国政治学和世界政治学的结合部，是习近平政治学的重要组成部分。

习近平世界政治学以“人类命运共同体”为总观照，“一带一路”建设为总方略。在理论上深刻领会和在实践中科学推进“一带一路”建设，都应该认真学习好习近平的“人类命运共同体”思想。有了“人类命运共同体”这个总观照，再来领会和实践“一带一路”建设，就能心领神会，就能高屋建瓴，就能游刃有余。

“一带一路”是历史上的丝绸之路和海上丝绸之路的现代版，但是内涵和所涉国家比以往宽广得多。英国著名历史学家彼得·弗兰科潘（Peter Frankopan）在《丝绸之路——一部全新的世界史》的中文版序言中敏锐地指出：“所以当习近平主席于2013年宣布

‘一带一路’的创想之时，他是在重新唤起人们对于那段很久之前就已经熟悉的繁荣回忆。”[①] 并以“‘丝绸之路’正在复兴”，结束这部巨著。[②] 习近平在“人类命运共同体”思想的观照下，提出“一带一路”宏伟倡议，有着深刻的时代背景。

其一，中国否极泰来，迎来了历史上最强盛的时代。从商、周开始，一直到清代中叶，中国一直是世界上最强大、富庶的国家之一，在大多数时间里，中国的 GDP 一直遥遥领先，甚至占到世界 GDP 的一半以上。但是自 1840 年鸦片战争之后，中国迅速衰落，到 1894 年甲午海战北洋水师全军覆没，中国跌到了深渊之中。与此同时，在爱国人士及全体人民的奋斗下，中国的命运又开始起死回生。在民族复兴的道路上，有三大光辉的里程碑：1912 年在孙中山领导下中华民国成立，标志着两千多年的君主制在中国彻底结束；经过 14 年的殊死奋战，1945 年抗日战争取得伟大胜利；1949 年在毛泽东领导下中华人民共和国成立，中华民族的伟大复兴开始了一个新时代，经过几代人的努力，到今天中国已成为世界最大贸易国，GDP 总量居世界第二。按照习近平两个一百年的构想：“到中国共产党成立 100 年时全面建成小康社会的目标一定能实现，到新中国成立 100 年时建成富强民主文明和谐的社会主义现代化国家的目标一定能实现，中华民族伟大复兴的梦想一定能实现。”[③]

其二，西方世界由盛而衰，在东西方消长中逐渐沉沦。这种沉沦是从欧洲开始的。匈牙利著名经济历史学家卡尔·波兰尼（Karl Polanyi）在《新西方论》中说：“有迹象表明，当西方与整个世界相遇时便出现文化荒芜。重要的并不是它在科学或艺术领域的成就，这些仅仅繁荣过一时，而是被所有人类所评估的思想和生命价值的权重。”“西方，这个文化实体其思想家和作家们就像传统的交通工具一样，不再有人听它的话；然而这并不是因为存在一个不友

① ［英］彼得·弗兰科潘：《丝绸之路—— 一部全新的世界史》，邵旭东、孙芳译，浙江大学出版社 2016 年版，第Ⅺ页。

② 同上书，第 447 页。

③ 《习近平谈治国理政》，外文出版社 2015 年版，第 36 页。

好的大众，就像我们说服自己相信的那样，而是因为它已经没有什么可以对大众说的了。”① 美国是西方世界的后起之秀，曾给西方世界带来希望。但是，自“9·11”事件之后，它也陷入了不可自拔的困境。美国一位由顶尖神经外科医生转为政坛新星的本·卡森（Ben Carson），精准地揭示了美国的沉沦，他在《美利坚沉思录：伟大国家的自白与自省》的《序言》一开头就指出：“美国仍是当今处于世界巅峰的国家。然而，她却不是第一个面临衰落的巅峰国家。可以这么说，古埃及、希腊、罗马、英国、法国和西班牙都很享受它们处于世界之巅的时光，有的长达数百年之久。随后，就在它们开始走下坡路的时候，都经历了一些特殊的相似之处：纵情文娱，迷恋权贵，政治腐败，道德沦丧。”②

就在中国否极泰来、走向全面小康和实现民族复兴伟大中国梦，以及西方世界出现“文化荒芜”和走向“纵情文娱、迷恋权贵、政治腐败、道德沦丧”之时，习近平以“人类命运共同体”思想为观照，提出了“一带一路”建设的宏伟倡议。

“一带一路”宏伟倡议一经提出，很快就得到世界绝大多数国家的响应。有学者指出：“‘一带一路’倡议覆盖中亚、南亚、东南亚、西亚、中东和中东欧等地区，沿线人口44亿，占全球人口的62.5%，经济总量21万亿美元，占全球的28.6%。”③ 当然，由于国情不同，响应的态度也不同。以上统计，发展到今天又有新变化。总趋势是参加的国家越来越多，态度越来越积极，呈现全球化倾向。各国都想搭上中国这趟经济快车，在“一带一路”的建设中谋取自己的利益。

毫无疑问，“一带一路”建设，已经成为并将继续成为当代世界发展的主旋律、主轴大戏、主潮。浩浩荡荡，势不可当，顺之者昌，逆之者衰。

① ［匈］卡尔·波兰尼：《新西方论》，潘一禾、刘岩译，海天出版社2017年版，第35页。

② ［美］本·卡森：《美利坚沉思录：伟大国家的自白与自省》，裴筱宁译，中信出版社2014年版，第Ⅸ页。

③ 薄贵利主编：《强国宏略》，人民出版社2016年版，第82页。

二　“一带一路”建设的根本动力

关于“一带一路”建设的动力，国内外的专家学者有许多研究，得出的结论也各种各样。其中，有些说法似是而非，如说“一带一路”的提出是出于对美国“重返亚太”政策的反制，有的干脆说“一带一路”倡议是中国版的“新马歇尔计划”，有的说“一带一路”建设是为了向国外“转移过剩产能”。也有一些说法将我们的愿望和需要当作了根本动力，比如大大拓展了的中国海外利益需要得到保障，又如应对国际安全环境恶化的需要，等等。

对“新马歇尔计划”等似是而非的说法，应该做到“两个坚决”，就是坚决批判，坚决划清界限。先说坚决批判，坊间谈论大国崛起的书不少，从葡萄牙、西班牙、荷兰、英国到法国、德国、日本、俄罗斯、美国，一个个崛起又一个个衰落。目前，世界的动荡不安都和美国这个超级大国的崛起与衰落有关。由此得出结论，中国必将取而代之。美国总统特朗普的种种超常规言行，以及美国学者本·卡森等人的自白与自省，都是为了美国不像“之前所有的巅峰国家一样逐渐衰落”。我们认为，世界上没有千年的王朝，没有万岁的皇帝。但是，美国如果真的“推进一个伟大的尝试”，即“作为一个‘民有、民治、民享’的国家，延续她的自由和繁荣，以及是否可以从过去的错误中学习借鉴”①，那么，确实是可以延长她的巅峰期的。问题是，美国“可以从前面那些国家的前车之鉴中吸取教训并采取措施纠正吗?”② 我们要坚决批判、坚决说明的是：从葡萄牙到美国，走的都是“暴力暴利”的双暴路线，所以出现了罪恶的鸦片战争和奴隶贸易。双暴路线的特征和结果，就是骤兴骤落。几百年间，九个帝国兴衰起落，和中国三千年长青相比，不是

① ［美］本·卡森：《美利坚沉思录：伟大国家的自白与自省》，裴筱宁译，中信出版社2014年版，第Ⅺ页。

② 同上书，第Ⅸ页。

像走马灯一样吗！

再说坚决划清界限。中国何以三千年长青，被西方学者称为“超稳定结构”？是因为中国有“天下大同”“以和为贵”的文化。今天，习近平提出“人类命运共同体”，是对中国“天下大同”社会观的继承和发展；“一带一路”是在“人类命运共同体”观照下的宏伟构想。这和西方几百年来“暴力暴利”殖民路线以及他们的奴隶贸易、鸦片战争是截然不同的。

既然截然不同，为何还要坚决划清界限？这是因为近代以来，中国沦为半殖民地，中国不少人受到西方思想的潜移默化，从“中体中用”到“中体西用”，再到一切唯西方马首是瞻的“西体西用”，出现了“尊西人若帝天，视西籍若神圣”（邓实语）的情况。殖民主义死亡了，美国的黑奴制度也已取消，但是它的尸体还会腐烂毒害一代又一代的人。要想拒绝这种毒害，我们必须像防卫瘟疫一样远离西方殖民主义文化，高扬“人类命运共同体”的旗帜。

和西方腐朽思想划清界限并不容易。传统的殖民主义、帝国主义进入网络时代，演变成了文化帝国主义，对发展中国家进行更肆无忌惮的文化入侵，但大多数时间表现得特别温柔、体贴、仗义。这软硬两手都是为了摄取猎杀对象的灵魂。它们常常穿着漂亮时髦的外衣，我们中的一些人又会打着国际化、与国际接轨的旗号，堂而皇之地或自觉不自觉地和殖民思想沆瀣一气。如果让这种思想和行为得逞，那么中国的复兴不会持久，就会重蹈西方大国几百年来的骤兴骤落的覆辙。

所以和西方殖民思想能否坚决、彻底划清界限，不是一个技术问题、方法问题，而是一个态度问题、立场问题，是一个关乎“一带一路”建设前途命运的根本问题。

没有了利益的驱使，特别是暴利的诱惑，“一带一路”建设的动力何在？“一带一路”建设由一个又一个具体项目组成，每个项目成立的基础是合作互利共赢。这就是“一带一路”建设的根本动力所在。除此之外，还有来自文化和道义上的强大动力。

三 “一带一路”建设与中国文化

中国是“一带一路”建设的首倡国和最重要的参与国，但不是总承包商或董事长。“一带一路”建设是人类历史上最宏伟的发展构想，是世界各国的交响合奏曲。要有作曲家、指挥、领唱、歌唱人员、各种乐器组合，等等。每个国家都可以是参与国、受惠国，没有任何的排他性。这是“一带一路”深受各国欢迎的重要原因。那么，为什么中国是“一带一路”建设的首倡国和最重要的参与国，而不是别的国家？

作为“一带一路”建设的首倡国和最重要的参与国，需要两个条件，一是经济大国；二是需要文化积淀，而且它的文化必须经受过历史考验，是包容、先进的，对当今世界发展具有引领作用。对照这两大条件，环视当今世界，舍我其谁！

就经济而论，美国有资格当，但是在文化上不对路数。它是“双暴”路线的继承者，不可能出面挑头搞“一带一路”。正如有的学者所说：“美国持观望态度，对‘一带一路’的性质比较困惑。”① 和美国相比，印度作为一个文明古国，又和中国同为当今最大的发展中国家，经济总量已超越昔日的宗主国英国，是比较有条件出面牵头的。但是由于印度在丝绸之路上不占主导地位，它想搞“棉花之路”又各方面条件不成熟，就只能对“一带一路”采取“实应口不应”的态度。“对于‘一带一路’，印度有参与的需求和意愿，实用主义心态突出，但不乐意接受中方的概念。印度对于‘一带一路’这样的倡议能做到不反对，有选择地参与，对中国而言就已经是很好的结果了。”② 这样，“一带一路”建设的首倡任务，就历史地落到了中国的肩膀上。习近平审时度势，高瞻远瞩，于2013年9月首次提出了关于“丝绸之路经济带”宏伟构想。这既是领袖的智慧，也是当今世界的时势使然。

---

① 陈元、钱颖主编：《“一带一路”金融大战略》，中信出版社2016年版，第3页。

② 同上书，第4页。

以上对美国和印度的分析，告诉人们一个道理：做“一带一路”建设的首倡者，需要经济实力和文化底蕴。缺一不可，不足亦不可。自然，在“一带一路”建设中，依然需要这二者。从目前情况看，我们对经济看得比较重，对文化的重要性认识还不足。以至于出现了对外投资过热，甚至有人担心出现“一带一路”泡沫。所以，我们在此要重点说说“一带一路”和文化的关系。

从根本上说，“一带一路”建设是人类历史上时间和规模都空前的文化交流活动。经济是文化的载体，文化是经济的魂魄。没有经济的文化，只是无所依附、四处游荡的幽灵；没有文化的经济，只是没有灵魂的躯壳，只是砖瓦、水泥和钢铁、玻璃的排列组合。文化的流动是“一带一路”建设最大的内生性动因。

每一个国家或民族，在自己的发展过程中，或处于上升期，处于文化高位；或处于衰落期，处于文化低谷。作为这个国家或民族的文忠，就必须告知世人：应该撷取外来文化的哪些优秀成分，摒弃自己文化中的哪些不良成分。同时，还要告知世人，自己文化的哪些优秀成分应当用什么样的适当方式向外传播，送给国外友人。也就是鲁迅讲的“拿来主义”和季羡林讲的“送去主义”的结合。

“一带一路”承担的不仅是经济建设，还是文化建设；文化建设不仅是传播送去，还包括吸收拿来。文化交流只有双向的才是正常的，有生命力的。“一带一路”建设是人类历史上最广泛、最深入的文化交流，我们应该怎样进行深义文化的交流呢？

我们在前辈学者研究的基础上，对有代表性的国家和民族的深义文化进行认知与概括。这种认知和概括同时也是对中国深义文化的深入了解。我们来认知和概括几个有代表性国家的深义文化：

英国：重商，崇文，绅士，渐进；
法国：浪漫，追新，骑士，放达；
德国：严谨，执着，工匠，彻底；
日本：拘礼，精巧，浪人，心重；
美国：开放，宽容，牛仔，自我；
俄国：拓垦，坚毅，奔放，进取；

印度：自豪，厚古，包容，多彩；
中国：仁义，中庸，贵和，图新。

每个国家的深义文化，也就是国民性，是最基本的，我们既不可以偏概全，也不可“以全概偏”。而且，各国深义文化并非一成不变，遇到特殊环境，会逐渐转化，甚至走向反面。这种转化，以一反常态的浮躁、惊世骇俗的逐利开始。

我们搞“一带一路”建设，有必要了解各国的深义文化，但也要知道各国的复杂性、特殊性，万万不可按图索骥、郑人买履。

“一带一路”建设的生命力在于文化。有人说：“五年的企业靠产品，十年的企业靠技术，百年的企业靠文化。”“一带一路”建设要永葆青春活力，必须依靠中国文化的力量。首先，我们要做到文化自信。中华民族是一个文化的概念，今天的中华民族是几千年来在和世界各民族的文化交流中一步一步发展壮大起来的，这种文化交流的主渠道丝绸之路和海上丝绸之路，是中华民族和世界各族人民共同缔造的。当今天中国人民和世界人民对这种文化交流的主渠道提出新的要求和呼唤时，“一带一路”建设必须经济、文化双轮驱动，才能如雄鹰在天，展翅高翔。将中国文化传播到世界各地，是“一带一路”建设的题中应有之义。将什么样的中国文化传播出去？我们认为，首先要将中国文化的精华传播出去。中国文化博大精深，这是各国学者和人民公认的。中国文化精华有五大理念，即民惟邦本的民主观、孔夫子的中庸之道、“和而不同”的关系准则、“己所不欲，勿施于人”的处世原则、天下大同的社会观，在“一带一路”建设中值得向各国朋友介绍。

进行“一带一路”建设，弘扬中国文化精华，首先要把这五大理念宣传起来。通过这五大理念，以及围绕五大理念的丰富多彩、生动活泼、坚持不懈的现身说法，世界各国人民对中国的深义文化即中国的国民性“仁义、中庸、贵和、图新”将有更真切的认知。

国之交，在民相亲；民相亲，在心相知；心相知，在文化交流。我们搞文化交流，一定要和以往的殖民主义搞的文化渗透、文化侵略划清界限。我们中国文化所以繁荣昌盛，得益于文化交流，得益于通过文化交流从印度及世界各国汲取了大量有益的文化养分，极大地滋养、壮大了自己，使得中国文化之树长青不衰。

文化交流与文化渗透、文化侵略有什么区别呢？最大的区别决定于他国人民接受时的态度。如果这种接受是主动的、积极的、互益的，那就是正常的文化交流。反之，如果这种接受是被动的、消极的、对接受方有害的，那就是文化渗透、文化侵略。怎样才能搞好文化交流，和一切殖民主义的文化渗透、文化侵略划清界限呢？我们要坚持“美美与共”的原则——美己之美，美人之美，己美人美，美美与共。爱美之心，人皆有之。只有美美与共才是最有生命力的。

“水往低处流，人往高处走。”这句俗话说明思齐之心人皆有之。在“一带一路”建设中，除了“美美与共”之外，还要坚持“做好自己，造福他人”。人类从野蛮走向文明，经历了漫长的过程。在这文明的进程中，见贤思齐起到了巨大作用。例如，东南亚不少地区，包括中国的台湾地区，自古在不同部族之间存在“猎头”恶俗。后来，中国的士人、商人、华侨极力劝阻，终于在近两百年间这种恶俗成了历史陈迹。东南亚现在成了世界上经济、文化最活跃的地区。这和明代郑和下西洋以来中国和该地区频繁的人员、经济、文化往来密切相关。中国先进的种养技术、制造工艺和人伦道德、诗书礼仪，在“美美与共”和“见贤思齐”之中极大地影响着东南亚人民。历史上，中国的丝绸、陶瓷、茶叶成了各国竞相追求的上等货品，甚至成了王宫收藏和寺庙、教堂的供品；中国人的仁义、中庸、贵和、图新，成了各国人民效仿的榜样。所有这些各国人民都是发自内心的、自觉自愿的，是“美美与共”“见贤思齐”的体现。在当下的“一带一路”建设中，在中国文化走向世界和世界文化走进中国的进程中，“美美与共”“见贤思齐”，是屡试不爽的不二法门。我们需要做的，就是坚持不懈，不懈坚持。

（此文为《中国文化与世界·“一带一路”与中国文化必读》一书约稿）

深圳与“一带一路”建设

“一带一路”是中国国家主席习近平提出的新概念。它是古老的丝绸之路和海上丝绸之路的现代版，有着悠久的历史传统。深圳是中国最年轻、最具创新精神、最具活力的城市之一，它和“一带一路”有着密不可分的联系，和沿线国家互为“近水楼台”，在合作互利中，有着巨大的共赢空间。

一　深圳和海上丝绸之路

在大多数人的心中，深圳是一座崭新的现代化大都市，它的前身是一个“小渔村”或一座“边陲小镇”。这个认识的前一半是对的，后一半则既对又不对。在1979年成立经济特区前，深圳是宝安的县城所在地，不是小渔村，也不是边陲小镇。它有火车站、海关、旅行社、酒店、茶楼，两三万居民，还有一座吸引香港人看粤剧的深圳戏院，其设施在当时是一流的，怎么说也不是“小渔村”和“边陲小镇”。所以有位作家写了一本《谁说深圳是小渔村》的书，强调“深圳不是‘小渔村’那么简单和平凡”。[①]但是，今天的深圳有着百里长街深南大道，数不尽的高楼大厦，实际居住着两千万人口，有着众多国际称号和“中国第一”，再回头来看1979年前的深圳，相比之下不就真的成了“小渔村”“边陲小镇”了吗？

---

① 刘深：《谁说深圳是小渔村》，深圳报业集团出版社2011年版，第293页。

（一）深圳历史上的易名与沿革

考古发现证明，深圳地区有着古代人类居住史。在深圳大鹏半岛上有一个叫“咸头岭”的自然村，背山面海，风光旖旎。2006年，距离7000多年前的新石器时代的“咸头岭文化”被发现，认定是“珠三角之根”，并列为“2006年中国考古六大新发现”之一。而在前几年，在深圳发现的屋背岭墓葬群，是岭南地区发现的夏商时期墓葬群，出土了陶罐、陶豆、石锛、玉矛等文物，被评为“2001年中国十大考古新发现”之一，打破了史学界“商不过长江”的旧说。

深圳原属宝安县，县城为南头镇。墨子说：“昔者尧有天下，南抚交趾。”（《墨子·节用中》）宝安属于当时的交趾地面。秦始皇二十四年（前223），秦朝在岭南建桂林、象和、南海三郡，宝安属南海郡番禺县。汉元鼎六年（前111），在岭南建南海等九郡，南海郡下辖番禺、博罗等六县，宝安地区分属番禺、博罗两县。

汉元封元年（前110），在全国28郡设盐官，南海郡设了西官和东官两处。宝安县城南头（时称城市岗）是东官官衙驻地。汉末三国时期，孙权于黄武五年（226）增设东官郡，郡治在南头。西晋初，东官郡并入南海郡。东晋咸和六年（331），南海郡分为东官等四郡。东莞郡府衙设在南头，民间传为设了宝安郡。实际上“东官郡地域广袤，不存在宝安郡”。①

唐至德二年（757），宝安县县治迁至东莞，县名改为东莞。

明万历元年（1573），明神宗批准广东提刑按察司副使刘稳所奏，批准宝安复县，亲赐县名“新安”，取“革故鼎新，转危为安”之义。

清初，因“迁海”政策，宝安县撤销。康熙八年（1669）新安县恢复建制。“鸦片战争以后，腐败无能的清政府先后与英国签订了《南京条约》《北京条约》和《展拓香港界址专条》等丧权辱国的不平等条约，先后把新安县的香港岛、九龙半岛南端、新界等大

① 吕文郁等：《宝安人物风物》，北方文艺出版社2001年版，第8页。

片领土割让或租借给英国殖民者，割让或租借领土的总面积达 1066 平方公里。这样，新安县的面积只剩 1534 平方公里。”①

民国三年（1914），因新安县与河南省新安县重名，遂将广东的新安县复名宝安县，县治仍设在南头镇。1953 年，县治迁往深圳镇。1952 年 2 月、1958 年 10 月和 11 月，分别将东莞县、惠阳县的部分乡镇划归宝安县，使其总面积达 2020 平方公里。1979 年深圳建市，1980 年成立深圳经济特区。原粤西高州深圳镇，在省地名办协调下更名为“深镇镇”，以支持深圳特区发展。

以上是深圳在历史上易名和沿革情况的概要。自 1980 年成立深圳经济特区，宝安这块被誉为“得宝而安”的土地，焕发出了从未有过的活力，成了中国改革开放的排头兵，当今世界的明星城市。

（二）深圳是海上丝绸之路的大港

海上丝绸之路，又称陶瓷之路、香料之路，从何时开始，尚无定论。根据实物考古发现，早在汉代，中国和非洲已经有了海上贸易往来。陈公元认为：汉武帝（前 140—前 87 年在位），在张骞“凿空西域”那个时候，“海上贸易也有了发展，我国已能够建造高大的海船。番禺（广州）从西汉前期起，就成了从事‘珠玑、犀、玳瑁’等海外珍品贸易的港口。中国的商船从雷州半岛的徐闻县横越南海，绕过马来半岛，由暹罗湾入缅甸，到达印度南部和斯里兰卡，以黄金和丝织品同印度等地的商人交易‘大珠、璧琉璃、奇石、异物’等。当时，北非的文明古国埃及正处于托勒密王朝（公元前 305—前 30 年）时期，造船技术已相当发达。埃及的海船出红海，远航印度洋，到达印度等地，把中国的丝绸和印度的象牙、珍珠以及阿拉伯的宝石等转运到埃及和地中海沿岸各国。据说当时著名的埃及女王克里奥帕特拉（公元前 51—前 31 年在位）所穿的长袍，就是中国的丝绸做成的。”②

中国自汉代起，就和非洲、印度洋沿岸国家有贸易往来的记载，得到了外国学者的一致肯定。荷兰汉学家戴闻达（J. J. L. Duyvendak）

---

① 吕文郁等：《宝安人物风物》，北方文艺出版社 2001 年版，第 19 页。

② 陈公元：《古代非洲与中国的友好交往》，商务印书馆 1985 年版，第 1—2 页。

认为：“《前汉书》的记载极有价值，因为它表明了中国自古就与印度洋诸国有了贸易往来。”① 通过海上丝绸之路，中国不但最早发现了非洲，而且早于哥伦布1000多年发现了美洲。以前，几乎所有人都认为，美洲新大陆是由哥伦布发现的，包括秘鲁人印卡·加西拉索·德拉维加著的那本卷帙浩繁的《印卡王室述评》。但是，到公元1900年前后，法显早于哥伦布到达美洲之说，在法国史学界最先提了出来。中国的章太炎也发表专论，支持此说。“但是法报和章太炎，都未能引起中外的什么响应，昙花一现，很快销声不闻了。”② 到1992年，中国学者连云山经过多年研究，出版《谁先到达美洲：纪念东晋法显大师到达美洲1580年》一书。认为：《法显传》中所说，“如是九十日许，乃到一国，名耶婆提”。确认这个“耶婆提”不是印度某地，而是美洲。“中国人所到的耶婆提是何处？乃是中美洛杉矶到墨西哥的耶卡普尔科一带。”③ 有学者认为连云山此论可能“石破天惊”，但“言之成理，持之有故，成一家之言”。④

日本三上次男在《陶瓷之路》中认为：“早在公元前后开始，海上丝绸之路被频繁地使用着，它同丝绸之路一样，早就成为重要的贸易通道了。”在书的最后，他写道：“这是连接中世纪东西两个世界的一条很宽阔的陶瓷纽带，同时又是东西文化交流的一座桥梁。我想还是把这条海上的通路姑且称作：‘陶瓷之路’吧！”⑤

在古代海上丝绸之路上，中国有着一系列的大港，如扬州、明州、福州、泉州、潮州、广州、徐闻，等等。其中，以广州和泉州最为重要。古代科学不发达，航海安全常常乞灵于神灵。生于北宋建隆元年（960）、终于雍熙四年（987）的福建莆田县湄洲湾的林

---

① ［荷］戴闻达：《中国人对非洲的发现》，胡国强、覃锦显译，商务印书馆1983年版，第11页。

② 连云山：《谁先到达美洲：纪念东晋法显大师到达美洲1580年》，中国社会科学出版社1992年版，第22页。

③ 同上书，第121页。

④ 同上书，第153页。

⑤ ［日］三上次男：《陶瓷之路》，李锡经、高喜美译，文物出版社1984年版，第155页。

默娘，因海上救护遇难船工被民间神化，后又经历代帝王敕封，封号越来越多，从夫人、天妃、圣妃到天后、娘妈、妈祖，等等。从宋代开始，海上女神、妈祖崇拜流行于海上丝路沿线各地。甚至有这样的说法，哪里有中国船工，哪里就有妈祖。有学者经过研究说：“据不完全的统计，马来西亚共有天后宫 35 座。分布的情况如下：马六甲 8 座，槟城 6 座，霹雳 6 座，雪兰莪 1 座，彭亨 4 座，柔佛 5 座，沙巴 1 座，砂捞越古晋 1 座，丁加奴 1 座，吉兰丹 2 座。”①

广州自古是大港，隋代开皇十四年（594）建有南海神庙。深圳作为广州的外港，在赤湾建有最大的妈祖庙（天妃宫），香火鼎盛。有学者说：“赤湾天后庙，传说始建于南宋后期。清初广东著名学者屈大均所著《广东新语 · 神语 · 海神》描述：‘其祠在新安赤湾。背南山，面大洋。大小零丁数峰壁立为案，海上一大观也。凡济者必祷，谓之辞沙。’清宣统年间陈伯陶编撰的《东莞县志 · 屿地略 · 风俗》记述天妃诞盛况说：‘三月二十三日天妃诞，饰童男童女为故事。衣文衣，跨宝马，结彩棚，陈设焕丽，鼓吹阗咽。’1960 年新编《宝安县志》也有记述：‘过去每年农历三月三日及三月二十三日为圣母诞。这二天，来自各地的游人达数万人。在平时，也因其风景优美，游客络绎不绝，是名胜之地。’的确，赤湾山海风光是优美的，明清时期都曾经是新安八景之一。康熙年间编撰的《新安县志 · 地理志 · 八景》介绍说：‘赤湾胜概，在南山之南，势耸丽开展，两翼盘护，葱郁天妃宫殿焉。前居海，波涛万顷，一望无际。’自明代以来，官宦文人曾留下大量的赞咏诗文。如清乾隆六十年（1795），新安知县袁嘉言的《赤湾谒天后庙》诗：

庙貌光同日月昭，
伶仃横锁海门潮。
云随仙佩归金阙，
雾卷灵旗下碧霄。

---

① 朱天顺主编：《妈祖研究论文集》，鹭江出版社 1989 年版，第 182 页。

岛外鲸鲵沉浊浪，
空中鸾鹤舞回飙。
即今万国柔怀日，
重译都来奠酒椒。

赤湾天后庙原本规模宏伟，有大小房舍100间，且以有99道门而驰名于东南亚，为海内外众多天妃庙中最大的古建筑之一。”①

澳门在西文中普遍译为Maco，为妈祖庙“妈阁”的音译。古代香港因集散东莞生产的莞香而得名，同样很早建有妈祖庙。宋元模认为：“在香港各种庙宇之中，也以天后庙为最多。据文献记载：远在宋代，香港便有天后庙的建立，当地人叫它做大庙。它的建立，比我国沿海港口如天津、青岛、南京、上海，以及台湾鹿港各地的天后宫要早得多，它是沿海出现的第一座天后庙。它建在北佛堂上，建于宋度宗咸淳年间（1265年至1274年），距今已有700多年。”②

对赤湾天妃庙，江山、沈思在《试论妈祖神话在港澳深地区的影响》一文中说：“由于赤湾庙是经过‘皇封’的，所以规模宏大香火鼎盛，大大超过了历史悠久的佛堂门大庙，成为当地一大胜景，每逢旧历三月，当地便形成规模巨大的庙会。大庙附近，竹棚林立，遍布茶楼、食堂、百货铺等，还要搭大戏台，请广州最著名戏班连日唱戏，彻夜通明，锣鼓声响达十数里。港、澳、东莞、广州，甚至远自南洋的渔民、客商，数万人如云涌而至，梵香朝拜，此俗数百年延续不断。加之此处背山面海，风光秀丽迷人，历代的‘新安八景’均以‘赤湾胜概’为第一景。”③在古代，海神庙的数量、香火情况，是衡量一个港口地位的最有说服力的标志。深圳、香港妈祖庙的兴盛，说明这里在历史上是海上丝绸之路的一个地位重要的大港。

① 陈乃刚：《建设有深圳特色的旅游文化》，载陈传康、郁龙余主编《深圳市旅游发展规划》，同济大学出版社1992年版，第129页。

② 肖一平等编：《妈祖研究资料汇编》，福建人民出版社1987年版，第184页。

③ 朱天顺主编：《妈祖研究论文集》，鹭江出版社1989年版，第115页。

二　深圳经济特区的现状

1980 年，中央决定成立深圳经济特区。这是深圳历代沿革史上意义最重大、最深远的一次功能定位。从此，相继建立了厦门、汕头、珠海、海南经济特区和上海浦东新区。1949 年新中国成立，中国的大门基本上关闭了。这种关闭，一方面来自西方的封锁，即中国大门首先是从外面被关上的；另一方面来自中国的自我保护，不得不自力更生，自我发展。经过二三十年的建设，基本的工业、农业、教育、科学体系建立了起来，获得了和印度当时大体相当的发展。但是，和世界先进水平相比，差距巨大。如何面对？

中国选择了改革开放，将关闭的大门自主地从里面打开，其中一个重要的措施，就是建立经济特区。各种人才从中国和世界的四面八方来到深圳，来了就是深圳人。深圳人"以特别之为，立特区之位"。经过 35 年的努力，深圳发生了翻天覆地的变化，这种变化，大得令人难以置信。有一位外国总统一下飞机，就责怪下属买错了机票，他要访问深圳不是香港。下属告诉他，这里就是深圳。

深圳到底发生了什么变化，我们让事实来说话。

（一）深圳经济特区的主要数据

2015 年 6 月 10 日，深圳市市长许勤在《市六届人大一次会议上所做的政府工作报告》中，发布了一系列权威数据。报告中说：

（1）2014 年本市生产总值超过 1.6 万亿元，提前实现"十二五"规划 1.5 万亿元的目标，总量五年翻了近一番；固定资产投资 2717 亿元，五年累计突破 1 万亿元，超过此前十年总和；社会消费品零售总额 4844 亿元，是五年前的 1.9 倍；进出口总额 4878 亿美元，连续三年居内地城市首位，其中出口 2844 亿美元，实现二十二连冠；来源于我市的公共财政收入 5560 亿元，五年翻了一番，其中地方一般公共预算收入 2082 亿元，是五年前的 2.4 倍。

（2）人均 GDP 五年增加 1 万美元，达到 2.4 万美元，每平方公里产出 GDP、财政收入分别达 8 亿元和 2.8 亿元，均居全国大城市首位。工业增加值率五年提高 4.9 个百分点。地方一般公共预算收入年均增速是 GDP 增速的 1.8 倍。居民人均可支配收入、最低工资标准、最低生活保障标准均居全国领先水平。发展的“技术含量”显著提升。全社会研发投入达到 643 亿元，是五年前的 2.3 倍，占 GDP 的 4.02%。

（3）实施生物、互联网、新能源、新材料、文化创意、新一代信息技术、节能环保七大战略性新兴产业规划政策，深圳成为国内战略性新兴产业规模最大、集聚性最强的城市，产业总规模近 2 万亿元。前瞻布局航空航天、生命健康、机器人、可穿戴设备和智能装备等未来产业，不断形成新的优质产业增量。服务业占 GDP 比重达 57.3%，五年提高 4.1 个百分点，其中现代服务业占比达 67.6%。服装、家具、钟表等优势传统产业加速向微笑曲线两端攀升，黄金珠宝产业集聚基地等成为全国知名品牌创建示范区，工业设计从业人员约占全国 1/4，IF 国际设计大奖和红点奖获奖总数连续四年居全国首位。产业集聚辐射能力显著增强。总部经济影响力持续扩大，华为等 4 家本土企业进入世界 500 强。金融中心地位不断巩固，本外币存贷款余额跃居全国第三，金融业总资产突破 7 万亿元，五年翻了一番。在境内外上市的深圳企业达 306 家，五年新增 113 家。港口集装箱年吞吐量超过 2400 万标箱，进入全球前三。机场旅客年吞吐量超过 3600 万人次。

（4）成为首个以城市为基本单元的国家自主创新示范区。重大创新成果不断涌现。2014 年 PCT 国际专利申请量达 1.16 万件，是五年前的 3 倍，占全国的 48.5%。每万人有效发明专利拥有量 65.7 件，是全国平均水平的 13.4 倍。

（5）在全国率先实施商事登记制度改革，推行“四证合一”，商事主体从 68.3 万户增加到 185.8 万户，总量居全国城市首位。[①]

深圳大学产业经济研究中心主任魏达志认为，深圳取得了“历史性贡献”，他说：“2014 年，深圳特区生产总值超过 1.6 万亿元，

① 许勤：《市六届人大一次会议上所做的政府工作报告》，深圳市政府在线网站，2015 年 6 月 10 日，（http：//www. sz. gov. cn/zfbgt/zwdt/201506/t20150610_ 2905406. htm）。

是特区创建前1979年1.9亿元的8400余倍；人均生产总值2.4万美元；地均产出超过8亿元，名列全国中心城市前茅；深圳市进出口总额4878亿美元，连续三年居内地城市首位，其中出口2844亿美元，成为全国的二十二连冠；战略性新兴产业年均增长20%以上，增加值占GDP比重超过35%，对经济增长的贡献率接近50%。深圳不仅各主要经济指标已经名列全国大中城市前茅，更加重要的是深圳已经形成了高新技术、金融、物流、文化四大支柱产业，七大战略性新兴产业，五大未来产业等全新的产业结构。”①

（二）深圳发展的文化软实力

深圳35年的发展，取得了一系列的经济成绩。这些成绩是令人惊叹的。魏达志说：“目前，深圳土地面积只有1952.8平方公里，只占北京的11.9%，上海的30.8%、广州的26.2%，然而2014年深圳经济总量1.6万亿元，超过了哈萨克斯坦、巴基斯坦、希腊、秘鲁、爱尔兰、葡萄牙等国家，仅次于全球排名第43位著名的创新型国家芬兰。深圳每平方公里产出GDP超过8亿元，是上海3.7亿元的2.16倍、广州2.2亿元的3.6倍、北京1.29亿元的6.2倍。另外，2014年深圳人均GDP达2.4万美元，接近韩国和沙特阿拉伯水准。”②

深圳在“一带一路”中能发挥其优势的，除了经济实力之外，还有它的众多文化软实力。船的力量在帆上，人的力量在心上。对深圳来讲，这力量首先来自共同的观念。观念属于深义文化，是人和城市的灵魂。深圳人有许许多多先进的观念，最有影响的是“时间就是金钱，效率就是生命”“空谈误国，实干兴邦”“敢为天下先”“改革创新是深圳的根、深圳的魂”“让城市因热爱读书而受人尊重”“鼓励创新，宽容失败”“实现市民文化权利”“送人玫瑰，手有余香”“深圳，与世界没有距离”“来了，就是深圳人”十大观念。

“深圳十大观念”首先产生于民间。2010年8月，有网民提出，

① 魏达志：《深圳特区的历史性贡献》，《深圳特区报》2015年8月25日。

② 《财经周刊》，《香港商报》2015年9月12日第A12版。

把30年来根植于深圳土壤的观念收集、总结起来，让每个深圳人重温这些激动人心的“深圳观念”。于是，市民、专家、媒体互动了起来，选出了103条观念，又讨论选出30条，后来以最严格的IP投票形式，经过半个多月、66874人次投票，选出12条深圳观念。2010年11月7日，由15位专家、学者和资深媒体人组成评委会，对30条参与“决选”的观念进行讨论、投票，并各以50%的权重和网络评选结果综合，以极高的认同率（达九条）评选出了“深圳最有影响力的十大观念”。[①]

深圳的经济成就和文化观念，吸引了无数海内外人士来到这里。他们选择深圳的十大理由是：

（1）因为这是一个创造奇迹、创造传奇的城市。

（2）因为这是一个有着新观念、新思想、新生活的城市。

（3）因为这是一个包容开放、海纳百川的城市。

（4）因为这是一个创业之城、创新之城、创意之城。

（5）因为这是一个充满机遇、充满挑战的城市。

（6）因为这是一个活力四射、青春时尚的城市。

（7）因为这是一个好学上进、崇尚阅读、爱心洋溢、文明现代化的城市。

（8）因为这是一个四海群英荟萃、英雄不问出处的城市。

（9）因为这是一个办事效率高、服务水平佳、公民意识强、公共配套全的城市。

（10）因为这是一个环境优美、气候宜人、生活便利的城市。[②]

深圳人有了自己的十大观念、十大理由，就必然产生了深圳人的十大特征。它们是：

（1）敬业专业：“今天工作不努力，明天努力找工作”，敬业的人做专业的事，深谙此道理的深圳人用过人的付出，浇灌出事业和生活的硕果。

（2）公民责任：崇尚公平正义，关注社会发展，信守规则，实

---

① 王京生主编：《十大观念》，深圳报业集团出版社2011年版，第358页。

② 王京生主编：《深圳梦：100个深圳人的成长史》，深圳报业集团出版社2013年版，第252页。

践承诺，深圳人用自己的坚持诠释公民在社会发展当中所承担的个体责任。

（3）冒险敢闯：从最初的“杀出一条血路”，就注定了深圳人敢为人先，敢于冒险，敢于吃螃蟹的精神，百折不回，人人都有梦想！

（4）快速高效：深圳人的速度，就是快：走路快，说话快，做事快，快是一种节奏，也是一种特性。当别人还在左右权衡、举棋不定的时候，深圳人的步子早已经迈了出去。

（5）创新创意：最先进的科技在这里产生，最前沿的思想在这里滋生，最美丽的智慧在这里碰撞。深圳人创新思想、创意无限。

（6）拼搏实干：困难面前不低头，挫折面前不折腰，失败面前不流泪，成功面前不自傲，认真地吸取教训，积极地面对现实。拼搏、创业是深圳人的精神行囊，凝聚成一个词就是“实干”。

（7）公益关怀：孺子牛的精神和红马甲的光彩相映成趣，深圳人珍惜自我，尊重他人。从环保到扶贫，到危难之际的拔刀相助，富足起来的深圳人自发地形成了一股强大的民间力量：关爱他人。

（8）开放包容：移民城市的性格加上国际窗口的视野，让深圳人用开放的心态，包容、接纳多元文化。深圳人不傲慢，不排外。在这里，来了，就是深圳人。

（9）自我激励：曾经的文化沙漠，如今的书香之城。如此神奇变化的背后，是深圳人勤奋好学，自我激励，不断追求进步，不断提升自我价值与社会价值的劲头在推动。

（10）忧患意识：从“深圳被谁抛弃”到“深圳30年立起了什么？今后30年能干什么？”深圳人心怀大局，居安思危，从个人的危机到城市的危机，他们用另一种方式思考前进的方向和步伐。①

有观念、有理由、有特征的深圳人，干出了一番番的辉煌业绩，获得了无数荣誉。这些荣誉中，有联合国教科文组织授予的：

---

① 王京生主编：《深圳梦：100个深圳人的成长史》，深圳报业集团出版社2013年版，第253页。

钢琴之城
设计之都
图书馆之城
全球全民阅读典范城市
国际园林花园城市（2000 年由“国际公园协会”评选）

深圳还创造了一千多个“中国第一”，其中最主要的有：

新中国国有土地使用权拍卖（第一槌）
率先进行价格改革闯关
实行建筑工程招投标制
建立外汇调剂中心
探索国有资产管理模式
劳务用工和劳动分配制度改革
创办证券市场
推动民营科技企业发展
推动高新技术市场化发展
建立人才市场
建立产权交易市场
率先推行住宅商品化
率先实行物业管理
建立土地交易市场
建立行政大系统管理体制
政府采购制度改革
率先实行政府绩效审计制度
建立行政审批电子监察系统
建设基层民主窗口
成立国内首家罪案举报中心
促进公民基本文化权益实现
率先建立养老保险制度
率先推行全民社会医疗保险制度

首推无偿献血
商事登记制度改革
精简行政审批
负面清单制度
公车改革
事业单位改革

新的“中国第一”、新的奇迹，还在不断创造。

更多数据显示，2014 年深圳 PCT（专利合作条约）国际专利申请量达到 1.16 万件，同比上升 15.9%，连续 11 年居全国城市之首；每万人有效发明专利拥有量达 65.7 件，同占首位。魏达志说："深圳要率先建设成为具有世界影响力的一流科技创新中心，到 2020 年全年社会研发投入占 GDP 4.25%，每万人拥有发明专利达 76 件以上。"①

新观念创造新奇迹，新奇迹赢得新荣誉，新荣誉又激发、创造新观念、新奇迹。深圳就在这新观念、新奇迹、新荣誉的交替驱动中，不断向前迈进。

三　深圳发展与“一带一路”建设

改革开放是深圳的根和魂。过去是这样，将来也是这样。“一带一路”对于深圳的意义，深圳人理解得更深刻、更彻底。没有“一带一路”就没有深圳新的发展。这在深圳，几乎是每一个人都意识到了的。

（一）深圳今后五年的发展前景

许勤市长在政府工作报告中，对“未来五年的奋斗目标和主要任务”，从“（一）深入推进标准、质量、品牌、信誉‘四位一体’

① 《财经周刊》，《香港商报》2015 年 9 月 12 日第 A12 版。

建设，构建新常态下质量型发展新优势。标准决定质量，高标准才有高质量”，“（二）大力发展信息经济，抢占未来发展制高点”，“（三）积极促进消费、转型、创新‘三者互动’，实现产业结构再优化再升级”，“（四）不断强化创新、创业、创投、创客‘四创联动’，努力建成更高水平的国家自主创新示范区”，“（五）全力落实国家‘一带一路’倡议，以湾区经济新发展构建对外开放新格局”，“（六）狠抓改革攻坚，着力向改革要活力要生产力”，“（七）加快打造一流法治政府，提升城市软实力和长远竞争力”，“（八）全面推进绿色化发展，建设更加宜居宜业的现代化国际化城市”，“（九）坚持发展为民、发展惠民，建成更高质量的民生幸福城市”九个方面进行阐述。

关于深圳五年后的经济总量和质量，许勤说：“到2020年，覆盖国民经济和社会发展各领域的广义质量标准体系基本形成，质量型发展优势更加凸显，本市生产总值达到2.6万亿元左右，人均生产总值3.5万美元左右，努力建成更具辐射力带动力的全国经济中心城市。”关于抢占发展制高点，许勤说：“深圳要主动迎接挑战，捕捉机遇，发挥优势，拥抱信息经济新时代。实施‘互联网+’行动计划，大力推动移动互联、大数据、云计算、物联网等与各行各业相结合，促进虚拟与现实互动、线上与线下整合、技术和产业跨界融合，实现产品个性化、制造智能化、组织多样化、资源云端化，不断创造商业新模式、催生产业新形态。实施‘宽带深圳’行动计划，大力推进光纤入户，加快建设‘全光网城市’，推动下一代互联网的部署和商用，构建宽带、融合、安全、泛在的新一代信息基础设施，实现感知无处不在、联接无处不在、数据无处不在、计算无处不在，打造‘万物互联’的国际一流信息港。”①

（二）深圳发展与“一带一路”建设

深圳靠改革开放起家，所以对“一带一路”建设的重要性的理解，从市长到市民比其他城市更有切身体会。

① 许勤：《市六届人大一次会议上所做的政府工作报告》，深圳市政府在线网站，2015年6月10日，（http://www.sz.gov.cn/zfbgt/zwdt/201506/t20150610_2905406.htm）。

关于“一带一路”建设，许勤市长说：“要主动谋划、积极作为，充分发挥特区、湾区、自贸区叠加优势，加快打造产业发达、功能强大、开放协同、集聚外溢的一流湾区经济，推动粤港澳大湾区建设和泛珠三角区域合作，努力建成更具竞争力影响力的国际化城市，更好地服务国家战略。加快打造‘一带一路’建设枢纽和海上丝绸之路桥头堡。构建全方位‘走出去’支撑服务体系，谋划推进一批重大合作项目，推动与沿线国家和地区交通基础设施互联互通，积极参与信息丝绸之路建设，拓展与喀什等丝绸之路经济带重要节点城市的合作，打通新时期对外开放的战略‘双通道’。加快自贸区建设和前海开发开放。”

在《政府工作报告》的第三部分“2015 年主要工作”中，许勤市长首先强调了“经济有质量地稳定增长”。他说：“完善外贸稳增长政策，进一步优化外贸结构，加大‘一带一路’沿线国家和地区市场开拓力度，扩大先进技术设备、关键零部件等进口，大力发展跨境电子商务、综合外贸服务等新业态，推进国际贸易‘单一窗口’试点。落实国家结构性减税政策措施，改善中小微企业融资环境，加大金融对实体经济支持力度。”

近日，深圳市政府原则通过了《深圳市创建全国海洋经济科学发展示范市实施方案》，“提出将建设海洋经济科学发展市作为城市发展的主攻方向，并明确了指导思想、基本原则、总体定位、建设目标和主要任务。”（《深圳商报》2011 年 9 月 29 日头版头条）

显然，深圳无论是在过去还是将来，“一带一路”建设，一直处于优先地位。深圳地处珠江口，毗邻香港、澳门，位于海上丝绸之路的要冲。无论是在历史上，还是现今，深圳的地位都举足轻重。中国有句古诗“近水楼台先得月”。我想这“近水楼台”的含义不仅仅指“地利”，还应包括“天时”“人和”。2015 年 11 月 21—23 日，我受印度文化关系委员会（ICCR）之邀，赴新德里总统府参加首届“世界印度学家大会”。会议规格极高，邀请来自世界各地的三十多位印度学知名学者，印度总统慕克吉、外交部长、ICCR 主席和现任主席皆莅临会议和晚宴。我在会上倡议在中国深圳举行第二届“世界印度学家大会”，受到在场印度政界、学界和国际印度学家的一致欢迎。我相信，这一大会的举办必将对提升深圳文化软实力和国际学术影响力，促进“一带一路”建设枢纽城市的形成，推动中国与印度两国的文化交流，具有不可估量的作用。

其实不只是印度，深圳和海上丝路沿线的每一个国家、每一个城市，都互为“近水楼台”，我们应该同心协力，互通有无，取长补短，在合作、创新中得以欣赏、享受我们的月——共赢。只要有水，月是无限的；只要有合作、创新，共赢是无限的。

（此文收入2015年11月25—26日在马来亚大学举办的“回顾与前瞻：中国文化、软实力与海上丝绸之路建设”国际学术研讨会马来亚大学论文集）

“龙象共和”是否可能？

——论中印关系现实困境和发展前景

2005年，印度著名经济学家杰伦·兰密施（Jairam Ramesh）出版了一本影响巨大的英文著作《理解CHINDIA——关于中国与印度的思考》，笔者所在的深圳大学印度研究中心在第一时间组织学者将其译成中文出版。在《编者前言》中笔者指出：“这部著作有两个重要意义，一是本书倡导的中印和谐共存、携手共创未来、中印大同的美好愿景，二是由全书升华而成的全新符号CHINDIA。”“兰密施的这部著作以及CHINDIA这个概念的出现，绝不是偶然的。它不但预示着一种新的中印关系的产生，而且预示着由此产生一种新的国际关系。只要大家运作得好，可以加速这种新关系的到来。”① 此书一出，CHINDIA成了英语热词，各国学者给予了各自的解读。著名美籍华人印度学家谭中先生将其解读为“中印大同”，笔者则造了一个字——𤖸（liang）来对译。考虑到中印两国国名——中华人民共和国和印度共和国②，CHINDIA亦可解读为“龙象共和”。需要克服什么困难，通过什么途径和步骤才能实现龙象共和？龙象共和将给中印关系，带来怎样的全新景象？这是本文要探讨的问题。

---

① ［印度］杰伦·兰密施：《理解CHINDIA——关于中国与印度的思考》，蔡枫、董方峰译，宁夏人民出版社2006年版，第3页。

② 印度国名Bhārat Ganatantra，可直译为“印度人民共和国”。

一 中国印度缺乏必要的相互了解

中国和印度目前的双边关系，是20世纪50年代的蜜月期以来最好的时期。但是，印度学者狄伯杰（B. R. Deepak）认为：帕蒂尔总统2010年5月访华"在政治方面没有取得很大进展，双方的政治互不信任或安全互不信任仍未得到缓解。自温家宝总理2005年访印以来，中印所有高层互访在消除互不信任方面都没有得到突破性的进展"。[①] 中印信任出现了赤字，而信任赤字来自信息赤字、知识赤字。中印缺乏必要的相互了解。中国作为一个文化大国，为何对邻国印度如此缺乏了解呢？

（一）印度是世界上最复杂的民族

对于印度民族的复杂性，我们无论怎样估价都不会过头。在中国所有邻国中，我们最不了解的是印度，在全世界所有民族中，最难了解的是印度。在《印度文化论》中，我们从八个方面来描写印度人文的多样性和复杂性。

第一，人种繁多：堪称人种博物馆。人类所有人种，黄种人、白种人、黑种人，印度都有。从民族来讲全国有100多个，其中人口5000万以上就有十个。另外还有565个表列部落，人数达8000多万。这些人种和民族，有按语言等因素，被赋予了各种各样的称谓，极其错综复杂。所以，印度被称为人类的基因库、人类学的乐园、人种民族博物馆。

第二，语言复杂：国语与通用语并行。1961年，印度政府调查人口时登记了1652种语言。1971年普查时，千人以下讲的方言不计，就有语言700种。印度的主要语言有18种，各邦有自己的官方语言。目前，唯一通用的是英语，印地语的国语地位十分尴尬。

第三，分多合少：王国林立大一统难。历史上，印度境内大小

---

① 褚国飞：《龙象共舞：中印建交60周年——访印度尼赫鲁大学中印问题研究专家狄伯杰》，《中国社会科学报》2010年10月21日。

王国林立，多到难以胜计。孔雀、笈多、戒日、莫卧儿四个王朝在历史上最强盛，但都没有真正统一印度全境。

第四，神权王权：种姓制度千年不变。神权和王权的结合，婆罗门和刹帝利的联盟，在印度推行了几千年的种姓制度，造成两大低等种姓吠舍、首陀罗以及种姓外“贱民”长期受压迫、受剥削。印度独立以后，建立了世俗政权，废除种姓制度。但是，世俗化进程遇到了重重困难，彻底铲除种姓制度的影响，依然是印度政府今后的艰巨任务。

第五，信仰自由：宗教繁盛支派复杂。由吠陀教—婆罗门教一路发展下来的新婆罗门教即印度教，占有主导地位，教民占国民总数82%左右。信徒人数占第二位的是伊斯兰教，占总人数的12%左右。基督教、锡克教、耆那教还有其他一些宗教，人数都不多。

第六，口耳相传：教体文体音声为主。在印度语言崇拜——“声常驻”思想的影响下，印度的文字书写始终得不到应有的发展。一切经典，从吠陀、梵书、森林书、奥义书、两大史诗、法论、法经、往世书、五卷书、故事海，乃至剧本、语法、科技、医学类著，统统口耳相传，难觅写本踪影。即使有写本，也决不肯轻易外传。在现代之前，印度文化是典型的口传文化、浮动文化。

第七，闻其雅颂：自古寻求了解中国。关注中国，了解中国，是印度人的传统。随着中印经济崛起，印度人热衷于同中国比较，将中国当作参照标准，赶超中国成了许多印度人心中的目标。进入21世纪，印度出现了“与中国比较热”。赶超中国，是印度人关注中国、了解中国的目的。

第八，天地中央：婆罗多人自我中心。和中国一样，印度也有自己民族的中心观。所谓民族中心观，就是“我族中心主义”。这是一种信念，认为自己的生活方式和文化比其他民族高级，是人类生活方式和文化的典范。无疑，这又大大加强了印度的复杂性。

“印度文化发展史上，有许多独步世界的发明创造，对数学的研究、棉花的驯养种植、宝石的切割加工名扬世界，还有奇妙宏富的寓言，卷帙浩繁的史诗和往世书，使其有了‘雅利安中心’和‘史诗王国’的美称。印度还是一个喜欢沉思，出宗教、出圣人、出经典的国度。另外，印度音乐、歌舞、绘画、雕塑等等，也享誉世界。在中国人的心目中，印度是西天取经的地方，是净土乐园。"[①]“三千大千世界”描绘的是佛教徒的想象世界，而这种想象世界是以印度复杂的现实世界为依据的。今天，用“三千大千世界”来描绘印度的复杂性，依然没有过时。

（二）殖民地历史造成文化折叠交错

印度在历史上，曾遭受十字军、穆斯林入侵，使得文化地层出现明显的折叠交错，加大了文化的多样性、复杂性。而最近的一次外来入侵，是英国人从1757年到1857年，以东印度公司为名，利用“印度人打印度人”等手段，来分裂统治印度。“印度在英国的统治下就分成了两部分：一部分由公司直接统治，叫‘英属印度’，另一部分是众多附属国，叫‘印度土邦’，由公司通过驻扎官间接统治。到公司征服印度完成时，土邦共554个，星罗棋布遍及印度各地，人口占全印1/4，面积占2/5。"[②]

英国殖民者的统治，不但给印度人带来了深重苦难，而且造成了本土文化和英国文化、封建文化和殖民文化的叠加交错，使得本来就复杂的印度文化变得更加复杂了。

分而治之，是英国殖民者的惯用手段。正是这种手段，让印度的国土和文化出现了空前分裂。到1947年印度摆脱殖民统治、宣布独立时，国土以印巴分治为结局，而文化的分裂，至今仍无法解决。最让人揪心的是通用语的问题。“1950年的《印度宪法》规定，印地语为官方用语，英语在今后15年中享有同等地位。1963年议会确定印地语为国语，并规定1965年后英语继续用于官方目的和议会事务。1965年1月26日印地语正式成为国语，南方发生骚乱，官方只得宣布延长英语官方用语地位的时间。目前，无论是教育、科技、新闻、出版、行政唯一通用的是英语，英语是实际上的国语，印地语只是宪法规定的国语。英语像一道墙，将印度隔成两个世界，一个是英语世界，一个是不懂英语的本土世界；知识精

---

① 郁龙余等：《印度文化论》，重庆出版社2008年版，第10页。

② 林承节：《印度史》，人民出版社2004年版，第227页。

英、领导阶层，在墙的这一边，广大人民特别是劳苦大众在墙的那一边；印度传统文化，一方面因插上英语的翅膀而在世界飞翔，另一方面又在被英语的概念、译文所误读、取代和吞噬。所以可以说，英语既是英国人送给印度的天使，又是送给印度的魔鬼。”①

（三）冷战思维让印度人纷争不已

“二战”结束，冷战开始。20世纪50年代，美国麦卡锡主义风靡一时。冷战思维和麦卡锡主义，沆瀣一气，甚嚣尘上，世界上大多数国家，包括中国和印度不是从正面就是从反面，都受到其影响。尼赫鲁是印度历史上有作为的政治家，也是中国的好朋友。不幸的是，他同时又是冷战思维的受害者。他的“前进政策”违背了他的一贯愿望，是受冷战思维蛊惑和情报官员误导的产物。在边界冲突中失败后，尼赫鲁受到极大打击，不久就在忧郁中去世。中国从来没有因为胜利而感到高兴，而是为这场兄弟之间不该发生的边界战争深感遗憾。

但是，冷战思维的余毒在印度至今并未完全消失。这种余毒，让印度人在中印关系问题上纷争不已。

2010年5月，创造了CHINDIA新概念的兰密施，一方面被称为“一名有主见的部长”，是索尼娅·甘地为国大党找到的“人性面孔”；另一方面被批“为中国公司做说客”，将他比作“在北京的一枚失控的导弹”。② 兰密施陷入“亲中国门”，表面的起因是他批评印度内政部禁止采购中国电信设备是出于“妄想症”，深层原因除了党争之外，不能排除冷战思维余毒的作祟。

这种矛盾还出现在脑袋与屁股之间。被兰密施批评的内政部长奇丹巴拉姆，在当财政部长时也曾说，印中不是竞争关系，而是需要互相学习。中国驻印度大使张炎先生在2011年2月，曾对笔者说过：“这位拉姆先生做财长时对中国很友好，一当内政部长脸就变。

① 郁龙余等：《印度文化论》，重庆出版社2008年版，第13页。

② 《印度部长被批为中国公司做说客　在野人民党要求其下台》，《环球时报》2010年5月12日。

我当面说过他。他说，你有什么事，我来办。我说，不是我个人有什么事，是两国要合作发展。"外国媒体解读为印度担心这些设备被中国情报部门利用。而俄国《报纸报》则说：与印度相比，俄对中国通信设备没有这种担心。① 由此可以进一步旁证，印度内政部的这种担心，确实是冷战思维余毒的影响。

在军事互信方面，冷战思维余毒的影响更为明显。2012 年 9 月 4 日，中国国防部长梁光烈访印，和印度国防部长安东尼举行了 90 分钟的会谈。安东尼会后表示：此次会谈"非常富有成果"。他说："在所有谈及的问题上，我们都坦白且诚挚，其中也包括边界问题。"② 然而，时隔不久，2013 年 3 月 18 日，有消息说，印度将在未来 10 年花 150 亿美元在北部建立边境监控网。4 月 14 日，印度《铸币报》刊文《中国的新暗战》，说："中国越来越多地诉诸隐形战争，成为亚洲战略不稳定的一大源头。"③ 更有多家媒体报道，印度空军进行长达三周的"火线"军演，宣称印度模拟"双线作战"。《德干先驱报》4 月 16 日评论说：印度空军现在完全有能力应付中国和巴基斯坦的任何"夹击"。④ 面对以上种种情况，谁也不能说冷战思维余毒对印度的影响已成过去。毋庸讳言，中国的情况也大体相同。

二　中国印度关系的基本面是健康的

尽管中印之间缺乏互信，各种矛盾摩擦时有发生，但是中印关系的基本面是健康的，双方对发展前景抱有信心。这种健康基本面的主要构成如下：

---

① 《印度部长被批为中国公司做说客　在野人民党要求其下台》，《环球时报》2010 年 5 月 12 日。

② 王渠：《中印防长会晤不避"危险话题"》，《环球时报》2012 年 9 月 5 日。

③ ［印度］布拉马·切兰尼：《中国的新暗战》，乔恒译，《环球时报》2013 年 4 月 16 日。

④ 林新苗、侯涛：《印宣称能与中巴同时作战能应对任何"夹击"》，《环球时报》2013 年 4 月 17 日。

（一）中国印度是世界和平思想的主要源泉

人类的文明发展史，实际上是一部和平与战争的斗争史。中国和印度之所以在世界各国发展史上，长期处于领先地位，是因为和平思想长期居于主导地位。中国儒家讲“人和”“天人合一”，道家讲“无争”“守柔”，墨家讲“兼爱”“尚同”“非攻”。即使在西方最能斗狠逞强的兵家，在中国也是为和平开道的。楚庄王“止戈为武”的理念被普遍接受，他还提出了七种武功美德：“夫武，禁暴，戢兵，保大，定功，安民，合众，丰财者也。”（《左传·宣公十二年》）中国讲武备，是为了有备无患，备而不用，不是为了逞强。

明代郑和七下西洋，拥有世界上最庞大的船队。但是，没有在海外建立一寸殖民地，有的只是通商友好、朝贡贸易。这种贸易并不等价，中国的赏赐品远高于进贡品的价值。西方不少人对此不理解。但是倘若放到中国历来“以和为贵”“怀远悦来”思想大背景下考察，就一点也不费解了。

和平思想在印度根深蒂固，所有本土宗教印度教、耆那教、佛教，都是崇尚和平的。印度文学作品，所宣传的根本思想是和平，反对战争。千百年来最有影响的大史诗《摩诃婆罗多》，又译《大战书》，描写的是印度古代为争夺王位在两大堂兄弟集团般度族和俱卢族之间进行的战争，似乎是一部战争的颂歌。“其实不然。从总体来看，《摩诃婆罗多》非但不歌颂战争，而且表现出强烈的非战思想。”① 大战结束后，大量描写对战争的忏悔。当上国王的坚战心中十分痛苦，他对那陀罗大仙说：虽然他成了王国之主，可是亲戚儿子全死了。这胜利无异于惨败。

在印度文化中，一切生命都是平等的。这种平等是本质的平等，所以不得加害。不害（ahiṃsā）从奥义书到甘地，一直是印度的核心观念。《歌者奥义书》将不害列为五大美德之一，在“五戒”“八戒”“十戒”中，不害是最重要的戒律，胜论派更是将不害列为

① 郁龙余、孟昭毅主编：《东方文学史》，北京大学出版社2001年版，第117页。

人生必须履行的三十条普遍义务之首，甘地则将不害（非暴力）当作反抗英国殖民统治的主要思想武器。

印度宗教和文化里，没有好战的基因，有的是和平的思想。这并不影响印度民族为正义而战的勇气，当亚历山大军队、莫卧儿军队和英国殖民军入侵时，印度人民采取了各种形式的坚决抵抗。甘地、泰戈尔等是著名的和平主义者，但他们对英国殖民统治的抵抗毫不动摇。

中国和印度在和平观上有惊人的一致性，其哲学原因是“天人合一”与“梵我一如”的相似与相通。“‘天人合一’是中国文化的根本特征，印度文化的根本特征是‘梵我一如’（Brahmātmaikyam），二者具有深刻的内涵，需要我们去体味和理解。可以说一句狠话，如果对‘天人合一’和‘梵我一如’这两个中印文化的核心概念毫无认识，是一定搞不好中印关系研究的。”①

（二）中印友好让两国人民获得实利

中印关系在20世纪50年代，有过难忘的蜜月期。1962年中印边界战争发生，两国关系降至冰点。1970年，从毛泽东主席在天安门城楼上向印度临时代办发出“毛微笑”（Mao Smile）开始，中印关系逐步改善。1988年12月，印度总理拉吉夫·甘地访华，两国关系开始全面好转。1996年11月，江泽民主席访印，建立面向21世纪的建设性合作伙伴关系。2005年4月，温家宝总理访印，双方签署旨在建立面向和平与繁荣的战略合作伙伴关系的联合声明，中印关系进入全面发展的新阶段。2006年11月，胡锦涛主席访印，双方发表《联合声明》，制定了深化两国战略合作伙伴关系的“十项战略”。2008年1月，印度总理曼莫汉·辛格访华，中印签署《中印关于二十一世纪的共同展望》，这在中印关系史上有里程碑意义。2010年5月，印度总统帕蒂尔访华，胡锦涛、吴邦国、温家宝等中国领导人分别会见，就进一步发展中印战略伙伴关系达成广泛共识。2010年12月，温家宝总理访印，签署《中华人民共和国政

① 郁龙余：《用自己的语言研究中印关系》，《深圳大学学报》2006年第4期，第16页。

府和印度共和国政府文化合作协定2010至2012年执行计划》。

十分明显，中印关系近三十年来得到了迅速提升。两国领导人互访频密，所签合作文件富于内涵，而且递进关系明晰。经济是政治的密友。随着中印政治关系的良性发展，中印经贸呈现直线上升的势头。2000年，中印两国贸易额不足30亿美元，2010年达到660亿美元，2012年达760亿美元。到2015年，有望达到1000亿美元。

从中印经贸的迅速发展中，两国人民都尝到了甜头。这种实在的经济利益，进一步坚定了增强中印友好交往的愿望和信心。印度通信制造商协会会长高耀（Goyal）说：中国已经超过美国、英国和日本，成为印度最大的贸易伙伴。双方经济贸易合作潜力巨大，两国政府已经设定目标，到2015年，力争实现1000亿美元的双边贸易。[①] Giri是中兴通信印度研究所项目经理，毕业于班加罗尔一所知名大学，他对自己的工作十分满意，说：“在中兴更能实现自己的价值，能发挥自己的专业所长。与以前的同学相比，自己能在一个跨国的大企业工作，感到很自豪。”[②]

三　龙象共和的途径、步骤和前景

龙象共和有着“天人合一”“梵我一如”的思想基础，又在现实生活中获得了经济实利，只要把握方向，努力操作，前途一定光明。这里，找到正确的途径和步骤显得尤为重要。在今后的一段时间，双方要着力做好以下工作：

第一，进行大规模、深层次的文化交流。

凡是对中国有偏见或对印度有偏见的人，根本原因是没有真正懂得对方；凡是有机会了解对方的人，无论是中国人还是印度人，都不会对对方产生偏见。解决偏见的办法，就是通过各种途径加强文化交流。舞龙舞狮、戏剧功夫要，高端的学术访问、古代经典互

① 刘琦玮、吴德群：《在中兴工作很自豪》，《深圳特区报》2012年10月25日。

② 同上。

译也要开展。由于中印互信赤字，引起中印之间的矛盾和摩擦不断。为了平息纷争，中印两国学者做了许多沟通工作。近年来，两国合作出版了四本重要著作，产生了积极效果。

1998年，谭中在印度出版了英文著作《跨越喜马拉雅鸿沟——印度试图了解中国》（*Across the Himalayan Gap：An India Quest for Understanding China*）。谭中说，此书的编著受到1990年瓦赞嫣博士（Dr. Kapila Vatsyayan）访问敦煌的启发。她对敦煌研究院段文杰院长说："现在我们应该面对面来直接了解彼此了！"回印度后，她组织了好几次"印度—中国面对面"为题的座谈会，邀请了解中国的印度学者、退休外交官和战略专家讨论。"最后收集了41位印度学者、专家们的50篇文章，附加印度领袖访华时所作讲演以及摘录印度历史名人有关中国的言论。"[①] 孙培钧高度评价此书："这部篇幅长达500多页的巨著凝聚了印度中国学界著名学者们的研究成果。它为印度人民架起了一座了解中国的友谊之桥。"[②]

2004年，由郁龙余带领一批年轻学者撰写的《梵典与华章——印度作家与中国文化》一书出版，受到中印学界、政界很大关注。此书开篇为季羡林和郁龙余关于印度作家与中国文化关系的对话《华夏天竺　兼爱尚同》。2005年4月，温家宝总理在访问印度前调阅了此书。4月11日晚，他出席中印建交55周年纪念活动并发表讲话，结束时他说："华夏天竺，兼爱尚同。愿中印两国文化更加辉煌。"2006年3月14日，温总理在"两会"答中外记者问现场，对印度记者和其他各国记者说："今年是中印友好年，其中一个重要的内容就是'梵典与华章'，即中印文化交流。"

2006年，谭中和耿引曾的《印度与中国——两大文明的交往和激荡》一书出版。季羡林先生为此书写了《序》，印度总统K. R. 纳拉亚南写了长篇《祝词》。

季羡林在《序》中说："我想用一种生动的比喻形容：这本书将会是中印传统友谊与文化交往的几千年古树上开出的新鲜花朵。

---

① 谭中、耿引曾：《印度与中国——两大文明的交往和激荡》，商务印书馆2006年版，第2页。

② 同上书，第1页。

它必将增进我们两个伟大国家，不仅是学术界，而且是普通人民之间的了解与友谊。”①

纳拉亚南总统在《祝词》中说：“我高兴地看到，这本名为《印度与中国：两大文明的交往和激荡》的书，在当代患有忧郁症的文明冲突论的预言与宣传越来越响亮的时刻出版。本书事实上是对这一危险理论的有力批判。”②

2006年，还出版了经济学家张敏秋主编的中文版《跨越喜马拉雅障碍——中国寻求了解印度》。中国南亚学会会长孙培钧在该书的《序》中说：“1998年，新德里尼赫鲁大学谭中教授主编的《跨越喜马拉雅鸿沟——印度试图了解中国》出版，8年之后，《跨越喜马拉雅障碍——中国寻求了解印度》奉献给广大读者。”③此书的编写目的，张敏秋在《后记》中说：“加强中印之间的了解，增进互相的信任，使两国早日成为真正的友好邻邦。”阅读此书，任何不抱偏见的人都会认同她的意见：“中国对印度的了解和研究还应该继续打破历史的成见和禁锢，与印度一起，回归理性的思索。”④

2013年，印度著名中国学家谈玉妮（Ravni Thakur）克服种种困难，将《跨越喜马拉雅障碍》译成英文在印度出版。谈译本以《跨越喜马拉雅鸿沟——印度试图了解中国》为基础，篇幅上做了某些增删调整。此书英文版的问世，是谭中、张敏秋努力的结果。谭中早在2006年《跨越喜马拉雅鸿沟——中国寻求了解印度》中文版《前言》中就指出：“我和印度朋友看到张敏秋这本书的重要性，就动员印度三所著名大学（德里大学、尼赫鲁大学和国际大学）的教员把这本书的文章译成英文，在印度出版。将来英文出版物中就会有两种《跨越喜马拉雅鸿沟》——第一本是《印度试图了解中国》，第二本是《中国寻求了解印度》。今后使用英文研究中印

① 谭中、耿引曾：《印度与中国——两大文明的交往和激荡》，商务印书馆2006年版，第2页。

② 同上书，第4页。

③ 张敏秋主编：《跨越喜马拉雅障碍——中国寻求了解印度》，重庆出版社2006年版，第1页。

④ 同上书，第466页。

关系的学者就会把两本书同时摆在书架上，随时查阅。”① 不言而喻，英文版《跨越喜马拉雅障碍》的问世，有着重要的学术价值和实际意义。

中印两国领导人深知文化交流，对于夯实两国友好民意基础的重要性。2010 年 12 月，温家宝总理访印时，双方签署《中华人民共和国政府和印度共和国政府文化合作协定 2010 至 2012 年执行计划》。在达成的一系列协议中，包括组织中印学者合作编撰《中国印度文化交流百科全书》，在中印两国用中英文出版。这项工作中方由国家出版总署牵头，印方由外交部牵头。两国组成了 10 个人的编写委员会，计划在 2013 年内完成编写工作。考虑到普及的需要，《中国印度文化交流百科全书》收入一千多词条，出一册。相信此书出版后对中印文化交流将是一个很大的推动。

除此之外，中印两国学者还写了大量文章、报告，分析中印关系，解难析疑，呼吁两国团结友好。

文化的交流，是心灵的交流。中印之间应该持久地进行大规模、深层次、多样化的文化交流。中印两国学者在寻求互相了解方面，做出了不懈努力，也取得了巨大成果。但是，要真正跨越喜马拉雅障碍、填平理解鸿沟，让中印两国广大人民的心灵沟通，是一个长期的过程，需要各方面形成合力，付出更加艰巨的努力。

第二，大幅度扩大两国留学生规模。

中国和印度是世界上人口最多的国家，加起来有 25 亿之众，占世界人口的五分之二。可是，每年只有 25 名官方留学交换学生。狄伯杰认为：“这是很可笑的，这个数目起码要增加到 250 名或更多。”狄伯杰的想法是对的，但还是有些保守，中印之间的留学生不论公派生还是自费生，其规模应该大规模扩大。

第三，增大对中印学者的支持力度。

针对高水平的中国学家、印度学家奇缺的现状，两国有关部门应该制订一个合作计划，大力支持中国学家、印度学家。

其一，制订年轻学者的进修计划，让 30—45 岁的博士毕业生到

① 张敏秋主编：《跨越喜马拉雅障碍——中国寻求了解印度》，重庆出版社 2006 年版，第 9 页。

对方大学进修1—2年，费用由两国政府提供。

其二，联合培养相关专业的博士生，支持博士生在读期间到对方大学学习一年，以此提高博士论文的质量。费用由两国政府和相关大学提供。

其三，两国学者合作完成研究项目。以《中国印度文化交流百科全书》合作编撰为契机，加强两国学者之间的合作，完成一批重大项目。中印文化关系源远流长，合作研究前景广阔。同时，可以发挥两国的退休学者的学术研究积极性。文科学者60岁正当学术盛年，退休之后如何发挥他们的学术优势？用合作研究来调动他们的积极性，不失为一种好办法。其实，《中国印度文化交流百科全书》的编撰，中印双方都有退休学者参与，并承担重要角色。我们应总结经验，不断改进，将其形成一个长效合作机制。这是中印学者之幸，中印学术之幸。

第四，利用好国际合作机制发展中印关系。

随着世界多极化的发展，各种国际合作机制越来越活跃。中印两国应充分利用“二十国集团”“上合组织”“博鳌亚洲论坛”“金砖国家”等多边国际组织，来发展中印关系。

其一，发挥各自优势，互相支持。金砖国家银行的成立，具有广泛影响。今后对新兴经济体的发展至关重要。印度首先提议，再加上中国资金的支持，金砖国家银行才得以提上议事日程。两国应以此为例，在合作共赢中加强互信，在互信中进一步合作共赢。

其二，在国际合作中，加强双边合作。在国际关系中，有些问题适合双边会谈，有些问题适合多边会谈，有些问题适合双边加多边会谈。在国际合作中，中印加强相互扶持，进一步取得互信。

其三，明确支持印度在联合国入常。印度一直希望在联合国拥有常任理事国席位，中国一直没有明确表态支持。印度朝野对此颇有怨言。有印度学者说：“印度曾经30多次支持中国恢复其联合国安理会常任理事国席位，但是无法理解中国为什么一次都不能支持印度进入联合国安理会呢？印度希望在这个问题上获得中国积极的建设性的支持。"[1] 当然，此事印度也有责任，如1998年的核爆，增添了它入常的难度。

其四，适时解决中印边界划定问题。印度是和中国存在陆上边界争议的唯一邻国，边界争议是横在中印之间的最大障碍，是中印关系肌体里的病灶，时时都有发作的可能。1993年9月，拉奥总理访华，签署双方保持边境和平与安宁协定。2005年4月，温家宝总理访印，双方签署《关于解决中印边界问题政治指导原则的协议》。这些对保持边界和平稳定作用巨大，是为边界问题彻底解决做出的必要铺垫和过渡。从中印关系的发展来看，以互谅互让、一揽子解决的方法，达成双方都满意、都获益的公平、合理的解决方案，最终划定边界的时刻，越来越临近了。

其五，庆祝"五项原则"诞生60周年。和平共处五项原则的提出和确立，是中印两国对世界和平秩序建设的一大贡献。2014年是其诞生的60周年，中印两国应隆重庆祝，举行友好而务实的磋商，让"五项原则"的火炬重新大放光芒，为中印边界问题解决营造必要氛围，并就一些具体问题进行专门会议。争取在21世纪的第二个十年里，解决好中印边界问题。

总之，当下中国印度之间缺乏互信，原因是互相缺乏深刻了解。但是，中印关系的基本面是健康的，而且越来越好。边界问题是中印所有问题中的关键，解决这个问题必将把中印关系推向一个空前的新高度。21世纪的第二个十年，是解决中印边界问题的好时机。中印两国有智慧、有能力适时解决这个旷世难题。从而释放巨大正能量，推动两国在各自的发展和建设中，实现自己的伟大梦想。

有学者认为：在未来50年中，如果印度经济能保持5%的年均增长率，印度经济在21世纪中叶可相当于日本目前的规模；如果年均增长率为6%，则可相当于美国现在的规模；如果年均增长率为7%，则可为美国经济现在规模的1.5倍。"21世纪印度将成为世界经济大国，印度经济将在世界上处于前列。这意味着21世纪也将成

---

[1] 褚国飞：《龙象共舞：中印建交60周年——访印度尼赫鲁大学中印问题研究专家狄伯杰》，《中国社会科学报》2010年10月21日。

为亚洲世纪，世界经济格局也将发生重大变化。”① 实现这个宏伟的前景，必须有一个和平发展的外部环境。其中，龙象共和、中印友好至关重要。

[此文刊载于《人民论坛·学术前沿》2013 年 5 月（上）第 9 期，第 32—41 页]

① 沈开艳等：《印度经济改革发展二十年：理论、实证与比较》，上海人民出版社 2011 年版，第 434 页。

“龙象共和”是历史的神圣召唤

2013年5月，我们在《“龙象共和”是否可能?》一文中，认为“龙象共和有着‘天人合一’‘梵我一如’的思想基础，又在现实生活中获得了经济实利，只要把握方向，努力操作，前途一定光明。”[①] 除了“天人合一”“梵我一如”之外，实现龙象共和的思想基础还有许多，诸如“仁爱和合与慈爱不害”“民惟邦本与长老会制”“恕道思想与容忍观念”“中庸之道与中观思想”，等等。[②] 在这里，我们要重点讨论的是选择“龙象共和”的合理性及其对形成世界发展新格局的意义。

一　龙象共和与龙象共舞

2005年，印度著名经济学家杰伦·兰密施（Jairam Ramesh）出版了英文著作《理解CHINDIA——关于中国与印度的思考》（*Making Sense of Chindia: Reflections on China and India*），书中的中心词CHINDIA很快就引起了各国学者的重视。兰密施在《致我的中国读者的信》中说：“中印关系是一个丰富、久远而又复杂的关系，我冒险用了CHINDIA（China + India的缩写——译者）这样一个词来

① 郁龙余：《“龙象共和”是否可能？——论中印关系现实困境及发展前景》，《人民论坛·学术前沿》2013年5月上，总第25期，第37页。

② 谭中主编：《中印大同：理想与现实》，宁夏人民出版社2007年版，第4—27页。

形容它。”[①] 兰密施的“冒险”，让历史永远记住了他。五百年、一千年以后，人们也许早就忘记了兰密施曾经做的官职，但是CHINDIA这个词却让他永载史册。

自从兰密施新造出CHINDIA这个词，学者们给予了不同的理解和翻译。谭中在经过“中印合璧”“中印一家”等各种方案的比较之后，说：“我看，只有‘中印大同’才是‘CHINDIA’的最好中文符号。”[②] 他还组织中印学者编了一本题为《中印大同》的书，在《序》中他不无兴奋地说：“我衷心希望‘CHINDIA/中印大同’的理想将像两国之间的喜马拉雅山那样‘造化钟神秀，阴阳割昏晓’，在当今精神文明式微、‘文明冲突论’搅浑人类是非、昏晓不明的时刻，能够把全世界百分之四十的人团结起来，使中国的‘天下为公’和印度的‘vasudhaiva kutumbakaṃ/天下一家’变成新世纪的世界新秩序。”[③] 左学金等将CHINDIA理解为“龙象共舞”，主编出版了《龙象共舞》一书。王德华在《跋》中说：“我们课题组的目的很简单，就是在中印友好年，希望加强中印友谊，增进中印互相信任，为两国真正实现中印大同增砖添瓦。”[④] 谭中还将此书译成英文在印度出版。

我认为：“CHINDIA，即是中印大同，就是中国和印度的大团结，大联合，大合作，大交流，大互惠，大发展，大相爱，大坦诚，大智慧，大慈悲，大福祉，大光明。”[⑤] 上述“十二大”，可以分成四个阶段，即四个境界：“大团结、大联合、大合作，是中印大同的第一境界；由此必然带来大交流、大互惠、大发展的第二境界。然而，若要向更高水平的第三境界发展，需要大相爱、大坦诚、大智慧，这三者，既是中印大同的重要内容，又是进入第四境

① ［印度］杰伦·兰密施：《理解CHINDIA——关于中国与印度的思考》，蔡枫、董方峰译，宁夏人民出版社2006年版，第5页。

② 同上。

③ 谭中主编：《中印大同：理想与现实》，宁夏人民出版社2007年版，第18页。

④ 左学金、潘光、王德华主编：《龙象共舞：对中国和印度两个复兴大国的比较研究》，上海社会科学院出版社2007年版，第342页。

⑤ ［印度］杰伦·兰密施：《理解CHINDIA——关于中国与印度的思考》，蔡枫、董方峰译，宁夏人民出版社2006年版，第178页。

界的推动力。有此推动，必然呈现大慈悲、大福祉、大光明的最高境界，它不仅给中印人民，而且给全世界人民带来关怀、幸福、自由与光荣。”① 中印大同、龙象共舞，是CHINDIA的意译，依中国人以词（字）译词（字）的习惯，我们创造了一个新的汉字“䝤”（音liang）来对译CHINDIA。考虑到中印两国国名——中华人民共和国和印度共和国，CHINDIA又可解读为“龙象共和”。②

这样，中印大同、龙象共舞与龙象共和都是对CHINDIA极佳的中文表述，其灵魂是“和”。在中国文化中，“和”至少有三大源头，烹饪、音乐和舞蹈，这三者都直接和政事相关。《诗经·商颂》说：“有着调和的美味羹汤，五味平和适中。神灵享用无言，神人心气平和无争议。”先王调和五味，和谐五声，用来平静内心，成就政事。③

乐舞一家。古代“和”与舞蹈的关系更加直接。在甲骨文中，“和”字有几种写法，其中之一是两个人在一起同步共舞。这样，CHINDIA（䝤），解释为中印大同、龙象共舞、龙象共和，就有了文字学依据。

中印之间存在众多不同，人种、语言、文字、历史、文化皆不同，怎么能共和呢？其实，正是这些不同，构成了龙象共和的哲理基础。中国古人认为：“和”与“同”是不一样的，和就像做羹汤，用水、醋、酱、盐、梅来烹调鱼、肉，用柴火来烧煮，厨工加以调和，使味道适中，不足的调足，太浓的调淡。④

中国古人还说：完全相同的东西凑在一起，“若以水济水，谁能食之？若琴瑟之专一，谁能听之？同之不可也如是。”（《左传·昭公二十年》）

---

① ［印度］杰伦·兰密施：《理解CHINDIA——关于中国与印度的思考》，蔡枫、董方峰译，宁夏人民出版社2006年版，第179页。

② 郁龙余：《“龙象共和”是否可能？——论中印关系现实困境及发展前景》，《人民论坛·学术前沿》2013年5月上，总第25期，第32页。

③ 原文为：“故《诗》曰：‘亦有和羹，既戒既平。鬷嘏无言，时靡有争。’先王之济五味，和五声也，以平其心，成其政也。”（《左传·昭公二十年》）

④ 原文为：“和如羹焉，水火醯醢盐梅以烹鱼肉，焯之以薪，宰夫和之，齐之以味，济其不及，以泄其过。”（《左传·昭公二十年》）

龙象共和是当今世界的一篇大文章，值得中印人民、知识精英和政治家们，一展身手，为之建功立业。

同时，龙象共和在哲理上向世人宣告，它不是中印战略同盟。战略同盟是肤浅、落后的战争思维的产物，“一战”“二战”及战后的历史，清楚地证明了这一点。中国印度是不结盟运动的发起者和中坚力量。我们遵循“和实生物，同则不继”的古训，坚定地走龙象共舞、龙象共和的道路，即世界大同的道路。既然是世界大同，就不能搞什么小圈子。历史证明，凡是党同伐异，搞小圈子，下场都不妙。“一战”时的同盟国，“二战”时的德意日同盟，逆历史潮流而动，最后都垮台了。冷战结束后，华沙集团垮台，北大西洋组织理应解散，但他们还在那里硬撑着。现在东欧各国的乱局，和西方人的小圈子主义有关。

2013 年 10 月 23 日，印度总理曼莫汉·辛格发表《媒体声明》，说：“我们一致认为，作为遵循独立外交政策的相邻大国，印度和中国与其他国家的关系不能让对方感到担忧。”① 10 月 24 日，他在中央党校的演讲中，又重申：“坦率地说，联盟和遏制的旧理论已经过时了。印度和中国决不能受到遏制，我们两国最近的历史就证明了这一点。”② 这又一次告诉人们，中国和印度是文明大国、智慧大国，是不屑搞那些既过时，又不实用的小圈子的。

二 选择“龙象共和”的五大理由

中国和印度选择“中印大同”“龙象共舞”“龙象共和”的道路，在根本上是符合哲理的。在实际层面上又有什么理由呢？我们认为，中印选择大同共和之路，实际的理由是非常充足的。

第一，历史经验告诉我们，大同共和之路是正确的。

中国古代历史，在夏商之前是朦胧的，到周代开始清晰。而中国历史上第一个正确纪年的年号是周朝的共和。共和元年为公元前

① 印度驻华大使馆：《今日印度》2013 年 11 月，总 129 期，第 10 页。
② 同上书，第 16 页。

841年。周朝前后共34王，800多年，是中国历史上年代最长的朝代。这个超长的朝代，不能说和它的“共和行政”没有关系。

印度历史上第一个大帝国孔雀王朝（前322—前185），出了一位伟大君主阿育王。阿育王的“达摩政治”，是印度民族的一笔宝贵遗产。从阿育王铭文来看，所谓的“达摩政治”实际上就是那个时代的“共和政治”。宽容、慈爱、诚实、不害、素食这些美德传承至今。现在，印度的国徽——四狮头像，是阿育王设在佛陀开始讲道之处鹿野苑的石柱柱头。

“共和行政”使周朝绵绵不息延续了800多年，并且奠定了中华文明的基本格局。孔子说：“周监于二代，郁郁乎文哉，吾从周。”说得深刻而富有内涵。先秦诸子百家是中国元典的编著者。这些元典，包括《易经》《书经》《老子》《论语》，等等，其实在很大程度上是对周文化的整理和解释。所以，“共和行政”的思想成果，通过先秦元典被历代圣哲、贤君继承了下来。

印度孔雀王朝阿育王的“达摩政治”，对内实行宽容政策，提倡包容各种宗教，吸收外来文化，同时毫不吝啬地将自己的文化传播出去。这种共和的思想，一直被历代开明的君主所尊奉。所以，印度民族遭受多次外族入侵，历经风雨，但始终不倒，成了世界上有声有色的伟大民族。

历史是已逝的一个个现实。中国和印度的历史告诉我们，大同共和是人类的一笔宝贵的政治财富，过去是正确的，现在和将来也是正确的。

第二，资本主义发展史昭示人类必须易帜改辙。

资本主义500年发展史，特别是近300年的发展史，告诉人们：资本主义使用暴力、追求暴利的双暴本质，越来越不得人心。近年来，世界动荡不安：“9·11”事件、两伊战争、华尔街金融海啸、欧债危机、阿拉伯之春、斯诺登棱镜门事件，等等，是资本主义败象的突出表现。

在资本主义早期，使用暴力、追求暴利主要是对外扩张，表现在发动侵略战争、海外殖民、资本和文化输出。近100年来，资本主义的双暴追求已经越来越迈不开步伐，几乎所有的乱象都首先出现在资本主义国家内部。“一战”“二战”是这样，上述的“9·11”事件到棱镜门更是这样。中间也有打出去的例子，朝战、越战到两伊战争，但毫无例外，资本主义不但力不从心，而且都陷入泥潭以失败告终。

随着时代的进步，依靠侵略、殖民来发展自己的做法，越来越困难。但是，双暴追求又停不下步来。于是，各种内源性的动荡不安就不可避免。从“9·11”事件到棱镜门，基本上都是内乱。内乱不已是资本主义日薄西山、奄奄一息的主要特征？这说明社会达尔文主义已经走到末路。资本主义使用暴力、追求暴利的社会丛林法则，必须改弦更张，必须由中国印度代表的大同共和思想取而代之。

第三，新时期的友好交往，说明中印大同共和思想的可行性。

进入新时期，中印关系逐步好转升温，随着两国领导人互访增多，军队也展开了交往，经贸活动更是空前频密。我曾说：“经济是政治的密友。随着中印政治的良性发展，中印经贸呈直线上升的势头。2000 年，中印两国贸易额不足 30 亿美元，2010 年达到 660 亿美元，2012 年达 760 亿美元。到 2015 年，有望达到 1000 亿美元。从中印贸易的迅速发展中，两国人民都尝到了甜头。这种实在的经济利益，进一步坚定了增强中印友好的愿望和决心。”①

应该说，中印经贸迄今为止取得的成绩，还只是一个开始。不过，它已经告诉我们，中印大同共和是一个正确的、可行的选择。沿着这个方向走下去，前途不可限量。

第四，中印贤哲告诫我们，中印必须大同共和。

在近代史上，中印两国在帝国主义侵略、压迫下，走过了一段黑暗时光。帝国主义的压迫，促使中国和印度的志士仁人产生互相扶持的强烈愿望。中国著名革命家、思想家章太炎认为，中印是“亲昵之国”，提倡“中印联合”。他说：“东方文明之国，荦荦大者，独吾与印度耳。言其亲也，则如肺腑，察其势也，则如辅车，不互相抱持而起，终无以屏蔽亚洲。”② 这是感情至深的至理名言。

① 郁龙余：《“龙象共和”是否可能？——论中印关系现实困境及发展前景》，《人民论坛·学术前沿》2013 年 5 月上，总第 25 期，第 37 页。

② 章炳麟：《印度中兴之望》，《民报》合订本，第 3 期，第 20 号，第 102 页。

“二战”中，中国遭遇从未有过的侵略和破坏。1942 年，德国法西斯二号头子戈林出于自身的利益，通过中国高级将领桂永清秘密传话，希望中德联手“合击印度”。如果这个阴谋得逞，无疑对印度是沉重打击。但是，中国绝不会做出伤害兄弟的事，蒋介石采取了“严令拒绝”的态度。这一立场，受到了广泛的肯定。

印度的志士仁人对待中国，采取了同样的态度。最著名的例子，是泰戈尔拒绝日本法西斯的种种诱惑，写下了一系列反对日本侵略中国的文章和诗歌，其中包括《诗人寄诗人》（*Poet to Poet*），无情地驳斥了日本好战诗人野口的无耻谰言。

1937 年 4 月 14 日，在中国学院的开幕典礼上，圣雄甘地在给泰戈尔的贺信中说：“我和你在精神上是在一起的。祝中国学院成为中印两国人民生动结合的象征。”[①] 英迪拉代表她的父亲尼赫鲁宣读贺信：“中国和印度，从历史的黎明以来就成为姐妹的民族，彼此都有悠久的文化传统和思想的和平发展，应该在世界舞台上扮演主角。”[②]

中印人民挣脱帝国主义魔爪，掌握国家命运之后，两国领袖是一种怎样喜悦的心情！1954 年 10 月，印度开国总理尼赫鲁访问北京，中国政府组织了 100 万人夹道欢迎。毛泽东主席在北京四次会见尼赫鲁。最后一次会见后，毛主席一直把他送到车旁，握着他的手说：“悲莫悲兮生别离，乐莫乐兮新相知！”就是借伟大诗人屈原的诗句，说出了毛泽东自己对尼赫鲁的肺腑真情。

1956 年，周恩来总理访问印度国际大学，并发表演讲，充满感情地说：“泰戈尔不仅是对世界文学作出卓越贡献的天才诗人，还是憎恨黑暗、争取光明的伟大印度人民的杰出代表。中国人民永远不能忘记泰戈尔对他们的热爱。中国人民也不能忘记泰戈尔对他们艰苦的民族独立斗争所给予的支持。至今，中国人民还以怀念的心情回忆这 1924 年泰戈尔对中国的访问。”[③]

毫无疑问，中国印度大同共和，是两国前辈志士仁人的追求与

① 谭中：《谭云山与中印文化交流》，香港中文大学出版社 1998 年版，第 49 页。

② 同上书，第 50 页。

③ 《新华半月刊》1956 年第 6 期。

愿望。我们应继承他们的遗志，把中国和印度的事情办好，为世界人民谋幸福。

第五，时代发展潮流要求中印联合，担当起扭转乾坤的重任。

世界上任何一种制度都不能万岁。德国历史哲学家斯宾格勒在100年前写下了《西方的没落》一书。之后，发生了“一战”“二战”，冷战中苏联垮台，柏林墙倒塌。不少人认为资本主义重获新生。可是，历史的辩证法是客观的，以美国为代表的西方资本主义世界加快了败落的步伐。进入21世纪，它的生命力变得越来越衰竭。资本主义衰竭是制度性的、内源性的，从而是不可逆转的。有学者深刻指出：“西方的主流文化是以其弱肉强食的社会达尔文主义的发展观，以其唯物主义机械论的世界观，以其聚敛财富、贪得无厌的物质主义价值观，以其互相竞争、优胜劣汰的个人利己主义、乐享主义的人生观，导致了全球性的生态危机、环境污染、资源枯竭、气候异常、人口爆炸、灾病流行、恐怖犯罪、战争危险等直接威胁人类生存的地球生态劫难。”①

西方学者看问题，更加犀利。英国前伦敦经济与商业政策署署长罗思义（John Ross），最近撰文《西方的现实：不带民主伪装的独裁》指出，一个早就被表达并千真万确的观点是：“西方现实存在的是，丝毫不带民主伪装的大企业独裁。”② 这些不带民主伪装的大企业的代表是军火企业。而以军火企业为主导的社会制度是黑暗的、没有出路的制度。

美国系统科学家欧文·拉兹洛（Ervin Laszlo）在21世纪初出版的《巨变》中断言：现代化的负面效应达到饱和的极限，全球就会进入人类社会临近“巨变”（Macroshift）的混沌阶段。③

资本主义衰亡了，需要一种新的、优良的制度接替它。环视当今天下，唯有新兴国家生气勃勃。新兴国家所体现的不仅是它们的

① 胡孚琛：《圆融之思·序》，载李霞《圆融之思——儒道佛及其关系研究》，安徽大学出版社2005年版，第1页。

② ［英］罗思义：《西方的现实：不带民主伪装的独裁》，《环球时报》2013年9月16日。

③ ［美］欧文·拉兹洛：《巨变》，杜默译，中信出版社2002年版。

经济活力，更是整个社会制度和人民生活状态。尽管新兴国家也遭遇到了各种各样的困难，但是，这些困难中的大部分是受西方资本主义拖累造成的。看一看新兴国家人民的工作态度和生活观念，是那么勤奋、向上，他们遇到的困难是一定能克服的。

在新兴国家中，中国和印度极具代表性。我们两个国家不但都有强大的经济增长优势，还有极其宝贵的文化软实力。我们的大同共和思想，不但引领我们走向成功，而且向全世界昭示：人类必须抛弃社会丛林法则，走大同共和之路。这样，才能绕过世界时局动荡、经济萧条的险滩暗礁，奔向光明的坦途。

三 龙象共和与中印未来的发展

在哲理、实际层面探讨了中印大同共和的合理性，我们再从发展层面来探讨大同共和对于两国未来命运的意义。

中国和印度为什么历经劫难而不灭，到今天已经成为世界人口最多、经济蓬勃发展的新兴大国？是因为中印两国有着源远流长的传统文化。“未来信仰”是中印文化中的重要内容。从远古到现代，中印人民对未来总是充满希望，即使在黑暗年代也从不对未来失去信心。在两国人民中长期存在着“弥勒信仰”，弥勒被称作“未来佛”。弥勒信仰就是未来信仰。对未来充满崇拜、信仰的民族是不可战胜的民族，是充满希望的民族。而中国的弥勒信仰来自印度。季羡林说：“追本溯源，弥勒信仰萌芽在印度。”① 他又说：“弥勒信仰牵涉到全部印度佛教史，小乘有弥勒，大乘也有弥勒，金刚乘仍然有弥勒。”②

在当代国际大潮中，我们对中国和印度的未来满怀信心。这种信心，除了来自我们两大民族骨子里的对未来的信仰，还来自两国的种种差异。正是这些差异必将产生优势互补，而对两国未来的发展形成强大的推动力。

---

① 《季羡林全集》第 11 卷，外语教学与研究出版社 2009 年版，第 37 页。

② 同上书，第 72 页。

优势互补首先要互相了解彼此。《龙象共舞》一书对中印进行了整体的比较：“从两国复兴的历史背景、综合国力发展、工业和能源、三农问题、信息化和信息产业、社会发展与社会保障、文化宗教、复兴的主要制约因素、两国的国际地位与外交战略等方面，对中印‘双复兴’进行了全方位的系统比较研究。”① 此书认为：“中印应互相学习合作。对中国来讲，首先，学习要诚心。其次，学习要虚心。再次，必须学会与印度在合作中竞争，只有中印联手才能使西方汗颜。”② 对于中国的复兴，印度的主流观点是：最佳选择是加强合作。尼米·库里安在《复兴的中国和印度的政策选择》一书中，提出四大建议：首先，要与中国开展对话和交流；其次，开展次地区合作，构建中印合作网络；再次，重振丝绸之路，在次地区基础设施建设上开展合作；最后，开展全球范围内合作，积极参与所有安全合作机制。③

互相学习，是龙象共和最具价值的内容和必要前提。中国印度应该互相学习什么呢？作为两个文明古国和新兴大国，需要学习的地方很多。我认为，就其荦荦要者，应首先抓住三件大事。

第一，在教育领域互相取长补短。

中国人的平均识字率高，印度人的平均识字率低。这是由于中国小学、初中的义务教育抓得好，而印度没有像中国那么抓得紧。这样，在劳动力的素质上出现了差别。有印度媒体称：“如今中国制造业规模上已是印度的 8 倍，中国最大优势是人力资本。”④ 这段文字有所夸张，但基本上是正确的。

中国有两亿多农民工，他们勤劳、刻苦、能干、低薪，在改革开放中为国家创造和积累了巨大财富。这是世界上其他国家无法相比的。

印度也是一个人口大国，为什么没有形成中国这样一支规模庞

---

① 左学金、潘光、王德华主编：《龙象共舞：对中国和印度两个复兴大国的比较研究》，上海社会科学院出版社 2007 年版，第 8 页。

② 同上书，第 331 页。

③ 同上书，第 338—339 页。

④ ［印度］麦德哈万：《中国为何领先印度并继续保持领先》，《环球时报》2013 年 12 月 19 日。

大的农民工大军呢？一个重要原因是印度没有像中国这样普及九年制义务教育。而且，印度关于科技方面的教科书基本上都是用英语书写的，中学毕业生大都无法正确阅读理解。这样，英语就把印度广大民众和现代科技隔离开来。科技只掌握在少数"识字种姓"手里。而在中国，中小学、大学的教科书都用汉语，中学毕业生完全懂得各种操作说明和规范流程。农民工中出了不少一线工程师、施工经理、车间主任。

所以，印度应该向中国学习，下大力气普及基础教育，提高国民识字率，坚定不移地巩固、提高印地语的国语地位。这是事关印度民族复兴的伟业，坚持十年必有成效。在基础教育方面，印度也有值得中国学习的地方，如收费低廉，教科书民族特色浓郁等。

在高等教育方面，中国应该多向印度学习。毋庸讳言，中国大学遭到了许多国民的诟病。"钱学森之问"正是在这一背景下产生的。印度高等教育走的是精英路线，获得了印度国内外的好评。和我们接触较多的一些大学，例如尼赫鲁大学，确实是高水平大学。在理工科大学中，印度理工学院是一面成功的旗帜。网络杂志 Salon. com 称："她无疑是世界上最具影响力的理工学院。"她的毕业生的实力，"可与大英帝国鼎盛时期的牛津（Oxford）与剑桥（Cambridge）大学的毕业生媲美。"① 中国高校应该诚心诚意地、虚心地向印度学习。

任何学习都是互相的。《印度理工学院的精英们》一书的作者桑迪潘·德布写道："如果说，印度在某个领域还领先于中国的话，那就是它先进的科学和工程学教育，这大部分应归功于印度理工各校区和其他一些诸如印度科学学院这样的组织机构。"② 有印度学者认为，中国需要印度技术。同时认为，"中国就意味着无限商机。政府制定出正确的策略，并且正在以惊人的速度和气魄执行。"③ 作者说："一提到'印度理工'，非印度理工的人脑海中马上就会浮现

① ［印度］桑迪潘·德布：《印度理工学院的精英们》，黄永明译，北京大学出版社 2010 年版，第 3 页。

② 同上书，第 255 页。

③ 同上书，第 256 页。

出另外一个词‘人才外流’。”①

人才外流，对新兴国家来说是一种普遍的痛。有一幅著名漫画：一头奶牛的嘴在祖国吃草，奶却被外国挤走了。如何解决这种现象？只有快速发展自己。因为到外国就业的根本原因，是国内不能提供足够的、令人满意的就业机会。如果中印合作，中国在印度多办一些高科技企业，可以帮助印度提供许多职位，印度人才不但不会外流，还会设法吸引外国人才。印度理工人才外流的帽子就可以摘去。

总之，中印教育领域，无论是基础教育，还是高等教育，未来的合作空间很大。

关于科技，中印更可以互补。我们的登月技术、量子通信技术、卫星导航、生物工程技术、非转基因作物高产技术等，在世界上有极大优势。可以说，中国改革开放的第一个30年，靠劳动密集型制造业取胜；在第二个30年，将主要靠高科技产业取胜。在高科技领域，中印合作空间同样非常巨大。

第二，民生民主建设互帮互学。

中国和印度不但是世界人口最多的国家，而且是世界上民族最复杂的国家。

从总体上来说，中国的民生做得比较好，国民的平均收入也比印度高。所以，印度是可以向中国学习如何提高民生的。但是，有一点必须指出，印度人的幸福感比中国人高。这是中国必须研究和学习的。中国的教育推行智育第一，技术第一，人文教育苍白无力。中印都存在严重的贫富差距，印度富人比较体恤穷人，一个白领一般都要雇好几个用人做家事；用人也都维护雇主，没有那么多仇富心理。在民生问题上，中印之间可比性强，应该互相切磋借鉴，把两国的民生搞得更好。

关于民主建设，虽有印度精英人士说，印度的民主是低质的，但我们还是认为，独立之后的印度民主建设进步极大，而且得到了巩固。在南亚各国中，印度政治是最稳定的，这首先要归功于民主

---

① ［印度］桑迪潘·德布：《印度理工学院的精英们》，黄永明译，北京大学出版社2010年版，第217页。

建设。是政治稳定保证了印度的复兴崛起。在民主建设上，印度值得中国学习借鉴，例如选举制度，无论是经验还是教训，对中国来讲，都是宝贵的他山之石。了解、借鉴印度的民主建设，比照抄照搬西方的那一套，更富于实际意义。

新中国自1949年成立就走上了社会主义道路。印度自1947年独立后，也逐渐走上了社会主义道路。不过，印度社会主义自成特色，"试图从现存制度中选择一条兼采资本主义和社会主义精华的中间道路"。"但实践证明，印度经济发展远未达到其宣称的'社会主义'（Socialism）目标。"[①] 于是，有学者认为，印度搞的是费边社会主义，发展缓慢是由其改革不彻底造成的。也有学者将此归咎于"印度均衡"（Hindu equilibrium）惯性作用的结果。迪帕克·拉尔说："长时期的文化稳定和看上去的经济停滞，我称之为'印度均衡'。"[②] 并认为"岁入经济会最终被市场经济取代"，"印度均衡将不仅受到破坏，正如它现在一样，而且最终还将受到震撼"。[③]

其实，无论是印度在1991年进行改革之前还是之后，印度社会制度中社会主义成分都相当明显。2012年的邦议会选举中，有2亿人口、号称印度政治"熔炉"的北方邦，社会主义党一举获胜，这就是一个明证。

社会主义和资本主义是一对矛盾，它们的竞争将长期存在下去。韩国前总统金大中说："到马克思阶段社会主义从理论上几乎走向了成熟，并对哲学、政治、经济、社会学等社会科学的发展作出了非常大的贡献，社会主义理想将通过民主政治机制进行实践和不断伸展扩大。"[④] 关于民主、人权，金大中也有自己的见解，他认为孟子的"其君不贤，则固可放与？"比西方约翰·洛克的"社会契约论"早了2000年。所以"在对民主本质的理解方面东方要比西方早得多"，佛陀降生时说"天上天下，唯我独尊"，是"多么豪迈的

① 沈开艳等：《印度经济改革发展二十年：理论、实证与比较》，上海人民出版社2011年版，第72页。

② ［印度］迪帕克·拉尔：《印度均衡》，赵红军译，北京大学出版社2008年版，第5页。

③ 同上书，第284页。

④ ［韩］金大中：《21世纪的亚洲及其和平》，北京大学出版社1994年版，第176页。

人权宣言”①。

东方，是民主理念的故乡。殖民主义入侵极大地破坏了东方的经济和社会秩序。进入21世纪，中国和印度不但要恢复自己的经济地位，而且还要重建民主和社会秩序。在民生、民主和社会制度建设方面，龙象共和，互帮互学，大有作为，前景广阔。

我们应当承认，目前中国向印度的学习，不但没有当年“西天取经”的虔诚，甚至连起码的诚恳态度都不够。我们的眼睛总是盯着欧美，要不全盘照抄西方的民主制度，要不一股脑地反对西方的民主制度。民主像江河奔海，但各国的江河却各不相同。“独立后印度民主制度的经历向人们展示：不具备西方社会经济文化的非西方国家也能实行民主制。”② 有学者指出：在人口规模以及发展起步阶段与中国类似的大国，印度在政治改革与经济改革上的经验，对中国有着启示与反思的作用：第一，低经济基础也能发展民主制度；第二，民主制度建设需要伴随着社会文化的多样性进行补充。③

第三，合作共建新的丝绸之路。

中印经济合作近30年来获得巨大发展，今后发展的空间将更加广阔。中国提出建设丝绸之路经济带和海上丝绸之路经济带，一旦建成，世界60%的人口将直接受益，世界整体面貌将为之一新。

建设丝绸之路和海上丝绸之路经济带，印度的地位和作用至关重要。因为印度不但是这两条经济带上的大国，而且这两条经济带的建设将给印度带来革命性的变化。这种变化的意义，将远远大于印度的绿色革命、白色革命和IT革命，它将扩大、深化和巩固1991年启动的经济改革成果。

经过二十多年的改革，印度目前需要攻坚克难的问题主要是：

（1）交通道路建设，

（2）电力、能源建设，

① ［韩］金大中：《21世纪的亚洲及其和平》，北京大学出版社1994年版，第140页。

② 王红生：《中国人应该如何看印度的民主》，载张敏秋主编《跨越喜马拉雅障碍——中国寻求了解印度》，重庆出版社2006年版，第250页。

③ 沈开艳等：《印度经济改革发展二十年：理论、实证与比较》，上海人民出版社2011年版，第414页。

（3）增大有效就业。

以上三大问题如果能获得较好解决，必将对各行各业产生全方位的巨大促进作用，印度整体国力将大为提升。

2012 年 11 月 26 日，"两国在印度举行第二次中印战略经济对话，双方同意下设基础设施工作小组，主管双方高铁合作问题。印度希望中国对印度企业开放服务业、信息技术和制药业，并寻求中国在其基础设施领域加大投资力度"。[①] 我们知道，以上共识来之不易，是中印双方有识之士多年共同努力的结果。

早在 2001 年，尼米·库里安在《复兴的中国和印度的政策选择》中说："发展中国—印度—缅甸间的贸易并不是一个新想法，而只是重新提起了一个老的思想。历史记载表明，中印之间在公元前 2 世纪就已经有了贸易往来。两国间曾十分兴旺的商贸来往之路就是从云南经过缅甸而进行的。"[②]

丝绸之路和海上丝绸之路，是人类的一笔宝贵历史遗产。丝绸之路是一个总称。它最早的线路是称为"斯基泰商路"的北方草原之路。到汉代张骞凿空西域，有一条新的丝绸之路。从此，丝绸之路（包括南方丝绸之路）和海上丝绸之路，就一直和印度有着密切联系。丝绸之路的兴衰和东方人的命运相连。今天，随着中印等亚洲国家的崛起，古老的丝绸之路获得新生，是情理之中的事。

时代发展到今天，技术的进步将给我们的丝路建设插上钢铁翅膀。我们不仅要建从中国腹地直通中亚、欧洲的新丝路，还要建中、缅、孟、印经济带，它实际上是南方丝绸之路的现代版；还要建中、印、尼、巴经济走廊，这实际上是古代高僧的取经之路。

传统的丝路，大体都是东西走向。今后，我们还可以建几条南北走向的高速铁路，从北京到曼谷、新加坡，从俄罗斯到中国、印度。建设高铁，需要技术和资金，而今日的中国可以提供一流的高铁技术和充足的资金。辛格总理说："印中两国不仅休戚与共，而

---

① 李涛主编：《南亚地区发展报告 2012》，时事出版社 2013 年版，第 205 页。

② Nimmi Kurian, *Emerging China And India's Policy Options*, New Delhi: Lancer Publishers and Distributors, 2001.

且在进一步合作方面有着无限的可能性。”① 我们仿佛看到了这样一幅蓝图：纵横交错的洲际高铁，列车风驰电掣般地飞奔在浩瀚的沙漠和草原上，所需能源完全来自风能和太阳能。在洲际高铁的两旁，矗立起一座座崭新的城市，各国人民高唱《丝路之歌》，幸福地交往着、生活着。

中国和印度，这两个自古为人类文明做出过重大贡献的国度，自古和丝路紧密相连的民族，应该而且能够为谱写新的“丝路之歌”做出贡献。真正做到尼赫鲁所说的“在世界舞台上扮演主角”。中国梦、印度梦，息息相通。龙象共和，造福中印，福泽人类，打造世界发展新格局，不仅是先贤的遗训，而且是历史的神圣召唤。

［此文刊载于《深圳大学学报》（人文社会科学版）2014 年第 3 期，第 17—23 页，刊载时部分文字略有修改］

① 印度驻华大使馆：《印度总理在中央党校演讲》，《今日印度》2013 年 11 月，总 129 期，第 17 页。

华夏天竺　兼爱尚同

——关于中印文化交流的对话*

郁：南京大学钱林森教授主编的《外国作家与中国文化丛书》（以下简称《丛书》），得到了您的大力支持。《丛书》的前6种出版后，读者反映热烈，不少读者认为，《丛书》中不能缺少印度卷《印度作家与中国文化》。所以主编和出版社将《丛书》规模从8种扩大为10种，其中包括印度卷，书名为《梵典与华章——印度作家与中国文化》，讲中印文化互相的交流与影响。季先生，您以为如何？

季：钱林森教授主编的这套《丛书》，我是非常支持的。一是因为这套丛书本身意义重大，前几种出版之后大受读者欢迎，是预料中事；二是对宁夏人民出版社的支持，我年老体弱，不能到西部去支教、种树，但可以用其他办法来帮助他们，譬如说支持出好这套丛书。他们也很重视，是"十五"国家重点图书。《丛书》原来计划出8种，现在又扩大为10种，这很好，我完全赞成。不管是出8种还是10种，印度卷是不能缺的，因为中印文学关联太密切，缺了就说不过去。不过，写印度卷有相当难度。这个你也知道。原因主要是印度人不重视记录，他们的可用史料寥寥无几。我一直反对中印文化交流单向论，但由于印度史料的缺乏，造成中印文化关系研究，特别是中国文化在印度传播和影响研究的困难。希望你们这次有所突破。

郁：在新资料方面，我们注意了，也努力了，但仍不能满意。鲁迅说过："印度则交通自古，贻我大祥，思想、信仰、道德、

* 本文作者为季羡林、郁龙余。

艺文无不蒙贶，虽兄弟眷属，何以加之。”① 您一辈子研究印度文化，深知中印文化关系的广度与深度。对鲁迅的这一段话的理解一定更加深切，能请您具体谈谈吗？

季：鲁迅骨头很硬，做学问很严谨，从不说过头的话。他对印度文化评价十分之高。在《痴华鬘题记》中说：“尝闻天竺寓言之富，如大林深泉，他国艺文，往往蒙其影响。”这些评价都是他对印度文学做了研究之后才说的，有真切的感受。鲁迅的《中国小说史略》，我建议大家好好读一读。多少年前写的，现在读起来还是觉得那么深刻、精辟。为什么？是因为研究得透彻。以其昏昏，使人昭昭，怎么行呢！关于印度文化，鲁迅的话不是很多，但都深得要领。鲁迅思想深刻，这和他研究印度文化有关系。有人注意到他1914年所购161种书籍中，佛学著作达89种，占他全年购书的55%以上。鲁迅著作里常有佛教词汇，他做过一首诗《题三义塔》，最后两句是：“度尽劫波兄弟在，相逢一笑泯恩仇。”诗中有佛语，但他始终是个为民请命的斗士。

郁：印度的两大史诗不但是印度的文学瑰宝，也是全人类的文学财富。在“文革”中，您在极其困难的情况下将其中的《罗摩衍那》翻译成中文，成为中国当代翻译史上的一大盛事。请问当时是什么动力支撑您完成这项工作的呢？在《“罗摩衍那”初探》一书中，您谈了当时对这部史诗的认识，时至今日，您对这部史诗有了什么新的看法吗？

季：关于翻译研究《罗摩衍那》这个问题，我以前说得很多了。我想在这里再强调一点，看一个国家强大不强大，有一个重要标志，看它的文化学术；一个国家的文化学术昌盛不昌盛，除了看它自己的文化学术宝库是否充盈，是否瑰丽之外，还要看它对世界优秀文化了解不了解，研究得怎么样。这个标志，很灵验。当年欧洲各国实力强大，对东方学研究水平很高，出了一大批东方学家，有研究中国的，印度的，埃及的，两河流域的。现在怎么样，没有那种势头了。我们中国怎么办？我看完全可以接过来，把东方文化

---

① 鲁迅：《破恶声记》，载《鲁迅全集》第8卷《集外集拾遗补编》，人民文学出版社1981年版，第33页。

研究搞上去，搞出一个新的水平来。

郁：您对印度的戏剧好像特别感兴趣，亲自翻译了《沙恭达罗》《优哩婆湿》，晚年还花费了巨大精力和时间将《弥勒会见记》翻译成英文出版。能请您谈谈其中的原因吗？为什么您对印度戏剧如此着迷？

季：印度戏剧在印度文化史上有特别的地位，所以我一直比较关注。我们中国有个非常好的传统，就是重视文字记录。一部二十四史，皇皇巨著，哪个国家有？不过我们也有一个缺点，历史研究对其他非文字的资料注意不够。戏剧的好处就很多，除了文字之外，还有演员、歌舞、道具、审美时尚，等等。把一个戏剧研究好了，就像时光倒转，回到了当时的场景，把历史看得清清楚楚，真真切切。我看重文字，但也不忽视其他非文字的资料。美国有个学者叫梅维恒（Vietor H. Mair），是研究中国和印度的，写了本《绘画与表演——中国的看图讲故事和它的印度起源》。我不完全同意他的观点，但他有许多见解很新鲜，注意到了绘画、表演和中印文化的关系，很有学术性，就请邦维他们几个翻译成中文，后来出版了。

译释吐火罗文《弥勒会见记》是花去了不少时间。开始是盛情难却，外国学者要求，我不好推辞。后来是骑虎难下，一动手没想到这么费事，但箭已在弦上，不得不发，只能抓紧时间搞。有一年寒假，你请我去深圳避寒，我没能答应，正在忙这个剧本呢。不过，总算完成了。现在想想，虽然花的时间多了点，但还是值得的。

郁：德国学者提出了文学发展史上的两个重要概念——世界文学和比较文学，而这两个概念的提出与中国文学和印度文学有关，您认为这是偶然的吗？

季：世界上的事有时候很巧，也就是说有偶然性。世界文学和比较文学这两个概念，最早都是德国人提出来的，而且和中国、印度有关。1827 年 1 月 31 日，歌德和爱克曼谈话，后来由爱克曼整理成有名的《歌德谈话录》。谈话是在歌德看了中国作品之后展开的。歌德说：“民族文学在现代算不了很大的一回事，世界文学的时代已快来临了。现在每个人都应该出力促使它早日来临。"这是第一次有人提出"世界文学"的概念，不过歌德没有给它具体下定义。歌德谈话前，到底读了什么中国作品，人们有不同意见，陈铨、朱光潜认为是《好逑传》，也有人认为是《花笺记》而不是《好逑传》。我比较倾向于《好逑传》，因为谈话中讲到一对青年男女共处一室而不乱，应该是《好逑传》第七回中的内容。不管读的是哪一部，反正是中国作品引出了歌德"世界文学"的概念，这是肯定的。

关于比较文学，德国人一般称作比较文学史（Vergleichende Literaturgeschichte），创始人是本发伊（Theodor Benfey）。1859 年，他在《五卷书》德译本的长篇导言中，以惊人的博学多识，探讨了《五卷书》在世界各地的传播、演变，从而奠定了比较文学史的基础。

如果说，"世界文学""比较文学"这两个概念都由德国人提出来有点偶然性的话，那么它们的产生与中国、印度作品相关，应该说有其必然性。离开了中国文学和印度文学，谈不好世界文学和比较文学。这说明歌德和本发伊确实是有眼光的。

郁： 泰戈尔是中印现代文化关系史上的重要人物。您 13 岁时在济南见过他，中学时代读过他的诗，后来又成了泰戈尔的介绍者和研究者，许多人对泰戈尔的评价来自您的文章。一代人做一代人的事，我想请您谈谈泰戈尔在印度文化现代转型中的作用和成就。

季： 关于泰戈尔我写过一些文章，也做过一些研究，不过那是很多年以前的事。泰戈尔这个人有天分、勤勉加长寿，非常难得。我看他既是一个"拿来主义者"，又是一个"送去主义者"，所以他在历史上站得住脚，留得下名。拿来主义，说明他对外国文化态度开放，不封闭，善于消化、吸收。送去主义，说明他自信，有奉献精神，有东西送出去。文化交流是人类进步的动力之一。社会的发展，需要拿来主义和送去主义，不需要关门思想和贾桂思想。泰戈尔对"拿来"和"送去"的关系处理得好，所以在印度文化现代转型中，扮演了一个承上启下的重要角色，是印度现代文化的重要奠基人之一，也是现代中印文化交流的重要使者。

郁：您作为当代最著名的学者之一，研究领域广泛，但印度语言和文化是您的专业，您毕生都在为中印文化交流事业而努力，请您谈谈对中印文化交流的看法，以及对其前景的展望。

季：不要说著名不著名，咱们有事说事。

关于中印文化交流，许多有见地的学者都很重视。比如梁启超，他在许多文章里都提到这个问题，认为佛教东传，对中国文化带来了许多影响。有人将其归纳为五大项：（1）国语实质的扩大；（2）语法及文体的变化；（3）文学情趣的发展；（4）歌舞剧的传入；（5）字母的仿造。胡适在《白话文学史》中，将印度对中国的影响归纳为三大贡献：第一，佛寺禅门成为白话文、白话诗的重要发源地；第二，中国浪漫主义的文学（指《封神榜》《西游记》等小说）是印度文学影响的产儿；第三，对中国文学体裁的巨大影响。无论是梁启超的“五项影响”说还是胡适的“三大贡献”说，都说明中印文化交流源远流长，成果累累，堪称跨文化交流的楷模。

关于中印文化关系，我积累了大量资料，不止稿积盈尺，也曾写过不少文章，出了一本《中印文化关系史论文集》。后来又为“神州文化集成丛书”写了一本《中印文化交流史》，因为只有12万字篇幅，像戴着枷锁跳舞，不能有大动作，只能大题小做。其实，我的其他著作，如《文化交流的轨迹——中华蔗糖史》《东西文化议论集》等，也都大量涉及中印文化交流的内容。我一直想写一部完整的《中印文化关系史》，了却我一生的心愿。只要身体允许，我会尽力去做。不过，研究中印文化关系是一项巨大的工程，我希望有更多的青年学者参加进来。

我认为，可以先从资料工作做起。我一直主张收集资料要彻底，要竭泽而渔，只有做到这样，心里才有底气。一下子把中印文化关系的资料全部搞齐，谈何容易，可以分门别类搞，饭一口一口吃。最近有一本书，名叫《汉文佛经中的音乐史料》，皇皇900页巨著，我想一定是把汉译佛典中的音乐资料，做了穷尽性收集整理。下这种死功夫是值得的。我们不是提倡“送去主义”吗？送什么去，除了理论、观点之外，还应包括资料。我看这部音乐史料外国同好一定需要。除了音乐之外，绘画、戏剧、建筑、雕塑、文学、语言等，也都需要人去收集整理。佛典之外，道藏、儒藏（编纂工程已启动）、各类史籍、笔记、游记等，都有大量有价值的资料。我以前讲过，我们中国人并不完全了解自己，通过这类资料的整理，可以帮助我们摸清文化的家底，慢慢地完全了解自己。

郁：在中印文化交流史上，出现过一个个西天取经的故事，其中以唐玄奘最为著名。不畏艰险，求取真经的精神，是中华民族最重要的精神财富之一。在当今的地球村时代，您认为这种取经精神还有意义吗？应该如何发扬这种精神呢？

季：唐僧取经的故事在中国家喻户晓，在亚洲尤其是东南亚也流传很广。取经精神，在过去非常重要，今天依然非常重要。玄奘是舍身求法的典型，他翻译的佛经、开创的译风以及《大唐西域记》都是宝贵的文化遗产。我和一些同志曾花了好几年时间对《大唐西域记》进行校注。等到工作完成，却没有了结的感觉，反倒感到方才开始。我们这个民族灾难太多，耽误的时间太多，有许多事情要赶着做。现在到了所谓的“地球村时代”，我们应该有一种时不我待的紧迫感。在地球村时代，取经精神变得更加重要。什么是取经精神？我看就是不畏艰险，学取知识，敢于攀登真理高峰的精神。我们的时代，竞争更加激烈，国与国之间相互交流、学习、借鉴，变得比什么时候都迫切。我们不但要坚持取经精神，而且要大大发扬。感谢祖先给我们留下了这份宝贵的精神财富。这份财富不能在我们手上丢失，而要永远传下去。取经精神，是一个民族保持文化之树长青，永远立于不败之地的法宝。我们有了这个法宝，所以中华民族历尽艰难而不衰。现在，我们面临新的机遇和挑战，发扬取经精神不是要不要的问题，而是如何与时俱进、做得更好的问题。

郁：中印几千年的文化交流，最重要的成果是印度佛教传到中国，并变成了中国佛教。这种情形正如玄奘所说：“佛兴西方，法流东国。”中华民族这种吸纳外国文化的宏伟气魄是令人惊叹的，也是我们后代子孙应该发扬光大的。当今，我们正面临着全球化的浪潮，西方文化的影响深入了我们生活的方方面面。您能否联系历史与现实，谈谈我们的应对之策？

季：一部中外文化关系史，大的文化交流有两次，一次是从汉朝开始的中印文化交流，中国获益匪浅；另一次是现在正在进行的中西文化交流，我相信这次我们获益会更多。三十年河东，三十年河西，我们会在这次文化大交流中走向世界前列。需要说明的是，国际化不等于全球化，全球化不等于美国化。现在有的人是把它们混淆起来的，很不科学。我赞同国际化，国际化是世界潮流，顺之者昌，逆之者亡。什么是国际化呢，就是要知道世界动向，把自己的事做好，做成国际一流。当年的玄奘，把他的工作做得很漂亮，世界水平，就是国际化；当年的沈括把科研做得很好，李约瑟大为称赞，这就是世界水平，国际化。现在有些人，不肯下功夫做，动不动喊国际接轨，什么是国际之轨，轨在哪里？不知道又怎么能接轨！

目前，西方文化的影响深入我们的各个领域，铺天盖地，我看总体上讲是好事。当年佛教传到中国，一浪高过一浪，多少人出家，多少人烧香，最后怎么样？好的、有用的东西留下来了，落后的、迷信的东西淘汰了。西方文化也一样，通过中西交流，好的、先进的东西会留下，成为我们中华文化的一部分；那些落后、腐朽的东西一定会被淘汰。要相信中华民族的识别能力，要相信中国文化的自净能力。总的来说，还是那句老话：道路曲折，前景光明。

［此文刊载于《深圳大学学报》（人文社会科学版）2004 年第 4 期，第 5—8 页］

中印学者畅谈中印合作与发展前景*

印度著名经济学家、尼赫鲁大学前校长、辛格总理经济顾问契特（G. K. Chadha）教授，应深圳大学校长章必功之邀，于2005年10月13日至19日以学者身份访问深圳大学。14日晚，深圳大学印度研究中心主任郁龙余教授（以下简称郁）和契特教授（以下简称契）就中印文化问题进行了一次深入的谈话。

郁：契特教授，您是印度著名经济学家，这次到中国来，做了两场重要的演讲，一场讲印度经济，另一场讲中国经济。这两场演讲引起了很大的反响。经济与文化密不可分。今天，我们就两国的文化关系及发展，进行一次交谈和讨论。首先，我们想听听您关于文化多元化或多样性的意见，请您谈谈中国文化、印度文化在今后世界上应当扮演的角色。

契：我认为，中印两大文明不仅历史悠久，内容丰富，富于创造性和建设性，而且充满四海之内皆兄弟的情谊。共享古代文明资源与荣耀，将是两国在当代的崇高使命。中印两国应该联合起来，共同推动两国悠久传统文明的发展，为人类更美好的未来而奋斗。追溯中印两国的文明进程，我们会发现两国人民一直在为人类富于诗意的生活而努力着，一直在为实现大同社会的理想而奋斗着。这是古代中国的理想，也是古代印度的理想。这一理想还在继续，只不过今天“社会”的内涵已经极大地扩张了，远远超出了地域范围。从某种意义上说，世界应该就是整个人类的社会。中印两国一定会在全球化过程中为此做出巨大贡献。即使全球化进程给我们带

* 本文作者为郁龙余、契特，译者为江玉琴。

来了商业化的社会、贸易化的社会、技术性的社会、专业化的甚至竞争性的社会，我仍然深信中印两国继承下来的古老的优秀传统与文化，将继续引导两国进步与发展，并且将指导其对内与对外政策。

郁：近一百年前，中国著名的思想家和革命家、鲁迅的老师章炳麟，就提出了“中印联合”的主张。他说，中印两国历史上交往甚密，是“亲昵之国”，“宜念往日旧好，互相扶持”。他还说，“东方文明之国，荦荦大者，独吾与印度耳。言其亲也，则如肺腑，察其势力，则若辅车，不互相抱持而起，终无以屏蔽亚洲。”① 他认为“支那、印度既独立，相与为神圣同盟，而后亚洲殆少事矣！”②“联合三道，宜以两国文化，相互灌输。”③ 最近，印度经济学家、您的同行朋友兰密施（Jairam Ramesh），写了一本书 *Making Sense of Chindia-Reflections on China and India*，也提出了一个中印合体的概念，并创造了一个新的词汇——CHINDIA。他认为，中国和印度应联合，共同发展。兰密施不一定知道一百年前章炳麟的观点，却与其不谋而合。我认为，这恰恰说明，中印学者有一种共同意识，即中印合作，中印双赢。联系到近年来西方媒体对中印发展的种种揣测式议论，如“中印亚洲争雄论”“中兔印龟论”等，您怎么看？

契：让我们看看20世纪大半个世纪以来中印两国丰富的文学和哲学的发展吧。中国近代伟大的哲学家章炳麟曾宣扬中印两国之间应该如兄弟般相亲相爱，坚信中印两个文明古国友好合作的可能性，并预言这将令整个世界效法。印度当代经济学家兰密施同样提出了“中印合一”的概念，认为没有什么能阻拦中印两国在人力资源、物质资源或自然资源等方面的合作。这意味着，世界会真正地将我们两个国家放在一起来考虑。我们能够引导世界向前进，这是时代的需要。从某种意义上说，我们能够放下某些价值观，制定出某些原则标准，引导两国在国际贸易事务等方面进行磋商和谨慎思考。我非常赞同印度20世纪伟大诗人泰戈尔所宣扬的众生皆善的思想。人类彼此之间有可能出现短时期的利益冲突，一种文明也可能

① 章炳麟：《印度中兴之望》，《民报》合订本，第3期，第20号，第102页。

② 章炳麟：《支那印度联合方法》，《民报》合订本，第3期，第20号，第38页。

③ 同上。

会与另外一种文明产生冲突，但这终究不是基本矛盾，也不是主要矛盾。因此，即使中印两国之间存在某些争议，我认为，本着全人类的利益，本着全球社会的利益，中印两国最终应该联合起来，应该将我们所确立的世界普遍适用的道德观展现给世界。这些道德观适用于指导经济关系领域、社会关系领域、家庭关系领域、集体关系领域，以及其他一切关系领域。中印两国之间存在着彼此相互学习的巨大空间和合作空间。我相信，世界上其他国家也都对此充满着期待。不要忘了，我的朋友们，中印两国的人口几乎占到全世界人口总数的五分之二。如果中印两国在文化、伦理及道德上形成统一认识，世界上其他国家就一定会追随。我们知道，数千年来，曾经有不少著名的外国行者前往印度，学习印度文化、教育体系乃至人际关系的精华，完善了自身修养。中国古代的大多数王朝也创造了灿烂的文化。历史对中印两大文明提出了挑战。我们要接受自己的历史文化，要吸收本民族文化的精髓，这样才能立足于当今世界，并使我们的未来光芒四射，乃至成为世界上具有最璀璨文化的国家。

郁：中国和印度都是文明古国，知富而思进，富而助人。《摩诃婆罗多》的故事，在印度家喻户晓。这部大史诗就是告诉大家，兄弟相争，毫无意义。印度有一个词汇 yogadāna（贡献），就是将利益送给别人。dāna（赠予）在印度是一种普遍行为。dānadharma（善行），是慈善事业，本义是“捐舍的宗教”。中国传统文化对人生的安排是：修身、齐家、治国、平天下，将个人的人生目标定位于平定天下，使天下太平。中国文化也一直倡导“乐善好施”“扶弱助贫”。以捐舍为宗教的民族，乐善好施的民族，富强起来了，不是全世界的福音吗？到那时，全世界有希望进入“罗摩盛世”，进入“尧天舜日”。

契：你们非常熟悉印度的伟大史诗《摩诃婆罗多》，我非常高兴，同时也非常感谢您让我注意到这一点。我完全同意这部伟大的史诗中所蕴含的重要观点，即兄弟之间不要发生战争，应该和平共处。如果两者间有何不同意见，应该坐下来，平心静气地说出来，尽力解决问题。但我认为，《摩诃婆罗多》的核心思想是达摩（正法）的最终胜利。达摩意味着道德伦理，它倡导合乎礼仪的行为，任何人都被告知不能做邪恶的事情。在终极辨析中，他们（作恶者）永远不会以胜利者的姿态出现。《摩诃婆罗多》是达摩的哲学，其思想主要来自一位知名的人物，即最伟大的克里希那。这是和平生活的哲学，不参与生活物质方面的冲突。这也是《摩诃婆罗多》的中心思想。中国文明也有一些伦理哲学认为，世界应该和平相处，因此中印伦理哲学都在推动着世界和平与和谐发展。

我认为，有四个基本的伦理原则引导着我们的现代生活。第一，要有自我原则，换句话说，人们要以优雅的方式训练自己；第二，要为美好的家庭、清洁的环境、和谐的生活社团贡献自己的才智；第三，要为国家服务；第四，就是为世界的和平而努力，这一点也可以升华为：我们的文明教导我们，要修行，要从别人、别国的角度审视自我。我们应该尊重其他民族的宗教信仰，应该尊重其他民族的社会团体，尊重其他民族的文化。实际上，印度和中国都是建立在多元文化、多民族的基础上的，这两个国家的人民早就具备了自我吸收、分享不同意见和处理不同挑战的经验，两国的人民都能自觉以自我为世界楷模而行动。中国拥有十三亿多人口，分布在三十多个省市区，而印度拥有十亿三千万人口，分布在三十多个邦和区，各省各市各邦各区情况都极其不同。语言杂多，饮食多样，文化形态千种万样，但两个国家都在多样化中产生了同一性。因此，如果说中国人民在追随着自己古老的文明，那么印度人民也在学习着本国的传统、伦理、道德；如果两国人民自我修行，服务于社团，贡献于国家，那就意味着他们在为世界的和平而努力。

如果中印两国能够合作，我相信世界和平将是可预见的事实。世界和平、不再处于争议和危险之中。同样，我相信，当今世界将不会有传统概念上的战争，但会发生经济战争。我们的文明都曾卷入经济战争。在道德方面，《摩诃婆罗多》的哲学精神将得到宣传。它借助神告诉世人，什么是可以做的事情，什么是不可以做的事情；什么是善的，什么是予人以善。

我确信，中国文明在人力资源方面有很多值得学习的经验。我们完全能够继承历史文化的精髓并将之传播于世，让世人共享资源和信息，相互合作。如果中印两国在经济领域能够成为伙伴，在思想方面可以成为朋友，在世界事务方面能够合作，我相信世界将更加和平，更加美好。

郁：中国对邻国像朋友，讲“亲仁善邻”“唇齿相依”“己欲达而达人”。所以，我们非常看重印度这位“天字第一号的千年老友”，希望印度不断发展和强大。只有中印都发展和强大了，亚洲才能真正发展和强大。只有亚洲发展强大了，整个世界才能真正发展强大。所以，印度的发展，不但有利于中国，而且有利于亚洲、世界的发展。反之亦然，中国的发展，也有利于印度，乃至亚洲和世界的发展。因为两国幅员辽阔，人口众多，有这样的影响力和推动力。更重要的是，中印两国是文明古国，有深厚的文化积累。我们的崛起，是民族复兴，不是爆发。

契：中印之间是兄弟，我们应该像兄弟般亲密，我们应该分享彼此的理想和资源，我们应该共享彼此的专长，也应该为彼此分忧解愁。我们不仅共享尊荣，也必须共同承担困苦。如果我是一个穷人，你会分担我的困苦；如果我富裕，你也会共享我的财富。因此，让我们再次坚信，中印之间兄弟般的情谊一定会越来越浓厚。这种情谊长期以来就存在着，但只不过因为历史原因产生的误会和小冲突而曾遭到中断。我认为，中印两国应该暂时放下历史的重负，思考新的途径来解决问题，因为总是有更多的挑战在等待着我们，但只要两国在建设和平世界的进程中成为合作者，这些挑战和困难都可以迎刃而解。

因此，我们两国应该合作，两国的领导人也会合作。我了解印度的领导人辛格总理。他一直宣扬道德、经济和伦理方面的观念，是一个非常明智的人。他也正在为实现中印兄弟般的合作这个伟大目标而努力工作着。

我说过，我们不要老是背负历史的重担前行，因为那实在太沉重；如果我们时时刻刻肩负着历史的重担，就不可能看到一个自由民族、一个自由国家的未来。因为世界已经在很多方面发生了变化，永远也不可能回到历史的原初状态。中印之间的文化发展，可以从印巴关系的发展中吸取教训和经验。过去，印度和巴基斯坦是一个国家，但其中也发生过两三次的冲突。现在印度和巴基斯坦却完全不同，但两国反而比被分治时更有可能合作。为什么中印之间不可以尝试着这样做呢？中印之间有极多的东西可以共享，可以互相学习，不应当总是互不信任地审视对方。

我们可以合作的领域很多，比如教育交流。当然，也可以在一个比较高的教育层次展开合作，可以交换学生、老师，也可以交换学者，可以进行文学交流，甚至可以就一些普通的项目如教学安排进行合作，很多模式都是行之有效的。

中印分享彼此的成就时是亲密无间的。可以经济模式为例。经济模式在今天非常重要，因为印度和中国一样面临着国外的很多挑战。比如在多边贸易领域，我们一定会谈到世界贸易组织，一定会有很多协商，以及随之而来的很多问题。为什么中印之间不可以形成统一的立场呢？为什么中印不给世界形成这样的认识：中印两国实际上考虑的是同样的事务？如果我们能达成共识，那么人们就会听到世界百分之四十的人口发出同样的声音。我知道世界贸易领域的协商、多边贸易，都可能产生区域性的经济合作，同样也会产生双边关系、国与国的关系。现在，印度与泰国、斯里兰卡已经建立了比较良好的双边关系，近年来我们还与新加坡签订了全面经济协定。为什么印度和中国之间不能建立某些双边贸易关系呢？

今天，我的演讲展望了不远的将来，如 WTO 关于服务领域的协商，关于制造业和农产品的协商等。我认为中国与印度应该站在自身的立场，在贸易和服务领域，在知识专利权等方面，联合起来讨论。这些问题关系到我们双方的利益。中印两国都不要错过现在的机会，因为世界经济千变万化。我们不能守株待兔，而是应该跳起来抓住机会。这也就是我所说的，放下历史的重担，并肩作战，我们可以取得非凡成就。

郁：契特教授，您不仅是一位闻名世界的经济学家，对经济学有深入的研究，而且对文化有真知灼见，发表了许多发人深思的见解。谢谢。

（此文刊载于《南亚研究》2006 年第 1 期，第 3—5 页）

用自己的语言研究中印关系

随着中国和印度的经济持续快速发展，两国的国际地位获得空前提升。与此同时，中印两国的双边关系，也变得比以往任何时候都重要。2005 年 4 月，温家宝总理访印成功，两国关系升级为“战略合作伙伴”。然而，我们对中印关系的研究，尚不能满足作为当今世界发展最快的两大文明古国互相发展国家关系的理论需求。造成这种情况的原因是多方面的，有些问题必须假以时日才能解决。今天，我们所能做的就是抓住突出问题，加强对中印关系的深入研究。

一　必须用自己的语言研究中印关系

冷战已经结束多年，但是冷战思维依然存在。对于中国和印度的学者来说，也自觉不自觉地受到这一思维的影响。不同的是，西方是冷战思维的发出者，我们以其人之道还治其人之身，久而久之，在政治上我们是冷战思维的反对者，在思想上却常常成了冷战思维的受害者。

冷战思维完全是为西方政治服务的，在现代国际关系中毫无可取之处。而且，这套思维完全是公式化的东西，对中印双边关系研究来讲，缺乏有效的针对性。但是，我们有时会自觉不自觉套用到中印关系研究中。例如印度历来有对中国不友好、持强硬态度的政治人物，我们常常会称其为“鹰派”。鹰派、鸽派，是典型的西方政治词汇，在冷战时期的西方论著中常常出现。然而，运用到东方，将其指称印度对中国不友好、持强硬立场的政治人物，则因缺乏个性特征、流于公式化而缺乏针对性和准确性。

两千多年前，释迦牟尼在传播佛教时，弟子们在使用语言上产生困惑，他告诉弟子要用“自己的语言”（Sakāya niruttiyā）。[①] 今天，我们研究中印关系，也需要用自己的语言、自己的思维，即用中国、印度的语言和思维，而不可生搬硬套西方话语。不然会不得要领，不能切中肯綮。史诗《罗摩衍那》的故事，在印度家喻户晓。故事说，古代印度的十车王有四个儿子，罗摩、婆罗多和双胞胎罗什曼那、设睹卢祇那。后来，王后吉迦伊因受驼背使女挑唆，要求十车王传位于己出的婆罗多。罗摩为表示遵守父命，自我流放十四年。在流放路上，婆罗多率大队人马赶来请罗摩回京继位。罗什曼那误认为婆罗多赶来杀害他们，决心将婆罗多置于死地。但被罗摩坚决劝住了，并称赞了婆罗多一番。[②] 这位罗什曼那忠勇可嘉，但冷静思考不足，是印度有名的文学形象。我认为，现代中印关系史中所谓印度的“鹰派”，称他们为“罗什曼那式的人物”更确切、更逼真。他们本人可能也容易接受。罗什曼那知错能改，是位有缺点的英雄。几十年间，印度不是有好几位所谓“鹰派”人物，后来都变成了中印友谊的重要推动者吗！他们就是现实政治生活中的罗什曼那。罗什曼那们的缺点，主要是他们的角色造成的，即屁股指挥脑袋，职位决定思想。这类情况，各国都有。老的罗什曼那转换角色了，新的罗什曼那又产生了。所以，问题的关键不在罗什曼那，而在罗摩。只要罗摩有定力，能够稳得住罗什曼那，事情就不会失控，就会有转机，坏事就会变成好事。

毛泽东和尼赫鲁的关系，中国和印度的关系为何从 20 世纪 50 年代的蜜月期发展到 60 年代的兵戎相见，一直是困扰中印两国和世界各国学者的难题。到目前为止，解答得最好的是谭中的《尼赫鲁：消失的毛泽东“新相知”》一文。他着重介绍、分析了尼赫鲁政治灵魂的三大元素，见地深刻。我认为，尼赫鲁作为现代印度的缔造者，非常像《罗摩衍那》中的罗摩（Rāma），罗摩英明仁慈，但有时

① 季羡林：《原始佛教的语言问题》，中国社会科学出版社 1985 年版，第 7 页。

② 刘安武：《印度两大史诗研究》，北京大学出版社 2001 年版，第 37 页。

耳朵软，不能力排众议，听到民间流言，两次将自己贞洁的妻子悉多流放，最后悉多不得不求助于大地母亲。罗易（H. P. Ray）说尼赫鲁“缺乏独断独行的能力”[①]，和罗摩听到民间对悉多各种议论时的情况很相似，不能作出自己的正确决策。罗摩在处理和婆罗多的关系时，能够制止罗什曼那的冲动，而尼赫鲁在处理和毛泽东的新中国的关系时，酿成悲剧。在这里，不能完全责怪尼赫鲁。因为，罗摩劝阻、制止的是一个罗什曼那，而尼赫鲁当时面对的不是一个而是一大群罗什曼那式的人物。罗摩是伟大的，尼赫鲁是印度的现代罗摩，也是伟大的。对尼赫鲁性格上的弱点，我们应像谅解罗摩的弱点那样予以谅解。

以上，是我们的一种设想。以此为例，我们可以运用自己的语言和思维，来阐释中印双边关系中的各种问题。今年是著名的乒乓外交三十五周年，美国派出乒乓球队访华以为纪念。乒乓就是我们自己的语言，双方都能接受，收到意想不到的实效，成为现代中外关系史上的佳话与范例。中印文化交流源远流长，语言资源丰富，是发展中印友好关系的宝贵的历史财富。只要我们切换思路，摆脱实际存在的冷战思维的不良影响，就一定能开辟出中印友谊的新天地。

近十多年来印度学者对两国关系进行了新的评价，如德里大学东亚研究系副教授谈玉妮（Ravni Thakur）认为，印度对华态度可分四派。第一派认为中国是对印度安全的主要威胁。“这种观点在印度安全战略部门与军队中占统治地位，是1962年中印边境战争中诞生，至今没有安睡的婴儿。”“可喜的是持着这一观点的人不多，只是军方和安全战略研究的某些人。”第二派主张走中间路线，在大学和外交官中占多数。这一派知道解决中印之间存在问题的难度，但主张“尽可能在所有能够合作的领域中开展中印双边合作”。他们是印度的主流派。第三派是“文明派”，这一派认为“两国关系可以恢复到历史时期那种和平共处、相辅相成的程度，在此基础上建立起中印之间的永恒友谊”。第四派是左翼集团及其他社会主

---

① 谭中、尼赫鲁：《消失的毛泽东“新相知”》，载张敏秋《跨越喜马拉雅障碍——中国寻求了解印度》，重庆出版社2006年版，第139页。

义组织，“因为中国是社会主义国家而对中国亲善”，“在所有领域和层次都不对中国进行批判”。

从上述谈玉妮的分析中，我们可以看出她用的是自己的语言，没有西方冷战思维的影响。如果中印学者都能用自己的语言进行对话，建立一种学者间的对话机制，对于增进两国关系具有不可替代的积极意义。

二 要深入研究印度的深层精神文化

德里大学谈玉妮认为：中印之间呈现非对称形势，即中国在印度人心中的分量比印度在中国人心中的分量要重得多。对印度来说，中国是头等重要的国家，在某些方面甚至比美国、俄国更重要。对中国来说，印度的重要性却不是第一位的，甚至不是第二或第三位。因此，要中国战略观察家客观地了解印度是很难的，必须设身处地把自己摆在印度的地位才能做到。[①] 我相信，谈玉妮的观点有相当的代表性。要真正了解印度，除了设身处地之外，我们还必须深入研究印度的深层精神文化。

世界文明，真正称得上博大精深的只有中国和印度。而我们中国的印度研究专家中有相当大的比例，停留在技术或数据的分析上，对印度的精神文化缺乏深入研究。我们对“博大”可能有一定的了解，知道印度是一个“一应俱全、无所不有”的国家，对“精深”就少有人真正体悟了。所以，《今日印度》的封四上总是用启功体印着“不可思议的印度”。为何不可思议？是因为对印度的深层精神文化了解不足，把握不准。

我们做战略研究的，总是忙于应付任务，于是“短平快”成了我们的作风，拿出来的常常是急就章。其实，真正伟大的战略家都研究精神文化，并从它的高端哲学切入。《道德经》号称五千精妙，毛泽东认为是一部兵书。毛泽东的这个见解引起了智者的重视，因

① 谭中、尼赫鲁：《消失的毛泽东“新相知”》，载张敏秋《跨越喜马拉雅障碍——中国寻求了解印度》，重庆出版社 2006 年版，第 25 页。

为他本人不但是20世纪世界上最伟大的政治家之一，而且是最伟大的军事家之一。《道德经》讲的是大战略，战略大到极处，便成了“道”，成了哲学，讲的是“守中”“为无为”“不争”，“以道佐人主，不以兵强于天下”。实际上和印度《摩诃婆罗多》昭示的一样，都是非战思想。不管是中国的战略家还是印度的战略家，都应该好好研读《道德经》这部最伟大、最精深的战略学经典。

中印同为东方文明古国，但文化风格迥异。就中国战略家而言，对印度文化的灵魂，即决定印度民族性格的核心因素，应该有深刻了解。同时，对中印民族思维中的若干重大差异，也应有充分的认识。这样，就需要研究中印的哲学、美学、宗教和文学。“天人合一”是中国文化的根本特征，印度文化的根本特征是“梵我一如”（Brahmātmaikyam），二者具有深刻的内涵，需要我们去体味和理解。可以说一句狠话，如果对“天人合一”和“梵我一如”这两个中印文化的核心概念毫无认识，是一定搞不好中印关系研究的。

另外，对印度的审美观念、神话思维、口述传统、分立思想等，我们中国学者需要特别关注。不然，以中国文化的视角去观察就很难理解。

中国艺术追求“神似”，即“不似而似”；印度艺术追求“似而不似”，即自然与精神的和谐。印度人自古生活在想象世界中，天马行空，世界上最大的数字，都是印度人发明的。在《摩诃婆罗多》里一场战役后的尸体达1660044165具。梵天神宫里的一天等于世上1555.2亿天。《五灯会元》说：“弥勒于一时中，成就五百亿天子。”印度在19世纪进入现代文明之前，几乎所有的典籍都是口耳相传，文本极为罕见，被称为“漂浮的文明”。在印度人的精神世界中，一切都是相对分立的：天神—妖魔，正义—邪恶，天堂—地狱。印度语言的构词法，在数词、形容词或名词前加一个前缀a（非、不、无、少），就变成了一个意义正相反的词。在这种思维中，特别容易产生反对派。在佛教诞生的年代，婆罗门教、佛教、耆那教互相视作外道，佛教说有“九十六外道”，耆那教则认为有“三百六十三见”，可见思想极度活跃。凡此种种，都对印度文化及现代印度人的思维产生深刻影响，我们不能不研究。

三 提速关注中印关系前沿热点问题

由于各种原因，中国和印度的学者对两国关系中的前沿热点问题的敏感性常常不够，即往往不能在第一时间里抓住或回应两国政治、经济生活中出现的新动向、新观点、新理论。这个问题，尤其要引起我们中国学者重视。这里，我想结合印度经济学家 G. K. 契特以及杰伦·兰密施的若干新观点，来谈谈我的看法。

契特教授是印度著名经济学家之一，曾任尼赫鲁大学校长，现任印度总理经济顾问。他长期对中印两国的经济进行比较研究，在印度国内外产生很大影响。2005 年 10 月，应深圳大学章必功校长之邀来访，其间参观了珠江三角洲，在深大做了两场报告，一场题为“以乐观主义和审慎态度观照印度近年来的经济增长”，另外一场题为“以一个局外人的视角审视中国经济发展的改革经验”。两个报告内容互为呼应，中心思想是中印将在 21 世纪比翼齐飞。契特教授的观点，一反许多印度人的常态，对中国经济抱非常乐观态度，对印度经济抱谨慎乐观态度。他的学术态度是一贯的，并非一时应景。我认为，他的观点与理论，应该引起我们的经济学家的关注。

兰密施是又一位印度主流派经济学家。2005 年他将近年来发表的 20 篇文章集成一册，以 *Making Sense Chindia: Reflections on China and India* 的书名出版。全书分三部分，在第一部分中，他指出印度对中国的印象还停留在 1962 年的边境冲突事件上。他认为 42 年过去了，人们应该忘却过去，从头开始。他非常赞同邓小平的“搁置争议，发展优先”的看法。他认为，信任和务实是前进的关键。第二部分讲中印经济关系，兰密施认为中印是世界贸易的领头羊，应摒弃前嫌，互相信任，建立友谊，和平共处，进行更紧密的经济合作。第三部分，他对中国的若干问题进行分析评述，不时与印度的情况进行参照比较。应该说，书中洋溢着许多新见解。

此书还有一个巨大的创意，将 CHINA 和 INDIA 合成一个新词 CHINDIA。这让人想起 1924 年诗人泰戈尔访问中国，梁启超给他起了一个中文名字“竺震旦”。谭中教授认为，CHINDIA 这个新词是“中印合璧”之意。他在为此书中文版写的《跋》中写道：“如果兰密施的书早出一年，我就会把‘中印合璧’译成 CHINDIA 而不是 Sino-indic ratna 了。”他对 CHINDIA 的中文翻译反复考虑，最后认为“只有‘中印大同’才是 CHINDIA 的最好的中文符号”。

我认为，CHINDIA 这个全新符号的出现，是中印关系史上的一件大事，具有非同寻常的意义。谭云山毕生从事中印友好事业，创造了“中印学”一词。他的哲嗣谭中继承父业，用半个世纪的研究，在新著《印度与中国：两大文明的交往和激荡》中，用五章的篇幅写“中印合璧”，就是不能将其创造性地译成 CHINDIA 而心有憾意。不过，他又说，CHINDIA 这个词，由一位印度学者创造出来比中国人创造更有意义。印度通谭中的这句话颇有深意。CHINDIA 这个符号，具有极为深刻、丰富的内涵，它出现在中印崛起的 21 世纪，绝不是偶然的。它所昭示的、蕴含的、象征的内容，随中印两国的发展强大而显得越来越丰富和深刻。

按照谈玉妮的观点，兰密施是印度中间路线派的主将之一。这一派特别强调发展中印贸易与经济合作，使两国的发展能取长补短、相辅相成。综观兰密施的著作，谈玉妮的这个评价是言之有据的。我们中国学者应该对兰密施作出自己的回应。温家宝总理在出席中印建交 55 周年纪念活动时说：“中国坚持走和平发展道路，奉行‘与邻为善，以邻为伴’的外交政策。发展中印友好合作，是中国的既定国策。”① 执行既定国策，对我们学者而言要从实际出发，用自己的语言和思维，创造性地搞好中印关系研究。

［此文刊载于《深圳大学学报》（人文社会科学版）2006 年 7 月第 23 卷第 4 期，第 14—17 页］

① 谭中、尼赫鲁：《消失的毛泽东“新相知”》，载张敏秋《跨越喜马拉雅障碍——中国寻求了解印度》，重庆出版社 2006 年版，第 25 页。

实现中印大同（CHINDIA）的思想基础

2005年，我们的千年友邻印度创造了一个全新的词汇——CHINDIA，并迅速传向世界，CHINDIA的创造者，是印度著名经济学家杰伦·兰密施（Jairam Ramesh）。他在这一年出版了一本英文书*Making Sense of Chindia: Reflections on China and India*，其中的中心词就是由他发明的CHINDIA。我在组织翻译出版这本著作时发现，对CHINDIA的翻译，成了译者的难题。谭中教授家学渊源，他说：

> 把CHINDIA，译成“中印连体”，说出来有点拗口，难登大雅之堂。CHINDIA不但寓意于“中印连体”，“更是中印同心同德”的符号，但这儿有六个字，如果能够找到四个字的成语就更好了。印度有个vasudhaiva kutumbakaṃ（天下一家）的理想，可是如果用“中印一家”为名，又使人想到别无分店，广告味太重。我看，只有“中印大同”才是CHINDIA的最好的中文符号。①

我赞同这位在印度生活了几十年，对中印文化有深刻体认的学者的意见。但是，“中印大同”是对CHINDIA的意译，依中国人以词（字）译词（字）的习惯，应该用一个词（字）来对译CHIN-

---

① ［印度］兰密施：《理解CHINDIA——关于中国与印度的思考》，蔡枫、董方峰译，宁夏人民出版社2006年版，第5页。

DIA，才易于接受和流行。于是，我按照创新发展的思路决定新造一个字。想了几个方案，经和我的同事们的多次商议，请中文系同学在电脑中反复拼写，并征询了一些印度朋友的意见，最后从十来个方案中筛选并确定了“蒤”字，取意“龙象和合”，读作 liàng。

CHINDIA 这个新符号的出现，绝非偶然。兰密施利用 CHINA 和 INDIA 两个词的拼写特征，将两者整合成了一个词 CHINDIA。看似简单，其实并不简单。从创造者来讲，除了一般的机敏智慧外，必须对中印国情和世界发展趋势，有着超乎常人的洞察力并能作出坚定的判断。兰密施具备了这些条件，所以他创造了 CHINDIA 这个国际新词汇。

谭中的父亲，被称为现代玄奘的谭云山，旅印五十多年，筹建“中印学会”，倡导“中印学”（Sino-Indian Studies），对中印大同事业做出毕生的贡献。谭中继承父业，信奉“中印合璧”，在 2006 年出版的《印度与中国——两大文明的交往和激荡》一书中，有五章以“中印合璧”为题。① 他的“中印合璧”就是中印大同的意思。所以他说“如果兰密施的书早出一年，我就会把‘中印合璧’译成 CHINDIA，而不是 Sino-India ratna 了”。②

在兰密施之前，欧洲人用中印两国的称谓创造过两个地名，“SERINDIA”和“INDOCHINA”，一指丝路腹地（中亚），另一指印度支那（东南亚）。欧洲人创造的这两个词汇，充满殖民和探险的气息。而兰密施创造的 CHINDIA，从创造意图到所含内容，与二者完全不同。CHINDIA 这个新符号的出现，昭示着一个新时代即将诞生，以西方对立哲学为主导的世界旧秩序再也维持不下去了，以中印坚持数千年的中庸和谐思想为主调的世界新秩序可望出现。从这个意义上说，兰密施是一位现代智王（Pratibhara-ja），他的贡献无论怎么评价都不为过。我们这么说，也许有人并不赞同。这主要是因为对“蒤”（CHINDIA）深刻的含义还并不

① 谭中、耿引曾：《印度与中国——两大文明的交往和激荡》，商务印书馆 2006 年版，第 347—519 页。

② ［印度］兰密施：《理解 CHINDIA——关于中国与印度的思考》，蔡枫、董方峰译，宁夏人民出版社 2006 年版，第 3 页。

清楚。在此，我们有必要对它做出一番简要的阐释。

“CHINDIA”，意即中印大同，就是中国和印度大团结，大联合，大合作，大交流，大互惠，大发展，大相爱，大坦诚，大智慧，大慈悲，大福祉，大光明。龙象者，龙之象也。龙彰象，象显龙。龙象不争，龙象共舞，龙象无敌。龙播甘霖，象洒睿智，龙象福佑天下。譈，是当今世界的最大吉象，最大福音，最大好事。所以，不但中印两国23亿人民为之高兴，而且全世界所有的人都应当为之高兴。

中印大同，只是一个现代乌托邦；龙象，只是一个新的曼陀罗（mandala），也许有人会这么说。如果说，乌托邦是一种理想，是对当今世界的乱世危象的批判，那么我们的中印大同就是乌托邦。同时，它又不是乌托邦，不是柏拉图的“理想国”，不是印度的净修林、清凉世界，也不是中国的华胥国、桃花源。西方人设计的乌托邦没有希望实现，正如莫尔在《乌托邦》的结语中所说：“我情愿承认，乌托邦国家有许多事物，我虽愿意英国有，但不能希望英国有。”[①] 印度的净修林、清凉世界存在太多神话宗教色彩，中国的华胥国、桃花源则建立在倒退哲学之上，强调小国寡民，显然都远离当今现实。我们的中印大同，完全是从当今中印国际政治的实际出发，超越一切宗教信仰，经过不懈努力，一定可以实现的社会理想。中印大同的基本内容、实现途径及最终目标，就是上述的“十二大”。中印两国所面临的国内国际形势，人民、知识精英和政治家们的共识，可以推动两国之间的大团结、大联合、大合作。这三者是中印大同的第一境界，由此必然带来大交流、大互惠、大发展的第二境界。更高水平的第三境界是大相爱、大坦诚、大智慧。这三者，既是中印大同的重要内容，又是进入第四境界的推动力。有此推动，必然呈现大慈悲、大福祉、大光明的美好前景。这是中印大同的最高境界，它不仅给中印人民而且给全世界人民带来关怀、幸福、自由与光荣，就是中印文化中所说

---

① ［英］托马斯·莫尔：《乌托邦》，戴镏龄译，生活·读书·新知三联书店1956年版，第127页。

的“慈航普度”“福泽天下”和“光被四表”。

20 世纪是人类历史上灾难最深重的一百年，爆发了两次世界大战。“二战”之后，冷战不已；冷战结束，世界愈加动荡，各种危机不断，人类面临有史以来最大的生死大挑战。然而，就在这动荡不已的纷乱中，占世界五分之二人口的中印两国迅速和平崛起，势不可当。因此，引起东西方的有识之士对世界秩序包括经济、文化、政治格局变革的深切思考。世界向何处去？依旧信奉对立哲学，让人类在战乱恐怖中挣扎，还是像中印一样和平发展，安康生活？随着中印和平发展的不断深入，各国有识之士越来越认识到，中印合作不但有利于两国发展，而且有利于整个世界；这种合作程度越高，对两国及世界的发展越有利。

大约在一百年前，中国思想家章炳麟就提出了“中印联合”的主张。他认为中印历史上交往甚密，是“亲昵之国”，“宜念往日旧好，互相扶持”。他说：“东方文明之国，荦荦大者，独吾与印度耳。言其亲也，则如肺腑，察其势也，则若辅车，不互相抱持而起，终无以屏蔽亚洲。”① 显然，章炳麟的中印联合是为了自救和捍卫亚洲。今天，我们的中印大同是为了两大民族的复兴和建构世界和谐新秩序。这和谭云山当年为国际大学中国学院制定的宗旨不谋而合。中国学院的宗旨是：研究中印学术，沟通中印文化，融洽中印感情，联合中印民族，创造人类和平，促进世界大同。② 我们知道，中印大同对于今天的我们来说，仅仅处于初始阶段，第一境界尚未完全进入，或者说还只是一个理想。然而，历史告诉我们，一切壮举和伟业都始于理想，让我们为实现中印大同的理想而努力吧。

中印大同这一理想到底能否实现？我的答案是乐观的。中印共同努力，假以时日，逐步走向中印大同，不但是两国经济、政治、文化、社会发展的现实需要，而且可以在中印历史文化中找到实现的五大思想基础。

---

① 章炳麟：《印度中兴之望》，《民报》合订本，第 3 期，第 20 号，第 102 页。

② 谭中：《谭云山与中印文化交流》，香港中文大学出版社 1998 年版，第 57 页。

一 天人合一与梵我一如

“天人合一”与“梵我一如”（Brahmātmaikyam）是先贤为我们创造并留下的最宝贵的精神财富，是中印大同的哲学基础。

上古时代，中国先民在与大自然相处中，采取了顺应大自然，和大自然和谐相处的态度。先秦典籍中，把这种态度称为“神人以和”（《尚书·舜典》）。显然，神人以和是我国先民对天人合一最早的表达形式。当时的神，就是天，就是大自然。随着社会的进步和发展，“自然天”从最早混沌的“至上神天”中分离出来，随后抽象的“理义天”也出现了。老子说：“人法地，地法天，天法道，道法自然。”（《道德经》二十五章）所以，在中国文化中，天至少存在上述三种形态。

中国文化包罗万象，纷繁复杂，时空跨度与内涵深度犹如汪洋大海，浩渺无际，深不可测，变化万千，但决非杂乱无章。“中华文化有一个基本内核，超越时空，贯穿始终，它就是‘天人合一’。”[①] 中国文化发展史上，百家争鸣，学派众多，代有鼎新，但天人合一作为历代各家的基本认识，从未动摇过。

儒家和道家，是中国文化互为表里的两大基本派别。他们虽然在许多重大问题上意见相左，但对天人合一并无异议。当然，儒道两家对天和人的立足点是不尽一致的。道家站在天的本位立场上，要求人合于天，所以崇尚自然之美，以天地为大美，主张“无为”“不争”“去雕饰”。甚至把人与自然的平等合一，推到“同与禽兽居，族与万物并”（《庄子·马蹄》）的程度。儒家以人为本，站在人的本位立场上，要求天合于人，反对人神对立，消解鬼神对人的压力。孔子说：“不语怪、力、乱、神。”（《论语·述而》）“敬鬼神而远之。”（《论语·雍也》）这在当时是最先进的思想和最聪明的做法。所以儒家一方面讲“惟天为大，惟尧则之。”（《论语·泰

---

① 朱立元主编：《天人合一：中华审美文化之魂·前言》，上海文艺出版社 1998 年版，第 1 页。

伯》)，另一方面说人“最为天下贵”，“制天命而用之”(荀子《天论》)。儒道虽对天和人的立足点不同，但对“合”的态度是一致的。两家都主张天与人的关系是“合”，而不是对立，不是斗争。这种既同又不同的天人合一论，乃至儒道两大学派的一表一里的互补关系，在更高的层面上体现出天人合一是中国文化在长期发展过程中形成的最高原则。先秦时是这样，秦汉的黄老之学，魏晋的玄学，隋唐的禅佛、重玄，宋明的理学，都是如此，莫不遵循天人合一的最高原则。

徐复观说：“在世界古代各文化系统中，没有任何系统的文化，人与自然，曾发生过像中国古代那样的亲和关系。”(《中国艺术精神》)其实，古代印度也像中国一样，非常重视人与自然的亲和关系，并一直维持至今。这种千年不变的亲和关系，印度称之为“Brahmātmaikyam”，译为“梵我一如”“梵我同一”或“梵我合一”。季羡林说：“东方文化的基本思维方式是综合，表现在哲学上就是‘天人合一’，张载的《西铭》是一篇表现‘天人合一’思想最精辟的文章：‘乾称父，坤称母，予兹藐焉，乃混然中处。故天地之塞吾之体，天地之帅吾之性。民吾同胞，物吾与也。’印度哲学中的‘梵我一如’，也表达了同样的思想。”①

古代印度，宗教众多，一教之中又分各种派别。以大类而论，有婆罗门教和非婆罗门教两大派。婆罗门教为正统派，随着社会进步，人们渐渐对“吠陀天启、祭祀万能、婆罗门至上”的三大纲领产生不同理解，就出现了各种不同派别。和婆罗门教对立的宗教派别很多，统称“沙门思潮”，最主要的有佛教、耆那教、顺世派、生活派等。它们和婆罗门教一样，各派之中又分许多支派。但是，这些大小教派和思潮都在印度的土地上滋生和成长，许多基本思维准则是一致的，梵我一如就是其中之一。否定梵我一如的派别当然也有，但其影响甚微。

和中国的天人合一一样，梵我一如也有一个产生、发展的过程。在长期的自然神崇拜中，到《梨俱吠陀》后期，人们对自然和人的

---

① 季羡林：《东方文化集成·总序》，参见《中国印度诗学比较》，昆仑出版社2006年版，第11页。

本质进行深入思考。渐渐地，自然神崇拜向宇宙神崇拜转化，多神崇拜向一神崇拜发展。这样，梵天、毗湿奴、湿婆三大宇宙主神的地位越来越高，以雷神因陀罗为首的自然神渐渐黯然失色。三大主神以梵天地位最高，司创造；毗湿奴司保护；湿婆司毁灭。然而，三位一体，皆有梵性。到了梵书时代，婆罗门在注释《吠陀》时，将梵天抽象化，无限扩大其神性。梵在印度文化中是万物的始基，世界的终极原因，世界一切客观和主观的存在，具有真相与显相，犹如形与影。“我”（ātma）音译“阿特曼”，有真我与命我、大我与小我之分，是万物内在的神妙力量，宇宙统一的原理。印度人认为，作为外在的宇宙终极原因的“梵”（brahma 大宇宙）和作为内在的、大我本质的“我”（小宇宙）是统一的。所谓梵（brahma）和“我”（ātma）一如（aikyam），于是就出现了 Brahmātmaikyam（梵我一如）的概念。

通过以上分析，可知中国的天人合一与印度的梵我一如确实大体一致或基本相同。这就是中印大同可能实现的哲学基础。

二　仁爱和合与慈爱不害

任何一个民族，在处理人与人、人与自然的关系时，遵循的是什么样的伦理守则，即道德标准，不但对其自身的发展至关重要，而且对整个人类的前途命运影响至大。中国和印度两大民族自文化自觉时代开始，就奉行“仁爱和合”与“慈爱不害”的道德信条。这是中印两国于几千年来能够不断繁衍，发展成为世界上人数最多的两大民族的重要原因，也是实现中印大同的道德基础。

“仁”，作为道德标准，有一个发展过程，《国语·晋书》说：“爱亲之谓仁”。《礼记》说：“仁亲以为宝。”（《檀弓下》）孔子将家庭之爱，扩大到大众之爱。“樊迟问仁，子曰：爱人。”（《论语·颜渊》）孟子继承了孔子的思想，重申说：“仁者，爱人。”（《孟子·离娄下》）仁爱，是儒家处理人际关系的最早的行为准则，也是中国哲学的重要范畴，为其他各家学派所推崇。

儒家学说的核心就是仁，仁决定伦理、政治和一切行为方式。孔子说：“人而不仁，如礼何？人而不仁，如乐何？”（《论语·八佾》）孔子之仁是大仁，不仅是自己仁，而且不排斥、不疏远不仁者。所以他说：“我未见好仁者，恶不仁者。”（《论语·里仁》）在孔子看来，仁既是礼治的手段，又是礼治的目的：“克己复礼为仁，一日克己复礼，天下归仁焉。”（《论语·颜渊》）孟子也将仁看得很重：“仁义忠信，乐善不倦，此天爵也；公卿大夫，人爵也。”（《孟子·告子上》）

儒家是入世的，积极参政的。道家讲“清静无为，自隐无名”，在某些地方对仁的观点与儒家有所差异，但在根本上也是尊崇仁的。老子说：“心善渊，与善仁。”（《道德经·八章》）除此之外，道家还特别强调“慈”。老子说，我有三宝，第一宝就是慈。“夫慈，以战则胜，以守则固，天将救之，以慈卫之。”（《道德经·六十七章》）道家的慈与儒家的仁，都是以爱为基础的。所以，如果说中国文化儒表道里，那么这仁与慈则是一种具体的互为表里。

仁慈是中国道德的基础，与之相呼应的，还有忠、孝、义、礼、智、信、温、良、恭、俭、让等，构成了一个完整的中国道德标准生态体系。为了实现以仁慈为基础的道德标准，中国古贤还设计了一整套实施方法，其中以“和”与“合”最为重要。

“和”，是中国文化的重要概念，有和平、和谐、和气、和睦、和悦、和顺、和美、和好等意义。“和”在中国文化史上出现很早，主要来自两个源头，一个是饮食，另一个是音乐。商代的伊尹以味说政：“调和之事，必以甘、酸、苦、辛、咸。先后多少，其齐甚微，皆有自起。鼎中之变，精妙微纤，口弗能言，志弗能喻。”[①] 和的音乐源头也非常古老，《尚书·尧典》说：“诗言志，歌永言，律和声，八音克谐，无相夺伦，神人以和。”这段文字中，以音律之和直接讲到神人之和。

“合”，也是中国文化的重要概念，含义有综合、合一、合成、合作、汇合、整合等。如果说西方文化重分析，那么中国文化所重

---

① 《吕氏春秋·本味》。

的是综合。《易经·乾》说："保合大和，乃利贞。"中国先民很早就认识到，多元为美，所谓"声一无听，物一无文，味一无果。"（《国语·郑语》）

由于中国人数千年来坚持仁爱为人际关系的伦理守则，同时以和与合为有效的实施途径，终使中华民族成了世界第一大民族。当然，和与合不仅仅是方法与途径，在长期的发展演变过程中，二者也成了中国文化特征的重要标识。

慈爱，在印度深入人心。无论在什么阶层、宗教中都是最基本的观念。"培养人性的爱，不仅是《薄伽梵歌》、佛教和耆那教，而且也是瑜伽派以及大多数印度有神论体系诸如罗摩努阇、摩陀婆、尼跋迦和其他一些人的主要特征之一。"① 印度文明有三宝：平等、慈爱和忍耐。慈爱在印度有各种表述，如karuṇa、maitrī、anukampaka，等等。以karuṇa和maitrī最为常用。karuṇa，一般译成慈悲、慈爱，maitrī一般译为仁慈、友爱。大慈（mahamaitrī）大悲（mahakaruṇa）。所谓大慈大悲，就是爱一切生命，不管是神、人，还是动物、植物。《毗湿奴往世书》中说："将一切生灵看作与自身平等，爱一切生灵犹如爱自身，便是服务于最高神，因为一切生灵的形体均是最高神的化身。"② 这样，慈爱是建立在平等（samatā）的认识基础之上的。按照印度人的这个观念，我只是一切生灵中的一员，与其他生灵一样，都是最高神（梵）的化身，我们是完全平等的，我没有资格或能力去评论其他生灵，更无权加害他们。所以，不害（ahiṃsā）就成了平等、慈爱的应有之义。戒杀生、非暴力在印度和不害是同一概念，自古至今在人们心目中根深蒂固。这种不害应是彻底的，即在其他生灵损害到我和我的相关人的时候，我也必须坚持不害的观念，即不害观念不应受时间、空间或其他因素的制约，而应该是超越一切的、绝对的。受到伤害而坚持不害观念，这就需要忍耐（kṣānti）。忍耐是一种高尚的德行，制怒的法宝。印度各种宗教，都崇尚忍耐功夫。释迦牟尼有许多称号，其中之一便是

① ［印度］S. N. 达斯·古普塔：《哲学》，载A. L. 巴沙姆主编《印度文化史》，商务印书馆1997年版，第179页。

② 同上。

“忍仙”，指能忍难忍之忍的德行高尚的圣人。所以，印度文明的三宝平等、慈爱、忍耐，三位一体，互为支持，形成了一个道德伦理的牢固架构。它维系着印度几千年文明的发展，是印度人际关系、族群关系、人与自然关系的护身符。印度的山川、物候，并非世界最好，为何能养育一个超大型族群？三宝是一个重要因素。

宣示三宝思想，使之深入人心，是印度各种宗教一致的行动。佛教《本生经》中许多故事如“割肉饲虎”等，都是宣传三宝思想的。婆罗门教也一样做得有声有色。在印度家喻户晓、妇孺皆知的大史诗《摩诃婆罗多》中有两则生动的故事，专门教导得胜国王坚战，要他以慈悲为怀。

第一个是老妪乔答弥的故事。一天，她发现自己的儿子被蛇咬死了。一个名叫阿周那迦的捕鸟人气愤不过，用弓弦将那条蛇绑了起来，送到乔答弥跟前，说：“就是这条邪恶的蛇杀害了你的儿子。请告诉我用什么办法把它处死。是把它丢到火里，还是把它碎尸万段？这个杀害孩子的有罪东西，不能再让它活下去了。”乔答弥叫他放掉蛇，并给他讲了许多道理。捕鸟人说：“我知道，世上人们苦难深重，并不总是能够正确区分善恶。你的话充满教益，但只是对有自制力的人来说才起作用。至于我，还是要杀死这条充满邪恶的蛇。追求利益的人大多不在意命运，注重实际的人总希望立即解除悲痛。忧伤的人永远没有幸福。所以，还是把这条蛇杀死吧，这样你的忧伤就可以解除。”乔答弥说：“不，我们这种人是不会痛苦的，因为善人总能从正法中得到快乐。我的孩子也不是长生不死的。法就是如此。我不赞成你的道理。婆罗门是不容许自己发怒的，因为愤怒能够导致痛苦。好人啊，拿出你的慈悯之心，宽容这条蛇，放掉它吧。”①

第二个是鹦鹉的故事。在迦尸王的国度里，一天一个猎人用毒箭射一头鹿，箭却射中了一棵大树。果子和树叶纷纷坠落，树很快就枯萎了。一只鹦鹉一直住在这棵大树的树洞里，它生性仁义，心怀感激，不吃不喝，不肯离开家。身体也同大树一起衰弱下去。天

① ［印度］毗耶婆：《摩诃婆罗多》（六），黄宝生等译，中国社会科学出版社2005年版，第4页。

帝释大为吃惊："这个鸟儿生为禽兽，何以却能有禽兽本不具备的仁慈之心呢?"于是，他扮成人的模样，来看这只鹦鹉。他问："这棵干枯的树既没有了树叶，也没了果实，已经不可能作为鸟儿的庇护所。树林这么大，为什么你要固守在这里?"鹦鹉回答道："我是在这棵树上诞生的。也是在这棵树上，我获得了好品德。在我幼年时期，是这棵树保护了我，使我免遭敌人的袭击。我是虔诚的，以仁慈为我的不倦追求。你为什么要干预我，让我放弃同情心呢?同情是善人恪守大法的标志。同情总是能给善人带来快乐的。"鹦鹉的同情心打动了天帝释，请鹦鹉选择一个恩惠。于是鹦鹉做出了一个富有同情心的选择：让这棵大树永远地活下去。转瞬之间，大树上下布满甘露，枝繁叶茂，果实累累，看上去让人赏心悦目。靠了鹦鹉不变的忠诚，大树恢复了原来的美丽。而鹦鹉，由于慈悲为怀，在生命终结以后，便和天帝释生活在同一个世界上。①

这两则故事教导印度人，平等、慈爱、忍耐是立身之本。第一个故事讲，蛇、死神、时间（命运）并非孩子的死因，真正的死因是孩子的"宿业"。这在业报思想很深的古代印度，等于在根本上找到了原因。第二个故事，讲善有善报，颂扬的除了慈悲之心外，还大力彰显报恩、仁义的观念。

这样，印度的慈爱与中国的仁爱就有所不同，慈爱具有宗教情怀，而仁爱是世俗的。不过，由于佛教的东传，印度慈爱思想也获得了普及。在中国，除了"老吾老以及人之老，幼吾幼以及人之幼"之外，"慈悲为怀，普度众生"的思想也深入人心。

三　民惟邦本与长老会制

民惟邦本和长老会制，尽管都是古代的概念，但两者在现代生活中依然影响深刻，是中印实现大同理想的政治学基础。所谓政治，其实质是权力和利益的分配。在古代，高明的政治是通过制度

---

① ［印度］毗耶娑：《摩诃婆罗多》（六），黄宝生等译，中国社会科学出版社 2005 年版，第 20—22 页。

安排，处理好君与臣、君与民的两大关系。所以，明君的要务是重士任贤，是保民、安民。而这两者正是政治民主向度的两大指标。

纵观世界政治发展史，东西方各国大体都经历了部落政治、封建政治、君主政治和现代政党政治四大发展阶段。中国和印度，政治发展步伐大体一致，但具体表现形式即版本有所差异。这种差异，和中印两国思想文化性格不同有关。印度有学者指出：“中国人的思想是务实的，注重实际的，他们有特别强烈的现实感，其历史感是无与伦比的。印度人的思想类型是冥思玄想的，同时又是富于感情的。”① 从中印政治的总体特征来看，这位印度学者的观点是站得住脚的。

对中国夏代以后的政治制度，有学者分成三个阶段：“吾国政制自商周以来，凡经三变。商周之际，部落社会渐进而成封建天下，此为一变。始皇并吞六国，划天下为郡县，定君主专制之制，以为二变。晚清失政，民国开基，二千余年之君制遂告终止，此为三变。”② 无论政治体制发生什么变化，人民地位是考量的核心指标。所以，历代学者所大声疾呼的、反复强调的是人民的政治地位。在中国政治发展史上，“民惟邦本”③ 是所有政治诉求中最为典型的思想。这一民本思想有一个产生、发展、成熟的过程，更有被重视、冷淡和歪曲利用的轨迹。中国三千年的历史，民本思想的遭遇与君主制王朝的兴衰紧密相连。什么时候民本思想高扬，王朝就强盛；什么时候民本思想被淡漠，王朝就衰弱；什么时候民本思想遭践踏，王朝就灭亡。

民本思想，在中国有着极为丰富的理论资源。它兴盛于先秦。那时中国从部落社会向封建社会过渡，社会在震荡中高速发展，统治者为了自己的生存和发展，急需大量思想武器。于是，士人有了用武的广阔天地，出现了百家争鸣的兴旺局面。在争鸣中，关于建

---

① ［印度］S. K. 恰特吉：《印度和中国的古代交往》，张联荣译，载《南亚与东南亚资料》总第 17 辑，第 61 页。

② 萧公权：《中国政治思想史 · 绪论》，载王元化名誉主编、胡晓明和傅杰主编《释中国》第 2 卷，上海文艺出版社 1998 年版，第 1156 页。

③ 《尚书 · 五子之歌》。

立什么样的国家，即建立王道国家还是霸道国家的争论十分激烈。但是，人民的力量即民主的力量是伟大的，“抚我则后，虐我则仇”（《尚书·泰誓下》）。时间不久，王霸之争有了分晓，王道战胜霸道，成为不可抗拒的时代潮流。管仲说：“独王之国，劳而多祸。”（《管子·形势》）民主管理的思想受到重视，“不贵其独治，贵其能与众共治。”（《尹文子·卷上》）当时，王道就是民主政治，霸道就是独裁政治。当时人民看王者，是人民利益的代表，被称为“民之主”“民主”①。而当时的王者，不敢以民主自称，反过来称“民”是自己的“主”，甚至是神的主。《左传》说：“夫民，神之主也。是以圣王先成民而后致力于神。”“民为贵，社稷次之，君为轻。”（《孟子·尽心下》）重民轻君，重民轻神，这在春秋时代是一种共识性的民主思想。从士人看，以道制君，宣扬道高于君，道是君与士人之间的精神纽带。孔子说：“以道事君，不可则止。”（《论语·先进》）当时士人是超脱与潇洒的，他们明确宣布“从道不从君”（《荀子·臣道》），“道义重则轻王公”（《荀子·修身》），“非其道则一箪食不可受于人；如其道，则舜受尧之天下，不以为泰。”（《孟子·滕文公下》）就是主张君主法治的法家，在早期也讲重道轻国。管仲说：“明君之重道法而轻其国也。”② 为了真正做到以道制王，士人们制造出了圣人。圣，原意是善听能言之人，到了春秋时代，圣就成了道的代表，高于王，是王的老师和榜样。圣人对王者有很大的制约权。士人们认为，古代尧舜都是因圣而王，是圣王。他们要求王者向圣人学习，也成为圣人，这样才能王天下。圣王是士人所推崇的，荀子说：“圣也者，尽伦者也；王也者，尽制者也；两尽者，足以为天下极矣。故学者以圣王为师。”（《荀子·解蔽》）士人们一方面将历史上的有德之王喻为圣王，同时对有大德而无王位者，称为圣人，公认的有至圣孔子、亚圣孟子。春秋无义战，王者们互相攻伐，但士人们百家争鸣，重道崇圣，张扬民本。从政治史上讲，春秋对于封建制度来说，是一个礼坏乐崩的

① 称国君为民主，当时很普遍：如“民主偷则死”（《左传·文公十八年》）、“当用善人，民之主也。”（《左传·昭公五年》）

② 《管子·君臣上》。

时代，同时也是一个士人的时代，呼喊民主的时代。

在这个时代，不仅提出了民本民主思想，而且认识到民本民主的基础是平等。为了让人格平等到社会平等、形式平等到实质平等的基础夯实，先哲们提出了一系列的观念与措施。其中特别强调教学的作用。荀子说：“我欲贱而贵，愚而智，贫而富，可夫？曰：其惟学乎？”（《荀子·儒效》）孔子的“有教无类”不仅是伟大的教育理念，而且是伟大的平等民主思想。无数人在“学而优则仕”的旗帜下实现自己的抱负。中国古代的平等民主，在师生关系中体现得十分充分与生动。一方面强调尊师，另一方面强调“教学相长”（《礼记·学记》）和“视徒如己”（《吕氏春秋·诬徒》）。①

然而从总体而论，随着君主制大一统的秦帝国的建立，中国的民本民主越来越走下坡路，帝王越来越不受道和圣人的约束，越来越独裁，成了孤家寡人。其实，这种苗头，在春秋时已露端倪。《左传·襄公十四年》载：“良君将赏善而刑淫，养民如子，盖之如天，容之如地，民奉其君，爱之如父母，仰之如日月，敬之如神明，畏之如雷霆。”这种君民关系，是父子关系，无平等可言。虽然，舟水之喻，鱼水之喻，两千年来警示不断，但随着君主制度的衰老僵化，君民关系、君臣关系每况愈下。到最后一个王朝清朝，君臣关系成了主子和奴才的关系。先秦时代构建的王道政治、民本思想，陪伴君主制度走到了尽头。中国政治必须改弦更张，另起炉灶。从民国起，中国政治揭开了崭新的一页。这种新政治，是中国先秦民本思想和西方民主思想的结合。正如萧公权所说：“孙中山先生之三民五权学说融汇古今，贯通中外，运独到之特见，集一代之大成，不仅树革命之理论基础，而立国之根本大道，亦于是完成。二千余年之政治思想，至此乃臻成熟之境。”②

印度长期为英国殖民地，法统中断，文脉受损。独立之后的印

① 这一传统以后得到较好继承和发扬，到唐代韩愈则提出：“无贵无贱，无长无少，道之所存，师之所存也。”（《师说》）宋代杨万里的诗句“拼却老红一万点，换将新绿百千重”，已远远超出了师生之间的平等民主关系了。

② 萧公权：《中国政治思想史·绪论》，载王元化名誉主编、胡晓明和傅杰主编：《释中国》第二卷，上海文艺出版社 1998 年版，第 1156 页。

度，中断的法统已成为历史。朝野一心，大力弘扬传统文化。在政治文化方面，强调古代民主传统的重要性，高度评价古代的法律文化，努力修补现代政治和传统之间的断裂，将英国殖民统治对印度法统中断造成的损害降到最低。应该说，经过半个多世纪的努力，印度政治精英及学者们的努力是成功的。

在古代印度，所谓民主政治主要体现在两个方面：一是政教关系，二是长老会制。政教关系，是王权与神权的关系，实际上是婆罗门和刹帝利两大高等种姓的关系，本质上是一种君臣关系，在不同历史时期，表现形态很不相同，呈现出错综复杂、扑朔迷离的世相。长老会制，是解决君民关系的基层社会组织的传统形式。

和世界各国一样，印度最高统治者必须依靠臣僚们去治理人民，人民也不能直接受君王的统治。于是，君王、臣僚、人民成了一种亘古不变的统治和被统治的三角制约关系。君王通过臣僚统治人民，两者之间既有共同利益，亦有利益冲突。印度的这种君臣关系，在神权、王权的较量中，和其他国家比起来，显得那么神秘与诡异。

雅利安人从伏尔加河流域逐步向印度境内推进的过程，也是他们从部落社会向封建社会转化的过程。部落首领遇到了达罗毗荼人的顽强抵抗，这些土著已进入农耕文明，他们的抵抗之强大是不言而喻的。这时，雅利安人已无家可回，只能继续前进。在这种长达几百年甚至千年的征战中，部落随时可能遇到不可预测的天灾人祸。如何保存自己，免遭敌人攻杀，免遭各种自然灾害，部落首领需要精神的力量，需要宗教的支持。于是，婆罗门阶层获得了空前发展。这样，大大提高了婆罗门在四大种姓中的地位，在《摩奴法论》中规定："十岁的婆罗门和年达百岁的刹帝利应该被视为父子，两者中婆罗门为父，且应该被尊敬如父。"（二・135）法典还规定国王"以满腔和善对待婆罗门。"（七・32）布施是国王的义务，但施给不同的人，其功德不同。"献给深通吠陀的婆罗门，有十万多倍功德。"（七・85）当婆罗门出了错、犯了罪，可以从轻发落，"婆罗门虽犯下一切可能犯的罪恶，国王应避免杀害他，可留给他全部财产，毫不加害地将他流放到国外。"（八・380）"在世界上没有比杀害婆罗门更大的罪恶，因此国王甚至不应该萌生处死婆罗门的念头。”（八·381）在法典中规定：“婆罗门在人类中最高。”（一·96）“婆罗门之生是法的永久体现；因为生以执法的婆罗门生来和梵天一体。”（一·98）

这部由婆罗门编撰的法典，将婆罗门和王族刹帝利之间的关系规定得尊卑分明。在现实生活中，这种尊卑关系是大打折扣的。掌握政权和军队的刹帝利怎么会如此甘于人下？所以，在刹帝利和婆罗门的实际关系中，常常充满矛盾和冲突。这通过大史诗《摩诃婆罗多》可以看得很清楚，婆罗门和刹帝利之间多次杀得天昏地暗，比如那位持斧罗摩，是一位婆罗门，他为报杀父之仇，杀了刹帝利王族二十一次之多。不过，从历史上看，婆罗门常常以老师的身份为刹帝利服务，而老师在印度地位崇高。倘若有婆罗门与刹帝利不合，就去做修道仙人。而苦行修道既可以摆脱现有的矛盾，又可以增强道行、积蓄力量，以便日后再展宏图。对于在朝的婆罗门，他们承认君王的决定权，只是希望自己有参议权。印度古代瓦鲁瓦尔的《古拉尔箴言·政事篇》有一首诗：“君臣聚议于前，君王决定于后，凡是若能如此，必将无往不胜。”大臣心目中的好君王，应是“出言谦逊优美，仁慈乐善好施”。这样的君王就能“美名天下扬”。《摩诃婆罗多》中，福身王和他大臣们的关系，一直作为典范而千古传唱：

他身边的大臣们，
都精通圣经宝章，
他们精勤又忠诚，
聪明智慧本领强。
国王光辉真无极，
周围大臣也光辉，
像那光亮的群星，
围着初升的太阳。

——《童年篇·七章·52节》

当然，婆罗门地位优越，他们必须自律，恪守大法，其中最重要的是学习并奉行经典，特别是《吠陀》。

总的来说，印度历代君王和婆罗门的关系比较和谐，君王很少迫害婆罗门，对人民的信仰十分尊重，除了婆罗门教、印度教之外，对其他宗教也如此。在印度历史上，很少出现“法难”事件[①]。婆罗门对君王，采取合则留、不合则去的态度。所以他们对统治者的看法常常迥然不同，同一君主，有的视为神圣，有的则视如粪土。这种情况，在印度现代社会中依然存在。总体和谐、稳定的刹帝利和婆罗门的君臣关系，是印度古代政治生活的重要组成部分，是印度古代政治民主向度的重要标志，这种政治被称作法理政治，即达摩政治。

在印度漫长的封建时代，农业是经济的主体，农民是国家的主体。统治者如何处理好和广大农民的关系，是印度政治生活中的又一个主题。印度幅员辽阔，山川物候多种多样，民族众多，语言复杂，宗教习俗殊异，要管理好农民实属不易。在长期的摸索和经验积累中，印度人发现长老会（pañcayata）是处理农民问题的好形式。所谓长老会，是乡村村民推选出的议事仲裁组织，一般由年长的五人组成，故又称“五老会”。长老会制，历来受到高度重视，它关系到一个王国的稳定与安全。从历史上看，长老会制有效地化解了各种基层矛盾和冲突，缓和了村民和君主、大臣们的矛盾。所以，在历代的印度文学作品中，长老会的正面形象是主要的，它受到了大多数印度人的肯定和怀念。

英国殖民统治时期，殖民者一方面大力支持封建王公的残酷统治，另一方面大肆破坏长老会制。印度政治家对此深感痛心。1990年，夏尔玛（Shankar Dayal Sharma）博士[②]在副总统兼联邦院议长任上，发表了一篇名为《长老会制度》的文章，大力赞扬这一制度。他引用民族领袖铁拉克的话说：“乡村长老会是我们古代政治制度的根本基础。英国统治期间，对乡村体制进行彻底破坏，农民

① 外来宗教入侵对“异教徒”进行压迫统治，不在此论。

② 夏尔玛是印度现代著名政治家之一，1987 年开始任印度副总统兼联邦院议长，1992 年到 1997 年任总统。

失去依靠，孤立无援。独立以后，首先要做的就是重建乡村体制。乡村应该成为我国政治、教育、生产、卫生、法律、赈灾、森林管理的基层单位。实际上，所有问题都应该在乡村组织或村议会职权范围内处理。”①

甘地对长老会制有深刻的认识，认为长老会越有力量，百姓就越幸福。长老会的责任就是要重新恢复善良勤劳等优良品德。尼赫鲁对长老会的肯定，借用了列宁的话语。列宁说，社会主义就是苏维埃加电气化。尼赫鲁认为，印度复兴就是长老会制加电气化。他说：“长老会是我们民主制度的基础，是基础的基础。”② 夏尔玛认为：“只要真心实意搞长老会工作，那么我们国家一定获益匪浅。”“长老会可以使地方百姓从巨额费用和无结果的诉讼中解脱出来。”③ 当然，长老会不是包治百病的灵丹妙药，在它的建设与运作中，也碰到了许多问题，如种姓纠纷、裙带关系、地主霸地、迷信愚昧、狭隘自私，等等。夏尔玛一再强调，只有真正的长老会制才会收到理想的效果，以长老会之名另搞一套，只会使他们困难重重。④ 他认为：“真正的长老会只能建立在高标准的道德和操守的坚实基础之上。这样，忘我的服务态度、切合实际的目标和对组织、工作及社会的全身心投入的精神，是必不可少的。”⑤

在印度，长老会制是和民主政治联系在一起的，是“达摩政治”的重要组成部分。在印度人的心目中，乡村长老会是民事机构的基层单位。这种普遍存在的制度，在印度人的精神生活中，成了习惯和稳定的保证。“长老会是培育滋养我国经济、文化、政治生态的源泉之一。”⑥

印度的有识之士，不是将民主政治看作现代的产物，而是认为古已有之。他们认为，民主精神是印度民族的一份历史遗产，这份遗产来自古代文学、历史和政治思想。印度古代的《毗湿奴一千名

---

① ［印度］夏尔玛：《精神之源泉》，德里黎明出版社 1993 年版，第 17 页。
② 同上书，第 18 页。
③ 同上。
④ 同上书，第 19 页。
⑤ 同上书，第 20 页。
⑥ 同上书，第 17 页。

号》中提到的“民王”“民友”及“民君”“共和政治”“共和体制”等名词，为我们指明了古代民主政治的范例。《摩诃婆罗多》中的《和平篇》呈现的是社会政治民主的典范。①

由上可知，中国古代以王道政治为追求目标，以民惟邦本为思想基础；印度则以达摩政治为追求目标，以长老会制为实践手段。两者在漫长的古代社会，都在各自的政治生活中起到了重要的作用。两者除了上述的种种相同之外，在以下几方面也是相同的：其一，民本思想和长老会制都是当时历史条件下符合国情的先进政治思想，彰显了中印古代政治的民主向度。其二，在漫长的政治生活中，两者都有过类似的遭遇，在贤明君主时代实行得较好，在昏庸君王时代被抛弃被歪曲。其三，作为政治文化遗产，两者在现当代都获得了很高评价。其四，中印两国现代民主政治，是古代民主思想和西方民主思想互相交流融合的产物。那种认为，民主政治只是现代工业的产物，是纯粹的西方产品，与东方古代政治文明无关的思想，是自文艺复兴以来西方资产阶级为彰显自身的合法性、突出自己的功绩，而对中世纪进行过度批判的产物。是不符合历史事实的。我们东方学者应摒弃这种谬误及其在东方史学研究中的消极影响。

四　恕道思想与容忍观念

恕道思想和容忍观念，是中印实现大同理想的社会思想基础。恕道，就是宽容、厚道，无论是在中国士林还是民间，都有深厚的基础。恕道和忍让互相支持，是中国道德的核心内容，修身行事的准则。《尚书·君陈》：“必有忍，其乃有济；有容，德乃大。”孔子是中国恕道的第一位身体力行者。“子曰：参乎，吾道一以贯之。曾子曰：唯。子出，门人问曰：何谓也。曾子曰：夫子之道，忠恕而已。”（《论语·里仁》）可见，恕在孔子那里，是和忠紧紧联系

① ［印度］夏尔玛：《精神之源泉》，德里黎明出版社 1993 年版，第 16 页。

在一起的。他进一步这样解释恕：“其恕乎，己所不欲，勿施于人。”（《论语・卫灵公》）从此开始，中国士人将恕道作为人道之极。到了宋代，朱熹认为：“尽己为忠，推己为恕。忠恕本是学者事，曾子特借来形容夫子一贯道理。今日粗解之，忠便是一，恕便是贯。有这忠了，便做出许多恕来。”（《朱子语类》卷二十七《里仁篇下》）

恕道和忍让是兄弟。孔子提出克己，目的为复礼。能否克己，能否忍让，在孔子眼里是君子与小人的分界线：“君子求诸己，小人求诸人。”（《论语・卫灵公》）孟子则认为有否辞让之心，是人与非人的分野：“无辞让之心，非人也。辞让之心，礼之端也。”（《孟子・公孙丑上》）

中国先哲对恕道和忍让的提倡，在时间上很早，但他们始终站在世俗及理性的立场上，并无宗教的色彩。所以，他们的恕道和忍让是有原则的，不是无条件的。这集中反映在德和怨的关系上。对此历史上曾经产生过不同的观点。“子曰：以德报德，则民有所劝；以怨报怨，则民有所惩。”“以德报怨，则宽身之仁也；以怨报德，则刑戮之民也。”（《礼记・表记第三十二》）孔子实际上是赞成以直报怨、以德报德的。“或曰：以德报怨，如何？子曰：何以报德？以直报怨，以德报德。”（《论语・宪问》）尽管孔子倡导以直报怨、以德报德，但实际上，以德报怨一直作为一种美德在中国流传。吕本中《官箴》说：“忍之一事，众妙之门。”对于恕道与忍让，不同时代不同社会背景就会产生不同理解。梁启超是一位近代的改良派领袖，但对以德报怨不以为然，大加鞭挞。他说：“吾中国先哲之教，曰宽柔以教，不报无道，曰犯而不校，曰以德报怨。此自前人有为而发之言，在盛德君子偶一行之。虽有足令人起敬者，而末俗承流，遂借以文其怠惰恇怯之劣根性，而误尽天下。如所谓百忍成金，所谓唾面自干，岂非世俗传为佳话者耶？夫人而至于唾面自干，天下自顽钝无耻，孰过是焉？今乃欲举全国人而惟此之为务，是率全国人而无骨无血无气怪物，吾不知如何而可也。中国数千年来，误此见解，习非成是，并为一谈，使勇者日即于消磨，怯者反有所借口，遇势力之强于己者，始而让之，继而畏之，终而媚之，弱者愈弱，强者愈强，奴隶之性，日深一日，对一人如是，对团体亦然，对本国如是，对外国亦然。以是而立于生存竞争最剧烈之场，吾不知如何而可也。”（《饮冰室合集》）

梁启超的这段话至少告诉我们：从先秦开始，中国人讲“忍心”“忍垢”“忍尤”“忍耻”“忍丑”“忍诟”“忍酷”“忍羞”等“忍”的观念，虽然它们和恕道意义相仿，但是存在“位差”，恕道是由上对下的，以下对上就谈不上恕道，而忍是全方位的，不分地位高下；中国士林的恕道思想，不是普遍的绝对的，是分时间、场合的；恕道必须和忠勇结合起来，以免堕入怯懦；恕道必须看对象，一般是对内部而言的，对入侵者不可讲恕道。总之，恕道是儒家思想的组成部分，是为政治服务的，具有很强的务实性，不是为宗教服务的，不具有超现实的宗教情怀。

在中国民间，宽容、忍让思想另有一番景象。民间的忍让宽容观念首先受到士林恕道思想的深刻影响，所以总体上显示出明显的世俗性和务实性。同时，民间宽容忍让观念受到佛教忍辱思想的影响，它又具有相当的宗教色彩。

忍让宽容观念在中国民间常常以百姓喜闻乐见的俗语形式传播，在传播中发挥思想教化和生活指导作用。中国民间关于宽容忍让的俗语非常多，如：

和为贵，忍为高。
家和万事兴。
气是无明火，忍是敌灾星。
灭却心头火，剔起佛前灯。
宁可人负我，切莫我负人。
饶人不是痴汉，痴汉不会饶人。
责人之心责己，恕己之心恕人。
忍人所不忍，能人所不能。
得忍且忍，得耐且耐，不忍不耐，小事成大。
与人不和，劝人养鹅，与人不睦，劝人架屋。
忍得一时之气，免得百日之忧。

欺人是祸，饶人是福。
容天下难容之事，笑世上可笑之人。
忍辱最是无价之珍。

这些俗语，以各种方式广泛流行于民间，其作用远甚于从先秦诸子肇始的警句名言。从思想上看，它们对忍让宽容的表述，比士林更深沉、更广阔；从语言上看，比士林更生动、更流丽。民间俗语和士林警句，对忍让宽容的表述，在总体意义上相同，不存在相抵相悖的情况，民间俗语的佛教色彩是显而易见的。自佛教传入中土，在走宫廷路线的同时，用各种方式贴近普通百姓，包括说唱变文、演出曲目。元代杂剧《布袋和尚忍字记》和清代戏剧《观音菩萨鱼篮记》，大力宣扬忍的思想。在长期的佛教思想的浸淫下，“忍不可忍者，万福之源”（《六度集经》）的观念，在中国民间影响深广。但是，中国百姓并非对佛教的东西采取照单全收的态度。中国所有的族规家法，没有一部是提倡出家为僧为尼的，反之，有些族规家法明令禁止族人出家，违者会受到族谱削名、死后不得入祠的惩处。这一点说明，中国民间对外来文化的取舍，有着自己独立的标准。这种标准的基础，是非常务实的，不以官方或士林的意志为转移。凡是对百姓的生存和发展有利的，就接受，就发扬，反之则抛弃。在恶劣的生存环境中，忍辱负重一直是中国百姓无奈的生活信条和美德标准。

印度境内，各色人种齐全，人口众多，语言复杂，文字不一，教派林立，风俗各异，气候恶劣，盛夏行人倒毙于热风（tapas）、寒冬每年有人冻死。生活在这里的人，必须具备与之相适应的精神状态，这就是容忍，就是包容与忍耐。作为一种品德，世界各民族都讲包容与忍耐，但是，没有一个民族能够像印度人这样坚持得这么完全与彻底。可以说，印度人的包容是大包容，是天包地容；印度人的忍耐是大忍耐，是无上忍耐。

中国人的恕，常常和忠连在一起，总是忠恕并称。印度人的容忍则以慈爱为思想基础。印度思想中有三宝：平等、慈爱、忍耐，三者有着内在的逻辑关系。建立在平等基础之上的慈爱，就是大慈大悲，建立在大慈大悲基础之上的容忍，必然是难容之容，难忍之忍。这说明，容忍在印度不仅作为常人的品行要求，而且是作为宗教品格来要求的。对容忍品格的修养，是印度的一门宗教功课。在《摩诃婆罗多》中，对此有生动而著名的描写。盲目国王持国的一百个儿子，在与般度族的大战中全部死去，国王持国和王后甘陀利悲愤无比，心中怒火中烧，他强忍怒火与般度五子一一拥抱祝福，当他与般度第二子怖军拥抱时，对这个不守正法杀死自己长子难敌的侄子充满仇恨，黑天用预先准备好的怖军铁像让持国拥抱。结果，铁像粉碎，持国平静下来，摒弃愤怒，怀着忧伤，哭喊道："哎呀！怖军啊！"这里，黑天等人用宣泄加劝慰的方法，使持国控制住感情，他承认是爱子之心动摇了他的意志，幸亏黑天等人的帮助，他最后拥抱了怖军等人，安慰和祝福他们。① 持国忍杀百子之恨，在印度家喻户晓。

容忍，是印度各宗教共同的修行内容和方法，而佛教表现得尤为突出。释迦牟尼有众多称号，其中之一便是"忍辱仙"。何为忍？"自无愤勃，不报他怨，故名忍。"（《瑜伽论》）"慧心安法名之为忍。"（《大乘义章》九）既然忍是佛教的重要功课，便有了种种规定和术语，如"忍行""忍法""忍位""忍力""忍智""忍善"，还有"忍衣""忍铠""忍草""忍水""忍地""忍界""二忍""三忍""四忍""五忍""六忍""十忍""十四忍"，等等。忍辱，是佛教波罗蜜（pāramitā，度，到彼岸）的主要方法，不论是"六波罗蜜"还是"十波罗蜜"，两者的第三条都是忍波罗蜜，意为"忍受一切有情骂辱击打等，及非情寒热饥渴等之大行也"。可见，佛教是世界一切宗教中最重视忍的宗教。这在印度具有了广泛、深厚的基础，而且自古至今，一以贯之。谭中说："'忍'是从佛陀到圣雄甘地一脉相传的文明精神，也是了不起的美德。"②

对印度人的忍有了深切理解，就能深刻理解印度现代史上的

① ［印度］毗耶娑：《摩诃婆罗多》（四），黄宝生等译，中国社会科学出版社 2005 年版，第 916 页。

② 谭中、耿引曾：《印度与中国——两大文明的交往和激荡》，商务印书馆 2006 年版，第 314 页。

“消极抵抗”“坚持真理”“不合作”“非暴力”等思潮和运动，并借此能赢得民族独立斗争胜利的原因。这在其他国家被视为奇迹，在印度却是势属必然的正途常法。那是一个出忍仙的国度，在那里忍界宽广，忍土深厚，英国殖民者再凶残狡诈，也经不住忍水洪涛永无休止的冲击。

在忍的观念和实践上，谭云山是中国和印度、古代与现代结合的伟大榜样。谭云山旅印半个多世纪，一直自觉将中印两国文化结合起来，创造一种“中印文化”。不管他是在顺境还是逆境，忍辱都是他自觉的功课，忍辱之心是其思想的不变常态。可以说，忍辱是谭云山创造的中印文化的重要组成部分。1955 年国庆，谭云山作诗《怀旧》八首，其中云：“难忍能忍，怨亲皆平等；是非荣辱浮云逝，日月中天！”1959 年初，谭云山游印度最南端科母灵角，作《南浴》诗一首，其中两句为“忍辱为救世，慈悲度众生”。1968 年 8 月，七十岁的谭云山作诗八首，第八首为：

> 娑婆世界孽缘深，自性净情自照明；
> 愿代众生无量苦，皈依释迦学忍仙。

谭云山晚年自号“忍仙圆成”，说明他对自己的忍辱功力充满信心。事实确实如此，他在印度五十余年，对 kṣānti（忍）有深切体认。他正是凭着这种体认，身穿忍铠，进入忍界，最终修得忍仙果位。[①] 谭云山的忍，体现出时代的精神，是中印古今忍文化的结晶与升华，为中印和谐友好相处树立了光辉的典范。

五　中庸之道与中观思想

中庸之道和中观思想，是中印实现大同理想的方法论基础。尚中，是中国先民的不倦追求，其历史至少可以追溯到商代。几乎世

① 郁龙余等：《梵典与华章——印度作家与中国文化》，宁夏人民出版社 2004 年版，第 476 页。

界各民族都有过尚中观念，值得称道的是，中国人不但自始至终坚持了下来，而且不断丰富发展，成了最基本的理想境界和方法论之一。

这种发展，首先表现为对“中”的理解上。最初，“中”是方位词，表示“中央”和“内”的意思，后来，“中”就有了“中正”“正道”“正确”“准确”“得当”“相宜”“合适”等意义。《论语·尧曰》说：“允执其中。”这个中就是得当、相宜之中。中是一个理想境界，“中也者，天下之大本也”。（《礼记·中庸》）如何实现这个理想呢？孔子提出了中庸的原则。庸，就是用，“中庸”就是“用中”。孔子说：“中庸之万德也，其至矣乎，民鲜久矣。”（《论语·雍也》）这样，中庸在孔子这里，既是一个目标（理想的道德标准），又是实现这个目标的基本方法。它的内涵十分丰富，包括“中道”“中和”“中肯”“中行”等义。

在中国文化中，“中”作为一个正确的目标，不是一成不变的，而是随着条件的变化而有所变化。所以，这个“中”，是一个动态的目标。这一点，对于正确理解“执两用中”“允执其中”十分重要，这个“中”不是简单的中心点。这样，既赋予了“中”的普遍性，又赋予了“中”的特殊性。对于时间对“中”的动态性的影响，中国先哲给予了特别的重视，很早就创造了“时中”这个极为重要的概念。“时中”，就是时宜，就是因时制宜。孔子非常在意“时中”，他说：“使民以时。”（《论语·学而》）他还说：“麻冕礼也。今也纯，俭；吾从众。拜下，礼也。今拜乎上，泰也；虽违众，吾从下。”（《论语·子罕》）孔子是时中精神的模范执行者，孟子称他为“圣之时者也”。（《孟子·万章下》）在春秋时代，君子、中庸、时中是互为关联的热门词汇。“仲尼曰：‘君子中庸，小人反中庸。君子之中庸也，君子而时中；小人之（反）中庸也，小人而无忌惮也。”（《礼记·中庸》）将中庸、反中庸和时中、无忌惮作为区别君子和小人的标准，可见孔子对中庸、时中看得何等重要。除了孔孟之外，其他先秦著作也都十分看重时中精神，《荀子·不苟》说：“与时屈伸。”《易经》说“与时消息”（《丰卦·彖传》）“与时偕行”（《艮卦·彖传》）……总之，中国先哲独步世界，在把握事物的多种因素中，特别注重时间因素。

中国哲学的中庸，遵循两个原则，灵活原则和正确原则。中庸因其灵活性而需要权衡，在权衡中确定。孟子说：“执中无权，犹执一也。所恶执一者，为其贼道也，举一而废百也。”（《孟子·尽心上》）在孟子这里，“权”不是一时的权宜之计，而是通权达变的应有之义。他举了一个有名的例子：“嫂溺不援，是豺狼也。男女授受不亲，礼也；嫂溺援之以手者，权也。”（《孟子·离娄上》）有学者认为，中庸是一套完整的思想原则和方法论原则，其主要内容和特征是：以对“中”的追求、选取为目的；“中”是对立因素或对立面之间的正确之点、最佳之点，它不是固定的而是变动着的；对“中”的掌握，必以对对立两端因素的掌握为前提。① 这个提法是正确的，只是所讲的“两端因素”应理解为“诸端因素”。

印度哲学流派众多。这与印度语言好反向思维的分立特征有关，有无、色空、虚实、矛盾，等等，既对立又统一。在印度方法论思想中，带有浓厚辩证法色彩的中观思想，值得我们深入讨论。早在吠陀时代，印度就出现了“二重辩证”思想：“无既非有，有亦非有；无空气界，无远天界。”（《梨俱吠陀》X. 129）这一思想在印度不断得到发展，到公元5世纪佛教哲学家龙树终于建构成著名的中观论。龙树中观论的理论核心包括“八不否定”“四句逻辑”和“三谛原理”三部分。八不否定为：“不生亦不灭，不常亦不断，不一亦不异，不来亦不去。”（龙树：《中论颂》观因缘品第一）龙树将世间一切矛盾归结为生灭、常断、一异、来去。这就是“诸法—— 一切法”。而对这些矛盾，龙树持否定态度：“未曾有一法，不从因缘生；是故一切法，无不是空者。”（《中论颂》观因缘品第一）这就是佛教的“空义”。四句逻辑是对空义的进一步强调，说得更彻底：“一切实非实，亦实亦非实，非实非非实，是名诸佛法。”（《中观颂》观法品第十八）这里表述的是矛盾的对立与统一。三谛原理阐述真谛、假谛与中谛之间的关系。龙树认为：“众因缘生法，我说即是空，亦为是假名，亦是中道义。”（《中论颂》

---

① 张国庆：《中和之美》，巴蜀书社1995年版，第217页。

观四谛品第二十四）空，即真谛、第一义谛，但它不可说；可说的便就是俗谛，即假谛，也就是假名；中谛，就是中道义，表面意义是“居中”，但实际的意义是说联系“空”与“假”的关系而作全面的、合理的辩证观察。既不执空而作绝对的否定，亦不执有而作绝对的肯定，就是“中道义”。[①] 即龙树在《中论颂》（观涅槃品第二十五）中所说：“定有则著常，定无则著断；是故有智者，不应著有无。”

龙树的中观思想自鸠摩罗什汉译以后，在中国产生了极大影响。但是，世人对中观思想的评价莫衷一是。M. 罗易认为是“地地道道的印度辩证唯物主义”，黑格尔认为“龙树的空是一种辩证法的原则”，德·恰托巴底亚耶认为，龙树的空只是一种“玄奥的神秘概念”。中国学者黄心川认为“龙树的空完全是一种唯心主义和神秘主义的东西”。[②] 佛学家吕澂认为：“在两端中加以抉择，然后得到中道的看法。这样，他的观点就有些接近辩证法。”[③]

由于印度分立思想严重，所以“［希腊和中国式］‘黄金中庸’的思想在这片土地上没有发展，唯有宣传‘中道’的佛教例外”。[④] 为何在爱走极端的印度，会出现龙树的中观论呢？在佛教哲学里存在一个“有”部，认为一切都是实有；同时存在一个反对派，认为一切皆空。龙树提出中观论，就是为了调和这两种极端。“他认为释迦提出的缘起论（案指生灭、苦乐及其结果）是全面的，不单纯说有或说无，而是有无的统一。”[⑤]

中国的中庸之道和印度的中观思想有同有异。相同之处，中庸之道和中观思想都反对执着，反对走极端，坚持调和；都具有辩证色彩，都尚中，所尚之中都不是固定不变的中心之点，都是一种辩证的观照。两者又存在明显的差异，中庸之道是世俗的，是为格

---

① 巫白慧：《印度哲学：吠陀经探义和奥义书解析》，东方出版社 2000 年版，第 8—9 页。

② 黄心川：《印度哲学史》，商务印书馆 1989 年版，第 232—233 页。

③ 吕澂：《印度佛学源流略讲》，上海人民出版社 1979 年版，第 19 页。

④ ［日］中村元：《东方民族的思维方法》，林太、马小鹤译，浙江人民出版社 1989 年版，第 77 页。

⑤ 吕澂：《印度佛学源流略讲》，上海人民出版社 1979 年版，第 108 页。

物、致知、诚意、正心、修身、齐家、治国、平天下服务的。“为政中和”是其重要追求，追求的不仅是人际和谐，还包括人与自然的和谐，尊之为“和德”；印度的中观思想充满精神思辨和逻辑推演，对世俗具有明显的超越性。

中观思想在印度的实际影响并不大，但在中国的影响巨大。龙树的《中论颂》自公元409年译传至中国，不断有佛教哲学流派钻研。“一千五百多年后的今天，龙树哲学对中国佛教哲学理论的影响，仍然保持着经久不衰的势头。”① 其实，中国受中观思想影响何止于佛教哲学？中国诗学、美学所受中观思想的影响就十分明显。如刘勰在《文心雕龙·序志》中说：“同之与异，不屑古今，擘肌分理，唯务折衷。”到皎然则打出了“诗家中道”的旗号，他说：“或虽有态而语嫩，虽有力而意薄，虽正而质，虽直而鄙，可以神会，不可言得，此谓诗家之中道也。”（《诗议》）这种影响的造成，除了两者确有相通之处外，还应包括由这种相通所造成的放大效应。甚至出现这种情况，除了专门研究印度佛教哲学的学者之外，人们常常会自觉不自觉地以中庸之道的思想去理解中观论，很少有人去区别两者的不同。

以上，我们从哲学、道德、政治学、社会思想、方法论五个方面，分析了实现CHINDIA（中印大同）理想的五大基础。两个异质文明之间所表现出来的相近和相通，既有先天的，也有后天的。先天部分，是两大文明在独立发展中各自形成的；后天部分，是两大文明交流的成果，这主要是指印度佛教传入中国以及中国文化对包括中观论在内的印度思想的融摄。

两千多年的中印文化交流史，是世界文化交流史上的楷模。它除了滋养中印两大文化之外，还为我们今后的发展提供了宝贵经验。随着科技的进步，地球空间的有限性对人类发展造成了越来越多的束缚。在局促的地球村中，各种文化如何避免冲突而自由发展？这是一个有关人类兴衰存亡的大问题。出路只有一条，那就是走世界大同之路。中印文化交流史证明这是一条切实可行

① 巫白慧：《印度哲学：吠陀经探义和奥义书解析》，东方出版社2000年版，第265页。

的光明之路。中印两国作为东方文明首出之邦，应该在世界大同之路上先行一步，向全世界做出榜样，这就是“CHINDIA”，就是中印大同。

（此文刊载于谭中主编《中印大同：理想与实现》，宁夏人民出版社2007年版，第4—27页）

大幅度提升中国、印度两国的关系

各位学者，各位专家：

大家好！

我说的都是大话、大道理，动不动关乎中印27亿人，关于“中印大同”，关于“世界一家”。但是，我讲的都是实话、心里话，有历史根据和事实支撑的话，是我们现实生活中需要切实关注的话题。

今天我和大家一起讨论的课题是《大幅度提升中国印度的两国关系》。相信大家一定很关切，很有兴趣。

近年来，中印关系总体上是好的，两国领导人实现成功互访，经贸关系取得新的实质性发展。但是，中印关系的友好程度，离我们的理想和可以达到的程度，离两国人民的期望，存在较大差距。我们应该千方百计提升中印关系的热度和质量。

一　中印友谊的文化富矿有待认真开发

中国和印度之间，存在一个友谊的文化富矿。其历史之久远、内涵之丰富，不说绝无仅有，也是举世罕见。这就是两千多年的中印文化交流史，现代之前从未发生过冲突，有的是经济、文化上的互通有无、互相切磋、互利互惠。单从中国而言，由于佛教的东传，“两千多年来，我们不知从印度拿来了多少宝贝。梁启超认为，印度佛教东传，对中国文化的影响可归纳为五大项：（1）国语实质的扩大，（2）语法及文体的变化，（3）文学情趣的发展，（4）歌舞剧的传入，（5）字母的仿造。胡适将印度对中国文化的影响归为三大贡献：（1）佛寺禅门成为白话文、白话诗的重要发源地；（2）中国浪漫主义文学（指《封神榜》《西游记》等小说）是印度文学影响的产儿；（3）对中国文学体裁的巨大影响。鲁迅说得十分概括，且颇带感情色彩：‘印度则交通自古，贻我大祥，思想、信仰、道德、艺文无不蒙贶，虽兄弟眷属，何以加之。’① 中国文化所以长盛不衰，重要原因之一，是它在和外国文化交流中，不断吸取营养，滋养壮大自己。而自汉至明，印度是中国对外文化交流的主要对象。进入近代，中国和印度都交了厄运，成了殖民主义、帝国主义侵略的牺牲品，中印之间的文化交流几乎中断。鹡鸰在原，兄弟急难。章炳麟曾提出中印联合的主张，说：‘宜念往日旧好，互相扶持。’他认为：‘东方文明之国，荦荦大者，独吾与印度耳。言其亲也，则如肺腑，察其势也，则若辅车，不互相抱持而起，终无以屏蔽亚洲。’② 中印两国人民患难之中见真情，互相同情，互相支持，相濡以沫，同气相求。”③

在人类历史上，像中国和印度这样的千年老友，是天造地设，可遇而不可求，值得我们珍视。两千多年来积聚的中印友谊的文化富矿，需要我们怀着虔诚之心，进行认真开发，从中汲取智慧和力量，为发展中印关系服务。

我们生活在当代，真正具备现代性的学者，在中印关系上应当重新思考以下三个问题。

（一）印度是中国的大后方

在中国三千年发展史上，十四年抗战是牺牲最惨重、战况最惨烈的一次抵抗外族入侵的民族解放战争。最终以中国取胜结束抗日战争。中国胜利的原因众多，最重要的是：

（1）正义战胜邪恶。中国人民正义在胸，同仇敌忾，众志

---

① 鲁迅：《破恶声记》，载《鲁迅全集》第 8 卷《集外集拾遗补编》，人民文学出版社 1981 年版，第 33 页。

② 章炳麟：《印度中兴之望》，《民报》合订本，第 3 期，第 20 号，第 102 页。

③ 郁龙余等：《印度文化论 · 绪论》，北京大学出版社 2016 年版，第 4 页。

成城。

（2）国共合作，共同御敌。

（3）得道多助，国际正义力量的支持。

（4）中国有一个西南大后方。

其中，第四条“西南大后方”是中国独有的，在抗战中发挥了不可替代的作用。

从面积上讲，中国和欧洲相当。但这是一个由东南沿海、西北大沙漠、西南崇山峻岭构成的特殊的单元地域。早在夏、商、周三代，华夏民族在“中国”这个独特的单元地域里基本完成了统一大业。春秋战国到秦汉，强大的君主帝制形成，之后的唐、宋、元、明、清各代，基本都在这个单元地域中运作发展。在这漫长的历史中，四川一直以“天府之国”闻名于世。直到抗战发生，四川加上云南、贵州变成了中国的战略纵深和战略屏障，变成了关乎民族生死存亡的“大西南”。大西南人民为抗战做出的牺牲和贡献，早已载入史册。可以说，没有大西南，中国抗战的历史就要重写。

印度地处中国大西南的大西南，对中国抗战做出了巨大贡献。这种贡献，既有道义上的，也有实际行动上的。

印度人民在自己身处殖民压迫的困境中，向中国派出了援华医疗队，柯棣华医生为了中国抗战事业献出了年轻的生命，长眠于中国华北大地。

在中国抗战的危难关头，开辟了驼峰航线，修建了史迪威公路。飞虎队的故事，在中国家喻户晓。我们除了应该感谢美国之外，还应该感谢印度。至今，在印度阿萨姆邦玛格丽特县朗通村的史迪威公路旁，有着一座四百多位英勇牺牲的中国军人公墓。当年，十万中国将士远赴印度，与盟军共同作战，流血牺牲。2017 年 4 月 15 日，中国驻印度大使罗照辉和夫人江亦丽来到公墓敬献花篮，默哀致敬，并对印方多年来对公墓的保护表示感谢。

印度的民族领袖泰戈尔、甘地、尼赫鲁等，在各种场合，运用各种方式同情、支持中国人民的抗日战争。

印度不但是中国抗战时期在地理上的大西南的大西南，大后方的大后方，而且还是政治上、道义上的大西南的大西南，大后方的大后方。我们应该永远铭记这段历史，永远感念印度人民。

（二）不要“一丑遮百俊”

中印关系史上，百分之九十九点九的时间是友好的，只有 1962 年中印边境冲突是不幸的。对于这场边境冲突，中印学者和各国学者的评说越来越客观。其实，这场冲突的发生是极偶然的，是在中印双方对对方都非常不了解的情况下发生的。中方不了解印度其实根本没有做好前进的准备，部队进入印度如入无人之境。于是急忙收兵，出现了世界战争史上罕见的一幕：擦洗好武器连同人员全数归还。印度不了解中国当时虽然处于三年自然灾害时期，但军队战斗力并未受损，媒体一味宣传“前进政策”，导致不该发生的冲突发生了。

发生这场冲突，其背后不乏西方的推手和地缘政治的影响。

现在，这场不愉快的冲突已经过去半个多世纪了。我们不应该让它影响当前中印关系的发展。中国有句俗话，一俊遮百丑。这多少有些偏颇。但是，我们也不能反过来，一丑遮百俊，不能让 0.1% 遮蔽了 99.9% 的友好。我们应该吸取经验教训，将其转化为友谊的动力。

（三）弘扬谭云山中印大同精神

人类在前进路上，有时阳光明媚，弦歌嘹亮；有时如黑夜里的长途跋涉，四顾茫茫方向莫辨。所以，各民族都出现了一批举火炬的人。中国古代的孔子、朱熹，印度古代的释迦牟尼、商羯罗是举火炬的人。现代中国的孙中山、毛泽东，现代印度的甘地、尼赫鲁是举火炬的人。

在中印关系方面，最睿智、最精进的举火炬的有鸠摩罗什、法显、玄奘、达摩等，在现代则是谭云山。他是毛泽东的同门师弟，泰戈尔的朋友和学生，尼赫鲁的亲密朋友。谭云山旅印五十多年，最后终老在菩提迦耶中华佛寺。他一生有三大贡献：创建了印度中国学，培养了一批杰出的中国学人才；留下了内涵丰富、思想深刻、文笔优美的论著和译著；创建中印学，为中国和印度人民留下了宝贵的谭云山精神。

谭云山根据泰戈尔的理想制定的“中印学会”与中国学院的

《宗旨》是：

研究中印学术
沟通中印文化
融洽中印感情
联合中印民族
创造人类和平
促进世界大同

这36个字就是谭云山精神，是吸取了泰戈尔的灵感，加上自己的融会贯通而组成的思想框架。①

关于谭云山精神，我有四句话，颇受谭中先生欣赏，被他收在自己的文章中：

献身中印友好，
立意天下大同，
修齐治平弘毅，
难行能行终身。②

产生谭云山精神的年代，是中国和印度两国最为艰难困苦的年代。今天，中国和印度成了世界经济发展最重要的两大引擎。我们完全相信，如果中印两国能像谭云山所说的那样真正致力于两国友好和世界大同，那么对人类所做的贡献就不会仅仅是世界的经济引擎，而更是世界和谐的引擎，提升幸福指数的世界引擎。

二 中国印度在金砖国家中肩负重任

“金砖国家”的出现，绝对不是BRICS五个字母组合的文字游

① 谭中、郁龙余主编：《谭云山》，中央编译出版社2012年版，第175页。
② 同上。

戏的产物，而是相关五国对组团登上世界舞台的强烈需求。这五个国家的民族、文化、语言、宗教、经济、所在地域各不相同。正是这种不同，造成了五国巨大的互补性，只有不同乐器才能够奏出美妙的合奏曲。

金砖五国，从历史文明分，中国、印度是文明古国，俄罗斯文明曾广泛影响东西方各国，俄罗斯人一心期盼重振当年雄风。巴西、南非曾是殖民地，经济上也曾雄霸一方。当下五国的共同诉求是民族的复兴。文明复兴，具有充分的正当性。

金砖五国，从经济发展情况分，中国、印度是发展中国家的代表，GDP 在世界排位处于第二、第五位，当下的诉求是成为世界第一大、第三大经济体。其他三国也有强烈的发展经济的欲望。金砖五国具有强烈的经济发展迫切性。

金砖五国，从地域分，中、印、俄同处亚欧大陆，巴西在南美，南非在非洲，五国具有充分的地域广泛性和引领性。

金砖五国，从人种上分，有黄种人、白种人、黑种人；从民族上分，至少有大小 200 多个；从人口数量上分，中印两国有 27 亿，俄罗斯近 2 亿，巴西 1 亿多，南非 5000 万，五国人口在世界总人口中占五分之二，具有巨大的人口比例。

上述民族复兴的正当性、经济发展的迫切性、地域发展的引领性及巨大的人口比例，是金砖五国发展的强大优势。这种优势是五国共同组成的，缺一不可。就像 BRICS 中缺了任何一个字母，就不再是“金砖五国”一样。现在，我在这里需要说的是，中国和印度在五国中可以而且应当起特别重要的作用，即在五国发展中肩负着特别重要的责任。

（一）大国崛起的历史启示

在世界上，无论是东方还是西方，都出现过大国崛起的现象。在世界近代史上，大家记忆犹新的是葡萄牙、西班牙、荷兰、英国、法国、德国、俄国、日本、美国西方九国的相继崛起。这种大国崛起、大国衰落的现象，是世界史上的常见现象。进入 21 世纪，新一轮的大国崛起呈现出了全新景象。金砖五国的出现，便是这全新景象的重要组成。

金砖五国组团崛起，在大国崛起史上是第一次，是全新的现象和形式。在这新现象、新形式背后，在人类发展史上有着全新的意义。

其一，以“暴力暴利”为特征的此起彼落的大国崛起模式宣告结束，代之以互惠共赢为指导的多国组团崛起模式。这在人类文明进步史上的意义，不亚于火的利用和文字的诞生。

其二，经济与文化互补构成新模式的先进性。此起彼落的大国崛起旧模式，以“暴力暴利”为动力，大国组团崛起以“互惠共赢”为动力。因为新旧崛起模式的转换，意味着“天下大同”“世界一家”的天下观，将逐步取代“弱肉强食”的丛林法则，王道战胜霸道，显示出新模式的先进性。

其三，充分发挥“多国组团”的引领作用。金砖五国无论是在地缘上还是政治、经济、文化上都有着各自的邻国或伙伴国家。五国的崛起，势必影响、引领这些邻国或伙伴国家。随着这种影响、引领作用的扩大，整个世界将充满力量、友好和吉祥。

其四，国家间关系将产生实质性的进步。中国印度传统文化精华讲“天下大同”“世界一家”，现在成了新兴国家的引领者俄罗斯曾经是世界强国，其前身苏联更是世界“两霸”之一，其历史和经验有利于亲近中、印。巴西在“二战”以后成了除美国以外的数一数二的世界强国，但是由于各种原因，巴西陷入了所谓的“中等收入陷阱”，它急需跳出陷阱，振兴经济。南非在历史上是非洲最富裕的国家，但是后来也逐渐风光不再，亟须搭上中国经济的快车。

在发展经济的共同愿望下，中印两国的天下观，不但在金砖五国之中有共鸣，而且在全世界也获得越来越多国家和人民的支持。

从上述可知，金砖五国各有各的角色，谁也离不开谁。同时，由于天下观和人口、经济总量的原因，中国和印度理所当然地应该在金砖五国中担当起重大责任。

这样，大幅度提升中印两国关系，不仅关系到中印两国的友好与发展，而且关系到“金砖五国”的前途命运。

（二）从“天下大同”“世界一家”到“人类命运共同体”

在人类漫长的历史中，人与人之间的关系、人与自然的关系应该如何相处，一直在摸索与总结。中国古人在王道与霸道之争中，认为王道是长治久安之策。孔子说：“一贯三为王。”这个“三（画）”就是天、地、人，“三画而连其中为王”。“无偏无党，王道荡荡；无党无偏，王道平平；无反无侧，王道正直。”（《尚书·洪范》）

在王道思想的指导下，中国走过了自秦汉以来漫长的君主帝制时代。王道所以能战胜霸道，因为王道讲“天人合一”，讲“天下大同”。今天，我们讲人与人的和谐，人与自然的和谐，讲“人类命运共同体”，就是“天人合一”“天下大同”的现代版。

“人类命运共同体”是习近平为当代世界发展所做出的一大理论贡献，是习近平政治学的重要组成部分。2014 年 3 月 27 日，习近平在联合国教科文组织总部演讲时说：“当今世界，人类生活在不同文化、种族、肤色、宗教和不同社会制度所组成的世界里，各国人民形成了你中有我、我中有你的命运共同体。”之后，习近平多次谈到人类命运共同体的问题。2015 年 9 月 28 日，习近平在联合国总部出席第 70 届联合国大会一般性辩论，发表题为“携手构建合作共赢新伙伴　同心打造人类命运共同体”的重要讲话，引起了巨大反响。不到 20 分钟的讲话，全场至少响起 15 次热烈掌声。习近平的“人类命运共同体”是对“天下大同”“世界一家”等人类古典天下观的忠实继承和全新发展。习近平在印度世界事务委员会所做演讲《携手追寻民族复兴之梦》时说：“中华民族主张的‘天下大同’和印度人民追求的‘世界一家’、中华民族推崇的‘兼爱’和印度人民倡导的‘不害’是相通的，我们都把‘和’视作天下之大道，希望万国安宁、和谐共处。”习近平的“人类命运共同体”思想，不但在中印两国具有悠久的历史渊源和广泛的民意基础，而且获得了世界各国人民的认同和拥护。[①]

① 郁龙余、黄蓉：《双轮驱动　展翅高翔——谈“一带一路”建设中的经济与文化》，将载《中国文化与世界》。

所以，提升中印两国合作水平，既对金砖五国的发展有利，而且对促进世界和平，共建“人类命运共同体”有利。我们可以将“金砖五国”视作“人类命运共同体”试验田，取得经验之后，在世界各地推而广之。

既然，中印历史上有“天下大同”和“世界一家”的文化基因，两国在“金砖五国”和“人类命运共同体”的建设中承担重任，是理所当然的，同时也是众望所归。

（此文于2017年5月16日在广州大学城举办的“金砖国家智库研讨会”上发表）

中印同心，为重建世界新秩序而努力*

“二战”结束至今过去七十多年，虽然没有发生世界性的冲突，但是局部战争不断。自阿富汗战争、两伊战争、海湾战争以来，中亚、西亚、北非陷入了持续的战乱动荡之中。这种动荡，又因难民的大量涌入而冲击到了欧洲各国。基地组织、伊斯兰国等极端势力的出现，让伊拉克、叙利亚、利比亚等国的局势更加雪上加霜，同时直接威胁到欧美及世界各国。当今，既是最好的时代，又是最差的时代。最差的感觉越来越强烈，让许多人心惊肉跳、坐卧不安。

以上种种，都说明欧美主导的世界秩序已经失范，世界急需一种新秩序，让各国人民在尊严、和平、安宁中劳作生活。而这种世界新秩序的建构，需要亚洲各国的努力，其中特别需要中国和印度勠力同心，担负起神圣的历史使命。

历史的发展往往有惊人的相似之处。大约一百年前，中国著名思想家章太炎说：“东方文明之国，荦荦大者，独吾与印度耳。言其亲也，则如肺腑，察其势也，则若辅车，不互相抱持而起，终无以屏蔽亚洲。”章太炎所说的“屏蔽亚洲”，就是捍卫、保护亚洲的意思。一百年过去了，又需要中印两国“抱持而起”，捍卫和保护亚洲的安全了。

---

* 本文作者为：郁龙余、朱璇。

一　CHINDIA/中印大同的理想与践行

章太炎说中国和印度的关系，像肺腑、像辅车，是有历史依据的。一部以佛教传播为主要内容的中印文化交流史，将中国和印度从信仰、观念、思想和习俗等方面，牢牢联系在一起。印度开国总理尼赫鲁对中印关系有着和章太炎相似的观点，在1939年他睿智地指出：“世界上还没有任何两个国家像中国、印度有如此悠久的文化联系。”“中国发生的事情对世界、对亚洲、对印度至关重要。中国是世界上处于关键地位的国家之一……无论在任何情况下，她和她的未来对亚洲、对我们印度都具有头等重要的意义。”① 他甚至明确表示，欢迎“世界一家”的到来。在自传中他说：“我个人对于未来远景的看法是这样：我认为将来会建立一个联邦，其中包括中国和印度，缅甸和锡兰，阿富汗和其他国家。如果实现‘世界一家’的话，那当然是值得欢迎的事。”② 甘地、泰戈尔等人对中国也都抱着相近的观点。和他们有着密切往来、在印度生活过五十多年的谭云山，在泰戈尔的感召与支持下，在国际大学办起来中国学院。他为中国学院立下的宗旨是：研究中国学术，沟通中印文化，融洽中印感情，联合中印民族，创造人类和平，促进世界大同。

自印度独立和新中国成立之后，中印关系出现了十年的蜜月期，然后于1962年发生了不幸的边境军事冲突，两国关系跌入了低谷。1970年5月1日，天安门城楼上的“毛微笑”，开启了中印关系的新阶段，其中一个标志性事件是1988年12月拉吉夫·甘地总理成功访华，中印关系开始热络起来。中国改革开放的成功，极大地鼓舞了印度人，中国再次成为印度的舆论中心。2005年6月13日，S. 巴士亚姆在《商业时报》上发表文章《印度能否赶上中国》，认为中国是每一个印度记者、企业家、政治家的热门话题。他在文章

① 林承节：《中印人民友好关系史》，北京大学出版社1993年版，第270页。

② 《尼赫鲁自传》，张宝芳译，世界知识出版社1956年版，第697页。

一开头用了一句俏皮话：“中国是每顶印度帽上的一只蜜蜂。”① 这句俏皮话足以显示中国在印度是多么招人瞩目和喜爱。尽管印度自古是个有意见分歧的国度，对中国的评价也一直有不同的声音，但是对中国的瞩目和喜爱一直在升温，到 2005 年这种瞩目和喜爱终于升华变成了一个热词——CHINDIA。

CHINDIA 是印度著名经济学家杰伦·兰密施（Jairam Ranesh）创造的一个新词，谭中教授认为：“只有‘中印大同’才是 CHINDIA 的最好的中文符号。”② 我赞同这位在印度生活了几十年，对中印文化有深刻体认的学者的意见。时任中国驻印度大使孙玉玺指出：“CHINDIA 一词的出现，不是中印两国国名的简单叠加，而是有着深厚的历史文化背景和重要的现实因素。”③ 深圳大学的两位青年学者蔡枫和董方峰在谭中和兰密施先生的大力支持下，及时翻译出版了《理解 CHINDIA——关于中国与印度的思考》一书，2007 年谭中又组织几十位国内外学者出版了《中印大同：理想与实现》一书。这两本书的出版，在中印学术界和智库界产生了不小影响，对西方的震动更大。印度著名学者玛妲玉（Madhavi Thampi）说：“‘CHINDIA/中印大同’这个新概念虽然出现不到两年，但已经在国际上传开了，我们经常看见西方舆论中不是认为它务虚，就是对它心存戒备。”④ 中国学者王义桅颇有文艺范，他说：“巴尔扎克当年曾指出：‘欧洲仍在支配世界；如果欧洲的精神霸权有可能被剥夺，那剥夺者只能是北美……，套用巴尔扎克的话说，以美国为主导的西方仍在支配世界，如果西方的精神霸权有可能被剥夺，那剥夺者只能是中印。”⑤ 约翰·奈斯比特说：“西方人对中国的认识已远远跟不上中国的变化。他们的脑子里都是旧的形象和观念。欧美国家和政府正遇到很多棘手的问题，而中国引领下的东方国家正在

① Srikala Bhashyam, “Can India Catch Up with China?”, *Business Times*, June 13, 2005.

② ［印度］杰伦·兰密施：《理解 CHINDIA——关于中国与印度的思考》，蔡枫、董方峰译，宁夏人民出版社 2006 年版，第 176 页。

③ 同上书，第 173 页。

④ 谭中主编：《中印大同：理想与实现》，宁夏人民出版社 2007 年版，第 308 页。

⑤ 同上书，第 379 页。

崛起。”①

2014 年 9 月 17 日，习近平主席访问印度莫迪总理的家乡古吉拉特邦，莫迪总理对他说：中印两国是“两个身体，一种精神”。这句谚语最早出自印度古老经典《梨俱吠陀》中“二鸟同栖一枝”的偈颂，“两只鸟儿结伴为友，栖息在同一棵树上，一只鸟品尝毕钵果，另一只鸟不吃，观看。”（《梨俱吠陀》*Ṛg-Veda*，1.164.20）②，后来在《剃发奥义书》（*Muṇḍaka Upaniṣad*，3.1.1）中也有类似表述“美羽亲心侣，同树栖一枝，一啄果实甘，一止唯视之”③。所表达的正是印度文化中“一”与“多”、“无形”与“有形”、“无为”（nivṛtti）与“有为”（pravṛtti）在更高精神层面上的同一性。习主席 18 日在印度世界事务委员会上发表的题为“携手追寻民族复兴之梦”演讲中引述了莫迪总理的话，并指出这些话道出了中印两大文明和平向善的共同本质和心灵相通的内在联系。

在我们看来，引领东方国家乃至世界各国前进的，不仅是中国，而且有印度，是 CHINDIA。中印大同，不但中印 27 亿人民为之高兴，而且全世界人民都应当为之高兴。因为，CHINDIA/中印大同，就是中国和印度大团结，大联合，大合作，大交流，大互惠，大发展，大相爱，大坦诚，大智慧，大慈悲，大福祉，大光明。龙象者，龙之象也。龙彰象，龙显象。龙象不争，龙象共舞，龙象无敌。龙播甘霖，象洒智睿，龙象福佑天下。④ 关于这“十二大”的关系，我仍坚持以前的观点：“中印两国所面临的国内国际形势，人民、知识精英和政治家们的共识，可以推动两国之间的大团结、大联合、大合作。这三者是中印大同的第一境界，由此必然带来大交流、大互惠、大发展的第二境界。然而，若要向更高水平的第三境界发展，需要大相爱、大坦诚、大智慧，这三者，既是中印大同

① 谷棣、谢戎彬主编：《我们误判了中国》，华文出版社 2015 年版，第 5 页。

② 参见黄宝生译《奥义书》，商务印书馆 2010 年版，第 303 页。

③ 《徐梵澄文集》（第 16 卷），上海三联书店 2006 年版，第 18 页。

④ ［印度］杰伦·兰密施：《理解 CHINDIA——关于中国与印度的思考》，蔡枫、董方峰译，宁夏人民出版社 2006 年版，第 178 页。

的重要内容，又是进入第四境界的推动力。有此推动，必然呈现大慈悲、大福祉、大光明的美好前景。这是中印大同的最高境界，它不仅给中印人民而且给全世界人民带来关怀、幸福、自由与光荣。”① 我们提出以上设想，至今已经过去了十年。检视这十年，中印两国在 CHINDIA 的道路上缓慢而稳步地前行。

二 国际儒学论坛与世界印度学家大会

CHINDIA/中印大同，是一个伟大的梦想，是中国梦和印度梦共同体，需要亿万人的努力实践。中印大同的一个重要的努力方向，是筑牢中印传统文化中共同的价值观基础。而要实现这一点，首先要厘清各自的传统文化中的价值观精华及其对当代的意义。

民族复兴主要包括两个方面，民族经济振兴和民族文化主导性地位复归，即经济独立自强、文化自主不再受人摆布。这两者往往互为因果，前后交叉出现。

自 20 世纪 80 年代以来，中国文化热、国学热持续高涨。在此情形下，我写了《中国文化与人类前途——关于世界发展大趋势的思考》《中国与世界：在精神层面上互相加深了解——以中国文化经典在印度的传播为中心》《“一带一路”开创人类文明新纪元》等多篇文章，对中国文化中让国人得益最多、最具普世意义的核心价值观进行了梳理。

印度对传统文化和价值观的态度有着自己的特点，一方面他们保留着吠陀时代就有的生活习俗、服饰和信仰，经常可以看到城乡女子穿着艳丽而得体的纱丽，古典舞乐还保留着祖先规定的手眼身法；另一方面将英语作为通用语和大学教学及研究用语，使其成为精英社会和普通人民之间的一道无可奈何的墙。许多具有民族良知的印度贤达，早已觉察到了这种情况，一直在做“祛弊存菁”的工作，让英语的正面作用发挥得更好，祛除它对传统文化、民族语言

① ［印度］杰伦・兰密施：《理解 CHINDIA——关于中国与印度的思考》，蔡枫、董方峰译，宁夏人民出版社 2006 年版，第 179 页。

带来的伤害和侵蚀。

印度的现代经济振兴，比中国大概晚十年。十年在历史长河中只是一瞬间，但是这十年之差让中印原本差不多的经济基础，在总量上相差了四五倍。印度精英看到了隐藏在这种差距背后的改革力量。在CHINDIA概念出现的同时，印度对传统文化主导地位的重视，也得到了空前的加强。

在中国，祖先崇拜一直是民族力量的重要源泉。在民族最危急的抗战期间，对黄帝、炎帝、孔子的祭拜活动一直没有停止。改革开放之后，随着经济的振兴，祖先崇拜和传统文化热一直持续高涨。其中，让中外学者和人民都感到兴奋的，是习近平参加2014年9月在山东召开的“纪念孔子诞辰2565周年国际学术研讨会”，并发表重要讲话。他就正确对待不同国家和民族的文明，正确对待传统文化和现实文化，提出了“维护世界文明多样性”“尊重各国各民族文明”“正确进行文明学习借鉴”“科学对待文化传统”四项原则。他对中华文化中最核心的内容、最基本的文化基因做出了高度评价，认为“是中华民族和中国人民在修齐治平、尊时守位、知常达变、开物成务、建功立业过程中逐渐形成的有别于其他民族的独特标识”。[①] 此事不但在中国影响巨大，也在国际中国学家中产生了强烈反响。“软实力”概念的提出者，哈佛大学教授约瑟夫·奈认为：“中国文化非常重要。对东亚甚至对全世界都有重大影响。今天要维护和平发展，建设和谐世界，同样需要孔子的思想。孔子对中国的发展影响巨大。”[②] 他又说：“这次参观孔庙、孔府、孔林和孔子研究院之后，我对儒家文化的认识加深了。”“儒家文化是你们最大的软实力，中华优秀传统文化是中国最大的软实力。”[③]

2015年11月20日，第六届世界中国学论坛在上海召开。来自30多个国家200多位知名学者和智库人士出席开幕式，大会主题是“中国改革、世界机遇”，并颁发了第三届世界中国学贡献奖。这是

---

① 新华网2014年9月24日。

② 谷棣、谢戎彬主编：《我们误判了中国》，华文出版社2015年版，第10页。

③ 同上书，第11页。

当前国际中国研究的最高奖。此届获奖者是俄罗斯的季塔连科，美国的大卫·蓝普顿和裴宣理，印度的华人学者谭中。此前，已有法国的谢和耐、美国的孔飞力、俄罗斯的罗高寿、日本的毛里和子、俄罗斯的齐赫文斯基、美国的傅高义、中国香港的饶宗颐等人获奖。世界中国学论坛已经成了世界观察、研究中国，中国向世界表述、展示自己的重要窗口。在这届获奖者中，谭中先生是一位双栖学者，他既是一位杰出的印度学家，又是一位杰出的中国学家。说得准确一点，谭中是一位典型的 CHINDIA 学者。

印度的贤达自然也在考虑民族软实力问题，并采取了一系列行动。其中，最具标志性意义的，是 2015 年 11 月和上海举办的第六届世界中国学论坛同时召开的“世界印度学家大会”。21 日大会开幕式在总统府中央大厅（Durbai Hall）举行，由外交部长斯瓦拉吉主持，总统慕克吉致辞，文化关系委员会（ICCR）主席金德尔讲话。这次大会所邀请外国嘉宾，入住总统府或总统府花园的别墅内。21 日晚上，慕克吉总统设晚宴招待与会的各国印度学家。如此高规格地召开世界印度学家大会，这是第一次，其目的就是弘扬印度传统文化，显示和提振印度的软实力。

作为印度文化的研究者和 CHINDIA/中印大同的推动者，我给大会带去了一篇题为《印度学研究的世界意义》的论文，分“欧洲难民问题和世界新秩序、东方文明应尽的历史责任、中国国学热对印度的启示、印度文化对当代世界的应有贡献”四个部分。

显然，《印度学研究的世界意义》和我之前写的《中国文化与人类前途——关于世界发展大趋势的思考》是姐妹篇，属于 CHINDIA 学的组成部分。此文的重点是第四部分“印度文化对当代世界的应有贡献”。文章认为，印度文化中许多真正具有普世意义的观念，将为世界新秩序的构建发挥重要作用。这些观念是梵我一如，万物有灵；慈爱厚生，非战戒杀；信仰自由，宗教对话；尊师重教，教学神圣；多元共存，天包地容。文章最后说：“我们认为在人类文明发展史上，中印崛起的意义，高于欧洲的文艺复兴和工业革命。因为文艺复兴和工业革命虽然带来了现代文明，但这是一个存在严重缺陷的文明，首先它造成了‘东方隶属于西方’，给人类的大多数带来屈辱和不幸。而中印崛起‘不仅给中印人民而且给全世界人民带来关怀、幸福、自由和光荣。’不言而喻，今天我们研究印度学和中国学，不但对两国有着巨大意义，而且对世界也有着巨大意义。”

这篇论文引起了与会各国学者和会议组织者 ICCR 的重视，安排联邦院电视台（RSTV）对我做了专访。我在大会上表示，这次首届世界印度学家大会非常成功，以后应到世界各国去开。如果大家同意，第二届世界印度学家大会可以在中国深圳大学举办。话音未落，掌声四起。经过多次商议，这第二届大会的时间定在 2016 年 10 月 14—16 日，主题是“联络世界印度学家感情，交流印度学研究成果，发展印度学研究事业，促进中印文化交流，共建世界和平安康新秩序”。经过各方面的努力，第二届世界印度学家大会的筹备工作正在有条不紊地进行之中。

一生二，二生三，三生万物。举办好第二届世界印度学家大会，对于发展印度学研究事业是重要的一步，中国学者、印度学者和世界各国学者，责无旁贷。

谭云山，曾被季羡林喻为“中印友谊的金桥”。他曾为“中印学”的建立奋斗了一生，因为他对中印文化关系有着深刻体认。他说：“我的信念和我的毕生任务就是在于使世界上两个伟大人民，中国人和印度人，联合起来，凝聚在一起，去创造、建立、发展一个共同文化，叫做中印文化。”① 中印文化是一尊神，它有中国文化和印度文化两张脸。“中印学就是中印两张脸互看。印度人民如果深入研究中国文化就能更多地理解印度自己的文化，反之亦然。”②

通过国际儒学论坛、世界中国学论坛以及世界印度学家大会，进行不断的研究讨论，中印学的学理基础必将逐渐加强，中印文化中的普世价值观必将进一步发扬光大，造福于世界人民。

---

① 谭中：《谭云山与中印文化交流》，香港中文大学出版社 1998 年版，第 95 页。

② 谭中、郁龙余主编：《谭云山》，中央编译出版社 2012 年版，第 227 页。

三 人类命运共同体需要共同的精神家园

如果说谭云山提出“中印学”、兰密施创造 CHINDIA/中印大同的概念，是中印贤达的先知先觉；那么到今日，世界中国学论坛、国际儒学论坛和世界印度学家大会，以及其他名称的中国文化、印度文化的研讨大会越来越受欢迎，则完全是时势使然。从“先知先觉”到“时势使然”，是一个合乎逻辑的发展过程，“先知先觉”是启示，是舆论先导，“时势使然”是广大人民的自觉实践。可以肯定，今后世界各民族研究、弘扬本我的文化价值和普世观念，将会风起云涌、高潮迭起。古人说：“明者因时而变，知者随世而制。”（桓宽《盐铁论》）告诉人们，时代变了，人们的观念、行为必须与时俱进。而不能像西方某些人那样，脑袋里装的全是陈旧观念、过时思想。那么，怎样才能与时俱进呢？要有广阔的眼界和胸襟。清人陈澹然说：“惟自古不谋万世者，不足谋一时；不谋全局者，不足谋一域。”（《寤言·迁都建藩议》）这“万世”“全局”，用现在的话说，就是上下五千年，纵横十万里。中国首倡的“一带一路”建设，就是一个与时俱进的崭新蓝图。它的眼光不局限于当下，而是放眼长远；它也不局限于一国一地，而是胸怀全世界。用中国的话说，就是“天下大同”的境界，用印度的话来说，就是“世界一家”（vasudhaiva kutumbakaṃ）的胸怀。

当下的世界，是一个争斗残酷、战乱不已的世界，讲“天下大同”“世界一家”是不是太乌托邦了？答案是否定的，我们必须用“天下大同”“世界一家”的思想，取代地缘政治、霸权思想，去拯救我们的世界。做出这一结论，是迫不得已、时势使然。概而言之，基于三个原因。

第一，西方主导的旧制度难以为继。

自欧洲文艺复兴之后，西方快速走上了追求“暴利”为特征的资本主义道路。为了追求暴利，使用暴力是必然的。于是暴利和暴力成了资本主义的最主要特征。

贩卖黑奴、鸦片贸易、殖民战争等人类历史上最丑恶、最血腥的悲剧轮番上演。资本主义发展的原动力来自人类的贪婪本性。这种贪婪本性，早在古希腊时期就成了城邦国家的思想动力。城邦国家基本上靠掠夺为生，为了保证战利品的合理分配，就出现了“希腊民主”。大家知道，希腊民主只是军事集团内部、贵族和胜利者才能享有，广大贫民和奴隶不能享有。文艺复兴之后，随着资本主义的蓬勃发展，希腊民主得到了进一步更新换代，成了西方主要的政治形态。民主政治和暴利暴力是西方资本主义对内对外的文武之道，两者互为表里，相辅相成。资本主义在人类文明发展史上，最大的贡献就是促进科技的进步和物质生产的极大发展。它的最大罪过是造成了人类社会极大的贫富差距和对公平正义的践踏。一旦这种矛盾冲突发展到了临界点，就会引发战争。“一战”“二战”是这样，冷战和近年来的阿富汗战争、两伊战争、伊拉克战争，以及西亚北非战乱，都是“暴力暴利”的产物。中东、利比亚难民潮对欧洲的冲击，某些南欧国家经济濒临破产和拉美部分国家陷入中等收入陷阱，世界上大批极端贫困国家的产生等，都说明西方主导的现有制度走到了尽头。

法久必弊。资本主义走了六百年，它的优势越来越多地被它的弊端所代替，出现了种种败象甚至笑话。一向引以为荣的两党制，现在像打水的两个水桶，打上来的水越来越少，既是两个水桶打架造成政府停摆，又是水井里的水已近枯竭。还有，一向引以为傲的人权，像大棒一样挥向其他国家。可笑的是，他们将出售武器和人权捆绑在一起，你改善人权状况，我就开禁卖给你武器。真实含义是，只要你听我话，我就给你武器，我们一起去杀人或威胁杀人。这简直就是人类发展史上的天大笑话。这些败象和笑话，说明西方主导的制度难以为继了。

第二，中国和印度越来越彰显文明的魅力。

人类文明不会出现真空。正当西方文明出现衰落，由西方主导的世界秩序步履维艰的时候，以中国、印度为代表的东方文明，像太阳一样已经出现在地平线上，而且越来越光芒四射。它虽然似曾相识，带给我们的却是全新的光和热。

中国、印度是世界上人口最多的两大发展中国家，不仅人口占世界五分之二，而且是亚洲和世界经济发展的引擎。在当下，全球经济复苏乏力，但中国、印度依然是全球经济增长最快的国家。

由于殖民历史等原因，中印之间有着一条几千公里长的未定国界。两国也曾为此发生过边境冲突，甚至战争。但是，自 1962 年以来半个多世纪的时间，两国一直有效管控边界、保持友好关系。2014 年习近平主席访印，将两国关系确定为全面战略合作关系。2016 年 5 月，慕克吉总统访华，又将中印两国战略合作伙伴关系推向新高度。这在有着几千公里长的未定国界的国家中，是极为罕见的。

20 世纪 30 年代，谭云山提出构建中印学，21 世纪初，兰密施创造 CHINDIA 新概念，说明中印文明的融合在一部分有识之士那里进入了一个全新的阶段。中印文化在核心观念上有相同相似之处，多得令人难以置信，以至于印度著名中国学家墨普德极而言之曰："中国人的整个物质文明和精神文明不能被称为纯粹的'汉学'，而应当被称为'中印学'或'汉印学'（Sindology or Sin-Indology）——是中国和印度的融合。"[①] 在极力张扬多元的现当代，中国和印度的知识分子，都在如此认真地寻找、研究两国文化中的共同点，一方面说明中印文化的确存在着天生的共同的文化基因，另一方面说明当代中印精英自觉地重视这份共同的软实力。

中印两国人丁兴旺、经济繁荣，边界未定而长期友好，自觉发掘弘扬共同的价值观，这三条彰显的是中印文明的强大力量。

第三，全球化呼唤新的世界秩序。

自从人类有了文化，文化交流一直在进行。而文化交流加速了文化发展的同时，也加速了地球不断变小。到当代，由于科技的突飞猛进，我们居住的这个宇宙中最神奇的星球，终于变成了名副其实的地球村。在地球村时代，一切变得那么快捷方便，一切又变得那么莫测和危险。生活在地球村时代的人们需要新的秩序，用以保

---

① 墨普德（印度尼赫鲁大学中国与东南亚研究中心教授）：《"汉学"还是"汉印学"？探寻一个包罗万象的科学阐释》，2014 年 10 月在北京"汉学与当代中国"座谈会上中文发言，《深圳大学印度研究通讯》2014 年第 3 期（总第 14 期），第 44 页。

障正常生活。目前，全世界之所以出现层出不穷的恐怖主义、极端主义，出现种种乱象和大规模人道主义灾难，就是因为地球村时代来到了，而新的地球村秩序没有建立起来。用旧的世界秩序来管理地球村，是根本管不好的。著名学者季羡林说：“如果人类还想顺利地在这地球上共同生活下去的话，人类应该彻底改弦更张，丢掉一直到现在的想法和做法，化干戈为玉帛，化仇恨为友爱，共同纠正人类过去所犯下的错误。”①

人们呼唤世界新秩序，就是呼唤新的地球村秩序。新的地球村秩序，需要新的天下观。以往的世界观，是五洲四海，许多人与事往往隔得很远，发生了恶性事件，常常可以有人“事不关己、高高挂起”，甚至产生“惹不起躲得起”的想法。进入地球村时代，往往好事、坏事都和大家息息相关。既然是地球村，村上的每个住户、每个人互相之间的关系就是休戚与共、生死相依的关系。一句话，地球村对人类来说不是老子在《道德经》中所说的“鸡犬之声相闻，民至老死，不相往来”的情形，而是一个有福同享、有难同当的命运共同体。如果说20世纪五六十年代，广大第三世界国家因“共同命运”而走到了一起，那么到了今天，世界各国必须因“命运共同”而团结一致。“共同命运”就是曾经的共同遭遇，是过去时，会随着时光的流逝而逐渐失去凝聚力。“命运共同”就是当下临近毁灭威胁的感同身受，远离死亡和威胁的迫切感会与日俱增。营造地球村新秩序，必须从人类命运共同体的天下观出发，而不是基于地缘政治、盟国盟军、军事基地等陈旧落后的世界观考虑问题。

人类命运共同体的天下观，并非凭空而来。任何新观念、新秩序、新文化都是历史的创新与发展。地球村时代需要的人类命运共同体的天下观，是中国、印度奉行不悖的“天下大同”和“世界一家”的观念。悉尼大学教授凯瑞·布朗说：“学习中国历史并更多地了解它，不应只是学者和专家们独有的任务，而是西方每一个人的必修课。”② 布朗这段话是正确的，但是西方人需要了解的还应包括印度的历史、东方的历史、东方和世界各国的历史。

---

① 《季羡林全集》第18卷，外语教学与研究出版社2010年版，第26页。

② 林承节：《中印人民友好关系史》，北京大学出版社1993年版，第28页。

现在有些西方学者产生了失落感。认为风水轮流转，西方将风光不再。其实，这种带有情绪的认识并不正确。历史上，东方和西方分别引领世界前进，像人的左脚和右脚一样，少了谁都不行。中国的“天下大同”和印度的“世界一家”，提倡的是和谐、共赢，目的是在现有文明的基础上更上一层楼，将我们的地球村建设成一个真正的人类命运共同体，不分东西，不分彼此，同舟共济，相亲相爱，像毛泽东主席在他的词中所描绘的：环球同此凉热。

以“天下大同”和“世界一家”为主要内容的CHINDIA精神，值得我们世界各国的贤达精英认真领会和践行。让我们重温一下谭云山先生的《中印箴铭》：

立德立言，救人救世；
至刚至大，有守有为；
难行能行，难忍能忍；
随缘不变，不变随缘；
自觉觉他，自利利他；
己立立人，己达达人；
慈悲喜舍，禅定智慧；
格致诚正，修齐治平。

谭云山这六十四字箴言，体现的是CHINDIA/中印大同的精神，是“天下大同”和“世界一家”精神的深刻表达。它的创造者谭云山名之曰“中印箴铭”，今天我们完全可以理解为“地球村箴言”。只要我们大家遵奉它就能迈过一切沟坎，迎来一个光明灿烂的新时代。因为它以天下苍生为念，将利己利人和达己达人统一了起来，将个人修养和社会进步统一了起来，充满着人类的理性和良知。我们人类曾经崇拜过鬼神、崇拜过暴力、崇拜过金钱、崇拜过技术，现在是到了崇拜理性和良知的时候了。唯有这样，才能重建人类世界的新秩序！

（此文于2016年7月8—12日在北京举行的“国际儒学论坛：亚洲文明交流互鉴”北京国际学术研讨会上发表）

民族语言是民心相通的基础

——从出席“世界印度学家大会”说起

2015年11月21—23日，我应邀出席世界印度学家大会。这是一次名宿荟萃的学术大会、一次高规格的学术大会、一次弘扬传统文化的学术大会。两天半的大会，让我收获和感慨良多。我提交的论文是《印度学研究的世界意义》。文章分“欧洲难民问题和世界新秩序”“东方文明应尽的历史责任”“中国国学热对印度的启示”和“印度文化对当代世界的应有贡献”四部分。在“欧洲难民问题和世界新秩序”中我提出：“环顾当今世界，‘二战’以来从未有过的乱局告诉我们，欧文·拉兹洛所说的‘巨变’的到来已无可避免，只是一个时间问题。”在文章结尾这样写道：“尼赫鲁说：中国和印度彼此的关系，不仅对这两个国家本身是极其重要的，而且对世界也是有重大意义的。尼赫鲁的这个判断充满哲理，至今仍有指导意义。我们认为，在人类文明发展史上，中印崛起的意义，高于欧洲的文艺复兴和工业革命。因为文艺复兴和工业革命虽然带来了现代文明，但这是一个存在严重缺陷的文明，首先它造成了‘东方隶属于西方’，给人类的大多数带来屈辱和不幸。而中印崛起‘不仅给中印人民而且给全世界人民带来关怀、幸福、自由和光荣。’不言而喻，今天我们研究印度学和中国学，不但对两国有着巨大意义，而且对世界也有着巨大意义。”

我们的这些观点，引起了印度学界与媒体的高度关注，就中印如何合作，为世界新秩序的建构做贡献的问题，印度电视台（RSTV）对我做了专题采访。并且，一定要我用印地语来接受采访。从采访所提问题，及采访过程中的亲切态度，使我更加坚定了一个观点：国之交，在民相亲；民相亲，在心相通。言为心苗。心相通，基础是语言。

下面，我就“一带一路”建设和民族语言即非通用语的问题，谈谈几点自己的认识，请大家批评指正。

一 通用语和非通用语并重是“一带一路”建设的需要

通用语的产生是世界全球化使然。

早期人类是没有通用语和非通用语之说的，只有一个个族群语言和民族语言。所以，中国历史上出现过“七重来译”“九重来译”的情况。所谓通用语，最早是工业化的产物，是国际贸易的产物。这种贸易常常是不公正的，伴随着殖民侵略。所以，也有人认为，通用语实际上是殖民主义的产物。正如慧远在评价英国历史学者丹尼尔·汉南的《自由的基因》一书时所指出的：“更让人难以接受的是，汉南对英国的殖民行为大唱赞歌，将英国的殖民视作各殖民地的福音，却无视殖民者所带给殖民地的种种灾难，对殖民者大肆屠杀原住民的事实，更是轻描淡写，尽量遮掩……”（《深圳特区报》2015 年 12 月 11 日《人文天地》）历史上，所谓通用语都是地区性的，如葡萄牙语、西班牙语、法语。当代最大的通用语是英语，是全球性的。

通用语是在历史发展过程中产生的，有着需要它的庞大人群，发挥过和正在发挥着巨大作用。很难设想，如果没有通用语，我们的国际交流将是一个什么局面。

激活非通用语是文化交流深化的必然。

历史的辩证法不可阻挡。随着时代的发展，在国际交往中，非通用语的重要性日益显现。所谓非通用语，和葡萄牙语、西班牙语、法语、英语在未成为通用语之前一样，是一种民族语言，是该民族的母语。母语具有不可替代性。所以，通用语无论作用多大，只能在外交、贸易、教育、科技等领域通用，无法在精神、心灵层面上通用。在精神、心灵层面真正起作用的，仍然是母语，是民族语言。显然，在“政策沟通、设施联通、贸易畅通、资金融通、民心相通”中，民心相通是最根本的。

随着中外交往的深入，尤其是“一带一路”建设的不断发展，非通用语即各民族语言，被极大地激活起来，弥补通用语的不足，以满足精神、心灵层面交流的需要。通用语和非通用语的并重互补，将是“一带一路”沿线许多国家的语言新常态。

二　民族自主意识高涨是民族语言激活的内因

非通用语的被激活，国际交往深入和“一带一路”建设的发展是重要的外因，内因是在经济发展中民族自主意识变得日益高涨，要求用“自己的语言”表达自己的情感与诉求。于是，使用通用语的国家普遍陷入了语言困境。

印度是一个将英语当作通用语的国家，外交、行政、教育、出版、科技等领域普遍使用英语，而宪法规定印地语为国语。实际上，通用语英语和国语印地语之间的矛盾始终不断。我们在《印度文化论》中说：“英语像一道墙，将印度隔成两个世界，一个是英语世界，一个是不懂英语的本土世界；知识精英、领导阶层，在墙的这一边，广大人民特别是劳苦大众在墙的那一边；印度传统文化，一方面因插上英语的翅膀而在世界飞翔，另一方面又在被英语的概念、译文所误读、取代和吞噬。所以可以说，英语既是英国人送给印度的天使，又是送给印度的魔鬼。”①

最近有学者写文章指出：进入21世纪以来，印度的经济发展势头强劲，印度的开国者们曾经憧憬的那个“有声有色”的大国梦想正逐渐变成现实。而目前印度的语言状况，却不利于上述目标的实

---

① 郁龙余等：《印度文化论》，北京大学出版社2016年版，第13页。

现。“前殖民地国家在政治上获得独立相对容易，而在精神、思想以及发展模式上跳出殖民主义的窠臼却很困难，因此语言问题对前殖民地国家的发展而言实际上是至关重要的。正如印度开国者们曾设想的，国语（单一的民族共同语）应该是解决印度语言问题的最佳方案，可由于独立后印度地方语言民族主义的兴起，再加上民主体制的制约，在语言问题上，印度政府缺乏政治魄力和政策执行力。时至今日，印度的‘多语并存’的语言现状在印度已经逐渐固化，短时间内难以改变。”①

三　顺势而为，搞好非通用语人才培养

随着全球化的不断推进，“一带一路”建设如火如荼地展开，对非通用语人才的需求日益增长。

“一带一路”是丝绸之路和海上丝绸之路的现代版，它不是一个简单的经济问题，而是一个空前重要而复杂的文化交流的系统工程，其中需要大量的精神和心灵的交流与沟通。这样，沿线国家各种民族语言的重要性越来越凸显。我国领导人出访时，经常在讲话和文章中，引用当地的名句和谚语，这就是一个极好的说明。我们在报刊上常看到这样的标题，“小语种，挑花眼”，是形容小语种人才奇缺，在人才市场十分抢手。我们从事外语教育的，必须认清这个大局，我们要调动一切可以调动的积极性，乘势而上，顺势而为，搞好非通用语人才的培养和储备，为中外文化交流和“一带一路”建设提供必要的翻译人才。

进行非通用语人才培养，我们是有经验的。关键是需要从根本上提高我们对这件工作意义的认识，认识到我们所处的是一个天翻地覆的与以往任何一个时代都大不一样的数字化时代。“一带一路”建设的提出和践行，是人类历史上比张骞凿空西域、哥伦布发现新大陆更伟大的事件，它不但造福当代各国人民，而且将开创人类文

① 廖波：《印度的语言困局》，《东南亚南亚研究》2015年第3期，第80页。

明的新纪元。语言翻译和文化交流，常常被人比喻成蜜蜂的事业。蜜蜂主要是授粉和酿蜜。蜂蜜的甜美是人人皆知的，而授粉所产生的价值，比蜂蜜大一千倍、一万倍。它对许多农作物丰产和一些植物种群的繁衍维系，起着决定性的作用。从这个比喻中，足以看出翻译和文化交流对于人类社会的进步，有着多么重要的意义。

（此文于2015年12月19日在北京外国语大学举行的“第二届中国非通用语战略发展高端论坛”上发表）

迎接中外文化交流的新高潮

——从 2016 新德里世界书展说起

一 从郑永年和谈玉妮谈起

郑永年是新加坡的一位著名学者，他在新著《未来三十年：改革新常态下的关键问题》中说：“中国对印度的理解仅仅理解在文学艺术文化方面，对其政治、经济、社会制度、外交战略等方面的了解甚少。因为高层领导把眼光放在美国，中国的学术圈也把眼睛盯着美国，没有多少人对印度感兴趣。在学术和政策圈内，研究美国有很大的利益，而研究印度利益甚少。中国现在对印度发表意见最多的，就是那些没有多少学术和经验知识背景的媒体工作者，还有那些所谓的公共知识分子。印度的情况也差不多，政策圈和学术圈不了解中国，发声的也是一些媒体人士和公共知识分子。因为两国都是如此，经常触发两国间毫无理性的‘语言’对峙，往往表现为激进的民族主义声音。”[①] 郑永年的观点是深刻的，但又是偏颇的。《薄伽梵歌》中有一名句：正法不高扬，非法就滋长。在当今媒体高度发达的信息时代，学者如果不发出正确的声音，各种杂音就会灌满人们的耳朵。

但是，将中印学术圈、政策圈不重视对方，归咎为“高层领导

---

① 郑永年：《未来三十年：改革新常态下的关键问题》，中信出版社 2016 年版，第 278 页。

把眼光放在美国”是不符合事实的。中印关系历来是中国最高层领导人极为关心的，从毛泽东、邓小平到习近平莫不如此。2014 年 9 月，习近平主席访问印度，18 日在世界事务委员会做题为《携手追寻民族复兴之梦》的演讲，充满真知、真情，引起巨大反响。印度世界事务委员会主席拉吉夫·巴提亚（Rajiv Bhatia）对笔者说：“印度世界事务委员会能接待习近平主席做演讲，是极大的荣幸。”他非常认同习主席在演讲中的观点：“中印携手合作，利在两国，惠及亚洲，泽被世界。”2015 年 5 月，莫迪总理访华，习主席在家乡西安热情接待，在大慈恩寺将玄奘的《大唐西域记》中文版和印地文版，作为国礼赠送给他，引起国际媒体关注。

德里大学的谈玉妮教授（Ravni Thakur），在《理解 CHINDIA——关于中国与印度的思考》的“中文版序”中说：“中国在印度人心中的分量比印度在中国人心中的分量要重得多。对印度来说，中国是头等重要的国家，在某些方面甚至比美国、俄罗斯重要。对中国来说，印度的重要性却不是第一位的，甚至不是第二或第三位。”① 后来，谈玉妮在《“CHINDIA/中印大同”为了深化共识》一文中，进一步指出：“今天中国知识精英对印度的认识有两种偏向：（1）轻视印度，甚至对印度有看不起的情绪；（2）对印度缺乏信任，甚至害怕印度变成中国安全的威胁因素。这两种偏向是相辅相成、互相转化的。产生轻视与看不起印度的根源是对印度缺乏深入的了解，只从表面现象看印度。”②

郑永年和谈玉妮的观念在这一点上是一致的，都认为中印之间缺乏深入了解。这与两国的大国地位极不相称。这种不相称，主要表现为：

（1）中印之间有着两千多年有文字记载的文化交流史，可是当代真正了解这份丰富历史遗产的学者少之又少。

（2）中印是当今世界两个最大的新兴大国，无论政治、经济、文化、社会都产生了新的深刻变化，可是中印双方基本上都用老眼

---

① ［印度］杰伦·兰密施：《理解 CHINDIA——关于中国与印度的思考》，蔡枫、董方峰译，宁夏人民出版社 2006 年版，第 55 页。

② 谭中主编：《中印大同：理想与实现》，宁夏人民出版社 2007 年版，第 81 页。

光看待对方。

（3）中印都拥有光辉灿烂的文化传统，可是互相之间都主要通过英语和西方的视角来看待对方。

（4）中印有着“天下大同”“世界一家”“不害”“忠恕”等等优秀的传统理念，可是处理双边关系时总是受西方冷战思维的左右。

（5）中印都有庞大的智库、学者群，可是99%的都是研究西方的学者，真正潜心互相研究的学者人数不足1%。数量出质量。中国的印度通、印度学家，印度的中国通、中国学家数量极少，真正具有世界一流水平的更是凤毛麟角。

（6）中印是世界上两个最大的人口大国，人数占世界总人口的三分之一，可是中印之间的留学生、旅游人数与国家人口相比非常少。

毫无疑问，以上的种种不相称，对相互的政治、经济、文化的交流发展，是不利的。要想大大提高中印之间的交流合作水平，必须很好解决上述种种不相称。

造成这种问题的原因众多，有智库的，有普通民众的；有历史的，有现实的；有外部影响的，有我们自己内部的。最重要的是互相之间缺乏深入了解，而要增强互相了解，中印两国学者负有重大历史责任。中印之间，两千多年的文化交流史，是由不畏艰辛的竺摩腾、竺法兰、达摩、法显、玄奘、义净等人创造的。这种不畏艰辛的弘法精神，在当今物质生活大大富裕了的信息时代，依然是需要的。

二　从书展开始增强互相了解

2016年新年伊始，国际著名的新德里世界书展于1月9日至17日隆重召开。中国作为主宾国，各大出版社踊跃参展，获得了巨大的成功。作为作者，我应邀和深圳大学印度研究中心的黄蓉、朱璇老师出席了外文出版社、北京大学出版社和山东教育出版社的新书发布会和版权转让签字仪式。总的感觉是，中外文化交流形势一派大好，中国文化典籍外译有着广阔前景。这种前景不仅来自通用语，更加来自非通用语——印度人的民族语言。我将这种感觉，写在《中华学术有魅力》（见附文）一文中。

作为主宾国，中国在2016新德里世界书展上大放光彩，甚至有喜出望外的收获，这实际上是中华民族伟大复兴的众多先兆中的一个。誉不虚出，事出有因。欣喜之余，引起了我们的思考，印度兄弟为什么如此钟情于中国的文化和学术著作？我想应主要源于中国典籍魅力和印度母语原生力的结合。

印度兄弟对中国学术著作的钟爱，除了表现在积极签订版权转让协议之外，在座谈中更是热情洋溢，盛赞中国的参展著作。著名学者洛克希·金德尔先生年近九旬，2015年出任印度文化关系委员会（ICCR）主席，他因临时有特殊原因不能亲临现场，委派著名学者夏尔玛教授代表他致辞，说：“《中外文学交流史·中国—印度卷》生动描述了中印两国两千多年来的文化和学术交流，值得印度每一家图书馆每一个有文化的人才拥有。”除了金德尔教授之外，其他许多著名学者也都给予高度评价和热烈祝贺。年近九旬、获得莲花奖的著名梵文学家夏斯特利先生，德里大学哲学系主任普拉萨德教授，尼赫鲁大学原中文系主任邵葆丽教授、狄伯杰教授，著名智库辩喜国际基金会资深研究员阮瑞山大使，尼赫鲁大学艺术学院副院长阿隆南教授等，也都在百忙中出席并热情致辞。中央邦博帕尔政府学院教授、ICCR讲席教授舒明经出席外文出版社《大唐西域记》印地文版版权转让签字仪式，并洽谈她的《道德经》印地文版的出版事宜。她表示，愿意将北京大学出版社出版的《印度文化论》译成印地语出版，我和几位作者当然很高兴。她在北京大学出版社展台上发现了袁行霈先生主编的《中华文明史》和郝平先生的《北京大学和中国高等教育起源》，翻阅后表示她将组织学者翻译成印地语出版，并促成印度一家著名出版社和北京大学出版社签订了版权转让协议。

以上所述，说明中国文化典籍具有强大魅力。这种魅力使印度有识之士产生翻译欲望，甚至有人表示愿意终生为之奋斗。

对印度出版商来说，他们的积极性自然有着经济考量。有出版商明确表示，不少中国著作出版印地语、孟加拉语、泰米尔语等民族语言版的效益不会比英语版差，而是可能更好。经济效益的背后反映的是读者喜爱度的问题，实际上还是中国著作魅力所致。

舒明经教授出身于世家大族，她本人是英语教授，工作就是向大学生们教授英语和英国文学。那么，她为什么在《道德经》印度已有英文版和多个民族语言版本的情况下，坚持用数年时间译出一个新的印地语译本？为什么她主动提出要将《中华文明史》《北京大学和中国高等教育起源》译成印地语出版？答案就是民族语言具有强大的原生力。老子说："玄牝之门，是为天地根。"《易经》说："天地之大德曰生。"民族语言即母语，犹如母腹，具有生生不息的原生力，这是通用语英语所不可比拟的。同时告诉我们，将中国经典译成印度民族语言，需要做到准确和高水平。

出版商的积极性不亚于翻译家们，他们不仅懂得市场，而且懂得市场来自母语的力量。几十年以来，经济并不发达的印度，电影的产量一直雄踞世界第一的宝座。一部新的国语印地语片刚摄制成功，孟加拉语、泰米尔语、马拉提语、乌尔都语等其他民族语言的译制片，很快就能面市。译制外国影片，也完全是这种情况。自然，翻译外国著作也是如此。

2015 年 12 月 19 日，北京外国语大学召开"第二届中国非通用语战略发展高端论坛"，我在会上发表《民族语言是民心相通的基础》一文，指出："……一种民族语言，是该民族的母语，母语具有不可替代性。所以，通用语无论作用多大，只能在外交、贸易、教育、科技等领域通用，无法在精神、心灵层面上通用。在精神、心灵层面真正起作用的，仍然是母语，是民族语言。显然，在'政策沟通、设施联通、贸易畅通、资金融通、民心相通'中，民心相通是最根本的。"印度的学者和出版商，钟情于将中国典籍翻译成自己的民族语言，其根本原因，来自母语的本能的原生力，是中国学术的魅力和印度母语原生力的结合。这是从事中国典籍外译工作的学者应该深刻明白的。

三　中国文化典籍外译的原则和方法

几年前，我在《中国诗歌将迎来一个印译的春天》一文中说：“狄伯杰、墨普德、史达仁三位印度学者对中国诗歌，用印度的民族语言进行翻译和研究，让人感到虽然春光乍泄，但中国诗歌翻译的春天，似乎已经在向印度的翻译家敲门。我们希望，在不远的将来，当这扇翻译之门打开的时候，迎来的是一个中国诗歌、中国经典印译的春天。同时，我们也希望《苏尔诗海》的汉译，将为我们迎来一个印度诗歌和经典汉译的春天。”没有几年时间，我在2016年新德里世界书展上，深切地感受到了春天到来的脚步声。毫无疑问，是“一带一路”的东风加速了这个春天到来的步伐。我们应该如何搞好中国经典外译来迎接这个春天呢？

其一，以“天下大同”为情怀。

中华文明历五千年而不灭，衰而能复兴，被世人视为奇迹。任何奇迹的出现必有原因。中华文明长盛不衰的原因，是其有着一系列真正具有普世意义的价值观，其中包括“天下大同”的社会观。中国古代信奉天人合一，以“天下”表述世界。早在两千多年前的《礼记·礼运》说：“大道之行也，天下为公，选贤与能，讲信修睦。故人不独亲其亲，不独子其子，使老有所终，壮有所用，幼有所养，矜（鳏）寡孤独废疾者皆有所养。男有分，女有归。货恶其弃于地也，不必藏于己；力恶其不出于身也，不必为己。是故谋闭而不兴，盗窃乱贼而不作，故外户而不闭，是谓大同。”天下大同思想的提出，是人类文明发展史上具有划时代意义的大事件。自此，人类有了矢志不渝而正确的追求目标。中国文明五千年的发展史，中国人当今的生存状态，说明“天下大同”的目标是正确的，中国人几千年的追求是正确的。

随着科技的发展，从舟楫到飞船，从刀耕火种到电子科技，世界迅速缩小。我们天下大同的情怀必须坚守，而且应该与时俱进，扩大到整个人类世界。中国提出的两个一百年的奋斗目标，即到中国共产党成立100年时，中国全面建成小康社会；到新中国成立100年时，中国建成富强民主文明和谐的社会主义现代化强国。这“两个一百年”的奋斗目标，是指国内而言的，按照天下大同的情怀，我们还必须以天下为己任，福泽天下，让全世界共创共享中国劳动成果，而“一带一路”是其重要渠道。这种共创共享，要求我们拥有“天下大同”的思想情怀。满足于“一家一户”的富裕，是小富即安；满足于“一国一地”的富裕，叫中富即安；只有以天下为己任，福泽天下，让全人类都富裕起来，才是天下大同。天下大同是人类追求的最终目标。

天下大同是一个人文观念，既包括物质，也包括精神。我们必须从物质和精神两个层面建设“一带一路”。从天下大同思想出发，我们对所谓的“过剩产能”等令人纠结的问题认知，就会别有洞天。我们有了天下大同的情怀，对中外文化交流和中国典籍外译的认识，就一定会豁然贯通，坦然面对那些对“一带一路”的怀疑目光。我们的“两个一百年”的中国梦，是历史上中国人的大同梦的现代版，“一带一路”是对历史上丝绸之路和海上丝绸之路的继承与发展。在历史的文化版图中，曾自然而然地形成了一个汉字文化圈。我们可以设想，再过五十年、一百年，随着“一带一路”建设的不断推进，世界的文化版图将呈现一种什么景象？那一定是离多元和谐共荣的大同景象越来越近。我们当下的中国文化典籍外译和所有文化交流的工作，都是为了迎接大同景象的早日到来。

其二，以“你情我愿”为原则。

人类文化有风格流派之别，但无高低优劣之分。所以，任何一种文化不能自高自大，搞自我中心主义，这在历史上是有教训的，希特勒是个典型的反面教员。一部宗教史告诉我们，宗教传播大体上分为两种情况：一种是和平的，另一种是战争的。和平的宗教传播，是自然的，缓慢的，深入人心的，对人类文化生态发展是有益的；战争的宗教传播，是欲望驱使的，急风暴雨式的，践踏灵魂的，对人类文化生态发展带来灾难。印度佛教东传，是宗教和平传播的典范，中国和印度的僧人、学者、信众，经一两千年的传教、译经，出现了鸠摩罗什、竺摩腾、竺法兰、支娄迦谶、菩提达摩以及朱士行、法显、玄奘、义净、鉴真等弘法大师。传教和取经，两者都是自觉自愿的，都怀着极大的虔诚。但从积极性上讲，取经者的坚毅、执着、舍生忘死，似乎要比传教者更甚。法显的《高僧法显传》，玄奘的《大唐西域记》，义净的《南海寄归内法传》《大唐西域求法高僧传》，以及明人吴承恩的长篇小说《西游记》，都生动地说明了这一点。

正是因为佛教传播是和平的，你情我愿的，对中国来讲吸收了丰富的印度文化的营养，发展壮大了自身，而且以同样的方式，将佛教传到了越南、朝鲜和日本。历史上的“汉字文化圈”，实际上与“汉传佛教文化圈”是互相重合的。中国文化接受印度文化之多、之深，是一般人难以想象的，但同时中国文化又保持了自己的独特性，并没有被梵化。这份历史经验，是值得当下中国人认真记取并践行的。切莫依仗自己的经济实力和人多势众，对他国人民进行文化倾销。那是违背中国文化本义的，也一定是要失败的。无数历史经验告诉我们，成功的文化交流一定是“你情我愿”的，有益于双方，有益于全人类的。中国文化典籍外译是中外文化交流的重要内容，美己之美与美人之美相结合，只有这样才能美美与共。同时要切记，进行文化交流的基本原则是“你情我愿”，己所不欲，勿施于人。回顾近几十年的对外文化交流，我们是有深刻教训的。原因之一，就是一厢情愿，违背了你情我愿的原则。

其三，以“春风化雨”为方法。

道路和方向确定之后，方法决定一切。高尚的目标，必须用高尚的方法实现。搞“一带一路”建设和文化交流，特别是文化典籍外译工作，有了“天下大同”的情怀和“你情我愿”的原则，还必须以“春风化雨”为方法。情怀、原则和方法是统一的。孔子说：“己欲立而立人，己欲达而达人。”（《论语·雍也》）这是一种高尚的思想境界。西方人强调自由、平等、尊严、权利至高无上。尽管也有“金律”类似中国“恕道”的立场，但其始终强调的是个人主义，从未达到过“利己利人，达己达人”的高度。然而，有了“利己利人，达己达人”的思想境界，还必须使用适当的方法。在诸多选择中，“春风化雨”是最佳的方法。这种选择不是策略性的，而是由“天下大同”的世界观所决定，对待中外应取的态度是：美己之美，美人之美；己美人美，美美与共。美己之美，是文化自信，任何民族都不可缺失。美人之美，是尊重别国文化，尊重文化多元。尊重他人就是尊重自己。《诗经》小雅篇说：“它山之石，可以攻玉。”在两三千年前中国古人即知他国文化的借鉴作用。唯我独尊，看不起别国文化，在古代即不为人取，何况在今天！然而，在当今世界乱象丛生、战祸不断，重要的原因是西方某些当权者唯我独尊，以为自己的文化是最好的，是全世界的统一标准。顺我者昌，逆我者亡，其手段就是大搞颜色革命、斩首行动，挑动宗教仇恨和民族歧视，结果中东、北非搞乱了，欧洲搞苦了，世界搞得不安宁了。这告诉我们，目标要高尚，方法手段一定要善良，不然小则害人害己，大则祸害天下。

早在两千多年前，中国就知道：“天下非一人之天下也，天下人之天下也。”（《吕氏春秋·贵公》）清人林则徐继承和发展了这种思想，他说：“抚绥中外，一视同仁，利则与天下公之，害则为天下去之，盖以天地之心为心。”（《林文忠公政书》）当今之人难道不知：“世界非一国之世界也，世界之世界也！”林则徐的“以天地之心为心”，就是天人合一，就是天下大同的思想。

天地化育万物，最受欣赏的方式就是润物细无声的春风化雨。我们人类文化交流的方法有许多种，毫无疑问，春风化雨是最好的一种。

人类看世界，主要是左右看和上下看。一些国家的人总是习惯于左右看，不喜欢上下看。中国人总是上下看，左右看，这是高明之处。我们从事文化交流，外译中国文化典籍，要讲中外文化交流史。要让没有历史观的人知道，中国人敬天法祖，所讲历史事实具有极大的真实性。凡是真实的，就一定有说服力。起作用只是时间的问题，事实胜于雄辩。在斯里兰卡有通郑和碑，立于明朝昌盛时代，用中文、泰米尔文和波斯文三种文字，记录了郑和访问该地的情况。尽管三种文字所记内容不同，但是和平、友好、合作是共同的。这通碑 2011 年被重新发展，引起了巨大轰动。它以铁的事实告诉世人，中国人无论何时都强调睦邻友好。我们要通过中国典籍春风化雨式的外译，不断加强文化交流，让更多外国朋友知道我们的过去，这对今天的“一带一路”建设是大有裨益的。

历史的风云看似变幻莫测，其实得失成败皆有因。中国人经过鸦片战争以来的不屈斗争，迎来了共和国的成立。随着改革开放的不断深入，经济总量已居世界第二，中华民族的发展正迎来一个黄金时代。中外文化交流繁荣昌盛，中国文化典籍外译深受欢迎，这是中华民族伟大复兴途中的必然景象。让我们以“天下大同”为情怀，以“你情我愿”为原则，以“春风化雨”为方法，搞好中国文化典籍外译，迎接中外文化交流的新高潮。

此文于2016年6月23—24日在北京外国语大学举办的“中国文化的世界性意义高层论坛：全国高校国际汉学研究会”上发表

附：中华学术有魅力

2016年1月9日至17日，印度首都新德里举办世界书展，中国是主宾国。这是创办于1972年的著名书展，深受各国读者和出版商的青睐。在国家新闻出版广电总局及各大出版社的努力下，中国在这届书展上大放光彩。

七号厅是中国馆，走进展厅，琳琅满目，熠熠生辉，折射出的不仅是中国出版物的版式装帧的新面貌，更是内涵的丰富多彩与深邃博大。参加世界书展，一个重要的成果是和各国出版界交流，互相转让版权。在这届书展上，众多各类出版物中，“中印互译成果图书”自然受到特别重视。现在，就我个人所知，将中国图书版权转让的部分情况记录在这里：

外文出版社与印度出版社签订了玄奘《大唐西域记》印地文版版权转让协议。此书是世界文化名著，20世纪80年代季羡林先生组织十多位专家进行了认真校注。1991年，由中印翻译家合作翻译的英文版问世。2014年，在深圳大学印度研究中心和杭州佛学院的支持下，外文出版社重版了此书。2015年5月14日，习近平主席在西安大慈恩寺将此书中文版与印地文版作为国礼赠送给到访的印度莫迪总理，成了中印关系史的一大佳话。这次，将版权转让给印度出版社，自然引起了大家的关注。据悉，外文出版社在书展期间，一共签订了18份版权转让协议。

北京大学出版社和印度普拉卡西出版社签订了郁龙余等的《印度文化论》英文版版权转让协议。这位社长表示，他的出版社主要出版印地文版图书，希望在出英文版之后很快就出印地文版。袁行霈主编的《中华文明史》、郝平的《北京大学与中国高等教育起源》引起了印度学者舒明经的极大兴趣，强烈希望由她译成印地文出版。自从她将老子《道德经》译成印地文，就迷上了中国典籍印译。她从中印度赶到新德里，除了和外文出版社谈《道德经》的出版事宜，还有一个重任就是物色选择适宜印译的中国典籍。普拉卡西出版社社长闻讯后，当机立断和北京大学出版社签下了出版袁著、郝著的印地文版协议。

山东教育出版社在这次书展期间，有惊喜收获。1月13日上午，《中外文学交流史·中国—印度卷》（以下简称《中印文学交流史》）和《季羡林评传》两书，不但签了英文版的版权转让协议，还签了印地文版版权转让协议。出乎意料的是，《季羡林评传》还签订了泰米尔文版的版权转让协议。一家著名出版社的社长闻讯《季羡林评传》刚刚出版，表达了出泰米尔文版的强烈愿望。这天上午，他和助手早早来到会场，愉快地和刘东杰社长签下了这份协议。这样，开创了中国学术著作出版泰米尔文版的先例。

这两本书的新闻发布会和版权转让签字仪式，前后连在一起进行。出席的印度嘉宾阵容可谓豪华，有“印度国学双璧”之称的金德尔和夏斯特利先生都应允光临。金德尔先生年近九旬，2015年担任印度文化关系委员会主席。因临时有特殊原因，便派著名学者夏尔玛教授代表他出席表达贺忱。夏斯特利先生是享誉世界的梵文学家，他的弟子中不乏著名人士，如泰国诗琳通公主便是他的硕士生，而且一直保持着密切的师生关系。他在嘉宾签名簿上，写下了整整一页的祝语。他业已年届耄耋，又是一位驼背老人。主持人请他坐着发言，他坚持站着讲。在热烈掌声中，他说：郁龙余教授用印地语发言，所以我一开始也讲印地语。他盛赞中印文化交流和季羡林等中国学者，祝贺《中印文学交流史》《季羡林评传》的即将出版。出席签字仪式的还有尼赫鲁大学原中文系主任邵葆丽、狄伯杰教授，尼赫鲁大学艺术学院副院长阿隆南教授，印度国立伊斯兰大学第三世界学院院长、智库辨喜国际基金会资深研究员阮瑞山大使，等等。

金德尔主席因临时有事未能出席签字仪式，特邀我和黄蓉、朱璇于 14 日下午到他家做客。我们谈了两个多小时，这是一次全面而深入的交流，所谈内容都是中印文化交流史上的重要课题。气氛十分轻松愉快，就像家人话家常一样。他除了表示祝贺之外，还对出版社送他一套十七卷的《中外文学交流史》表示感谢，说托他转赠给莫迪总理的另一套《中外文学交流史》一定送到。我们将刘东杰社长和我写给莫迪总理的信（中英文）一并交给他。他高兴地说：本周日（1 月 17 日）将和莫迪总理会面，届时一道交给他。

以上所记，只是本次书展期间的一些花絮，以及所签协议中的极少部分。但是，已经能够以小见大，看到中国出版业的蓬勃发展，看到印度读者对中国文化和中国学术的热爱。无论是出版社还是我本人，去印度之前只是做了英文版版权转让的思想准备，签印地文、泰米尔文版的版权转让协议，完全是喜出望外的收获。这让我想起了一句新的格言：通用语可以表达思想，母语直达人的心灵。正是中国文化的魅力，中国学术的魅力，让印度读者觉得仅仅译成英语远远不够，还应译成他们的民族语言——印地文、泰米尔文。我相信，在不久的将来，中国著作还将译成印度的其他民族语言——孟加拉文、乌尔都文等。

印度学研究的世界意义

印度文化关系委员会（ICCR）这次召开的世界印度学家大会，可谓意义深远。因为，世界正面临前所未有的剧烈变化。在此时开会，讨论印度学研究，不但具有重要的学术意义，而且具有重要的现实意义。我们愿意将自己新的观点，联系以前一贯的观点，写成这篇论文，和印度学者和世界各国学者共同讨论世界向何处去，印度文化在世界新秩序的建设中如何发挥作用等重大课题。

一　欧洲难民问题和世界新秩序

最近一段时间，欧洲难民问题愈演愈烈。中东、北非的难民蒙受巨大苦难，欧洲各国承受巨大压力。难民问题是怎样产生的？原因十分复杂，但是有一条很清楚，西方主导的颜色革命，破坏了中东、北非的政治生态平衡，这是其中最主要的原因。自美国以伊拉克拥有大量生化武器为借口，打垮萨达姆政权之后，中东、北非的局势迅速恶化，一发不可收拾。前不久，英国前首相布莱尔公开承认，所谓萨达姆政权拥有生化武器的信息是虚假的。

事实证明，建立在唯我独尊的价值观的基础上的颜色革命，违背了文化多样性、政治生态多样性的原则。所以，它是错误的，反动的，给中东、北非人民带来了无穷的灾难，给欧洲人民带来了难以承受的经济和心灵上的重压。

我曾在《中国文化和人类前途——关于世界发展大趋势的思考》一文里指出，自欧洲文艺复兴开始，西方逐渐摆脱中世纪的封建桎梏，走上了一条资本主义的发展道路。欧洲文艺复兴的动因，是羡慕东方中国和印度的繁荣和富庶。欧洲文艺复兴的方法，是“东化”，即向阿拉伯人学习，学习他们的哲学、医学、技术和商贸经验。在翻译阿拉伯人典籍的过程中欧洲人发现，阿拉伯人的知识部分来自中国、印度。这样，更增强了他们“东化”的决心和干劲，也像阿拉伯《圣训》中所说，知识即使远在中国，亦当求之。

然而，欧洲人的“东化”，只是学到了东方的器文化，如中国的四大发明，没有真正学到东方文化的精髓道文化。脱离了道文化指导的器文化，促使资本主义工业迅猛畸形发展。资本主义给西方带来了空前的繁荣，同时也给世界带来了巨大灾难。繁荣，是工业技术进步的红利；灾难，是脱离道文化、使用暴力、追求暴利的恶果。

第一次世界大战和第二次世界大战，是资本扩张和资本兼并的产物。两次大战，极大地改变了人类的生态格局。有学者一针见血地指出：“西方的主流文化是以其弱肉强食的社会达尔文主义的发展观，以其唯物主义机械论的世界观，以其聚敛财富、贪得无厌的物质主义价值观，以其互相竞争、优胜劣汰的个人利己主义、乐享主义的人生观，导致了全球性的生态危机、环境污染、资源枯竭、气候异常、人口爆炸、灾病流行、恐怖犯罪、战争危险等直接威胁人类生存的地球生态劫难。”① 美国系统科学家欧文·拉兹洛（Ervin Laszlo）在21世纪初出版的《巨变》中断言：现代化的负面效应达到饱和的极限，全球就会进入人类社会临近“巨变”（Macroshift）的混沌阶段。

环顾当今世界，“二战”以来从未有过的乱局告诉我们，欧文·拉兹洛所说的“巨变”的到来已无可避免，只是一个时间问题。

二　东方文明应尽的历史责任

既然世界的“巨变”已不可避免，那么东方文化特别是中国文

① 胡孚琛：《圆融之思·序》，载李霞《圆融之思——儒道佛及其关系研究》，安徽大学出版社2005年版，第1页。

化和印度文化，应该勇敢地挑起历史重担，为建设和平、安宁的世界新秩序而不懈努力。我们相信，中国和印度有条件、有资格担当起这一历史重任。

大家知道，人类文明史上曾出现四大文明古国：古埃及、古巴比伦、古代中国和古印度；到中世纪，古埃及和古巴比伦文明陨落了，出了三大文化中心，印度、中国和阿拉伯国家；到当代，中国和印度成了两个人口最多、最大的发展中国家。中国自1840年鸦片战争之后，一度衰落。但是，中国文化没有中断，中国文化中的优秀观念如“大一统的国家观”“民惟邦本的政权观”“德主刑辅的治理观”“中庸之道的方法论”“和而不同的关系学”“天下大同的社会观”，等等，让中国人自强不息，经过几十年的建设，终于成为世界第二大经济体。

中国文化三千年不断灭，这和印度文化的贡献是分不开的。我在《中国文化和人类前途》中曾说：

> 中国传统文化即国学，主要包括儒道佛三家。佛家后来，所以能在中国生存，并发展成“中国佛教”，主要靠四条。一是佛教文化大量被中国民众接受。中国民俗文化中，有大量佛教的成分。二是儒、道在影响佛教的同时，也吸收了许多佛教文化，魏晋玄学、宋明理学，是儒道佛融合的产物。三是佛教逐步中国化，慧能的《坛经》是一个典范。四是中国医家借鉴吸收了不少佛教的理念和医术，大大丰富发展了自己。《中外医学交流史》告诉我们：“佛教徒亦钻研医学，把‘医方明’作为重要的学习内容，因此这一时期的印度医学最发达。当时著名的御医耆婆的名字，随着佛教的传入，被中国医药等书籍屡次收载，颇有影响。另一位名医也为中国医生所熟知，他就是龙树。”中印医学相融，不仅仅因为印度的诸如“金篦术”等医术的高明，而且是因为佛教的医学伦理和中医相契。所以，许多中国名医，都程度不同地受到印度医学的影响。如唐代大医家孙思邈的《大医精诚》说：“凡大医治病，必当安神定志，无欲无救，先发大慈恻隐之心，誓愿普救含灵之苦。”对待病

> 患，“要普同一等，皆如至亲之想”，“不得问其贵贱贫富，长幼妍媸，怨亲善友，华夷愚智。”

对中国文化受到印度文化的大量而深刻的影响，中国学者早有总结。梁启超认为，印度文化曾对中国产生了五大影响：（1）国语实质的扩大；（2）语法及文体的变化；（3）文学情趣的发展；（4）歌舞剧的传入；（5）字母的仿造。

胡适在《白话文学史》中将印度对中国的文化贡献归结为三大项：

第一，佛寺禅门成为白话文、白话诗的重要发源地；

第二，中国浪漫主义的文学（指《封神榜》《西游记》等小说）是印度文学影响的产儿；

第三，对中国文学体裁的巨大影响。

长时间、大规模吸收、消化以印度文化为主要代表的外国文化，是中国文化数千年长盛不衰的重要原因，由此养成了中国文化的开放性格。中国文化大量吸收印度文化而又保持自身特色，这在世界上是罕见的。印度著名中国学家墨普德（Priyadarsi Mukherji）教授认为：“中国人的整个物质文明和精神文明不能被称为纯粹的‘汉学’，而应当被称为‘中印学’或‘汉印学’（Sindology or Sin-Indology）——是中国和印度的融合。”这个观点，正好说明东方文化中的两大核心内容——中国文化和印度文化，是互相融通的千年老友。

三　中国国学热对印度的启示

20 世纪 90 年代以来，中国出现了国学热，而且越来越热。这是符合历史发展规律的。爱学习，是中国人的好传统。五六十年代，学习的重点是科学技术，所以有“学好数理化，走遍天下都不怕”的说法。七八十年代，热衷于英语学习，中学生、大学生要拿出三分之一，甚至更多的时间学英语。90 年代开始至今，国学热方兴未艾。这都是形势造成的，一个时代有一个时代的学习重心。当下，是国学时代，科技、英语学习依然十分重要，只是不像过去那么热了。

中国从20世纪80年代初进行改革开放，为什么到90年代开始兴起国学热，到当下会越来越热？这个问题，我们可以从孔子和冉由的一段对话中找到答案。《论语》有这样一段文字：

> 子适卫，冉由仆。子曰："庶矣哉！"冉由曰："既庶矣，又何加焉？"曰："富之。"曰："既富矣，又何加焉？"曰："教之。"（《论语·子路》）

这段文字是说：孔子到卫国去，冉由给他驾车。孔子说："卫国人口众多。"冉由问："人口众多该怎么办呢？"孔子说："让他们富裕起来。"冉由再问："富裕之后，又该怎么办呢？"孔子说："进行教育。"

让老百姓先富起来，富裕之后让他们接受教育。孔子的这个思想，对于今天的中国来说，非常有现实意义。

大家知道，深圳是中国改革开放的样板，中国最富有的城市，同时又是中国搞国学最热的城市。深圳最高最美的山叫梧桐山，山里办了许多书院，有深圳人办的，也有香港人办的，学习的内容主要是国学。

深圳有一家文华正道科技有限公司（SHENZHEN ROAD TO CHINESE CULTURE TECHNOLOGY CO. LTD），用十年时间，将十亿字的国学经典植于一芯，在中国和世界上首创了国学学习机——文华正道国学宝典。尽管我在中国的形象是印度文化研究者，并不是国学家。但是，我被这家公司"劫持"邀请出任总顾问，并担任中国文华正道国学院院长。11月2日，我们在北京举办新闻发布会，中央电视台、《人民日报》、《光明日报》、北京电视台等50多家媒体出席，我成了采访的重点对象。现在，我带来了一台文华正道国学宝典学习机，送给ICCR。我想说的是，学习机中装载着印度的《百喻经故事》。

以上所述真切说明，国学在中国确实很热。

国学热带给中国社会的变化，是人们对民族的传统文化越来越重视，对西方思想和西方事物的态度，越来越理性。

印度和中国一样，也在快速发展经济，也在快速富裕起来。我相信，中国的国学热对印度是有启发意义的，对其他东方国家也都有启发意义。这一点，我们已经从印度的学者、官员、民众身上看出了端倪。我相信，今后印度的民族语言、民族文化将越来越受到重视。

四　印度文化对当代世界的应有贡献

诚如前述，当今世界剧烈动荡，正在发生“巨变”。世界向何处去？中国和印度作为曾经的世界“四大文明古国”“中世纪三大文化中心”和当代两个最大、人口最多的发展中国家，有条件、有义务担当起引领世界走出困境，走上和平发展、合作共赢之路的重任。

著名印度学家季羡林说：世界上没有万岁的制度，历史的规律是“三十年河东，三十年河西”。我们世界，西方文明的主导地位将要被东方文明取代。他的这些观点，引起了巨大轰动，有支持的，也有怀疑和反对的。季羡林是中国的一位当代圣人，他的观点并不偏激。他留学德国十年，专门研究印度，对中国、西方、印度文化有深切了解，所以他的思想不走极端。他说：“我的意思并不是要铲除或消灭西方文化。”“那样做，是绝对愚蠢的，完全做不到的。西方文化迄今所获得的光辉成就，决不能抹煞。我的意思是，在西方文化已经达到的基础上，更上一层楼，把人类文化提高到一个前所未有的高度。”

怎样才能“把人类文化提高到一个前所未有的高度”呢？这需要各国努力，全世界人民贡献智慧。但是，中国和印度的努力和贡献理应最大。因为我们历史悠久，文教昌明，人口众多。对于中国的努力与贡献，我已写有《中国文化和人类前途》一文。在这里，我想重点谈谈印度文化对世界发展应有的贡献。

印度应该而且可以为世界的发展和人类的前途做出更大的贡献。

由于地缘、人种、语言等原因，印度人比较容易融入国际社会。世界500强的企业中，许多印度人担任CEO，就是一个证明。最重要的是，印度文化中许多观念具有真正的普世意义。这些具有普世意义的观念，将为世界新秩序的构建，发挥重要作用。

一是梵我一如，万物有灵。

印度“梵我一如”（Brahmātmaikyam）和中国的“天人合一”极为相似，说明这两个民族在哲学上有着独立产生而又相似的思想源头。

印度人善于沉思，早在远古时代，他们对世界的认识便已远远超乎西方人。在西方，“物理学家们爱说，爱因斯坦把时间和空间归并成了‘时空’。”而在古印度，表示“世界”的词语有“路迦驮睹”（lokadhātu）、“帷湿卧”（viśva）、“生杀日”（saṃsāra）等，这些概念不但具有“世”（时间）和“界”（空间）的意义，而且具有生命、人类的意义。“生杀日”一语除了表示“世界”之外，同时还有（生命时空）轮回的意义，印度各宗教中的业报轮回即是此语。“路迦驮睹”包括“有为世界”和“无为世界”。可见，印度人的世界观不但成熟很早，而且内容丰富、深邃。认识印度人的世界观，对于了解其他民族的世界观，具有非常重要的比较人类学和比较文化学上的意义。

印度文化对世界结构的划分远远超乎地理学、天文学等自然科学的范畴，而是导向社会学和宗教学的理论体系，赋予空间以伦理道德和宗教哲学的意义，使得印度文化中的轮回解脱、梵我一如的理念，不仅在时间维度上得到表达，而且在空间维度上得到支撑。

印度人对大自然的崇敬之心和钟爱之情，决定了他们对待自然的态度和行为。印度蔑视所有伤害自然的行为，他们禁止采伐森林，伤害动物，强烈主张人是自然的一部分，应该同自然和谐共存，和睦相处。无论是高山还是丘陵，无论是河流还是溪谷，无论是森林还是草地，都是人类冥想的福地和诗意栖居的宝地。他们对古人自然崇拜的行为给予高度的礼赞，认为古人给予自然无比的敬意，自然崇拜不是因为原始信仰，也不是因为宗教迷信，而是因为古人的先见之明，对自然的真知灼见，对自然的深情厚谊。正如圣雄甘地所言：“我向我们的祖先鞠躬致以敬意，敬礼他们对自然美的意识，敬礼他们在宗教的层面上为维持自然之美所付出的努力。”

二是慈爱厚生，非战戒杀。

印度人的生命观，数千年来一以贯之，对印度文化和历史产生了深刻影响。进入现代，随着工业污染恶化和战争升级，人类生存环境面临空前危机。印度人的生命观，值得全世界重视。

今生今世之生命对于印度人而言，不单单是世俗的拥有，而且是神圣化的历程，是值得珍惜的环节。生命是平等而神圣的存在，牲畜和植物皆被包括在需要怜惜对待的对象中。“凡生命皆神圣，不论其为牲畜抑或是人”是印度人在生命观问题上的共识，由此衍生的不伤害，善待生命，慈爱厚生的生命伦理观，成了印度古代文化的重要内核，成为印度人民的道德风向标，历数千年而不变。

任何一种思潮或文化现象的产生和延续，都可以从历史中寻找到依据。印度各大宗教哲学流派几乎无一例外地推崇和宣扬不害的生命伦理观，极力建构一个非暴力的生存环境，这不仅是哲学家和宗教家的诉求，也是人民的诉求。战争的残酷以及战争所带来的伤害，使得印度人清醒地渴望和平，无论是诉诸静态的文学作品和宗教哲学经典还是诉诸动态的社会运动，印度人民祈求和平的声音始终是清晰而高亢的。慈爱厚生、非战戒杀的生命观是印度文化的基调，也应当成为全人类的“最高正法”。

三是信仰自由，宗教对话。

印度人自古宗教信仰自由。在古代，一个宗教不干涉另一个宗教，也不存在同化或吃掉别的宗教的现象。尼赫鲁指出：“印度，雅利安人的原则是避免用强力来抑制任何信仰，或破坏任何主张。每一个集团都有按照它的智力发展和理解力的程度来实现它的理想的自由。虽曾尝试过同化工作，可是不曾有过反对或禁止。”这段话，基本上反映了古代印度对宗教信仰的宽松自由的环境。这样，印度就成了宗教乐土。在印度，多样的统一，不仅是印度各大宗教的经典表征，也是融合各宗教，挖掘其精神价值，寻求终极圆成，获得个人精神进阶与美满的不二法门。不同的观点，就像太阳直射的不同角度一样，在各宗派的溪流中映射出不同的光彩，各溢其华，各显所长。当今世界，教派冲突严重，宗教战争频发，在世界宗教极端主义、恐怖主义的冲击下，印度也不可避免地受到波及。然而，总体而言，印度是和平、安宁的。这与印度人一贯奉行的信仰自由，有着密切关系。

四是尊师重教，教学神圣。

印度曾以灿烂的文化和辉煌的教育，傲居世界之巅。这是一个善于思考的民族，也是一个崇尚知识并善于整理知识的民族。知识，被赋予神奇的金色光环，一头负着神的使命，另一头连着人的渴求。教师的的确确是灵魂的工程师，在宗教的光辉下，他们的职责在于启迪学生的慧根，荡涤灵魂的蒙昧，引导学生以最大的虔诚探寻知识的无限，实现人之为人的价值。于是，教学观念高尚而庄严，教与学处于极为和谐而明朗的互动状态。

教师尊贵，教是神圣的行为，学亦是神圣的行为。从上古开始，印度人的人生之路就不是简单的生命轨迹，而是为着实践最高的知识和履行宗教所规定的法则。现代世界通行的教育体制，是西方人的教育体制，和印度的森林教育、中国的书院教育迥然不同。西方教育有三个特点：人类自我中心主义，白人优越论；教育工业化、产业化，追求最大经济效益；知识文凭化，教学脱离现实需要。21世纪随着东方文明的复兴，我们呼唤一种新的有助于提升人的心灵的教育模式的出现。这种教育模式，不是全盘推翻现有的西方教育制度，也不是全面恢复东方传统教育，而是东西方教育的和谐融合。我们希望，印度的森林教育和中国的书院教育，这两种古老的教育模式能得到充分的认识和传承，并在未来全新的教育模式中焕发出青春活力。

五是多元共存，天包地容。

由于历史文化、地缘环境不同，世界各民族的矛盾观不尽然一致。印度人的矛盾观，简称印度矛盾观，相当特殊，令人刮目相看，需给予特别重视。印度矛盾观具有以下几个特点：第一，历史悠久，源远流长；第二，具有普遍性、全民性；第三，对不可调和的矛盾以超凡的力量进行统合。这样，从古至今，印度社会很大程度上是在矛盾的存留和统合中前进。所以，纱丽穿了两三千年，至今依然盛行，吠陀时代就有的苦行仙人在现代随处可见。对于印度教来说，梵我一如是根本大法。在尊奉这个根本大法的前提之下，一切多元化、一切多样性、一切矛盾冲突，都是允许甚至提倡的。唯有这样，方显梵的博大深广，天包地容。这种天包地容，不仅表现为印度教内部派系的众多繁杂，而且表现为对印度教外各教各派的平和宽容的态度。

综上所述，印度的“梵我一如，万物有灵”“慈爱厚生，非战戒杀”“信仰自由，宗教对话”“尊师重教，教学神圣”“多元共存，天包地容”五大观念，在印度历史悠久，民众基础深厚，具有明显的普世意义。它们在今后的世界新秩序建设中有着重要的意义。

尼赫鲁说：中国和印度“彼此的关系，不仅对这两个国家本身是极其重要的，而且对世界也是有重大意义的”。尼赫鲁的这个判断充满哲理，至今仍有指导意义。我们认为在人类文明发展史上，中印崛起的意义，高于欧洲的文艺复兴和工业革命。因为文艺复兴和工业革命虽然带来了现代文明，但是这是一个存在严重缺陷的文明，首先它造成了“东方隶属于西方”，给人类的大多数带来屈辱和不幸。而中印崛起“不仅给中印人民而且给全世界人民带来关怀、幸福、自由和光荣”。不言而喻，今天我们研究印度学和中国学，不但对两国有着巨大意义，而且对世界也有着巨大意义。

（此文于2015年11月19—21日在印度新德里总统府召开的首届世界印度学家大会上发表）

对中国、印度关系的新展望

随着莫迪政府的就职，印度和外部世界关系的新变动，引起世界媒体和各国智库的高度重视。在这“充满变数、充满希望”的时空（संसारा saṃsāra，时间与空间，一般译为“世界”），我们要从容应对，积极进取；守住已有成果，争取全新前景。

现就以下问题，谈谈自己的看法：

一 中印会谈的基本立场和底线

（一）莫迪对中国是一位老朋友

莫迪以压倒性选票当选新一届印度总理，令世界吃惊。莫迪对西方来说，是陌生对手。对中国来说，是中国人民的一位老朋友。他曾四次访问中国，并取得实绩。这种实绩，是他成功当选总理的最大推动力。这一点，莫迪和他的智囊铭记在心。莫迪四次访华，是伟大的“取经精神”的现代版，值得中国人民尊敬与学习。历史上，以玄奘为代表的中国文化使者，通过取经向印度人民学习，给中国“大唐盛世”增添光彩。莫迪通过四次访华，自称向中国取经，将古吉拉特建设成印度一个经济繁荣、充满活力的邦。李克强总理与他通电话，他高兴地接受李克强总理的祝贺，并邀请习近平主席访印，还愉快地告诉李总理：唐代玄奘访问印度时，曾经到过他的家乡。莫迪此话根据确切，玄奘《大唐西域记》卷十一《瞿折罗国》记载说：瞿折罗国（即今古吉拉特邦）“居人殷盛，家产富饶”。当时的国王“年在弱冠，智勇高远”。[①] 据中国学者季羡林等考证，玄奘的记载真实可靠，这位二十岁左右的年轻国王，名叫呾达（Tāta），是那加跋吒（Nāgabhaṭa）之子。在印度领导人中，主动说自己和中国古代文化使者有关系的，莫迪是第一人。从中释放出诸多信息。

（二）莫迪堪称“智勇高远”

莫迪克服种种困难，在选举中取得完胜，破了1984年以来历届选举的纪录。玄奘访问印度时，称瞿折罗国（古吉拉特）国王“智勇高远”。从莫迪选举胜出及出任总理后，一系列不同凡响的举措，完全可以用“智勇高远”来形容他。

5月25日莫迪就职典礼，邀请巴基斯坦总理谢里夫出席，两天两会面。而此前，谢里夫就职时邀请辛格总理出席未果。莫迪邀请南盟领导人出席就职典礼，强调加强周边外交的重要性。

6月15—16日，莫迪成功访问不丹，体现出举重若轻的智慧。一向奉行实用主义的美国，在莫迪胜出还未任职时，奥巴马就一改以前的制裁态度，邀请莫迪访美。内心深感孤立的日本安倍政府，向莫迪发出正式邀请，并竭力制造气氛炒作莫迪将首访日本。印度的智库和学者，则有人希望莫迪首访中国，回报李克强总理曾把印度作为首访的第一站。在全世界猜测和期盼的目光下，莫迪首访了印度和中国的邻国——不丹。站在印度立场看，这是“自然的选

---

① 原文为：瞿折罗国周五千余里。国大都城号毗罗摩罗，周三十余里。土宜风俗，同苏剌侘国。居人殷盛，家产富饶。多事外道，少信佛法。伽蓝一所，僧百余人，习学小乘教说一切有部。天祠数十，异道杂居。王，刹帝利种也，年在弱冠，智勇高远，深信佛法，高尚异能［（唐）玄奘、辩机：《大唐西域记校注》卷第十一《瞿折罗国》，季羡林等校注，中华书局］。印地语译文为：

गुर्जर की परिधि पांच हजार ली से अधिक थी। राजधानी का नाम था भिल्लमाल, जिसका धेरा तीस ली था। फसलें और प्रथा सुराष्ट्र के समान थीं। जनसंख्या अधिक थी और लोग संपत्र थे। अधिकांश स्थानीय निवासी तीर्थिक थे। बौद्ध धर्म के अवलंबियों की संख्या बहुत कम थी। एक संधाराम था और सौ से अधिक भिक्षु थे। वे हीनयानी सर्वास्तिवादी थे। दसियों देव-मंदिर थे और विभित्र संप्रदायों के तीर्थिक अव्यवस्थित रूप से बसे हुए थे। राजा क्षत्निय था। वह अब बीस वर्ष का था। वह विवेकशील और पराक्रमी था। बौद्ध धर्म में उसका दृढ विशवास था। वह उदात्त और असाधारण क्षमतायुक्त था। (लेखक: श्वेन तसाङ· और प्येन ची, महा थाङ· राजवंश काल में पशिचम की तीर्थ-यात्रा का वृत्तांत, विदेशी भाषा प्रकाशन-गृह, पेईचिङ·)

择”。从中国立场看，这位老朋友智慧超群。中国有学者认为，和莫迪这样一位“智勇高远”的老朋友相处、打交道，有一种愉悦和惺惺相惜的感觉。

（三）莫迪政府对我国的主要期待

基于莫迪的奋斗史和智慧，莫迪政府今后的外交取向必然倚重中国，但又不会做得让人妒忌。莫迪政府将在以下各方面对我国有所期待：

1. 像支持古吉拉特邦那样，支持印度全国经济建设

这是中印今后关系的主旋律，在互通有无、优势互补的前提下，将中国的技术优势、资金优势、经验优势、价格优势转化为印度的现代化建设成就。中国亦从中获得友谊，获得自身的巨大发展。

2. 大力发展中印文化关系，让东方文明重放光彩

莫迪和孙中山一样，是位民族主义者。以前，在反侵略、反殖民的民族斗争中，西方人吃尽了民族起义、民族反抗的苦头。所以，他们的舆论工具和学者千方百计诋毁民族主义。我们的一些史学功底不深入的学者，慢慢做了他们的思想的俘虏，也跟着认为民族主义是狭隘的、负面的。实际上，甘地没有过时，孙中山没有过时。古吉拉特是甘地的故乡，流行印度国语印地语。莫迪平日演讲不用英语而用印地语。因此，西方有人肤浅地认为，莫迪外交经验不足，甚至有人说“是英国从印度的最后撤退”。实际上，这是莫迪的民族立场决定的。他热爱印度文化，喜欢讲中印文化交流。这是中印两国最有讲头的话题，越讲越亲近，越讲越自豪。最终目的，用东方“天人合一”“梵我一如”的思想，取代西方“双暴”思想（暴利、暴力），用“非暴力”“和为贵”思想取代形形色色的干涉主义、暴力恐怖主义。

3. 支持、帮助印度建立和平安宁的周边关系

摆脱西方冷战思维和地缘政治的影响，承认并尊重印度在南亚各国关系中历史上和现在实际存在的大国地位。一百多年来，世界霸主易位频繁，美国日子越来越不好过，这说明它的国际关系理论靠不住，我们不能照抄照搬。在中印关系中，印度人最担心和忌恨的是“挺巴抑印”。现在，已经时过境迁，中印、中巴关系到了更新换代的时候。实

际上，近十多年来，在对待印巴关系上，中国已有很大改善与进步。现在莫迪执政，谢里夫出席他的就职典礼，释放出印巴和解的强烈信号，也是中国促进印巴和睦的好时机。我们应该告诉莫迪新政府，我们需要一个“铁巴”，同样需要一个“铁印”。有了这个“铁印”，不但对印度好，对巴国也好，我们国际上的话语权就大了。

4. 用切实有效的办法解决双边贸易不平衡的问题

中印之间的贸易不平衡所产生的赤字，已经成了印度政府不能承受之重，也成了两国贸易进一步合作发展的巨大障碍。两国政府必须联手解决这个难题。而中国政府应该设身处地，在互惠互利中找出有效办法，去掉印度人的沉重压力。同时，也要请莫迪政府解放思想，解除顾虑。在这里，中国可以现身说法（“现身说法”是印度佛教用语），在20世纪八九十年代，中国也曾有过类似的顾虑。现在想起来，这些顾虑是多余的，不必要的。解决中印贸易逆差这个难题，用邓小平先生的一句话——发展是硬道理。两国的贸易发展了，现在的这些困难就不在话下。

5. 适时解决中印边界问题，这是莫迪的极大期待

中印边界未定，是横亘在两国之间的最大障碍。应创造条件及早解决。莫迪是“智勇高远”之人，又没有历史包袱，与前任几届政府相比，莫迪对解决中印边界问题处于有利地位。他的智囊人物，提出解决边界问题需要快刀斩乱麻的政治手腕。我们应相机而动，既不操之过急，也不错失时机。应该做好预案，以“小平方案”为底线。人民党长期在野，一旦执政常有大手笔。2003年开始的“特别代表会晤机制”就是人民党的瓦杰帕伊总理首先提出的。莫迪应有更大雄心，完全有可能在21世纪的第二个十年里，解决中印边界划定问题。

以上五大项，是印度莫迪政府对我国的主要期待。

二　印度政府对华关系的总体评估和最新考虑

（一）希望中国继续看好、看重印度

长期以来，印度的外交关系中对华关系实际排第一位，而中国

对外关系中，印度排在美、俄、欧、日之后，甚至还不如韩国、东南亚。所以，有印度智囊抱怨中国不重视印度。印度政府采取的对策是：不说中国最重要，同时大力发展与俄、美、日的关系。但最终中国还是最重要，中国是印度难以绕开之重。所以，发展对华关系是印度埋得很深的心愿，或者说，心里想的要比嘴上讲的强烈很多。中国应明白印度的民族心理。一旦明白了，政策调适对了，新的“中印是兄弟”（हिन्दी जीनी भाई भाई）的蜜月期的到来，不是没有可能。20 世纪 50 年代，刚刚从殖民统治中获得独立的印度，刚刚从战乱中摆脱出来的中国，都需要同病相怜、相互扶持的对方，两国出现了蜜月期。当下印度正处于转型蜕变期，需要中国助他一臂之力。去年，李克强总理首访印度。今年，习近平主席将访问印度。这对荣誉心极强的印度来讲，是极为荣耀之事。

（二）希望中国给印度最大实惠

中国已是世界第二大经济体，预计到 2025 年将成为第一大经济体。目前，中国的经济总量是印度的五倍。印度除了荣誉之外，也需要实惠，且越大越好。这也是中国有能力做到的，可以做得比美、日、欧、俄更好，所以印度对中国有期望。莫迪总理没有匆匆首访中国，是想灌浆多一点，让果实更丰硕一点。较早访美，主要想在欧美亮明身份，一洗各种污名，也想有些“早期收获”，但知道欧美日子过得紧巴，不抱太多希望。

（三）希望互相配合，从容破解敏感问题

边界问题是敏感问题，印度不希望在新政府千头万绪之际，出现不可控的事情。这一点，与中国政府的想法其实是一致的。同时，印度又希望待条件成熟时，尽早谈判解决边界问题。解决边界问题的紧迫性，印度大于中国。应由印度先拿出一揽子谈判日程表。谈判底线就是尊重历史，尊重现状，维护 2003 年以来特别代表会晤机制的会谈成果。

（四）希望在周边安全上中印相互合作

在南亚诸国关系、印度洋航行安全等问题上，希望中国“风物

长宜放眼量”。只要各家相安无事，人家家门口的事不宜多管，深化中国以邻为伴、与邻为善的睦邻政策。中国必须实行“整体外交”“整体安全”，避免政出多门、出现短板或板裂现象。

三 印度政府将发展对华关系定为“重中之重”

（一）对中华友好是潮流所致

印度政府为何将发展对华关系定为重中之重？出于正反两个方面的考虑。发展好对华关系，将给印度带来无穷好处。这在大多数印度人心中是有数的。反之，对华关系搞砸，则会给印度带来巨大麻烦。这在大多数印度人心中，也是明白的。处理好对华关系，不管哪个政党执政，都是对外关系中的重中之重。印度绝大多数中国学家和智囊人物，心中都是这么认为的。随着中国的国力提升，这种认识只会增强，不会减弱。如何处理好这种认知心理，是需要中国用智慧拿捏的。不要让人因有求于人而感到被动，兄弟相助应让人有及时雨的感觉。

（二）莫迪核心幕僚对华关系总体评估比较积极

莫迪和他的幕僚没有历史负担，对中国更了解，并从中国取得了有益的经验。而且，新团队执行力较强，正着力整治庸懒等官僚主义作风。他们对中国党和政府的行事作风和办事效率，心中佩服，并希望交流切磋。总之，莫迪政府对华关系继承辛格政府的对华友好立场，但会办得更快、更有力。

（三）龙象共和，给世界做出榜样

和印度发展新型的兄弟关系，实现龙象共和、龙象共舞、龙象共赢，给世界做出东方式榜样。中印自古是兄弟之邦。中国思想家章太炎（鲁迅老师）曾说：“东方文明之国，荦荦大者，独吾与印度耳。言其亲也，则如肺腑，察其势也，则若辅车，不互相抱持而起，终无以屏蔽亚洲。”现在，亚洲面临新的安全威胁，需要中印兄弟联手，保卫好自己的家园，保护好我们的亚洲邻居。

（四）对边界、涉藏、跨境河流、贸易失衡、海上竞争等问题，应专题讨论，提出既有整体观念又有不同针对性的解决方案

第一，边界问题，维持现有机制和成果。在此基础上提升合作机制等级，制定出谈判目标、日程与路线图。采用新技术、新机制，如在重点哨口成立联合边境电子哨卡。条件一旦成熟，则谈判划定边界，一劳永逸。

第二，涉藏问题，特别是在印藏民问题，首先应重申我方立场，不可使问题恶性发展。印度长期采取维持原状，让时间来解决问题的策略。这在目前不失为一种办法。

第三，跨境河流问题。目前已有较好机制，可进一步完善，多照顾印度等下游国家的安全与利益。

第四，贸易失衡问题。这是中印目前存在的最要迫切解决的大问题，中国应设身处地，用发展来解决这个发展中产生的问题。

第五，海上竞争问题。中国要先管好东海、南海的事。鼓励印度与中国合作开采南海油气资源。印度与其他国家合作开采南海油气资源，表明我方不支持立场。对于印度洋的竞争，中国不应参与。吸取美国教训，手不必伸得太长。这样，更有利于保障我方正常航运、科考、维和等需要。

四　印度各部门对华立场的分析与应对

印度国安会、国防部、内政部一向对华立场僵硬，与外交部、教育部、商务部等大不一样。在印度，屁股指挥脑袋的现象历来严重。同一位官员，往往一挪位置脸就变。我们应具体分析，具体应对。

（一）印度衙门作风将有所好转

印度历来大选换了执政党，各部门只换官不换吏，前后任之间不搞交接班。这样，保持了政策的连续性，但也造成了部门利益、贪腐之风难以根除的问题。不过，莫迪上台没有旧账负担，各部门衙门作风有可能好转。

（二）抓住形势促和印巴

采取实实在在的措施，真心诚意对印巴促和，一视同仁，既要“铁巴”也要“铁印”。印度强力部门的对华立场会逐步改善。目前，印巴关系出现和解，对中国搞好三角关系出现有利态势。

（三）将中印关系建成新型大国关系典范

双方进行积极交流沟通，联合军演、联合反恐、合作搞论坛等，是促进相互了解的有效途径。继续关照对华态度一贯友好的部门，多听听他们的意见，待人即待己。与人方便，自己方便。

（四）对重点人物进行重点工作

1998 年前后，时任印度国防部长的费尔南德斯三次提出“中国威胁论”，反华立场典型而公开。后来知道他对中国不了解，中国驻印大使程瑞声邀他访华。2003 年他不顾“非典”蔓延，坚持来访。他对中国形势大为赞叹，说：将 SARS 说得这么严重，是帝国主义的阴谋。他代表印度国防部捐赠 40 万卢比，表示两国军队友好。这个例子说明，互相不了解是造成隔膜的主要原因。应该有重点地做好沟通工作。

（五）在对外关系中印度重情

作为大国，印度会继续与美、俄、欧、日发展关系，并用印中关系平衡其他双边关系。印度人的思路不同于中国人，也不同于西方人。所以常常会出现意想不到的举措。相比较而言，中国人务实，西方人讲利，印度人重情。最新的例子，是莫迪和谢里夫会面时，以“两个母亲”打开话题。谢里夫告诉莫迪，他每周回家看望母亲一次，这次回家和母亲吃晚饭时，在电视上看见莫迪母亲喂莫迪吃甜点的镜头，让谢里夫母子大为感动。这样，两个宿敌国家的领导人，在亲情故事中拉近了距离。

（六）孟中印缅经济走廊联动效应巨大

孟中印缅经济走廊，中印都有积极性，印度东北各邦，中国西南诸省，近年来做出了不少成绩。应继续鼓励不断推进。

21 世纪海上丝路的发展，有利于化解东海、南海及印度洋的争议和矛盾。应大力推动发展。

以上观点，基于对印度民族这样的认识：和中华民族一样，印度民族没有侵略、扩张的基因。历史上，印度没有侵略别国的记录。中印又是现存的两个毗邻而居的文明大国，正像 100 年前章太炎所说，中印是亚洲安全的屏障。中印关系搞好了，亚洲就安定、就发展。

五　中印经济合作文化交流项目

印度总理莫迪，无论是对世界还是对中国，都显示出他的独特性。他的就职典礼，4000 位宾客参加，成为“国际性事件”。美国前高官不断呼吁奥巴马赶快“拉住莫迪”，出现了“抢夺莫迪”的说法。莫迪向人民承诺“为印度书写光辉未来”。人民授权莫迪：带领全印度，像他过去 12 年在古吉拉特邦所做的那样，获得中国式的增长和繁荣。有人称莫迪是“印度的安倍”“印度的尼克松”。也有印度学者公开说，莫迪不可能是安倍，也不是尼克松。其实，莫迪心目中的榜样有两个，一是人民党的核心人物、做过三次印度总理的瓦杰帕伊，一位是中国改革开放的总设计师邓小平。

对中国来讲，莫迪是位老朋友。他曾四次访华，还进过人民大会堂，留下了“历史映像”和“定格记忆”。他访华时，名片上印着中文字。这在印度邦长中是唯一的。

由于以上原因，莫迪对中国的期望很高。因而有学者认为：不论是从历史上看，还是从实力上看，只有中国能够帮助莫迪领导印度走向繁荣，实现民族复兴。著名美籍华人印度学家谭中认为，中国梦和印度梦是相通的。实际上，中国梦和印度梦不但相通，而且可以互相借鉴，互相促进。

根据中印两国实际情况，设计好经济合作和文化交流的项目大单，受到中印两国和世界的关注。以下，是我们根据掌握的情况提出的项目建议，供领导决策参考：

（1）诚心诚意帮助印度提高就业率，与印度合作兴办各种类型的工业园、科技园，大规模帮助印度人民就业。

（2）帮助印度提升交通设施，改善交通落后局面。中国在高铁、地铁、高速公路、大跨度桥梁、超长隧道等建设方面，可以实实在在帮到印度。

（3）大力发展能源合作。在传统能源开发、并购上开展合作；在新能源，如光伏发电、风力发电、生物能源等方面进行合作。中国政府可赠送100台太阳能空调机，给印度的幼儿园、小学校。

（4）向印度开放IT市场，欢迎印度在中国投资设厂，开设产业园。

（5）向印度开放医药市场，欢迎著名企业来华投资设厂。

（6）鼓励中印教育合作：

支持尼赫鲁大学和深圳大学合办孔子学院（已在商办中），支持圣雄甘地国际印地语大学和深圳大学合办甘地学院。

印度政府向深圳大学赠送泰戈尔半身铜像（印方已有提议），中国政府向泰戈尔国际大学赠建“飞回宫”（作为泰戈尔国际大学中国学院的配套建筑，也是对杭州“飞来峰”与洛阳白马寺印度风格佛殿的回赠）。

（7）大力加强中印文化交流与合作。

中国引进印度电影、电视片。

两国合作拍摄电影《谭云山》。电影剧本发表于新加坡《新世纪文艺》第5期（2010年8月），英文翻译张晓红教授、译校舒明经教授（Shubhra Tripathi）。

赠送玄奘《大唐西域记》（印地语版）100册，其中一册专门赠送莫迪总理（李克强总理与莫迪总理通电话时，莫迪告诉说，伟大的玄奘曾到过他的家乡古吉拉特邦）。

（8）中国赠送（借）印度大熊猫一对。

（9）每年增加印度来华公费留学生名额100名。

（10）每年向印度派遣孔子课堂教师、志愿者100名。

中印关系出现了新的历史转折点。抓住机遇，奋发进取，造福中印两国人民，造福全世界人民。

（此文于2014年6月23日送达深圳市委办公厅）

关于中国、印度关系走向的研判与建议

自6月印度边防部队在中印边境锡金段越境制造对峙事件以来，迅速成为世界舆论的一大热点。各色人等在各类媒体上纷纷发声，人言人殊，且严重对立，让人莫衷一是。

根据自己长期对印度文化、印度人性格和价值观的考察与研究，结合近期印度官方和专家学者的言行，我对中印两国关系走向，作出如下研判与建议，供领导决策参考。

一　对峙事件是印度军方布的局

印度票选政治和美国、日本一样，造成了种种弊病，而在印度的表现尤为严重，其中一个突出表现是军队成为半独立王国，对于中央政府虚与委蛇。文官一旦获任国防部长，很快“屁股指挥脑袋”，为军队既得利益服务，或者被某种程度架空。

莫迪总理起于贩卒而有雄心。为了自己青史留名，为巩固人民党长期执政地位，在“废钞令”、商品税改（GST）、成立转型委员会（取代国家计委）的同时，他大力倡导并推行“印度制造”，一为革除计划经济的积弊，二为提升青年就业率。对临近六十八岁又想连任的莫迪来说，解决军队问题是他想干的一件事情。军方也知道他的想法和自己的处境。莫迪好友、文化关系委员会（ICCR）主席洛克希·金德尔，希望中国习近平主席重视、支持莫迪，强调他是印度的最高领导人。

所以，边境对峙事件是印度军方做的一个局，主要是针对莫迪政府的。以前也做过，这次做得比较大。目的是阻止莫迪动军方的奶酪。莫迪心中有数，有些棘手，有些为难，对他来说拖着静观其变最为有利。这是对峙事件拖得如此之久的重要原因。对中国而言，在不破局、做好应变的前提下，以静制动为上策。

最近印巴在克什米尔交火，印军方提出准备打一场2.5线战争。那是玩新名词。他们经常冲突，不必太在意。

美日印在印度洋搞航母群军演，是各有所需：日薄西山的美国是为了显示它的老大地位，日本充当跟班，印度则为了壮胆。西方制造的“珍珠链”在印度引起了一定的心理作用。印度洋对中国航运包括能源航运是安全的，除非爆发大规模战争。这次中印边境对峙事件和美日印三国印度洋海军军演，没有实质性的呼应关系，因为边境冲突经常发生，报道的节点也由人为决定。但是，说明印军方对中国潜艇出没印度洋深感忧虑。

最叫印度忧虑的是陆上态势。几千里中印边界至今没有划定，纠纷不断。1962年还打了一仗。从大军事地势讲，中国居高临下，处于优势地位。边境以南不远就是恒河平原，是印度的京畿腹地：政治、经济中心地带。这样，中印边界对印度的重要性愈加凸显，中国的军事力量如剑悬头顶。而中印边界对中国来讲，地广人稀，远离政治、经济腹地，发生一切事情均可淡定处之。不说中印两国经济、军事实力悬殊，仅中国的“居高临下”和印度的“剑悬头顶”，就足以让印度惶恐不安。这是印度走近苏联、美国的安全需要。同时，也是中国积极主动和印度建立友好关系的有利因素。印度毕竟在外交上保持着应有的自主独立性，曾在支持中国进联合国问题上始终立场不变。印度作为一个重要的“权重国”，与其保持友好关系，中国在国际关系中可以游刃有余。

著名旅美华人印度学家谭中先生（谭云山哲嗣），对最近的中印边界对峙忧心忡忡。他说：“中印边界鸡毛蒜皮纠纷，弄得两国人心惶惶。”“我睡不着觉，分别向习近平主席和印度莫迪总理写了信。”这应该是大多数真正爱国的华侨华人的态度。

二　坚持中印友好关系不动摇

中国和印度是千年老友，在深义文化上或者说思想观念上有着众多相似相通之处，如“天下大同”与“世界一家”、“天人合一”与“梵我一如”、“仁爱和合”与“慈爱不害”、“民惟邦本”与“长老会制”、“恕道思想”与“容忍观念”、“中庸之道”与“中观思想”，等等。这是两千多年佛教带领中印文化交流结下的善果。

除此之外，中印之间还有泰戈尔、柯棣华、谭云山、季羡林四大风雨桥。无论风云如何变幻，在这些风雨桥里总可以品茗话友谊。

早在民国时期，鲁迅的老师章太炎就提出，中印应互相抱持而起，否则就无以屏蔽亚洲。现在，成了世界发展中国家最大的两个经济体，更应该抱持而起，走大同共和之路。

第一，中国和印度的历史都告诉我们，大同共和是人类的一笔宝贵精神财富，过去是正确的，现在和将来也是正确的。

第二，使用暴力、追求暴利的社会丛林法则必须破除，必须由中印代表的大同共和思想取而代之。

第三，新时期以来的中印友好交往取得累累硕果。在印度的中国企业家，不论是国企还是私企，尽管困难重重，但又多信心满满。

第四，近现代中印先贤，章太炎、鲁迅、毛泽东、周恩来和泰戈尔、甘地、尼赫鲁都主张中印友好。1962 年中印边境冲突，事出有因，另当别论，不可一丑遮百俊。

第五，当今世界正在发生巨变，人类面临抉择。中印必须以天下为己任，和世界人民一道建设人类命运共同体，奔向大同共和的明天。

三 采取有效措施加强印度研究

中印边境对峙事件发生后，两国发声者众多，总体水平不高。就中国网民而言，有偏执观点、极端言论的不少。说明我们对印度历史、国民性、价值观缺乏研究，正确言论常常被谬论淹没。

有几个基本历史事实和观点，我们应该清楚：

其一，由于地理、气候、技术等原因，印度历史上从未侵略过他国，有的都是被入侵的历史，雅利安人、亚历山大、莫卧儿人、英国人都是印度的入侵者，给印度带来了难以描摹的爱恨情仇。沦为英国殖民地之后，印度兵出现在世界各地战场，实际都是雇佣军的身份，基本上一打就败，一败就降。

其二，由于气候酷热，印度人不得不苦修（意为忍受酷热），几千年以来就泯灭了斗志，狠劲、坚韧劲成了稀罕物。不要说人，狗也是这样。印度的狗大多躺在地上，你跺跺脚，它只是睁一只眼瞄一下，接着继续懒洋洋地睡。跟中国狗见到陌生人的情形完全不一样。现在不是冷兵器时代，我们应该知道，但人的秉性是不容易改变的。

其三，印度人的文化和价值观十分复杂，你说他这样是对的，说他那样也是对的。歧见纷呈，容易内讧，历史上就有“九十六种外道”之说。这种局面至今依旧。这是多种族、多语言、多宗教造成的。中国、印度是世界上人口最多、历史悠久而至今充满生命活力的国家，但是真正了解对方的人少之又少，而且本来就为数不多的专业硕士、博士不断改行流失，国家应制定有针对性的措施，留住他们发挥专长，为国家服务。

四 请习主席、莫迪总理来深为泰戈尔的铜像揭幕

今年9月，将在厦门举行金砖国家领导人会议，举世瞩目。在

会议前后，邀请莫迪总理访问深圳，并为泰戈尔铜像揭幕，不失为良策。

泰戈尔是中印友谊金桥，深受中国读者特别是青年读者的喜爱。深圳大学曾两次举办“泰戈尔在我心中”征文比赛，反应热烈。第二次征文比赛，因习近平主席于2014年9月18日在印度发表演讲时说：“泰戈尔的《吉檀迦利》《飞鸟集》《园丁集》《新月集》等诗集，我都读过，许多诗句让我记忆犹新。”在背诵了泰戈尔的名句之后，说：“这些优美又充满哲理的诗句给了我很多人生启迪。”于是，寄来的参赛征文稿出现井喷状况，是第一次的五倍多。

2015年，印度文化关系委员会向深圳大学赠送一尊泰戈尔铜像。印度使领馆原计划请慕克吉总统揭幕，因时间太紧而未能安排。赠送泰戈尔铜像是印度文化外交的重要举措，都由国家领导人亲自揭幕。我们建议今年9月金砖国家领导人会议期间，请习主席陪同莫迪总理访问深圳，共同为深圳大学泰戈尔铜像揭幕，让莫迪真正了解深圳，了解深圳大学有一个“谭云山中印友谊馆”。这必将成为中印关系史乃至世界外交史上的精彩佳话，为巩固、提升中印关系具有点睛之效，同时为深港合作、粤港澳大湾区建设增添强劲动力。

五　进一步加强中国印度文化交流

印度民族是世界上最骄傲的民族，因为那是出圣人、出宗教、出经典的地方，曾为世界文明做出过巨大贡献。他们和中国一样是世界上历史最悠久、人口最众多的国家。谈文化、谈文化交流，是中印之间最有广度和深度的话题。所以，效果必然奇好。

2005年3月，温家宝总理访问印度前调阅了《梵典与华章——印度作家与中国文化》一书，并将此书作为礼品送给印度朋友，受到热烈欢迎。

2014年5月，莫迪当选总理，李克强总理电话祝贺。莫迪总理高兴地表示，中国唐代玄奘曾访问过他的家乡。同年9月，习近平主席访问印度。莫迪总理在家乡隆重接待，充满文化气息。18 日，习近平在印度世界事务委员会作题为“携手追寻民族复兴之梦”的演讲，深情真诚地说：“中华民族主张的‘天下大同’和印度人民追求的‘世界一家’、中华民族推崇的‘兼爱’和印度人民倡导的‘不害’是相通的，我们都把‘和’视作天下之大道，希望万国安宁、和谐共处。”习近平和莫迪总理相约，2015 年将在自己的家乡接待他。

2015 年 5 月，莫迪总理访华，习近平依约在西安接待，交流近六小时。习主席向莫迪总理所赠国礼中包括印地文版的《大唐西域记》。莫迪总理对习主席说：“玄奘法师是中印文化交流的象征。他的印度之行将印中两国人民很早就联系在一起，这次西安之行给我留下了深刻印象。”莫迪此次访华，在印度引起巨大反响。此前的 3 月 19 日，即将从印度驻广州总领事任上离任回外交部任职的高志远来深圳大学，见到《大唐西域记》印地文版样书十分高兴，拿出手机要求拍照。后来，我有机会将此书赠送给接待过习主席的世界事务委员会主席巴提亚、印度文化关系委员会的新老主席凯伦·辛格和洛克希·金德尔等多位印度知名人士，他们个个满面春风，因为知道这曾经是习近平主席送给莫迪总理的国礼。

总之，在习近平主席外交思想的指引下，我们一定能克服困难，和包括印度在内的各国人民一道，不断将人类命运共同体的建设向前推进。

（此文于 2017 年 7 月 16 日，由深圳市委办公厅报送中共中央办公厅、国务院办公厅，并刊载于深圳市委办公厅刊物《深圳今日信息》633 期，采拟标题为《专家研判中印对峙为印军方针对莫迪政府设局　建议以静制动坚持中印友好关系不动摇》，刊载于广东省委办公厅刊物《广东信息》）

中评深度专访：郁龙余谈对印度忍耐*

中评社：近期，印军越界事件给中印关系蒙上阴影，您如何看待这一事件？

---

* **【中评导读】** 印度边防部队越境进入中国领土、制造“洞朗事件”已过去近两个月。此次对峙事件对中印关系产生了严重的负面影响，中印关系可能跌入最低谷。未来中印关系会如何发展？对此，深圳大学印度研究中心教授郁龙余日前在接受中评社记者采访时表示，未来中印关系发展有两种可能性。

第一种是中印之间边界冲突升级，双方发生中等规模战争，但这个可能性掌握在印度手里，中方肯定不希望发生这种情况的。

第二种就是通过这次事件，中印两国认真交流信息并总结，尤其印度方面在解决内部问题后，与中国诚心诚意合作，一起搞“一带一路”建设，发展两国战略伙伴关系，中印关系不能退步。

郁龙余表示，中印之间应当一如既往站得高看得远发展两国关系，倒退对谁都没有出路。印度要想崛起，成为南亚领导与世界中心最好的办法就是与中国合作，印度需要资金、技术与一线技术人员，这几样东西其他国家都不能满足其要求。中国没有心思要威胁与肢解印度，在这次对峙事件后面，中国做得仁至义尽就表明了我们的决心。

郁龙余提到，希望印度能够真正看清问题，把中印之间信任危机解决。不要因为这次边界对峙，丧失了印度发展的千年良机，这是得不偿失的。总体上说，中印之间前景看好，相信最近危机是能够度过的。

另外，郁龙余还表示，总体上来讲，此次中印之间对峙不会发展成为两国间一场中等或大规模战争，但是小的边境摩擦很难预料。最好的办法是印度与中国高层领导商量一个两全其美的办法，因为莫迪的文官政府还是想用政治、外交等和平手段来解决问题，这样的话，双方就有了谈判的基础。印度表面上来看，要面子，既然印度部队布置了这个“局”，那么现在这个球已经从军队踢给了莫迪政府。如果中国搞清楚这次边境事件内部成因后，可以商量出一个办法来解决这个问题。

郁龙余认为，这次中印边境对峙事件出现的原因复杂，但是最重要的原因是印度国内矛盾在国际问题上的反映。印度实行所谓的民主制度，用选票来说话。印度把长期执政的国大党政府推翻，人民党第二次执政。因为第一次执政时间很短，所以第二次执政对人民党来说很重要。如果这一次执政时间长，政绩显著，就有可能长期执政。虽然莫迪政府在上台后推行了一些改革并取得一定成绩，但是若他的改革要走向更深层次，就要涉及印度各个利益集团的既得利益，包括军队。

郁龙余：这次中印边界对峙事件非常严重，可以说是1962年中印发生边界战争以来最严重的一次边境事件，对两国友好关系的发展蒙上一层阴影。印度国内改革遭遇巨大阻力，为什么会出现这个情况？

原因复杂，但是最重要的原因是印度国内矛盾在国际问题上的反映。印度实行所谓的民主制度，用选票来说话。印度把长期执政的国大党政府推翻，人民党第二次执政。因为第一次执政时间很短，所以第二次执政对人民党来说很重要。如果这一次执政时间长，政绩显著，就有可能长期执政。

莫迪上台以后采取一系列政策，有的政策是印度人民包括许多外国智库所不能想象的，譬如为打击贪污与货币黑市，莫迪一夜之间颁布废钞令，这一度引起印度社会恐慌，经过一段时间阵痛以后，这个政策基本上成功了，成为莫迪的重要政绩。另外，莫迪统一印度税收制度，成立转型委员会取代原来的计划委员会，也取得成功。这三件事情是莫迪的“三板斧”。

但是印度社会几十年积累下来的社会问题与弊端远远不止这三个问题，还有更深层的问题需要解决。

尽管印度在宪法上废除种姓制度，但实际上种姓制度的影响还是根深蒂固地存在于印度社会中，这个问题莫迪没有解决。此外，贫富差距、男女不平等、票选政治等问题也是至今没有解决的问题。其中，印度的选票政治，用选票来选举领导人，轮流坐庄比较频繁，这样印度很多职能部门，特别是军队成了利益集团与某种意义的独立王国。

（接上页）郁龙余提到，这次边境问题的出现是由于印度国内改革遇到巨大阻力，一些既得利益集团包括军队为了阻止莫迪触碰他们的利益，动他们的奶酪，所以在中印边界精心策划对峙事件，让莫迪无暇顾及部队的改革，甚至利用这次事件向政府与国会要更多军费预算，获得更大利益。现在越来越多的人对这个问题看得明确。莫迪最近关于这次中印边界对峙说了很多模糊的话，他表示，要相信政治智慧。这句话说明他当前处境是比较为难的。

郁龙余最后强调，现在，印度内部是有矛盾的，外部的蛊惑、挑拨更不亚于当年魔王的手段。印度莫迪政府真的要当心了，千万不要因为内部矛盾和国际好战势力的阴谋诡计，弄丢了他最好的朋友——中国。

新上任的领导人要改变几十年来积累下的痼疾难度是非常大的。莫迪政府改革涉及利益集团既得利益。莫迪取得上面三个方面的成绩后，若他的改革要走向更深层次，就要涉及印度各个利益集团的既得利益，包括军队。印度军队按照一般的理解是不能打仗的。印度只有一个廓尔喀部族能打仗，他们的人数很少，因此，印度独立以后派去各个地方完成联合国任务的印度部队都是这个族的士兵。印度其他地方的人，由于历史、宗教、地理、气候等原因，他们在体质、性格上都不是作战的民族，没有韧劲与狠劲。另外，他们都是以宗教为最高信仰，并高于国家信仰。印度许多政党与集团都是以宗教为纽带，任何个人、政党、集团如果触犯了宗教利益与信仰的话，会出现匪夷所思，其他国家不可想象的情况。譬如说，锡克族警卫把自己警卫的甘地夫人枪杀，这在世界上是极为罕见的，在这背后说明的是宗教高于一切，国家及人民利益位于宗教之后。因此，印度改革面临很多问题。

这次边境问题的出现是由于印度国内改革遇到巨大阻力，一些既得利益集团包括军队为了阻止莫迪触碰他们的利益，动他们的奶酪，所以在中印边界精心策划对峙事件，让莫迪无暇顾及部队的改革，甚至利用这次事件向政府与国会要更多军费预算，要求给予更大利益。现在越来越多人对这个问题看得明确。莫迪最近关于这次中印边界对峙说了一些模糊的话，他表示，要相信政治智慧。这句话说明他当前处境是比较为难的。

此次对峙并非由莫迪政府直接参与。现在“对峙”包含两种情况。其中一种是边界上中国边防战士与印度边防人员的“对峙”。另一种情况是，印度内部军队与莫迪政府之间“暗”的对峙。到现在为止，我个人并不认为，这场对峙是由莫迪或其政府直接参与并指使的，而是印度部队对莫迪政府设的一个局。

世界各国军队几十年下来存在很多问题，除了军队以外，其他职能部门也是存在这样的问题。譬如，美国总统特朗普想要与俄罗斯改善关系，这是符合美国利益的，但却遭到了部队、情报部门、国会、媒体等全部反对。在印度也有类似情况发生。总体上来讲，中印之间的对峙不会发展成为两国间一场中等或大规模战争，但是小的边境摩擦很难预料。

最好的办法是印度与中国高层领导商量一个两全其美的办法，因为莫迪的文官政府还是想用政治、外交等和平手段来解决问题，这样的话，双方就有了谈判的基础。印度表面上来看，要面子，既然部队布置了这个局，那么现在这个球已经从军队踢给了莫迪政府。“面子”实际上是莫迪政府的“面子”，军队已经退到后面去了。如果中国搞清楚这次边境事件内部成因后，可以商量出一个办法来解决这个问题。

我个人有一个想法，经过商谈后，中印政府可以宣布同一天退兵，但是印度士兵必须要早一个小时退兵，因为他们犯错在先，中方迟一个小时退兵。这样既给了莫迪政府一个面子与机会，也坚持了中方的原则，退兵后其他问题可以回到外交思路上谈。我们本来就不希望去伤害印度，经过近两个月在高海拔地区对峙，两国士兵都需要休养生息。

中评社：中方为什么要给莫迪政府一个机会?

郁龙余：如果莫迪政府在这个问题上处理不好，中印之间发生了中等乃至大规模的战争，最后失败的首先是莫迪，然后是印度，最后遭殃的是印度人民。因为莫迪身份非常像埃及颜色革命后的摩尔希总统，他在上台一两年后，被军队参谋长取而代之。如果中印之间发生中等乃至大规模战争的话，莫迪可能会变成印度的摩尔希，原来那些被西方诟病并取消其入境资格的事情就会被翻出来，对莫迪很不利。莫迪如果下台，印度会乱，会出现一个什么样的政权，不好说。中国作为其友好邻邦是不愿意看到印度乱的，我们愿意看到印度在原来的轨道上快速发展。一个月多来，中方在边境对峙上采取以静制动、忍耐态度就是这个原因。一旦印度乱起来，国家可能会被膨胀起来的内部离心势力肢解。印度东北部的六个邦在人种、语言、信仰等方面与印度本部存在很大差异，若发生战争，这些离心势力就会马上出头，宣布独立。不丹肯定不会被印度控制，尼泊尔与中国的关系会变得更好，巴基斯坦肯定会拼命阻击印度，加上印度南北部种族不同，面和心不和，对印度中央政府权力的维护产生很大危机。因此，中国知道若边境对峙事件引发大规模的战争的话，对印度是有毁灭性打击的。

印度是世界上骄傲的民族，许多骄傲是有根据的，应该且理所当然的，但同时也有许多骄傲是空想且不切实际的。这种骄傲的思想在印度部队里面比较严重，他们老是想把自己 1962 年失败的耻辱历史“扳”回来，因为他们认为印度已经与 1962 年不一样了。但他们没有想到的是，中国军队与 1962 年比也不一样了，这样一比较，印度的劣势显得更加明显，这也是中方立场一直坚持中印之间不到万不得已不发生战争的原因。从历史上看，印度不是一个作战的民族，加上万国牌的武器装备，印度的劣势是几十年中改变不了的。

中评社：2015 年以来，中印关系波折陡增，中印关系的定性由原来的“面向和平与繁荣的战略伙伴”转为“更为紧密的发展伙伴”，印方在海洋安全问题上更多认同美日立场，拒绝参加“一带一路”倡议，在中巴经济走廊建设问题上反应强烈，认为中国在其加入核供应国集团问题上故意设卡阻挠。您如何看待未来中印关系的发展？

郁龙余：中印关系有两个可能。第一个：中印之间边界冲突升级，双方发生中等规模战争，这个可能性掌握在印度手里，中方肯定是不希望发生这种情况的。中方从内心深处不愿意打击这位千年老友，不愿意打击这个佛教诞生地。但印度军队是不是彻底背叛了佛教慈爱、普度众生的教诲？这很难说。现在印度军队想的就只是怎么报仇，怎么出口气，怎么把以前失败的耻辱洗刷掉。佛教虽然诞生在印度，但是却被某些印度人赶出了印度，佛教在印度有影响，但却不是主流。1962 年，功勋卓著的印度开国总理尼赫鲁受内部民族主义势力影响以及外部势力蛊惑，在中印关系上他的“前进政策”犯了错误。现在 55 年过去了，外部势力以及来自内部民族主义影响比那时更强大，莫迪虽然取得了一定政绩但是远远不能与尼赫鲁相比。若莫迪与中国发生战争，中国乃至世界对其评价都不会高。

第二种中印关系发展的可能性是，通过这次事件，中印两国认真交流信息并总结，尤其印度方面在解决内部问题后，与中国诚心诚意合作，一起搞“一带一路”建设，发展两国战略伙伴关系，中印关系不能退步，退步对谁都没有出路。

习主席上台以后，头两年与印度关系不错，习主席访问印度，莫迪总理接待，在当时很轰动，成为众多媒体焦点，第二年莫迪访问中国，习主席在自己家乡陕西接待他。印度送给中国的礼物是菩提树，这是中印友好的强大精神纽带——佛的象征。中方赠送给印方珍贵出土文物铜车马的模型与《大唐西域记》中文版与印地文版。印地文版是我们深圳大学师生一起参与重新印制的。

我们希望中印之间一如既往站得高看得远发展中印关系，印度要想崛起，成为南亚领导与世界中心，从理论上我们是赞成的，但是印度方面还是要有政策上的步骤与步伐。对印度来说，最好的办法就是与中国合作，印度需要资金、技术与一线技术人员，这几样东西其他国家都不能满足其要求。中国没有心思要威胁与肢解印度，在这次对峙事件后面，中国做得仁至义尽就表明了我们的决心。希望印度能够真正看清问题，把中印之间信任危机解决。不要因为这次边界对峙，丧失了印度发展的千年良机，这是得不偿失的。总体上说，中印之间前景看好，相信最近危机是能够度过的。

印度有闻名世界的两大史诗，其中一部是《罗摩衍那》。它的核心故事罗摩失妻、寻妻、团圆，早就通过佛经翻译传到了中国，成了《罗摩衍那》最早的外译记录。因为家庭内部矛盾，王子罗摩和妻子悉多自我流放，结果将妻子丢了。罗摩为什么会失妻呢？是他不爱妻子悉多吗，是悉多做错了什么吗？都不是，是罗摩和他的兄弟受到魔王的蛊惑，中计上当的结果。后来，罗摩历尽千辛万苦才重新找到悉多，夫妻团圆。现在，印度内部是有矛盾的，外部的蛊惑、挑拨更不亚于当年魔王的手段。印度莫迪政府真的要当心了，千万不要因为内部矛盾和国际好战势力的阴谋诡计，弄丢了他最好的朋友——中国。

（原文载中国评论通讯社，2017 年 8 月 14 日，原文网址 http：//www.crntt.com/doc/1047/7/6/5/104776595.html？coluid = 0&kindid = 0&docid = 104776595）

中评深度专访：郁龙余详论印方撤军*

中评社：在双方僵持两个月后，为什么印度方面选择撤军？

郁龙余：这里面有诸多因素。首先是时间因素。金砖峰会即将于9月3日至5日在厦门召开，如果不掌握这个时间节点及时撤军的话，对于印度的外交来说是一个很大的失策。印度在这个时候撤

---

* **中评社北京8月29日电（记者　臧涵）**　中印洞朗对峙自今年6月中旬来，历时两个多月，其间几经波折。据印度新德里电视台28日消息，印度外交部称，"中印双方已同意结束从6月开始的洞朗对峙。在这一基础上，洞朗对峙地区军事人员正在迅速撤离"。该消息随后被中国外交部所证实。外交部称，8月28日下午14时30分许，印方将越界人员和设备全部撤回边界印方一侧，中方现场人员对此进行了确认。中方将继续按照历史界约规定行使主权权力，维护领土主权。

对此，深圳大学印度研究中心教授郁龙余昨日接受中评社记者采访时表示，这次印度方面撤军包含许多原因。首先是时间因素。金砖峰会即将召开，如果不掌握这个时间节点及时撤军的话，对于印度的外交来说是一个很大的失策。另外，经过两个多月的边界对峙，印度对中国有了比较好的认识。他们对中国的友好与国家实力有了充分认识。中国确实是一个爱好和平的国家，是一个体贴、关心邻国的国家。中国非常体谅印度，所以一直采取"以静制动"、忍耐的态度。

此外，郁龙余认为，印度国内存在很多矛盾，包括种族矛盾、种姓矛盾、男女不平等矛盾、边疆地区与印度中央政府矛盾、南北部矛盾等，这些矛盾在前一段时间不约而同爆发，让印度政府非常头疼。在这种情况下，印度政府赶快撤兵是明智的，这对印度有好处，对中国乃至世界都有好处。

郁龙余表示，这次边境对峙事件，中国没有费一枪一弹，取得的胜利要比万炮齐发所取得的胜利大得多。因为一旦开战，哪怕是小规模战争，双方都会有伤亡。这次我们不费一枪一弹，取得完胜，这是中国外交上的大事，这次中国处理得很好，值得称颂。

郁龙余认为，这次边界对峙事件结束以后，中印两国政府以及有关部门，尤其是印度政府，都要认真反思，总结经验与教训，在此基础上，大大推进中印关系。希望在即将举行金砖会议期间，各个国家能够表现踊跃，互相释放善意，过去的不愉快也就过去了，最重要的是一定要总结经验，吸取教训，把坏事变成好事。

军，已经晚得不能再晚了。若再晚的话，在别人看来确实太被动了。

在没有政治安全的情况下，印度若想在金砖国家里扮演重要角色自然也很困难。

第二个因素是经过两个多月的边界对峙，印度对中国有了比较多的了解。中国确实是一个爱好和平的国家，是一个体贴、关心邻国的国家。中国非常体谅印度，所以一直采取“以静制动”、忍耐的态度。国际媒体包括许多中国国内网友都不理解，为什么中国要那么忍耐，现在从大局上来看，中国的忍耐是对的。这对印度、中国的发展以及世界和平都是有好处的。

这次边界对峙事件后，印度对中国的实力也有了了解。印度前国家安全顾问梅农以前发表过文章，中国已然崛起，但是不一定印度所有人都明白这个道理，他们以为中国还是以前这样，对中国的力量没有清楚的认识。通过这次事件，这些印度人对中国有了比较好的认识。他们对中国的友好与国家实力有了充分认识。

第三个因素是印度对国际形势有了比较清醒的了解。原来印度认为，美国、日本、俄罗斯会来帮忙。现在看来，美国指望不上，日本不但指望不上还会帮倒忙。因为日本在中国、东南亚乃至全世界口碑都不好。日本对于一些历史事件处理得不是很“漂亮”，到现在，日本并没有真正像德国一样忏悔，承认“二战”时期所犯下的战争罪。在世界上，日本是起到副作用的。而俄罗斯也是不会明确支持印度与中国对抗的。

因此，在国际上，印度不会得到支持，对于此次边界对峙事件，国际上空前保持沉默与中立。这对印度来说是一个很大教训，因为以前印度是国际舆论的宠儿，只要发生什么事情，国际社会都会站在印度一方，为印度说话，但是这次不是。

从这三个方面来看，印度觉得自己要及时收手，撤兵。

此外，这次的撤军还有印度国内原因。首先，印度国内存在很多矛盾，包括种族矛盾、种姓矛盾、男女不平等矛盾、边疆地区与印度中央政府矛盾、南北部矛盾等，这些矛盾在前一段时间不约而同爆发，让印度政府非常头疼。

此前，印度国防部曾宣称，印度可以打赢“2.5线”战争，吹嘘同时打赢中国、巴基斯坦和印度国内的反政府势力。现在看来是说了大话，还没有打，印度国内就已经乱了。在这种情况下，印度政府赶快撤兵是明智的，这对印度有好处，对中国乃至世界都有好处。

与其他国家相比，印度经济落后很多，所以印度现在最重要的就是发展经济，这样才能满足印度人民日益增长的对生活的更高追求。

来自国际、国内两大方面原因，让印度选择现在撤兵。总体上来看，我对印度的撤兵是给予积极正面的评价。

中评社：从中印这场不见硝烟的博弈中，我们可以看出什么？

郁龙余：我们可以看出朋友是可以选择的，邻居是不可选择的。中国对邻居国家包括对印度的态度是正确的。我们一直对邻居的态度是友善的，对于对方贸然进入我们的领土，我们还是采取忍耐态度，希望给印度一个机会，改正和解除自己的错误。

现在印度方面已经撤兵，中国外交部方面也已经确认印度的人员与设备都已经全部退回。这次是中国给印度的一次机会，尽管印度改正错误的时间晚了，但是总算是改了，善莫大焉。

这次中国没有费一枪一弹，取得的胜利要比万炮齐发所取得的胜利大得多。因为一旦开战，哪怕是小规模战争，双方都会有伤亡。这次我们不费一枪一弹，取得完胜，这是中国外交上的大事，这次中国处理得很好，值得称颂。

据我了解，印度国内以及中国在印度的企业、机构以及相关工作人员都一致欢呼，并提出我们在看待中印问题的时候，哪怕是在网络上，也要有全局长远的观点。对于网络上关于中印关系各种各样的观点，包括一些激烈的，带有情绪化的观点我们进行总结与反思，这是非常好的。

这次边界对峙事件结束以后，中印双方都可以总结经验，把坏事变成好事，大大推进中印关系。

我们在印度的企业和一些机构的成员，他们自己总结发现，印度学者在网上发表意见相对来说比较沉稳，而中国网友在网上发表的意见有些很沉稳，但是也有不少观点是比较情绪化与浮躁的。他们对此进行自我批评，这些都是进步的表现。在中国国内网上也有乱发表意见的人，一些对此有研究的，具有学术水平的网民对此提出了比较中肯的批评。

我们在印度许多企业已经有60%至70%陆陆续续撤回国内。也就是说，如果印度不及时解决问题，中印的经济关系可能会发生比较大的滑坡，从表面上看，这对中国企业影响很大，但实际上，这对印度方面影响更大。

印度对产品的要求非常挑剔，他们一定要用世界上最便宜的价格选择产品。中国产品之所以在印度那么畅销，是因为中国产品在印度的价格是最低的，也就是说，中国产品的利润已经被压缩到了最低水平，利润最薄，给印度人提供最大福利与利益。这个最大利益一旦破坏，印度就要买西欧、日本那些贵很多的产品，质量也许不及中国产品。

因此，中印贸易能够维持稳定，并且不断发展，确实能够提高印度人民的福利，只有中国产品符合印度对价格上的需求。

中评社：今后中印之间还会有类似摩擦发生吗？这次的边境对峙事件对未来中印关系发展有什么影响？

郁龙余：现在还不能轻易说今后是否会发生类似摩擦事件，这决定于这次事件以后，中印两国政府以及有关部门，尤其是印度政府，是否认真反思。

从某种意义上讲，这次印度这么一“闹”，在国际上是丢分的。现在印度已经撤军，我们不必要在这个问题上说过多的话，不能得理不饶人，毕竟是我们的兄弟犯了一个错误，大家心知肚明即可。如果中印双方认真总结经验教训把坏事变好事，变成以后发展中印关系的正能量，那么印度方面受到的损失也要回来了。

这次中国召开金砖会议，从中央到地方，尤其是厦门市做了大量准备工作，前期也召开了外长会议与安全会议。这次峰会就要开了，那么在峰会上，我们这几个金砖国家，还有一些“金砖+”国家，若能成功将金砖体制建立和发展起来的话，印度崛起是大有希望的。不仅印度在政治与外交上“捞”回面子，而且经济上也会有所得。

金砖国家组织本身是一个经济方面的组织，印度现在除了政治外，更需要在经济方面，能够获得来自金砖国家尤其是中国的帮助。

所以我希望在金砖会议期间，各个国家能够表现踊跃，互相释放善意，过去的不愉快也就过去了，最重要的是一定要总结经验，吸取教训，把坏事变成好事。

风雨过后见彩虹，我对中印关系依然看好。发展中印友好关系不仅要给中印两国人民带来更多福利，还要用中国的“天下大同”和印度的“世界一家”思想去改造我们的世界，让全世界人民享受安宁与幸福，所以中印两国责任很重大。

（原文载中国评论通讯社，2017 年 8 月 29 日，原文网址 http://www.crntt.com/doc/1047/9/3/3/104793304.html?coluid=0&kindid=0&docid=104793304）

下　篇

中国与印度：在精神层面上相互加深了解

中国与世界：在精神层面上互相加深了解

——以中国文化经典在印度的传播为中心

中国需要更多地了解世界，世界也需要更多地了解中国。

——习近平

2011年2月5日至20日，我应印度文化关系委员会（ICCR）主任高尔（S. K. Goel）先生之邀，访问德里、孟买、加尔各答等地的十多家学术机构，在尼赫鲁大学、德里大学、孟买大学、加尔各答大学等7所高校发表演讲，进行座谈。同时，和印度一批著名学者、诗人、评论家、作家进行面对面、心语心的交流。与我同行的有天津师范大学文学院原院长孟昭毅教授，北京大学的两位博士生高兴（Binod Singh）和朱璇也一路陪同。回来后，我们在北京大学出版社出了一本《天竺纪行——郁龙余、孟昭毅学术之旅》。

我这次访问印度，收获是多方面的，但是我最看重的是中国文化经典在印度翻译、研究和出版之事。

一　中国和世界需要多层次的文化交流

党的十七届六中全会《决定》指出：要“推动中华文化走向世

界。开展多渠道多形式多层次对外文化交流，广泛参与世界文明对话，促进文化互相对话，促进文化互相借鉴，增强中华文化在世界上的感召力和影响力，共同维护文化多样性”。为此，教育部专门做出部署，制订了《高等学校哲学社会科学“走出去”计划》。2012 年 11 月 15 日，新当选的中共中央总书记习近平同志在同中外记者见面时说：“中国需要更多地了解世界，世界也需要更多地了解中国。”中国和世界，在新的形势下，需要更多的互相了解。在这“更多”之中，当然包括中国和外国文化经典的互相翻译、传播。

不同人群需要不同层次的文化。我在印度访问期间，对不同人群需要不同层次的文化，有了进一步的切身感受与认识。

ICCR 派出接待我们的是库玛尔（Rakesh Kumar）先生，一位有经验的接待官员，他在 ICCR 工作了 20 多年。从他的言谈举止中可知，他是一位印度教徒，对寺庙里的一些铭文，能熟练地诵读解释，在一些买符水、符纸的地方，他会主动地替我们买，以此为我们祈福。有一次，他看到《星云大师语录》的印地语译本，就向朱璇提出，希望能得到这本书。朱璇告诉他，此书为友人所赠，可能不便索取。可是，等到他见到我，还是恳请我转送给他，说书中所写，正是他所想。我看他如此恳切，就在扉页上题签之后，转赠给了他。他万分喜欢的样子，令我感到转赠的决定是对的。我想，像库玛尔这样的人，为数不少，他们需要《星云大师语录》这样的书籍。

2 月 20 日，离开德里的那个雨夜，ICCR 副主席马赫迪（S. S. Mahdi）先生在家中，代表凯伦·辛格（Dr. Karan Singh）主席与我们话别。我向他说起印度许多学者热心于中国文化经典的翻译。他听了十分高兴，说他非常喜欢中国的经典名著。说着转身到卧室取来《红楼梦》和《三国演义》的英文译本，说，这是他在北京时买的，一心想将它们译成乌尔都语。他进一步告诉我：将《道德经》《论语》《周易》等译成印度语言，是非常好的，非常应该的。但是，那是高端文化，接受的也是高端人群。而《红楼梦》《三国演义》等古典小说，在印度喜爱接受的人群会更广、更多。

我深表同意，并问他：你能同时译成印地语吗？他愉快地一笑说：毫无困难。印地语是印度国语，和乌尔都语一样，发祥地都在德里。

马赫迪教授是一位著名学者，曾任一所著名大学的校长。从他的谈话中可知，他是真正热爱中国古典文学名著的。他已功成名就，妻子已去世，两个女儿也已经长大成人，他就想将中国古代文学名著译成印度语言，以此来成就自己的一生。我告诉他：我会支持你。临走，他拿出两条围巾，围在我和孟教授的脖子上，说：如果我妻子还在，是应该由她给你们围上的。现在，只得由我来围。

我回国以后，一直想着马赫迪教授，想着他说的话。我进一步相信：文化传播分许多层次，就是文化经典的翻译传播也是分不同层次的。印度需要中国古代的哲学经典，也需要我们的文学经典。古典名著《西游记》的印地语翻译和出版，大受印度各界的欢迎，就是一个鲜明而生动的例子。

2012 年 10 月来我校的阿隆南（Dr. Y. S. Alone）教授，是印度 ICCR 派到深大的第 5 位讲席教授。一次在交谈中，我向他出示了一本中英文对照本的《六祖慧能画传》。他翻了翻，如获至宝地说："此书很好，可以翻译在印度出版。"并表示，他非常愿意翻译此书，一定大受欢迎。这位来自尼赫鲁大学的艺术学教授，代表着又一个印度群体对中国佛教的喜爱。

12 月 1 日至 4 日，印度孟买观察家研究基金会主席库尔卡尼（Sudheendra Kulkarni）先生访问深圳，他和深圳大学印度研究中心签署了《深圳大学印度研究中心与孟买观察家基金会合作备忘录》，双方决定在印度出版谭云山和季羡林的著作（英译），以及合作出版中英文研究著作《孔子与甘地道德哲学的趋同性及现代世界的关联》《向中印大家思想学习如何建设和谐社会》等。

总之，印度对中国典籍的需求，是多层次、多种类的。这为我们翻译家们提供了一个大展身手的广阔舞台。

二 印度学者有翻译中国经典的巨大积极性

印度各大学邀请我讲学，目的是了解中国文化。尼赫鲁大学是我演讲的第一站。我原先准备了一个稿子，讲中印文化的相同之点，他们希望我改。后来，我改成《中国文化的要义与形态》，受到欢迎。收录在《天竺纪行》之中的讲稿提纲共七篇，另外六篇是《印度学在中国——从季羡林印度学研究讲起》《中国的印度学研究》《中国的比较文学》《中印史地文化与文学的关系》《泰戈尔与中国新文学》和《中国的语言、文学和文化》，所讲重点是中国文化，这正是印度学者所希望的。离开孟买的那天，我们去看望中国驻孟买总领事牛清报先生。他说："只要国内来教授讲中国哲学，我马上安排，一定大受欢迎。"牛总领事的这一说法，是他与印度大学接触过程中形成的。

我赴印之前，带着一个中国文化经典的翻译计划。到了印度，和印度学者一说起，他们的积极性之高，大大出乎我的意料。

印度国学泰斗，最高学术奖——莲花奖的两度获得者夏斯特利教授，在家里接待我们的时候，主动表示愿意将中国的《诗经》译成梵语。我问他，能否同时译成印地语？他说，毫无问题。2012 年 5 月，夏斯特利先生应中国人民对外友协会的邀请，访问了北京大学、中国社会科学院和深圳大学。在深大时我问他，你译中国《诗经》的主意有否改变？他说，没有，我知道翻译《诗经》的意义。他拿出一本《印度和世界》的打印稿，说：本来想写一章《印度和中国》之后，这本书就可以出版了。这次中国之行，改变了想法，此书出版之后要专门写一本《印度和中国》。所以，《诗经》是一定要译的。

关于《道德经》的翻译，舒明经（Prof. Shubhra Tripathi）教授特别从印度赶来与会，做专门的报告。我相信，她在中国学者的帮助下，一本新的《道德经》的印地语译本，将在不久的将来问世。

帮助她的中国学者，除了我之外，还有我的老师、北京大学的金鼎汉教授。他因成功翻译《罗摩功行之湖》而荣获印度总统奖，他曾翻译过《毛泽东选集》和《毛主席诗词》。他深知《道德经》译成印地语的价值，所以请他做《道德经》印地语译本的译审，他不顾八十多岁高龄，一口答应了。《道德经》印地语版的问世，必将引来乌尔都语版、孟加拉语版、泰米尔语版等不同印度语言版本的《道德经》的问世。

中国文化经典在印度翻译、传播的意向性情况。

表 1　中国文化经典在印度翻译、传播的意向性情况

经典	译者	所译语言	译者身份
《诗经》	夏斯特利	梵语，印地语	杰出学者
《周易》	普拉萨德	印地语	德大哲学系主任
《道德经》	舒明经	印地语	ICCR 讲席教授
《论语》	邵葆丽	印地语	尼大中文系主任
《庄子》	墨普德	印地语，孟加拉语	ICCR 讲席教授
《墨子》	墨普德	印地语，孟加拉语	ICCR 讲席教授
《楚辞》	阿格拉瓦	印地语	尼大印地语系主任
《唐诗三百首》	玛福丽克	梵语，印地语	孟买大学梵文系主任
《红楼梦》	马赫迪	乌尔都语	著名学者

从表 1 中，我们可以看出当下印度学者的翻译意向和发展态势，只要我们进行恰当协调和支持，不但这些经典能够译成印度语言，还会有更多中国经典译成印度语言并在印度传播。

我在印度时，曾对印度学者说：中国翻译印度经典有一屋子，我们叫“汗牛充栋”；可是印度翻译中国经典不满一箱子，你们太吃亏了。印度学者都会意地笑了。

2012 年 11 月 15—16 日，第四届中国—南亚国际文化论坛在深圳大学成功召开。这个论坛的发起人之一是张西平教授，第一届论坛是在北外举行的。我在第四届论坛上做了一个题为“中国诗歌将迎来一个印译的春天”发言，讲到印度学者狄伯杰、墨普德、史达仁翻译、出版《中国诗歌》《毛泽东诗词全集与文学赏析》《谁适为容：诗经》的情况。在印度的一流学者中，蕴藏着将中国文化经典翻译成印度民族语言，在印度出版、传播的巨大积极性。这种积极性真实可感，它来自印度学者对自己民族的责任心，来自中国文化经典强大的内在魅力。正是印度学者强烈的民族责任心和中国文化经典的强大魅力的结合，构成了当代印度学者翻译、出版中国文化经典的积极性和动力源。

三　如何进一步做好文化经典的对外传播

我从事中印文化比较研究多年，对中印文化的交流也做过一些实际工作。对于如何进一步做好中国文化经典向印度传播以及向世界传播，产生了若干想法，我愿意在这里向大家请教。

第一，进一步提高对文化走出去方针的认识。

中国文化走出去，将中国文化经典译成各国文字，向全世界传播，这是中国几千年来的头一回。隋唐时代，越南、朝鲜、日本及西域各国向中国纷纷派遣留学生，向中国学习，显示的是外国人学习先进文化的自觉性。在唐代的朝臣中，有极少数思想不开放者，不愿将中华典籍传播出去。明末清初，耶稣会士东来，积极翻译中国古代经典。徐光启等中国官员给予支持，但整个朝廷并没有正面表态。现在，我们实施文化走出去方针，制定一系列教授汉语、翻译传播中华文化经典的措施和办法，显示的是当代中国的文化自信与自觉。

我们应该从构建和谐世界出发，亮出中国文化家底，和各国学者、智囊、政要沟通思想，在精神层面上加强互相了解。

第二，做一个有思想的中国知识分子。

打铁必须自身硬。这句中国老话，在党的十八大后变成了一个热词。做一个知识分子，知识越多越好；做一个学问家，学问越深越好。但是，真正做好一个中国知识分子、中国学问家，还必须要有思想。我们不能要求大家都做思想家型或思考者型的知识分子、学问家，但是，没有思想要做好中国知识分子、中国学问家还真不行。我们不能总是跟着别人的感觉或说道走，应该有自己的思考。当下中国，已是世界第二大经济体，到2020年要全面建成小康社会。到那时，中国经济总量成为世界第一，并非没有可能。可是，我们的一些同志，对自己没有信心，对中国文化没有信心，对中国文化走出去更没有信心。这些同志沉湎或纠缠于过去，没有认清中国的本来面貌和当前的形势，更没有看到发展的前景。他们总是妄自菲薄，总是觉得中不如西。

9月24—25日，上海举行“城市转型与发展：上海、孟买、香港的比较”第二届中印合作高峰学术论坛，我做了一个题为“上海、孟买、香港肩负引领转型发展的历史使命”的主题报告，受到与会者好评。上海《社会科学报》，以《时代演绎新的凤凰传奇》为标题，进行了大版面的转载报道。我愿意摘录几句和各位分享：

> 在印度，广泛流传着中世纪的一首苏非派哲理叙事长诗《百鸟朝凤》。它是阿塔尔的代表作，深受波斯人、印度人的喜爱。长诗描述许许多多鸟历尽千辛万苦去朝觐鸟中之王凤凰。它们越过高山深谷，到达目的地时只剩下30只鸟，但是，没有发现凤凰。此时，30只鸟意识到自己就是鸟王凤凰。这是一个古老的“凤凰传奇”。
>
> 当今西方世界，包括他们的制度和文化，走过了它的鼎盛期，越来越显现出败象。
>
> 在此期间，世界上发生了两次世界大战、冷战、苏联解体、“9·11”事件，近年来又出现“占领华尔街”、欧债危机，等等。尽管充满起伏、曲折，但总的是沿着斯宾格勒所说的方向发展：西方不断走向没落。这样，东方所顶礼膜拜的西方繁荣，自然就不存在了。心中的凤凰没有了，而自己却变成了凤凰，肩负起引领本国、本地区发展的重任。由于中国、印度是新兴国家的代表，所以实际上又肩负着引领新兴国家乃至世界发展的新使命。

所谓做一个有思想的知识分子、有思想的学问家，主要是指对国家发展大计、世界发展大势，要有正确判断和认识。只有这样，我们的文化交流，我们的文化走出去的工作，才能宏图在胸、豪情满怀。

第三，坚持文化交流“美美与共”的原则。

文化交流，是人类文明发展的强大动力。一部人类文明发展史，同时又是一部文化交流史。文化交流是有原则的。这些原则，我们必须遵守。不然，文化交流就会变味，变成文化生态灾难。这并非危言耸听，而是有史可鉴的。

自中世纪末开始的西方殖民主义，给世界各国带来了包括文化生态灾难在内的各种灾难。他们强行推行他们的价值观，推行他们的社会模式、法律制度和宗教信仰，搞得天下大乱。当下，不少国家对中国的崛起，心存疑虑，在很大程度上是怕中国会走西方的老路。所以，我们必须和西方殖民主义彻底划清界限，坚持走中国自古主张的和平发展道路。应该指出，大国必霸、强国必暴是西方的逻辑，中国人历来强调的是“四海之内皆兄弟”（晋代陶潜语）。唐太宗李世民则说：“无问中国及四夷，皆养活之。不安者，我必令安；不乐者，我必令乐。”这就是中国四海一家的传统思想。

现在，我们坚持和平发展，就是这种四海一家思想的继承与发展，就是要与邻为善，以邻为伴，就是要睦邻怀远。我们强调和平发展，不等于说不要国防和军队。只有身强体壮，才能读好诗书。中国文化中，武是用来防备和制止战争的，所谓“止戈为武”就是这个意思。我们搞“国防和军队现代化建设”，不是军事竞赛，而是必要的武备。武备的基本目的是“有备无患”，最高追求是“备而不用”。这里的不用，就是最大的用。这些中国的经典思想，应该让外国的学者和军事家知道。我们要进行良性的文化交流，促进和发展中国和世界全面而深入的了解。所谓良性的文化交流，就是有原则的文化交流。文化交流的原则，主要是：

1. 坚持“文化自信，文化自觉”的原则

中国文化走出去，和世界各国进行文化交流，我们必须对中国文化充满自信和热爱，只有自信和热爱，才会认识其价值，才会产生将其发扬光大的自觉，才会有传播中国文化的坚强责任心。只有这样，才会避免什么行当赚钱就搞什么，什么地方漂亮、好玩就到什么地方扎堆的局面。

2. 坚持“美己之美、与人共美”的原则

文化自信，文化自觉，来自对文化之美的真爱。只有将自己真爱的文化送出去，才是真正的自信、自觉，才能真诚地与人同享共美。外国朋友才能从你的真爱中感受到真诚，认识到中国文化对他们的价值，我们才能真正做到与人共美。不但要做到己所不欲，勿施于人；还要做到凡是自己觉得美，别人不觉得美的东西，也不要强加于人。北京人爱吃臭豆腐，但不能硬往不爱吃的外国人嘴里塞。

3. 坚持“美人之美、美美与共”的原则

文化交流是双向的。在与人共美的同时，还应该美人之美。这样，就能做到“己美”与“人美”之间的互动，做到“美美与共，天下大同”，臻乎文化交流的最高境界。

我们曾经说：“中华民族的复兴，不以 GDP 为核心标志，而以文化学术的领先昭告天下。”（《中国印度诗学比较》）中国和世界，在精神层面上加深互相了解，是中国和平崛起、建设和谐世界，不可或缺的。法国作家罗曼·罗兰曾说：“若干世纪以来，中国为了认识欧洲的以及在他们本地制造与贩卖的理想主义的尺寸，付出了代价，先让中国复兴吧！等到他站起来之后，它将赢得我们的重视。”中华民族将在文化交流中复兴，将在文化经典外传中赢得世界的重视。

历史上，中国花了一千多年时间，引进印度佛教，将其变成中国文化的重要组成部分——中国佛教。近一百年来，我们把西方的马克思主义引进来，不断将其中国化，形成毛泽东思想、邓小平理论、“三个代表”重要思想和科学发展观。这种外国优秀文化的大刀阔斧的引进，中国优秀文化的大张旗鼓的走出去，是中华民族伟大复兴的先决条件和重要标志。

中国在文化交流中走向世界，世界在文化交流中走向中国。

［此文发表于《深圳大学印度研究通讯》2013 年第 2 期（总第 10 期），第 22—46 页］

中国古代经典在现代印度

从总体上说，印度是一个出思想、出经典的国度，是一个输出精神的地方。但是，情况并不尽然。在古代，印度除了从中国传入各种技术之外，也从中国传入典籍。

印度从中国传入的最早的典籍，是道家的《道德经》。由于佛道之争，《道德经》译唐为梵，成了一桩扑朔迷离的公案。现代学者拨开迷雾，逐渐澄清了历史真相。季羡林说："《续高僧传》说：'既依翻了，将欲封勒。'可见玄奘确实已将《道德经》译为梵文。"① 之所以历史上曾一度出现混乱，主要是晚出的《佛祖统记》在引用道宣的《续高僧传》时，采用"去中段留头尾"的办法，误导了许多读者。

一　中国典籍在现代印度的传播

中国典籍在现代印度的翻译传播，肇始于泰戈尔国际大学中国学院，谭云山是开拓者。

谭云山的印译重点，集中在汉文佛典回译成梵文。属于季羡林所说的"佛教倒流"。这是世界宗教传播上的特例。将汉文佛典译成梵文，是泰戈尔和谭云山为中国学院商定的重要任务。谭云山也为之付出了巨大的努力，但是由于人力、财力的不足，此事虽然取得了一定成绩，但后来还是难以为继。在汉籍印译上，谭云山具有

---

① 《季羡林全集》第15卷，外语教学与研究出版社2010年版，第330页。

开创之功。

师觉月（Prabodhi Chandra Bagachi）是谭云山的同事，印度现代汉学第一人。他和他的同事，在印度传统汉学向中国学发展过程中，做出了无愧于时代的贡献。中国学者对此尚知之甚少，应该花力气潜心研究。据不完全统计，印度学者的重要成果有：师觉月的《中国佛教圣典》（博士论文，上下两巨册）、《中印千年文化关系》、《菩提迦耶的宋代中文碑铭考》（与周达甫合著）、《〈彰周知论〉——吐蕃萨迦班智达的一部阿毗达摩著作》、《中国印度丛书》、《密教研究》等等。[①] 巴帕特（P. V. Bapat）的《佛陀口述〈义足经〉Arthapada-sutra》、夏斯特利（N. Aiyaswami Sastri）的《龙树（Nagarjuna）之〈十二门论〉Dvādaśamukha-Śāstra》，[②] 在作为中国学和佛学研究重镇的国际大学的支持下，一批学者不断取得重要的学术成果，例如拉马南博士（Ramanan）在汉文资料《大智度论》的基础上，进行《龙树的哲学研究》（哈佛大学出版社出版），冉云华（Ran Yunhua）的《中国佛教编年史》（国际大学出版），他以《佛祖同参集》（宋代著作）为基础，写成《中国佛教的变迁》（未出版），慕克吉（B. D. Mukhaerji）研究的是《说一切有部》（Sarvastivada）。[③]

徐梵澄，鲁迅爱徒，中国尼采研究第一人。1945 年，徐梵澄赴印的任务是传播中国文化。不管人生旅途多么坎坷，他始终没有忘记自己的使命，克服了常人难以想象的困难，做出了出类拔萃的成绩。中国学术菁华传播，徐梵澄做了两方面的工作，一是将中国古籍《周子通书》《肇论》等译成英语；二是用英语著述，有《小学菁华》《孔学古微》《唯识菁华》等。这两项工作，一部分是在印度完成的，如《孔学古微》《小学菁华》《周子通书》，《肇论》和《唯识菁华》则是归国后的著译。

---

① 为了纪念师觉月的学术成就，北京大学王邦维和纽约城市大学的沈丹森（Tansen Sen）于 2008 年合作出版了 *India and China: Interactions Through Budhism And Diplomacy* 一书，ANTHEM 出版社。

② 巴帕特和夏斯特利的论文分别载于《国际大学年刊》第 1 卷和第 4 卷。

③ 郁龙余、刘朝华：《中外文学交流史·中国—印度卷》，山东教育出版社 2015 年版，第 485 页。

作为一代鸿儒，徐梵澄对中国学术的传播，不是率性而为，而是有着自己的深思熟虑。

1963年，徐梵澄首先用英语向外国人介绍的，是中国的语言学，即传统的“小学”。这是当时的实际需要。他在《小学菁华·序》中说：“近些年来，很多外国人非常需要汉语知识，对在学习中遇到的困难发出了许多抱怨。”[①] 针对外国人学汉语的畏难情绪，他进行了这样的分析：“学习汉语所产生的困难，有许多原因，这是一个十分复杂的问题，而且从根本上说，它甚至关系到现代的全部教育体制。一般来说，作为第二语言，人们并没有用正确的方法学习它。就心理而言，困难并不完全在于语言本身，更重要的在于我们自己的思想态度。在某种意义上，我们无一不受自身成见和习惯的束缚。”[②] 仅仅分析困难、要求克服成见是不够的，他还用学习语言的意义，来进一步引导外国朋友，说：“我们学习一门外语，目的在于了解这个国家人民的生活习俗、心性、文化，以及他们在物质和精神领域所取得的全部成就，以便与他们共同走向更完美的生活，并且最终能够为全人类创造一个更加幸福的世界。凭借着语言工具，我们能够学习和吸收其它民族最好的东西，当彼邦人民落后时，我们可以催促他们的前进步伐。”[③]

徐梵澄认为，学习语言特别是学习汉语，教和学的方法十分重要。《小学菁华》的编撰，就是要为外国人学习汉语提供一种便捷、有效的门径和方法。徐梵澄不仅精通中文，而且有学习多种外语的经验。他的这本书可以“作为初学者的臂助”，“吃透这本书将会大大减轻记忆单词的负担，且据此可以理解汉语的精神本质”。“由于从词源学做出了可靠的解释，因此本书可以作为正确地阅读古代文本，尤其是哲学文本的工具。”[④]

徐梵澄志在高远，志在弘扬中华文化，正如他自己所说：《小

---

① 徐梵澄：《古典重温》，北京大学出版社2008年版，第78页。
② 同上书，第79页。
③ 同上书，第81页。
④ 同上书，第89页。

学菁华》“只是通向崇高之路——高深的研究——的第一个阶梯”。[①] 这实际上也告诉人们，撰写《小学菁华》，是他传播中华文化的第一步。

几十年之后，我们迎来了世界范围内的汉语热。徐梵澄的这本《小学菁华》，匠心独运，极具特色，值得我们学习。他编撰此书时放眼世界、拓荒创新的精神，更值得我们继承和发扬。《小学菁华》在国际汉语教学史上有着独特的重要地位。

通过学习汉语来了解中国文化，这是最根本的途径。然而，这是一条费时费力的途径。许多外国人希望通过英语读本来学习中国文化。随着这种呼声越来越高，徐梵澄终于下决心，用英语编写了一册《孔学古微》。他在此书的《序》中说：“几年前，我们的国际教育中心要求我谈一谈儒学的问题。当时，由于某些情况，还不太可能。时至今日，这桩尚未做成的事情仍然萦绕在我心中，我突然想到与其举办讲座，倒不如写成一本小册子，以便对后来者具有更长久的参考价值。”[②]

《孔学古微》的阅读对象是外国人，所以叙述尽量通俗易懂。这些外国人中有世界各地来的，更多的是印度人，为了便于他们理解，书中引用了大量西方和印度的概念、故事。无论是书的内容，还是由他设计的封面与题字，都告诉世人：《孔学古微》是徐梵澄的精心之构，独一无二的中印西三大文明的美妙荟萃。检视域内与海外，有此功力和心思者，唯澄公一人耳。

此书成于1966年。此时的中国大陆，是何景象！然而，徐梵澄在《孔学古微》中，向他的中外读者娓娓道来，循循善诱，以阐释中华国学菁华为务，其余一概不述。好像他是在菩提树下或白鹿洞前，给一帮洋弟子讲学，头上顶的是一弯古时月。《孔学古微》洋溢的是幽兰之香，是那么淡然，又是那么不绝如缕。毛主席在天安门城楼上接见百万红卫兵，锣鼓喧天，震耳欲聋；他的学生徐梵澄在南印度的修道院里，烛光孤影，低眉沉思，写下这本《孔学古微》。这就是1966年两个奇特而又互相联系的中国文化景观。

---

① 徐梵澄：《古典重温》，北京大学出版社2008年版，第89页。

② 同上书，第91页。

徐梵澄的《孔学古微》，不是“思古之幽情”，而是表达对儒学的态度。它的淡定、沉静，比“反其道而行之”及“矫枉必须过正”，更有力量，更能服人。在《孔学古微》中，徐梵澄所表达的对儒学的态度，到底是怎么样的呢？

其一，徐梵澄认为，儒学是维护中华民族稳定的精神力量。

对儒学，他这样总体评价：“我认为儒学在本质上既不是世俗的，也不是一套生硬的道德法典或干瘪的哲学原理，它实质上是一种最高的精神。”① 他又说：“如果在世界上有一种类似国家宗教的东西——将其称为一种‘宗教’，我们感到犹豫，最好称它为民族信仰，那么在中国除了儒家之外别无分号。”② 被徐梵澄称为“最高的精神”和“民族信仰”的儒学，在中华民族发展史上的稳定作用，他是借阿罗频多的话来说的：“这是一个特殊的民族，总是被骚扰而又总是保持不变！如果你研究中国千年以来的历史，你会发现他们在骚乱中仍保持他们的文化。蒙古大汗试图以烧毁他们的典籍来破坏他们的文化，但是没有成功。这就是那个民族的品格。”③ 徐梵澄对他这位精神导师的话佩服得五体投地：“这是多么简洁的评论，同时对我们中国人又是具有何等的教益！”④ 总结中国的历史，徐梵澄坚定地指出：“我们之所以在每一次内乱和外敌入侵后仍然存活下来，这主要是因为我们在过去两千五百年的历史中，一直遵循着儒家的道路前进。”⑤

其二，徐梵澄认为，儒学的最大特点是经世致用。

这一特点是在比较中得出的。他说：“与世界其他的伟大体系相比，儒学没有那么丰富多彩的人生具象和偏激的观念。……就人的实践活动而言，儒家反对无所作为，苦苦修行、弃绝尘缘或禁除欲望；既没有关于点石成金的炼金术，也没有使人延年益寿、长生不老的炼丹术。”⑥ 他援引元文宗和大臣之间的问答，赞同将儒家比

① 徐梵澄：《古典重温》，北京大学出版社 2008 年版，第 95 页。
② 同上书，第 97 页。
③ 同上书，第 93 页。
④ 同上。
⑤ 同上。
⑥ 同上书，第 95 页。

作“稻谷”。认为：“它阐明了儒家文化对维护生命的重要性，它甚至包含着我们生活问题的全部答案，无论是对于个人还是对于民众来说都是如此。”[1] 关于生存问题，我们不得不敬佩徐梵澄极具超前性的洞察力，他认为，现代世界的文明已经发展到这样的程度：生存问题已经变得如此复杂，人类的痛苦变得如此惨烈，以至找不到任何令人满意的解决方案。如果从本质上看这些困难与问题，我们就会发现它仍然是一个如何获得正当的与幸福的生活方式的问题。“如果这个判断可以成立，那么我们就可以从儒学这个源泉中获得很多东西。”[2] 徐梵澄四十多年前的这个观点，今天不但依然正确，而且愈加焕发光彩。

其三，徐梵澄认为，和佛、道相比，儒学更优。

对世界宗教，徐梵澄有深刻研究，又长期生活在“宗教王国”印度，对各种宗教现状耳闻目睹。所以，他对宗教的认识，非常人所能及。对中国的儒佛道，他在深切把握的基础上，作出明确判断。这种判断，既一视同仁，又有伯仲之分。判断的标准，不是个人好恶，而是对民族生存和民族文化发展贡献的大小。他说：“从佛教传入中国直到它被完全吸收同化并变成另一种形态之前，它吸收这个民族知识精英的注意力达六百年之久。本土的道教也同样具有吸引力，并获得这一民族的伟大天才人物的信奉，其时间甚至比佛教还要长几百年，虽然它没有那样的辉煌和显赫。尽管佛教和道教有着如此重大的影响，然而，儒家在漫长的岁月中始终巍然屹立，从未受到动摇和损害。”[3] 他还认为：“因为儒家是沉着和冷静的，它不能抓住那些具有强烈性情之人的心灵，所以他们很容易被引入其它宗教。”[4] 这里讲的，实际上是一个功能分工问题。儒家修身，讲经世治国；佛家治心，讲冥福、身后解脱；道家怡情，讲人生的逍遥潇洒。三家各司其职，各安其位，并驾齐驱。

认为儒家优于佛道，徐梵澄是从治国安邦上来说的。“在公元6

① 徐梵澄：《古典重温》，北京大学出版社 2008 年版，第 98 页。

② 同上。

③ 同上书，第 97 页。

④ 同上。

世纪上半叶，佛教对统治这样一个大帝国进行了实验，但是这一实验失败了。除此之外，道教作为一股强大的潜流存在于这个民族的心灵之中，然而从来没有非常明显地浮出过水面。”① 因为儒家在中华民族发展上的贡献，徐梵澄十分敬爱周公和孔子，说：“在中国历史上有两个伟大的圣人，他们决定了这个民族过去三千年的命运，至今，我们仍然享受着他们的恩惠，我们也可以称他们为文化的导师，先是周公，在他之后五百年是孔夫子。”②

《唯识菁华》是徐梵澄归国后出版的英文著作，其实是他“昔年行箧中之旧稿”。全书除了《序》之外，分42章。中印两大民族总体而论，中国长于史学，印度长于哲学。在中印文化交流史上，特别自玄奘创立唯识宗后，有关唯识学的切磋，一直是重要的内容。徐梵澄以“历史唯物主义”的观点，来探讨“玄学”（唯识学）在中国被误会的发生与发展。他认为：“在一个玄学于其文化中占有优势的国度里，以上所说的误解从来没有发生过。印度就是地球上唯一的这样一个国家，在对精神真理的崇拜中，它的祭祀活动已持续了数千年以上。”③

徐梵澄坦率承认，由于内部冲突，印度目前的状况并不是很好，并且所有的宗教似乎都对其有害而无益。但是，他又指出：“在评价一个民族真正价值的时候，一个人不应把他的视域仅仅限于眼前。人类既应该回首于它漫长的历史，又应该放眼于它无限的未来。……一个民族可能暂时被世人所忽视，但是他们过去的光荣和对人类的贡献是不能被否定的。对一个伟大过去的认识，意味着对一个伟大未来的希望。在经过火的洗礼之后，一只新生的凤凰从它前生的灰烬中腾空而起，它甚至比过去更加美丽。”④ 这是徐梵澄对印度民族的祝福。

研究唯识学这一历史悠久的话题，徐梵澄明确认为是“为了伟大的未来做好准备。不然的话，他们所有的艰苦的研究工作就没有什么意义”。⑤ 由于他有为伟大未来做准备的抱负，他的学术视野既

① 徐梵澄：《古典重温》，北京大学出版社2008年版，第93页。

② 同上书，第99页。

③ 同上书，第120页。

④ 同上。

⑤ 同上。

不囿于印度，也不囿于中国。作为一个整体，《唯识菁华》中所讨论的唯识学属于中印两个民族的共同精神财富，也是人类的共同精神财富。他站在时代的高度，除了整体看待唯识学之外，还对它的缺点和衰落的原因，以批判哲学的观点来审视。《唯识菁华》中的这些观点与立场，在今天看来依然十分正确和宝贵。徐梵澄的《唯识菁华》以及其他相关的论著，是中国现代哲学史关于唯识学研究的最新最重要的学术成果。这部为“伟大未来做准备”的著作的学术价值，将为越来越多的人所认识。

将汉籍经典译成英语，直接向世界弘扬中华文化，是一件伟大而非常困难的工作。古今中外，凡是有志于此而有成就者，一要非凡的学识，包括语言能力，二要长期沉潜，耐得住寂寞，日积月累，数年甚至数十年才能有传世译作。作为一位将弘扬中国学术为己任的学者，徐梵澄不但具备了上述两个条件，而且又身处外国学人对中国学术渴望的现场。对他来说，将中国学术著作译成外语，既是一种使命，又是一种生存方式。

中国学术经典汗牛充栋，自耶稣会士东来，有相当一部分已译成外文。这样，翻译学术经典，首先有一个选择的问题。个人的精力和时间有限，将有限投入无限之中，必须慎之又慎。徐梵澄选择的是北宋鸿儒周敦颐的《周子通书》和东晋名僧僧肇的《肇论》。

每一个朝代，为了达到长治久安的目的，必须确定其立国之本。中国进入封建时代，在经济上长期以农立国。为了维护、巩固农业的基础地位，历朝历代实行重农抑商政策，社会阶层以士农工商排序。与经济基础相适应，从汉初开始，中国在政治文化上独尊儒术，即以儒学为国学。中国的封建制度，如果说肇始于秦代，奠定于汉代，那么儒家从一开始就是这一制度的主要建设者。汉儒（经学）获得了重大发展，但到东汉桓帝时开始式微。魏晋南北朝，玄学和佛道风行，儒家经学受到巨大挑战。隋唐吸取教训，儒学的地位有所提升。但总体而言，儒学已风光不再。经唐末及五代之乱，中国建立赵宋王朝。通过反思前朝，精英阶层痛定思痛，认识到重新确定国学的重要性。这样，儒学的国学地位再次被确定，甚至出现了“半部《论语》治天下”之说。

宋代，儒学获得新生和巨大发展，一般被称为“道学”“理学”或“新儒学”，明代则称“宋学”。随着新儒学的兴起，封建社会作为一种政治和经济文化制度，也在中国勃发生机，出现了“中兴”的局面。实际上，宋代的经济、文化、科技、教育的发展水平，远甚于唐代。这一切在很大程度上，应归功于儒学在宋代的复兴，归功于宋代新儒学（理学）的诞生。但是，理学在诞生之初，一度被扣上“伪学”帽子而遭受打击。像任何新生事物在逆境中发展一样，这种打击使理学在以后的前进路上走得更远。

徐梵澄认为，儒家在宋代返老还童，是五位大师启动了这一复兴。“第一个是《周子通学》的作者周敦颐；其次是程颢（1032—1085）和程颐（1033—1107）两兄弟，他们两个都是周敦颐的学生；第四个是张载（1020—1077）；第五个是朱熹（1130—1200），他的《四书集注》和《朱子语类》使他在当今仍名闻天下。”[①] 这“宋代五子”的学术传承，不是宗教式的，他们是学者、教育家、官员、政治家，凭着师徒相传，这种方式使理学延续了七百年。“这些弟子连续的师承关系被清楚地记录下来，回溯并止于周敦颐。”[②] 周敦颐是二程的本师、宋代理学之祖。这就是徐梵澄选择周敦颐的原因。当然，理学在中国儒学发展史上的实际地位，徐梵澄是清晰的。他说：“不可否认，这些大师比起孔夫子及其稍后的诸子略有逊色，他们缺乏先秦学者们的独创性。”[③] 对周敦颐的历史功绩，他用朱熹《六先生画像赞》中的话说：“道丧千载，圣远言堙。不有先觉，孰开我人。书不尽言，图不尽意。风月无边，庭草交翠。”[④] 在儒学发展史上如此重要的一位承上启下的杰出人物，“其哲学精华存于《通书》之中，这几乎是他留给我们的唯一著作。”[⑤] 这样，《通书》的重要性及其英译的必要性，就不言而喻了。

---

① 徐梵澄：《古典重温》，北京大学出版社 2008 年版，第 103 页。

② 同上。

③ 同上。

④ 张伯行辑：《太极图详解》第 9 卷，学苑出版社 1990 年版。

⑤ 徐梵澄：《古典重温》，北京大学出版社 2008 年版，第 107 页。

作为阿罗频多的崇拜者，又在他的修道院中从事翻译，徐梵澄非常自然地将周敦颐和阿罗频多进行比较，并看到两者之间的许多共同点：每位大师都把“诚”作为寻求真理（“道”）的起点，把“无欲”作为“入道”的手段，把“无我”作为更高的追求，把“变化气质”作为目的来传授给学生。这种比较，具有现场感，不但贴切，而且使人易于接受。

挺举周敦颐，除了上述儒学发展史的原因之外，不可否认，还有一个乡党的原因。这在《周子通书·序》中写得非常明白。不过，徐梵澄的是非功过之心是平和与冷静的，他在《序》的末尾说：“新儒家或宋学的长处以及不足依然存在，而且仍然值得思想深刻的人们对其进行思考。”今天，经历了“文化大革命”又身处国学热潮之中的我们，不是更应该对其进行好好的思考吗？

僧肇（384—414）是一位才华横溢的学问僧，鸠摩罗什的得意弟子。他协助鸠摩罗什译出多种佛典，并为许多佛典作注、写序。僧肇寿短，只活了30年。他的贡献除了译经、作注和写序之外，更重要的是大力弘扬大乘佛教的空宗思想，对般若学进行全面而透彻的总结。僧肇少年英特，对佛学有深刻见地，写出《不真空论》《物不迁论》和《般若无知论》等哲学论文。后人将这些论文集为《肇论》一书。

在僧肇之前，尽管对大乘空宗派经典已多有译述，但众说纷纭，莫衷一是。僧肇经过考虑，发现了问题的症结——缺乏一个共同的理论的起点。于是他写了一篇《不真空论》，专门研讨般若学的根本问题——空。在这篇重要论文中，僧肇提出了空宗各派都可以接受的概念——“至虚”。他说：“至虚无生者，盖是般若玄鉴之妙趣，有无之终极者也。”① 这样，至虚成了空宗的最高范畴，对有无观做出了总结。

《物不迁论》是僧肇的又一篇论文，重点讨论动静问题。在当时，动静观是儒释道三家争论的理论前沿。僧肇对兼宗儒道的玄学

① 僧肇：《肇论·不真空论》，载《大正藏》第45卷。

的动静观，有深刻理解。他大量吸收玄学的理论成果，运用自己的佛学思辨资源，对“动静不异”“物不迁”“变即无相”三个问题进行论述，对动静观做出了总结。

僧肇的《般若无知论》讨论的是“知”与“无知”的问题，这也是儒道十分关心的命题。自从佛教的《般若经》的不同译本在中国问世，引起无数僧俗学者的兴趣，自然也是歧见丛生。僧肇深知此命题的重要意义，既是儒道两家的理论关切，又是般若学的本义所在。他提出“无知”的观念，将佛家的“成佛之智”和儒家的“大智即无知”、道家的“无知无欲”贯通起来，对知识智能观进行一次阶段性总结。

由上可知，《肇论》虽然是一本佛家之书，但实际上，它是中印思辨哲学进行交流融汇的一个重大学术成果。僧肇由此被推为中国佛教最早的教派之一——三论宗的开山初祖。三论宗对他的思想多有继承，“在吉藏的疏论中所引僧肇的思想文句也远远超出罗什门下的其它弟子，就是明证。”[①] 可以说，僧肇为印度佛教中国化，在无意之中做出了巨大贡献，自三论宗和与它几乎同时的天台宗之后，印度佛教走上了中国化的快车道。

在徐梵澄之前，《肇论》有过一个德国人W. 利本塔尔的英译本。由于这个译本传播范围极小，加上它的译文“给人这样一种印象：这位译者被一大片丛生的荆棘所缠绊而不能自拔”。[②] 所以徐梵澄决定重新翻译，“是以尽量不加一字不减一字直接方式译出的，而且在不加修饰润色的情况下仍然可读”。至于译书目的，他说：“它旨在帮助读者清楚地了解佛教在传入中国的最初阶段，其理论是如何被道教接受的，正像中国僧人僧肇解释的那样。”[③] 作为佛教徒，僧肇的观点是有一定片面性的。儒佛道在交流激荡中，互相学习，各取所需，才是当时中国学术文化的真实景观。正如有的学者所指出：“佛学这种全新

① 夏金华：《中国学术思潮史·佛学思想》，上海社会科学院出版社2006年版，第170页。

② 徐梵澄：《古典重温》，北京大学出版社2008年版，第115页。

③ 同上。

的学术，从进入中土的开始，就是在与传统固有学术的相互碰撞和吸纳中向前推进的。”①

翻译《肇论》，是学术的客观需要，徐梵澄在主观上对“空论”并无好感。他说：“与佛教传入中国同步，空论的蔓延势如森林大火，而且给中华民族带来了很大的损害。在印度，这一损害更为明显。”对于《肇论》他的评价是：“在我看来，它是一个非常好的智力或‘思想技巧’的游戏例证。”② 作为精神哲学研究大家的这番话，值得我们深思。

传播中华学术，徐梵澄分三种不同情况。自己最有把握，对其精髓吃深吃透的，他就用英语著述，如《小学菁华》《孔学古微》和《唯识菁华》；自己对其很有把握，对其精神实质有很好理解而且有相宜文本的，他就进行汉译英，如《周子通书》《肇论》等；自己没有十分把握，但又很感兴趣、很有见解的，他就用中文著述，以期引起同行的讨论与批评，如《异学杂著》《老子臆解》《陆王学述》等。《老子臆解》出版于1988年，因没有引出任何评论文章，徐梵澄对此耿耿于怀。这也反证了他撰写《老子臆解》以期引发讨论的意图。

谭云山、师觉月、徐梵澄是中国典籍现代印译的先驱与主力。他们代表了印度现代汉学的高度，他们的翻译与研究，代表了中国典籍在现代印度传播的水平。

二　当代印度学者对《道德经》研译

任何民族的经典得以在世界的传播，根本动力来自经典自身的魅力。只要经典具有足够魅力，它就可以超越民族、文化、时空的界限，发射出巨大的穿透力。在中华民族众多典籍中，老子的《道德经》号称“中华第一经”。它在唐代由玄奘译成梵文之后，终于

① 张立文主编：《中国学术通史·魏晋南北朝卷》，人民出版社2004年版，第242页。

② 徐梵澄：《古典重温》，北京大学出版社2008年版，第111页。

在当代印度又吸引了印度学者的目光，出现了《道德经》印译的第二春天。唐代的第一个春天，是玄奘等人奉皇帝之命翻译《道德经》，其间充满佛道之争。这说明，当时的中国人文化自信和文化自觉还很不足，是中国人的一次内部意见并不统一的“送经”行动。在当代的第二春天里，《道德经》在印度的传播，完全是印度人的自觉的“取经”行为。

老子《道德经》自唐代传入印度之后，一千多年间似乎湮没无闻。然而，20 世纪的灵修大师奥修（Osho），出于职业需要，对《道德经》和《庄子》做出淋漓尽致、纵横捭阖的奥修式阐释，令世人大开眼界。由于奥修充满印度灵修者的特色，西方人由于文化的隔膜，无法正确认识和理解他。一部分人视之为神圣，另一部分人视之为恶魔。但是，由于奥修热情高涨而气势磅礴地对《道德经》的阐释与推介，使得老子和《道德经》不但在印度，而且在全世界愈加精神焕发。奥修是如何对《道德经》进行心释呢？奥修对老子和《道德经》兴趣浓厚，在他的学术生涯里，有关老子和道德经的著作不在少数，译成中文，我们又能见到的就有以下多种：

《〈道德经〉心释》（上下）
《老子心解》
《天下大道：道德经中的哲学与智慧》
《老子道德经》第 1—4 卷

在奥修的其他著作中，论及老子的就更多了。作为一位印度哲学家，为何对老子如此钟爱呢？

印度的圣贤大体分两类，一类是闭门苦修，一边冥思一边著述，如室利·阿罗频多；另一类是四处演讲开示，在和门徒、听者的交流、互动中著书立说，如奥修。他在印度国内外，四处激情演讲，涉及内容十分广泛，几乎包括了东西方所有哲学大家：印度自古至今的全部圣贤；伊斯兰教、基督教世界的先圣和大学者、大诗人，也在他的学术视野之内；对东方尤其中国的哲学大家，他更是心仪已久。他知道老子的《道德经》，是最早译成西方文字的中国经典之一，知道《道德经》在中国、在全世界的学术地位。作为一位全才型、演讲型的哲学家，奥修是决不会放弃老子和《道德经》的。

在奥修的学术视野中，最熟悉的是印度传统哲学，西方哲学和伊斯兰哲学也不陌生，最陌生的是中国哲学。由于语言的原因，他只能通过英语译作来研究《道德经》。哲学和诗是不能翻译的。奥修看最好的《道德经》英译本，也只能雾中观花。但是，这非但没有影响他对老子的兴趣，反而使他对老子更加崇敬与爱慕。他将自己的住所命名为“老子屋”。其实，这是一件十分好理解的事。雾中赏花，花更香更美。中国玄学戴着印度眼镜看，中间有着一层英语之雾，就显得特别耐看，充满魅力。完全陌生的事物，最多只能产生一时的新奇感。既熟悉又陌生的事物，才会产生持久的愉悦和好感。中国和印度是东方玄学的故乡。中国玄学和印度玄学，相似又相异，正是这种相似又相异，使得两者互相欣赏和惺惺相惜。当年，印度的玄学随着佛教来到中国，多少中国的高僧大德、硕学鸿儒为之癫狂。现在，中国的玄学和奥修相遇，又怎能不令这位灵修大师欣喜若狂。

奥修是一位演讲家、精神导师，不是一位翻译家、注经家。他对老子和《道德经》的理解，一方面来自他能见到的各种文献材料，另一方面出自他演讲的学术需要。也就是说，奥修不是一位传统意义上的汉学家，不会咬文嚼字。正是由于奥修扬长避短，以自己全部的知识储备和独特视角，天马行空般的叙事风格，故事和断言相结合的论述方法，使得他对老子和《道德经》的阐释，别开生面，独具匠心，洞烛精微。在全世界包括中国学者在内的所有《道德经》研究者中，奥修异军突起，独树一帜，为《道德经》研究开创了一片新天地。

印度学者有两种风格，一种口若悬河，滔滔不绝；另一种面壁沉思，洞见深邃。奥修两种风格兼具，以第一种风格为主。所以，奥修的著述，一方面海阔天空，恣肆汪洋；另一方面又别具慧眼，精义独见。本来以精深见长的五千言，到奥修那里成了一个长风万里的老子世界。在这个世界里，道教、佛教、印度教、耆那教、伊斯兰教、基督教，诸教互参；老子、佛陀、大雄、耶稣、穆圣，诸圣齐会。

有经注传统，特别受过乾嘉学派熏陶的中国学者，也许对奥修阐发《道德经》的做派，大不以为然。但是，时代发展到今天，学术已经没有国界，经典已经走出语言。误读、错读也是一种阅读，曲解、误解也是一种理解。因为它们都产生了意义。与其说奥修对《道德经》的阐释存在大量错误，不如说奥修创造了一部印度版的《道德经》，为人们解读老子，包括研讨他的误读曲解，提供了新的用武之地。

现在，我们来看看奥修是如何阐释老子和《道德经》的。

1. 奥修将自己和老子融为一体

不管是东方还是西方，凡是想成圣成道者，都将自己和神或天联系在一起，说自己是神或天的使者、代言人。这种做法，在印度叫“梵我合一”或“梵我一如”。所有开悟得道者，都必须经历这样一个过程，将自己的“小我”无条件地和宇宙大我即“梵”，相通相融。只有如此，“我”才能开天眼、开天耳，获得天聪、天明。这样，表达神旨天意才具权威性。奥修说他21岁时开悟，这是非常少有的。等到他接触老子《道德经》并以此开讲弘道时，不是以一个阅读者、接受者、闻道者的身份，而是以圣人老子的身份。这是奥修和世界上许多《道德经》的传播者大为不同的地方。了解印度“梵我一如”内涵以及奥修是21岁已开悟的人，就不难理解他“奥修的老子”“老子的奥修”的说法了。“老子是生命的代言人，而且透过奥修的诠释，老子的道理更是活了起来。”① 奥修简直就是老子再世。本来讲阴柔、守雌的老子，到奥修这里，变得好像有些张扬和“老子天下第一”了。

《〈道德经〉心释》序言《老子他说》，实际是“老子和奥修一同说”。“虔诚地希望奥修的老子，或是老子的奥修，能够启发出你那锲而不舍的灵魂，推你、拉你、踹你、扶你，最重要的，引发你生命的热情和勇气——冲向大海……拖着生命在走似乎不怎么令人

① ［印度］奥修：《〈道德经〉心释》（上），谦达那译，陕西师范大学出版社2007年版，第1页。

惬意……”[①] 在《〈道德经〉心释》这本书中，“所讲的内容很多是非常宝贵的，而且是其他书上所没有讲到的”。[②]

阐发老子，固然是奥修学术整体的需要，也说明老子之“道”对他有着巨大吸引力。但是，奥修这位精神导师，并非不食人间烟火的神仙。他在口若悬河阐述老子的形而上学之时，却有着一个形而下的具体目的，教导人们要认真面对生活。

大家知道，印度文化是一种悲观文化。人生是苦，只有求得身后解脱，才能离开轮回之苦。这种思想不仅仅属于佛教徒，印度教徒及其他生活在这块土地上的人们，也都有这类思想。许多人厌世，一心想着出世，不肯积极、认真地面对人生。老子的“无为”思想会不会加剧这种情绪？这是奥修要认真考虑的问题。所以，他在书中一再强调：要修天道，先修人道。作为一个社会的人，应该将各方面的工作做好。他虔诚地希望，所有钻研奥修之道的人能够在人生的各个方面都有妥善的安排。“笑要笑得很全然，哭要哭得很全然，享受时要很全然，静心时要很全然，工作时也要很全然。”[③] 奥修强调，他的“道”横跨世俗面和修道面，“除了生活以外没有其他神”。奥修“虽然崇尚老子的‘无为’，那是针对修行面而言的真理。人生还有另外一面——工作。在工作上要有计划，有安排，才能成功。……不要因为了解奥修在修行面‘无为’的真理，就变得没有工作能力，这不是正确的人生”。[④]

奥修如此近乎喋喋不休地强调要全面理解“无为”思想，这是非常必要的。因为，老子的“无为”很容易被理解为消极的无所作为。这种可能性在中国不大，因为儒表道里，有一个经世致用的儒家和道家相平衡。印度的情况正相反，需要的是强调坚定、果敢、勇往直前的业瑜伽（karma yoga）。《薄伽梵歌》为何在印度视为神圣？因为它深刻地论述了瑜伽的重要意义，并将瑜伽修行和解脱之

① ［印度］奥修：《〈道德经〉心释》（上），谦达那译，陕西师范大学出版社2007年版，第1页。

② 同上。

③ 同上书，第2页。

④ 同上。

道密切结合起来。《薄伽梵歌》中，黑天对阿周那说："你的职责就是行动，永远不必考虑结果；不要为结果而行动，也不固执地不行动。"（6.24.47）这种行动至上的业瑜伽，在印度文化中是必需的，不然整个文化就会失去平衡。奥修在《〈道德经〉心释》中，如此反复强调全面理解无为思想，就是努力解决可能会出现的不平衡。应该说，奥修的做法，考虑到文化生态的安全，体现出这位哲学家思想的缜密与深邃。

2. 插上文学的翅膀，放飞哲学

故事为文学之母。印度是世界故事之乡，享有"雅利安中心"的美誉。利用故事来吸引信众，发展势力，是所有宗教、社团的通则。奥修，哲学家、演说家、文学家三位一体。奥修王国的光辉，由这三道光芒交织而成。人类，特别是东方人都有爱听故事的天性。奥修的每一次演讲，都离不开故事。他阐释老子的《道德经》，依然离不开哲理与故事的结合。在奥修这里，哲理是鸟，故事是翅膀。鸟无翅膀不飞，翅膀无鸟则废。古代印度，佛教徒很早就发现了故事的作用。他们将教义比作药，将故事比作包药的蒟罗树叶。他们将印度的民间故事，拿来加工改造成"佛本生故事"（Jātaka）。这种加工改造有固定套路：今生故事，前生故事，偈颂，注释，对应，使得佛教能够在古印度异军突起，发展得如高天长风，几乎成了印度的国教。任何伟大事物，都由细节构成。细节决定事物的命运。佛教席卷印度全国，依靠的细节，就是一个个文学故事。这些佛教故事，像一个个有生命的珊瑚虫。后来，佛教由于与印度教合流以及伊斯兰教入侵等原因，在印度几近灭绝，但这些故事依然存在，成了印度佛教的珊瑚树。而这些故事，在中国、斯里兰卡等佛教国家，依然是有生命力的珊瑚虫。佛本生故事告诉我们，故事是文化交流的重要方式。将故事（小说）说成游戏，是很不全面的。[①]

奥修像他的先辈一样，熟练而尽情地使用故事——这种文化交

① 西方有学者一方面说："也许我应该以'文学：一种交流方式'来命名我的演讲"，另一方面又在演讲结尾时说："看来，小说既不是交流方式，也不是产品，而是一个游戏。"参见戴维·罗奇《小说作为交流方式》，载 D. H. 梅勒编《交流方式》（剑桥年度主题讲座），彭程等译，华夏出版社 2006 年版，第 116 页。

流的极佳方式。在《〈道德经〉心释》中，他得心应手地讲述了许多个故事。而这些故事，有的是印度土产，有的来自中亚、欧洲和中国。《〈道德经〉心释》成了世界故事荟萃，各国的知名故事在这里亮相、交流。这些故事来到奥修笔下，当然经过挑选，同时也经过一定的改造。上卷第七章《为无为》中，奥修选用了一个名为“皇帝和宰相”的中国故事。显然，几经辗转，已经颇有一些“图兰朵”那样的华洋结合的味道了。

“为无为”，是老子的一个高深而伟大的思想。奥修说：“在行动当中，要无为，这是老子最深的奥秘。”对于这个“最深的奥秘”，奥修并没有给予由表及里、由浅入深的逻辑分析，让大家从奥秘中茅塞顿开。为什么？因为世界上任何真理，都是简单的、朴素的，甚至真理越伟大，就越简单、朴素。所以说它们奥秘、深邃，并不是说真理本身，而是指真理被遮蔽后给人造成的感觉。我们每个人都生活在自己的常识、经验、信条之中，它们在自己心目中，是百分之百正确的。但实际上，它们可能只有百分之五十的正确率。真理往往会被那些错误的常识、经验、信条遮蔽。真理好比美玉翡翠，常常被石质的外壳包着，这些石质外壳就是错误的常识、经验、信条。要见真理翡翠，无须精密仪器，复杂的化验，只要一把锤子敲剥掉那些遮蔽的外壳。老子的《道德经》之所以深邃，被喻为“五千精妙”，是因为它是写给周朝统治者看的，只有结论，没有分析，没有故事，只有一些隐喻。所以，通篇都是断语、警句，在许多人看来，就显得高深莫测。

真理既然是朴素、简单的，揭示它的最佳方法也应该是朴素、简单的。那就是讲故事，人类是爱听故事的动物。奥修深谙这个方法，他在揭示“为无为”这个老子“最深的奥秘”时，用了一连串故事，其中最核心的是世界著名的“发现阿基米德定律”的故事。奥修在书中这样写道：国王给了阿基米德一个从来没有人做过的难题，他尽了最大努力，工作紧张到了极限。但是，难题仍然没有解决，他感到很无助。

有一天，当他在洗澡，躺在浴缸里，很放松。他已经抛掉了那个想解决问题的观念，它无法被解决，但是突然间，它被解决了！

因此他变得很狂喜，光着身子冲到街上，大声呼喊：我找到了！我找到了！（Eureka!）国王以为他疯了，整个镇上的人都以为他发疯了。但是他没有发疯，他找到了答案。当国王问他说：你是怎么找到的？他说：借着无为。我什么事都没有做，我甚至没有试着要去解决它，事实上，我已经抛弃了它，我已经完全停止所有关于它的活动，我正在放松。① 奥修巧妙地借阿基米德之口，说出老子的“无为”，是那样的天衣无缝和直捣真理核心。

以故事说道理，犹如戏法人人会变，看的是道行的高低。奥修打破时空界限，将全人类的故事为其说理所用，手法纯熟高妙，实为中印文学交流史上一段佳话。

3．天马行空，以无法为法

哲学和文学，对奥修来说是富足的，追求一种什么样的叙事风格，才能和他的哲学、文学才华相匹配呢？

奥修是现代的老子、佛陀，奥修自己和他的许多门徒都这样认为。这种身份定位表现在演讲和行文时，就是天马行空，随心所欲，天高海阔无间道，无章无法任我飞。这是奥修行文的总体风格，是由他的身份、才华和本性决定的。但是，只要演讲，只要行文，总是要用某种形式来表达，而这种表达形式需要依据某种章法。那么奥修的章法是什么呢？是无法无章，就是以无法为法。我们以《〈道德经〉心释》为例，来分析奥修是如何在行文上以无法为法的。

《〈道德经〉心释》的书名，就告诉人们奥修依据的不是其他人的经注成果，而是自己的心。而心是无涯的，可以心驰万里，思接千载。这可以表现在行文内容上，也可以表现在行文风格上。全书分上下两卷，上卷十章，下卷九章，每章都以老子语为章名。有的不是老子原话，而是从《道德经》抽捻而成，如第一章《知与道》。

奥修对《道德经》的心释，大体分两种形式，凡是单数章，章首先引一段老子语录，如第一章《知与道》引：“不出门，知天下；不窥牖，见天道。其出弥远，其知弥少。是以，圣人不行而知，不见而明，

---

① ［印度］奥修：《〈道德经〉心释》（上），谦达那译，陕西师范大学出版社2007年版，第140页。

不为而成。”第三章《欲取天下而为之》引：“为学日益，为道日损，损之又损，以至于无为，无为无不为。取天下，常以无事，及其有事，不足以取天下。”凡是双数章，则完全用访谈即回答提问的形式展开。每章回答问题多寡不一，共计七十八题，分布如下：

上卷
第二章《道可道，非常道》，九题
第四章《知其雄》，十题
第六章《和光同尘》，十题
第八章《企者不立》，十一题
第十章《无欲则刚》，十一题
下卷
第二章《道生一》，七题
第四章《反者道之动》，七题
第六章《昔之得一者》，五题
第八章《无用之用》，八题

在单数章中，由解读老子语录开始，而逐渐展开。我们以下卷第一章《天下皆谓我大》为例，来具体分析一下。章首他引的老子语录是：天下皆谓：我大，不肖。夫唯大，故不肖；若肖，久矣其细。我有三宝，持而宝之：一曰：慈。二曰：俭。三曰：不敢为天下先。夫，慈故能勇，俭故能广，不敢为天下先，故能成器长，今，舍慈且勇，舍俭且广，舍后且先，死矣。

奥修在演讲中，不断阐发自己的见解。为了突出重点，为了演讲中提示的需要，他不断重复老子的话。重复的次数，由重要程度来定。在重复中不断向前推进。每讲的标题是老子的，所引语录也是老子的，但阐释发挥完全是奥修的。

在双数章中，又是另外一副景象，除了标题作为招牌是老子的，其内容与老子关系不大，有的甚至完全无关。对每个问题的回答也详略不一。有的问题，长篇大论地回答，有的问题只答一句。如上卷第八章中，听者问（第七个问题）：“在我的头脑里有一个小判官，他常常猛敲他的木槌说：不好，不好；好，好。与他共同存在的最佳方式是怎么样？”奥修回答说：“不要去判断那个判官。”在上卷第十章中，有人问（第七个问题）：“最近你说过，要达到成道的话，你必须经历过一个全然的挫折，完全丧失希望，但是当你知道一个师父借着他的‘在’在帮助你，似乎不可能丧失希望。”奥修的回答也只有一句话：“不必担心那一点，我会留意让你有机会完全受到挫折。”

如此回答听众提问，正是奥修演讲（行文）以无法为法的生动例子。

回答听众提问，具有很大的实战性。奥修是在论坛上出道的，自然而然，他喜欢挑战，在《〈道德经〉心释》中共回答了七十八个问题。有的问题极具挑战性，如：罪人有资格成道吗？到底是什么东西存在于人们里面，使他们对你所说的话，或对你这个人有那么多的敌意？这些问题，有的像抛过来的绣球，有的像掷过来的投枪，有的像送上来的一块石头。奥修在论辩和演讲生涯中，练就一身敏捷灵活的本领，不管提出的问题，是绣球、投枪还是石头，他一律欢迎。因为他将它们当作璞玉，因为他有因材施刀、随形赋彩的本领。

如果说听众提出的问题五花八门，毫无章法，奥修的回答办法“因材施刀，随形赋彩”，是他对待无法的法。当他听到为什么“他们对你所说的话，或对你这个人有那么多的敌意”这个问题时，奥修首先说：“那个责任不在于人们，那责任在于我。”接着他又说：“他们什么事都没有做，他们可以不管我，但是我不能不管他们。……我是一个叛逆者，任何我所说的都完全违反他们的制约。他们被制约成以某种方式来看待生命，来思考，来生活，但是我所说的话打扰了他们。我是故意这样做的，我必须去打扰他们，否则在他们生命当中就不可能有蜕变。”① 上述这一段答复中，摸准了提问人的脉搏，然后对症下药。先稳定情绪，将责任揽在自己身上，然后在多个进退往复中，不但消除对立，而且步步引向主题。

① ［印度］奥修：《〈道德经〉心释》（下），谦达那译，陕西师范大学出版社2007年版，第79页。

奥修[①]，这位在论坛、演讲中崛起的精神导师，和书斋里伏案做学问的学者的确大为不同，尤其在叙事风格上。奥修对《道德经》的传布风格，对人们了解真实的文化传播图景大有裨益。

三 中国古代诗歌翻译在当代印度

世界进入当代，人们越来越浅薄、浮躁，文学似乎越来越边缘，外国文学的译介也逐渐变得黯淡起来。然而，当代印度对中国古典文学，特别是古代诗歌的研译，却是逆势而上，竟出现了《中国诗歌》的印地语译本和《诗经》的泰米尔语译本。这春光乍泄，似乎将迎来一个译介中国古代诗歌的艳阳天。这在中国文学当代传播史上，是一个值得研究的现象。

狄伯杰（B. R. Deepak）和他的《中国诗歌》印地语译本，是中国古代诗歌当代印译的报春鸟。

《中国诗歌》共选译了自《诗经》至元代的85首诗歌，并有适当的注释。译者狄伯杰是尼赫鲁大学教授。曾任中国与东南亚研究中心主任，长期教授《中国文学史》。《中国诗歌》译本，是他教授中国文学史的重要成果，也是当代印度学者中国文学研究的一大收获。

译者在《序言》中，简要地叙述了中国先秦至清代的诗歌发展，相当精要，实为一部袖珍版的中国古代诗歌史。

中国诗歌，浩渺如烟海。不论是中国学者，还是外国学者，选诗是一门大学问。狄伯杰的教学对象，主要是尼赫鲁大学的学生，所以必须考虑学术界的主流意见，不能任由个人兴趣来选译。翻开《中国诗歌》目录，译者选《诗经》6首，屈原和南方诗歌4首，汉代诗歌7首，魏晋六朝诗歌14首，唐代诗歌40首，宋代诗歌11首，元代诗歌3首。此书采用的是“大诗歌”概念，诗、词、曲、民歌全在कविता（诗歌）的之中。元代的三首诗歌，其实是两首散曲，马致远的《越调·天沙净·秋思》和张养浩的《中吕·山坡羊·潼关怀古》，还有一首是王实

① 关于奥修的全面评价，请参阅郁龙余、刘朝华《中外文学交流史·中国—印度卷》，山东教育出版社2015年版，第430—448页。

甫著名杂剧《西厢记》中的《惊艳》。

狄伯杰选诗，既注意到了中国古代诗歌的面，具有相当广泛的代表性；又注意到了中国古代诗歌的点，具有相当的集中度。显然，狄伯杰将重点集中在唐诗上。不到300年的唐代诗歌，在2500年的诗歌长河中占了将近一半。这个目录告诉人们，在这位印度中国学家心目中，中国古代诗歌的生态布局，以及唐诗在这个布局中的地位。这里，没有对不对，也没有好不好，只有认同不认同。我是非常认同的，因为这个目录彰显了译者的胆识。

印地语版《中国诗歌》令我赞赏的是翻译艺术。狄伯杰选择的是一种简洁、流畅的现代诗歌语言。将不同时代、不同风格的中国古代诗歌，译成同一种风格的印地语，既是别无选择，又是明智之举。译本的读者是当代印度知识分子，如果将这些中国古诗，按印度梵诗诗律及用语译出，读者兴趣必然大减。而且，在翻译技巧上也会大受束缚。正是现在的这种“简洁、流畅的现代诗歌语言”，给了译者发挥才华的广阔空间。

印地语是从公元10世纪前后在梵语和北方方言基础上逐渐发展起来的，它的优势是印度的国语地位，广泛流行于印度中部、北部地区，有很强的生命活力。比如在词源上，除了印地语自己的词汇之外，还有源自梵语、波斯语、阿拉伯语、英语以及其他印度民族语言的。这样，就给了译者极大的用词语库。在《诗经・伐檀》的译文中，译者用了हराम一词。这个词汇源自阿拉伯语，原义是违反教规的、不合法的、罪恶的、寄生的，吃白食者，用来形容那些巧取豪夺的“君子”是十分贴切的。但是，印度诗家好像有一个约定俗成，在翻译古诗时不用英语词汇。所以，在整本《中国诗歌》中，尽管用词来源广泛，但在正文中除了极个别的如मील（英里）之外，不用英语词汇。这可能是个民族心理语言学的问题。

译者是印度著名中国学家，有很高的汉学造诣。他对中国诗歌的理解，是准确而深刻的。中国古诗，一般都朦胧含蓄，一词多义，号称难译。狄伯杰的译文，清新晓畅，读者易于理解与接受。自然，有得就有失，中文原诗中的丰富内涵以及由象征、隐喻等产生的多重意蕴，无可避免地会有所流失。正因为如此，古今中外的诗家，都说诗不可译。狄伯杰知难而上，翻译出版了这本印地语《中国诗歌》。从译者的语言水平、文学素养和学术生态环境来讲，这本译诗集的问世适逢其时。狄伯杰发表过众多论著，主要的有《中国文学史》（2001）、《印度与中国 1904—2004：和平与争斗的一百年》（2005）等。译者出生于印地语方言区喜马偕尔邦（Himachal），尽管他长期在德里的尼赫鲁大学上学与任教，但是在译诗用语上，他采取了积极而谨慎的态度，虚心向语言学大师请教，同时请著名印地语诗人看稿，提修改意见。他在《鸣谢》中写道：

> 在翻译这本诗歌选集的过程中，我得到了许多尊长的提携。首先要感谢尼赫鲁大学印度语言中心的首席教授戈温德·普拉萨德（गोविन्द प्रसाद），他总是对译诗表示出无限热忱，并提出中肯的建议。在他赴保加利亚之前，又一次对我的全部译诗和注释提出修改意见。对他这种持之以恒的帮助，我将铭感终身。同时，我还要感谢语言中心的艾美利德斯（एमेरिटस）教授，著名印地语诗人盖达尔纳特·辛赫（केदारनाथ सिंह）。辛赫教授在我的翻译过程中，对若干译诗，特别是诗经和唐诗，给予了宝贵的润色意见。我还要感谢德里大学的苏棠旭博士（सुधाँशु）。从翻译一开始，他就给了我相当多的帮助。著名印地语诗人与翻译家沃尔雅姆·辛赫（वरयाम सिंह）的意见，也使我获益匪浅。由于他们，我译诗的灵感犹如泉涌。

这样，《中国诗歌》的译文质量得到了有效保障。

那么，《中国诗歌》的印地语译文，是否尽善尽美了呢？我们认为，译文可分为上品、中品、下品三类。在同一位译家的同等心力下，译品的质量决定于两种语言的缘分。如果一首中国诗歌的诗意及表达，在印地语中机缘巧合，就能出现珠联璧合的译文。如《西厢记》中《惊艳》的译文就属上品，译者和读者均十分满意。印度历来以味（रस）品诗，八味之中以艳情味（śṛṅgāra）为首味。艳情诗历来受到追捧。形成了丰富的关于艳情的语汇群和诗句样式。以सौन्दर्य जादू来译“惊艳”，已经旗开得胜。जादू是个梵文词，它显示的是梵仙的天人丽质；जैसे फूलों के बीच गाती है कोयल来自波斯语，有魔法、迷惑之意。两词组合译出“惊艳”诗意，实为精妙之笔。而全诗一气呵成，句句令人激赏。中间个别词句，做了必要转换，亦属恰到好处。如“呖呖莺声花外啭”，译为जैसे फूलों के बीच गाती है कोयल（杜鹃啼花间）。莺与杜鹃，在中国意象不同，但都入诗。因物候原因，莺（黄莺）在印度稀少，且不入诗，而杜鹃则与中国一样亦入诗。所以用“杜鹃啼花间”转换“莺声花外啭”，是由中国印度的物候与文化环境的差异而使然。在此，我们对译者的才华与努力，表示赞赏。

中品译诗，往往出于这种情况：语言之间没有障碍，但是在具体的意象上有隔阂，译者不得不绕行。比如《采薇》，是《诗经》中的名篇。但是印度地处热带，多数人不知“薇”为何物，如果直译，读者一定不知所云。所以，译者将其译成युद्ध से घर लौटते हुए（战场归来），采用的是“戍役还归之诗”的说法。以此绕开“采薇”的翻译之难。应该说，是译者明智之举。但是，采用某家之说来译诗，往往有得有失。王昌龄《闺怨》，唐诗名篇，诗末“悔教夫婿觅封侯”是点睛之笔。译文为पति के लिए भरती है आहें, युद्ध में जो गए हैं नाम कमाने（哀叹丈夫为名赴战）。这里，译者用了一个印度成语नाम कमाने（求名、出名），应该说已是竭力来译“觅封侯”。但是，在中国历史中“封侯”的内涵十分丰富，既有靠战功“马上封侯”的，更有靠文治政绩封侯的。“觅封侯”“博功名”这一类极富中国特色的词语，是“求名”（नाम कमाने）这个印度成语难以完整表述的。但是，译者的努力已属难能可贵。

在狄译《中国诗歌》中，只有上品和中品，没有下品。译者从无数的中国诗歌中选译85首，保证了译诗集的思想性和艺术性。在译诗过程中，如果碰到实在难译之诗，则完全可选择改译他者。这样，就有效地避免了翻译失败和下品译诗的出现。

中印是世界闻名的诗国。《中国诗歌》印地语版的问世，是两大诗国文化交流史上的一件喜事。相信，在中国翻译出版了印度两大史诗《摩诃婆罗多》《罗摩衍那》及《泰戈尔全集》之后的今天，必将有更多中国诗歌译成印度语言，供印度人民阅读和欣赏。从这一个意义上说，狄伯杰的《中国诗歌》的印地语译本，为中印千年诗缘开了新篇。

《中国诗歌》印地语版的不足，是规模不够大，若能译出120—150首就更好。时间下限应到明、清，在这时期，亦有许多优秀诗歌，包括四大长篇小说中的若干脍炙人口的诗歌。我们期待着《中国诗歌》再版时，有一个更加饱满的新姿态。

印度语言众多，基本上可分为两大语系，印欧语系和达罗毗荼语系。印地语是印度国语，属印欧语系。泰米尔语是印度的又一大语言，属泰米尔语系，在印度南方使用者众多，在斯里兰卡、东南亚一带也有许多使用者。令人高兴的是，印度学者型外交官史达仁（Sridharan Madhusudhanana）于2012年2月，将《诗经》选译成泰米尔语出版，《中国日报亚洲周刊》（2012年3月30日—4月5日）载文“中国经典有了泰米尔译本”，引起学界和文化界的高度关注。关注之一，印度外交家多出诗人，除了史达仁之外，还有写《贫民窟的百万富翁》的V. 斯瓦如珀（Vikas Swarup），前驻华女大使（现为驻美大使）拉奥琦（Nirupama Rao）。关注之二，史达仁本人以及通晓中文、泰米尔文的专家都认为，中国《诗经》诗意与印度泰米尔语的桑伽姆诗歌，竟是这样相融相通。史达仁是印度高级外交官，在北京曾与笔者有一面之缘。从媒体得知他的译作《谁适为容：诗经》（*Vaari Choodinum Paarppavar Illai*：*Kavi Thogai—Chinaavin* “*Sanga Ilakkiyam*”）问世，便请印度驻广州总领事潘迪先生和梅农先生帮助联系。他不但回了信，还转来了达斯（Arunava Das）写的英文稿。虽然，史达仁只译了35首诗，只是《诗经》总数的十分之一，但毕竟有了一个美好的开头。通过《谁适为容：诗经》，让广大泰米尔语读者懂得了《诗经》的意蕴，让广大中国读者知道了世界上还有一种和汉语一样古老、一样宜诗的语言——泰米尔语。

2012年2月25日，印度第一部直接从中文翻译成泰米尔语的中国古典文学巨著《诗经》节选译本在新德里举行了别开生面的首发式。中国驻印度使馆公使王雪峰先生和印度安全顾问、印度驻中国前大使梅农（Shivshankar Menon）先生出席了首发式。王雪峰说：“史达仁先生为说泰米尔语的人们开启了一扇了解中国文学和文化的窗口。要充分展现中国的文学和文化并不是件易事。我感谢他为两国及两国人民搭建了这样一座绝妙的桥梁。他为这本书的翻译和出版付出了许多精力和激情。”①

四　《西游记》印地语版的翻译出版

《西游记》是中国四大古典名著之一，也是享誉全球的世界名著。1831 年就有了日文译本，后又有了英、法、德、美、波、俄等国的译本。由于小说运用神话语言，描述玄奘师徒到西天印度取经的故事，所以很久以来，印度人一直对《西游记》怀有特殊的感情。不少有识之士，总想将其译成印度民族文字。但是，要翻译一部 100 回的中国古典名著，从语言功底、文化素养和时间、精力上讲，都不是一件易事。《西游记》的翻译工作从 20 世纪 80 年代末就由外文局开始组织启动，直到 2009 年才由外文出版社正式出版，可见其漫长译路之艰辛。② 是一批老专家经过 20 年奋斗，克服种种意想不到的困难，才将这部近 2000 页的文学巨著，成功翻译出版。

《西游记》印地文版的出版，是中印文学交流史上一件大事，引起了有关专家和读者的高度评价。③ 2009 年 12 月 11 日《世界新闻

---

① “中国经典有了泰米尔语译本”，参见《中国日报亚洲周刊》2012 年 3 月 30 日—4 月 5 日，原文为英文，由深圳大学王璧老师中译。

② 1993 年外文局图书社印地语部撤编后，几经变更，后来终于将大量资料、文献作为废纸出售。得知这一情况后，原印地语部主任陈士樾及刘明珍女士赶到现场，从已经出售的一卡车废纸堆中找出两沓《西游记》译文的铅印稿等许多珍贵书稿。2006 年，在“中印友好年”之际，外文局印地语部原主任陈士樾、中国国际广播电台南亚部原主任陈力行和中国画报社原印地语组主任林福集三位资深翻译家，和资深编辑刘明珍一起联合启动了《西游记》的出版程序。

③ 此书的首发式于 2009 年 10 月 27 日在西安大慈恩寺举行的“长安佛教国际学术研讨会”的开幕式上进行。国内外专家学者、诸山长老及各级领导、僧俗信徒一千八百人与会，见到刚刚出版的三卷本印地文《西游记》，全都露出惊喜之色。印度驻华公使 J. 麦志达（Jaideep Mazumda）接过赠送的《西游记》，发表了热情洋溢的讲话，他说：“玄奘法师率领一班人员在译经堂翻译从印度带回的佛教经文。译经堂近在咫尺，让我不禁感叹古典名著《西游记》首次译成印地语是多么的机缘巧合。印地语版《西游记》会温暖中印两国文明交流历史的记忆。我由衷地祝贺所有参与翻译的专家学者完成了大业。”在 2010 年 5 月 15 日的“第二届中国—印度论坛”上，一经笔者出示印制精良的印地语版《西游记》，即引起 200 多位中外学者和媒体的热烈讨论与高度肯定。

报》用一个整版，报道《西游记》印地文版问世。报道说："《西游记》是写唐僧取经的，与佛教有直接关系。《西游记》中含有印度成分，许多故事取自印度，富有创造力的中国人博取他人之长，化外为中，创造出这部中华文化的赫赫巨著。"这部名著印地文版的面世，是中印文化交流、中印专家合作的典范。有学者向记者赵全敏表示："从事印地语文字工作一辈子，能最终让这样一部具有特殊意义的著作问世，这已是最大的满足。"此书的翻译出版有三点值得记取：

其一，是中印专家长期通力合作的成果。印地语翻译者为两位印度专家泰古尔（Manamohana Thākaura）和波拉普（Jānkī Bllabha）。这二位专家的印地语和英语均极好，先由他们根据《西游记》英文版译成印地语，然后由中国的精通印地语和《西游记》的学者，对印地语译文进行逐行逐句的校核和审定。前后参加这项工作的人数众多，作为"终审"的有金鼎汉、陈宗荣、林福集、陈学斌、钱王驷、陈士樾和刘明珍，作为"书稿核校"的有陈学斌、赵玉华、杨漪峰和唐远贵，作为"责任编辑"的是刘明珍，作为"出书执行"的是陈士樾，作为"策划"的有林福集、陈力行、王树英、陈学斌、刘明珍和陈士樾，作为"联络操办"的是陈力行。以上学者大都是20世纪五六十年代培养的印地语人才，不少已经七八十岁高龄。没有这么多人通力参与，没有中印专家合作，要想把这部名著译成印地语是不可能的。

其二，这是社会各部门互相配合的成果。一部译作的质量，需要靠专家的合作，而它的出版，还要靠社会各部门，如录入、设计、印刷等部门的协作配合，才能如期出版发行。由于印地语在中国是一个稀有语种，如此一部鸿篇巨制的电脑输入、排版、校对，要保证其准确无误，确实不易。出版经费的筹集，又是一大难题。据"联络操办"者陈力行说，最后因有众多单位和人士的鼎力相助，才促成其事。①

① 20世纪80年代末，外文局请印度专家泰古尔翻译《西游记》三年，仅住友谊宾馆每天花费500元，就是一笔不小的开支。译完80卷后，他有事回国。于是请波拉普继续翻译。《西游记》印地语版的出版，得到了西安大雁塔慈恩寺方丈增勤、少林寺释永信方丈、北京的延藏法师、西安利君制药有限公司、陕西中交通力科集团的鼎力相助。外文出版社除无偿提供书号，还提供该书铅印定稿全本（包括所需图片电子稿），并决定作为礼品版首印600套（每套三册），不作商业性发行。

其三，这是一个品位高尚的印地文译本。中印合作者的学力、身份及作风，保证了这个译本在信、达、雅及顺（古）四个方面的高标准。著名印度文学专家季羡林在2007年5月11日为《西游记》印地语版写的《序言》中说："外文局经过多年努力，将该书译成印地文，呈现在诸位面前，这是件大好事，值得祝贺！"他又说："印地文版的《西游记》问世，有利于中印两国人民彼此了解和文化交流，有助于中印友谊不断和谐地发展。"① 翻开此书首卷扉页，赫然印着六行印地文："谨将此书献给从事、关心中印友好的人士暨贺中印建交六十周年！"此书封面及首卷卷首配有若干清代的插图，给人古色古香的美感。

综上所述，《西游记》印地语版的翻译出版，是世界文学名著翻译史上的一件大事，是中印文化交流史上的一个重要里程碑。她不但是献给中印建交60周年的一份厚礼，而且是赠予中印人民世代友好事业的一份巨献。

我们受外文出版社和陈力行、陈士樾两位资深翻译家的委托，通过印度文化关系委员会主席凯伦·辛格博士，向印度著名人士及部分高校图书馆赠送了此书，受到印度朋友的热烈欢迎。② 陈力行为此书的出版发行，贡献殊大。2011年12月，在中国国际电台七十周年台庆上，他荣获"特别贡献奖"。

根据笔者和印度民众的接触，知道他们对中国古代经典有着强烈的阅读兴趣。根据笔者对印度学者的接触，知道他们中间蕴藏着

---

① 译文见《西游记》（印地文版）首卷卷首，外文出版社2009年版。

② 凯伦·辛格主席于2010年10月26日访问深圳大学，章必功校长向他赠送《西游记》（印地文版）。请辛格主席转送的具体情况，载于我们给他的信中。此信内容如下：我受中国外文出版社和陈力行、陈士樾等中国翻译家的委托，向您赠送一套印地文版的《西游记》。这是中国的四大古典名著之一，以唐代高僧玄奘到印度取经为原型，创作而成的神话小说。中国和印度的翻译家，经过近二十年的努力，才将它翻译出版。可以说，印地文版的《西游记》的问世，是当代中印文化交流史上的一段脍炙人口的佳话。我们请您向印度文学院、印度国家图书馆、德里大学、尼赫鲁大学、贝拿勒斯印度教大学等单位，以及梅农先生（Shiv Shankar Menon）、契特教授（G. K. Chadha）、拉奥琦女士（Nirupama Rao）、班浩然先生（Gautam Bambawale）每人送一套。他们都访问过深圳大学。我们还想请您向辛格总理和国大党主席索菲娅·甘地女士各赠送一套印地文版的《西游记》。他们都访问过中国，是中国的好朋友（今年5月访问中国的帕蒂尔总统，已通过驻广州总领馆送她一套）。我们谨以此向您和印度人民表达敬意与友谊。

译介中国古代典籍的巨大愿望。回顾20世纪中国古代典籍在印度译介的路程，中国印度学者互相结合、优势互补，是中国经典在印度有效传播的最佳途径。

（原文发表于《国际汉学》第23辑，此处文字略有修改）

敦煌学研究的新里程碑

——简论《敦煌佛教绘画》

2011年10月20日，印度文化关系委员会（ICCR）派出的讲席教授夏尔玛（Nirmala Sharma）向我出示即将出版的《敦煌佛教绘画》（新德里国家博物馆藏）。我的眼前顿时一亮，知道在世界敦煌学研究史上，又一部具有划时代意义的著作诞生了。

一 《敦煌佛教绘画》简介

《敦煌佛教绘画》是印度著名学者洛克希·金德尔（Lokesh Chandra）和夏尔玛的新著，由印度尼瑜吉书局（Niyogi Books）于2012年出版。金德尔家学渊源，其父拉祜·维拉（Raghu Vira），是印度的一代国学宗师，著名的印度文化国际研究院（International Academy of Indian Culture）的开创者。早在1938年，他著成《〈罗摩衍那〉在中国》一书，并长期从事中印文化关系研究。金德尔子承父业，不但是印度文化国际研究院的第二代掌门人，而且是印度当代最著名的中国学研究大家。1954年，他和父亲合作出版《中国的不害思想》（*Chinese Poems and Pictures on Ahimsā*）。此书译自丰子恺的《护生故事》，属于诗配画。画由丰子恺所作，配诗作者包括李白、杜甫、白居易和历代文人雅士。维拉和金德尔父子的贡献，是将这些配诗译成了梵语和英语。这是中国诗歌外译史和中印文学交流史上值得一书的。2010年《中国的不害思想》又出了第二集。金德尔著作等身，他和班纳吉合著的《玄奘与丝绸之路》（2007年），是一部现代学术名著。2010年，他又出版了《佛陀的一生：中国明代木刻版佛经图说》（*Life of Lord Buddha From Chinese Sutras Illustrated in Ming Woodcuts*）。此书是对《释迦如来应化事迹》一书的研译，极见功力。在他耄耋之年，和著名艺术史家夏尔玛合著《敦煌佛教绘画》，是印度学术界的幸事，更是敦煌学界的一件盛事。

夏尔玛是当代印度杰出的女学者，她英达聪慧，一心治学，至今已有《拉格马拉绘画》（2006年）、《鸠摩罗什：中国佛教用语的定译者》（2011年）、《巴米扬、哈里底和金德雷特的佛像》（2011年）等专著问世，都是文化交流史研究的扛鼎之作。毋庸置疑，她和金德尔合著的《敦煌佛教绘画》，是最具有学术意义的一部著作。

此书用英语著述，共280页，八开大本，铜版纸彩印。全书分四部分：前言、“敦煌走过百年”、“敦煌：神像的星河”和“印度国家博物馆藏敦煌绘画”。

“前言”① 在书中地位重要，作者的主要观点、立场都有充分阐述。其中，还首次披露了若干重要的相关信息。是读者了解掌握此书的一把不可或缺的钥匙。

第四部分“印度国家博物馆藏敦煌绘画”（Dun-Huang Paintings in the National Museum，New Delhi），直译应是“印度国家博物馆（新德里）所藏敦煌绘画”，是此书的核心部分，读者从中可以知道这本著作的学术价值。书后的五个附录，特别是第四个附录“图片对照索引表”（Concordance of CH，Stein，National Museum（NM）and Book Numbers），具有重要的资料价值。这本著作是印度学者第一次正式向外刊发印度国家博物馆（新德里）收藏的敦煌绘画，展现了作者的学识与才华。他们由此在国际上奠定了一流敦煌学家的地位。两位作者，一位是博学的大学问家，另一位是著名的艺术和艺术史家。此书的装帧设计、印制工艺也都非同一般，是我见到的国内外敦煌图书中最漂亮的一种。

《敦煌佛教绘画》的出版，具有某种解密的性质。业内专家知

① 译文载于《深圳大学学报》（人文社会科学版）2012年第1期。

道，印度国家博物馆所藏敦煌文献和文物。是斯坦因（Mare Aurel Stein）于19世纪初所收集的一部分。斯坦因是英籍匈牙利人，他一共4次到过中亚地区探险。其中第二次（1907年3月）考察时来到敦煌，5月21日进入藏经洞，见到“总计约近500立方英尺”[①]的经卷。最后，用4块马蹄银从道士王圆箓手中换得七大箱经卷和五大箱的绘画、织物等。四个月后，斯坦因又从王道士手中获取230捆手稿约300件经卷。[②] 1913年，斯坦因第三次到中亚探险，又在敦煌掠走了一批包括丝织品在内的敦煌文物。[③]

这种情形，就像当年西方人在印度到处去疯狂地搜掠各种手写本经典一样。据《印度文化史》记载：“1789年，一个婆罗门学者告诉他（威廉·琼斯——笔者注）存在梵文戏剧，他在当年便译出了迦梨陀娑的杰作《沙恭达罗》，从而使西方世界大吃一惊。学者们带着探险者寻找澳大利亚金矿的贪婪，从事梵文手稿的搜寻。”[④]以上两种景象，时间、地点、搜寻的物品不同，但是其性质与后果是完全一样的。

1911年11月，斯坦因写成第二次探险考察笔记《沙漠契丹》（*Buins of Desert Cathay*）。1921年，将其增订为五卷本的正式考古报告《西域考古图记》（*Serindia*）。此书的文物目录由安德鲁斯（Fred H. Andrews）和罗里默（F. M. G Lorimer）所制，对每件文物都作了详细的描述。1928年，斯坦因出版四卷本著作《亚洲腹地》（*Innermost Asia*），是他第三次考察的详细报告。1929年，斯坦因在美国波士顿罗威尔学院主持讲座时，将其缩编成一本《第三次中亚探险简述》（*Brief Narrative of 3 Expeditions*）。

斯坦因第二次探险的经费，60%由印度政府提供，40%由大英博物馆提供。所以，他的收集品也按此比例分配。但实际情况，大

---

① Aural Stein, *Serindia*, Oxford: Oxford at the Clarendon Press, 1921, Vol. 2, p. 808.

② Ibid., p. 825.

③ Aural Stein, *Innermost Asia*, Oxford: Oxford at the Clarendon Press, 1928, Vol. 1, pp. 343 – 370.

④ ［澳］A. L. 巴沙姆主编：《印度文化史》，闵光沛等译，商务印书馆1997年版，第696页。

为曲折。[①] 第三次探险经费全部由印度政府资助，这次探险的收集品，主要收藏于印度的国家博物馆，大英博物馆只是收藏了一些代表性的标本和“文学遗稿”。[②]

知晓了敦煌文献文物在印度的收藏情况，它们的学术价值也就明晰了。近年来，中国文物管理部门和有关出版社与各国博物馆合作，相继出版了收藏在大英博物馆、法国国家图书馆等机构的敦煌文献。只要在历史上记载在册而又重要的，几乎全部都已刊布，但唯独不见印度的收藏。中国有关部门和出版社，曾经为此努力过。笔者也曾通过印度友人，向印度有关部门呼吁过。一切似乎都没有结果。于是，业内有人对印度国家博物馆收藏的敦煌文献、文物的现状和命运产生了担忧及种种猜测。就在大家的担忧、猜测变成沉默而无望的等待时，夏尔玛在毫无预示的情况下，携带她和金德尔的新著样书《敦煌佛教绘画》来到深圳大学。在 10 月 21 日夏尔玛举行的《印度佛教石窟之美》的演讲会的开场白上，我手拿《敦煌佛教绘画》对与会的老师和学生说：“这本书的封面以及书中的绘画，你们会觉得似曾相识。但是，我要告诉大家，你们是第一次见到它们，它们是第一次出版刊布。大家所以有似曾相识之感，因为它们是敦煌绘画的一部分。”在场的师生，听后都为之兴奋起来。

二　《敦煌佛教绘画》在敦煌学研究中的意义

敦煌绘画在印度，是许多大学艺术史专业研究生的必修课。但

① 有关学者研究认为：“斯坦因第二次从敦煌收集的丝织品与其他的收集品一起运回伦敦，先存放在大英博物馆，然后在英国和印度政府之间进行分配。分配给大英博物馆的藏品从斯坦因藏品名下转入大英博物馆，而分配给印度政府的藏品则于 1919 年 2 月 12 日从大英博物馆迁到伦敦的印度事务部，准备日后装船运往印度。然而，这批藏品似乎并没有马上运往印度，而是留在了伦敦的印度仓库并辗转到了维多利亚阿伯特博物馆，博物馆向印度政府申请借用后一直保存着这批纺织品。”汪海岚、白海伦、吴芳思：《伦敦收藏的敦煌丝绸》，载《敦煌丝绸艺术全集》（英藏卷），东华大学出版社 2007 年版，第 14—16 页，转引自赵丰主编《敦煌丝绸与丝绸之路》，中华书局 2009 年版，第 5 页。

② Aural Stein, *Innermost Asia*, Oxford : Oxford at the Clarendon Press, 1928, p. xvi.

是，由于各种原因，印度国家博物馆藏敦煌文献、文物包括绘画，一向秘不示人。即使是敦煌学研究的权威专家，除了能看少数几件展品之外，想要目睹更多藏品，也都一一被婉拒。对此，我原先有所耳闻。这一次，夏尔玛又亲口向我证实。她还说，当她申请进馆研究时，首先要求出具她的印度国民身份证明。不然，一切无从谈起。即使获准了，具体进程中也遇到过种种困难。所有的照片，是由作者聘请专业摄像师拍摄的。拍摄之后，留赠博物馆一份。

印度国家博物馆收藏的敦煌文献、文物，有多个品种。金德尔和夏尔玛这次研究的对象是敦煌绘画，其他类别，即使是极为相近的绣像，也不在入选之列。从目录上看，印度馆藏绘画数量不少，但有的已朽败，只剩下一个框架，或一块残片。作品雷同，是普遍现象。不但印度国家博物馆藏敦煌绘画中有互相雷同的，和中国等各地博物馆的藏品对照，也多有雷同者。这和当时绘画的生产和消费的情况密切相关。供养人（买画者）往往是一家子，乐意供养类似的画品。以此为生的绘画人，卖给不同人的画作，自然也会大同小异。从绘画数量上讲，作者已经接触、研究了全部馆藏的95%左右。所以，两位作者已经对大家企盼已久的印度博物馆藏敦煌绘画，作了专业的、穷尽性的分析介绍。《敦煌佛教绘画》就是两位作者多年心血的结晶。

敦煌学研究已逾百年，出版的论著数量庞大。现在，再添这一本《敦煌佛教绘画》，在敦煌学研究中，有何意义呢？纵观百年敦煌学研究史，《敦煌佛教绘画》的出版刊布有着它的特殊意义。这主要表现为三个方面：

（一）弥补了敦煌学研究材料的不全

陈寅恪说：“一时代之学术，必有其新材料与新问题，取用此材料以研究问题，则为此时代学术之新潮流。”（《陈垣敦煌劫余录序》）敦煌文献、文物的出现，然后兴起一门崭新的学科——敦煌学。然而，以前敦煌学研究所依靠的材料是不完整的。所以，以前的敦煌学研究也是不完整的。这也是包括中国学者在内的世界敦煌学研究者，所苦苦企盼印度收藏的敦煌文献、文物能早日刊布的主要原因。现在，随着金德尔、夏尔玛的《敦煌佛教绘画》的问世，极大地弥补了敦煌研究材料不全的遗憾，也为克服敦煌学研究不完整的缺点，提供了解决的前提条件。

（二）敦煌学研究大家庭有了印度面孔

印度民族有着许多与众不同的性格特征。其中之一就表现在他们的竞争观念上。例如，一方面，他们对奥运会奖牌的争夺，似乎并不在意；另一方面，对棒球的胜负又很是上心。对敦煌学这门炙手可热的显学，印度学者长期以来好像并不在乎，尽管他们握有利器。在敦煌学研究的大家庭中，不乏英国、法国、德国、俄国、美国、日本等世界各国的面孔，唯独缺少印度面孔。从敦煌学研究所需要的人才结构来讲，印度学者和中国学者一样，是最最不能或缺的。《敦煌佛教绘画》的问世。标志着敦煌学研究大家庭有了印度面孔。百年敦煌学，终于可以照一张全家福了。

（三）给敦煌学研究带来了新的知识动力

《敦煌佛教绘画》的问世，不仅标志着印度学者迈着有力的步伐登上世界敦煌学的论坛，为印度学术带来荣光，更是为敦煌学的发展注入了新的动力。印度学者研究敦煌学，具有两大优势。

第一，是后发优势。作为一门国际显学，敦煌学百年来，尤其是近半个世纪以来，获得了巨大发展。印度学者由于各种原因，敦煌学研究起步较晚，但也由此具备了一种后发优势。他们可以在世界各国研究的基础上，高起点、跳跃式发展，充分利用后发优势，使自己的敦煌学研究后来居上。《敦煌佛教绘画》横空出世就充分说明了这一点。

第二，是文化优势。敦煌学涉及的内容包罗万象，但主要是中国文化和印度文化。我们在研究中碰到的大量难题，无论是语言文字、图像造型、故事神话，其源头大多出自印度。印度学者对这些问题，不仅熟悉，而且有一种天生的亲缘感。这种文化亲缘感，是西方英、法、德、俄各国学者所不具备的，他们有的只是好奇心和求知欲。夏尔玛说，敦煌绘画中的许多含义，外国学者往往捉摸不透，或者搞错。但是对印度学者来说并非难事，甚至只是常识问题。

由上可知，《敦煌佛教绘画》的问世，不仅仅是为百年敦煌学研究增添了一本新著，而且作为一种标志，表明敦煌学研究，在文献材料、人才结构和知识动力方面，出现了新的扩展和突破。由印度学者金德尔和夏尔玛编著的《敦煌佛教绘画》，从写作主体的角度说，是敦煌学百年发展史上的一座新的里程碑。

三　开创敦煌学研究的新阶段

敦煌学研究风雨百年，不少学者都想为它进行学术总结，也出版了若干优秀成果，如林家平、宁强、罗华庆的《中国敦煌学史》（获第七届中国图书奖），刘进宝主编的《百年敦煌学：历史、现代、趋势》等。凡是学术史研究，总是离不开发展阶段划分。对敦煌学史的阶段划分，各家各有不同眼光。我们认为，一部世界敦煌学史，从研究主体看，大体可分为三个阶段：

第一阶段：敦煌学初始开创期（1900—1944）

第二阶段：敦煌学深入发展期（1944—2011）

第三阶段：敦煌学全面发展期（2011—　）

在第一阶段的初始开创期，敦煌学的研究主体，是外国的探险家和考古学者，其中主要来自英、法、俄、德、日等国。在这个阶段，外国人运用各种手段收集、盗运敦煌文献、文物。其中有些人进行了认真研究，成了第一批敦煌学家。敦煌藏经洞打开之初，清朝政府全然不知。直到1910年，在罗振玉等人奏请下，清朝政府的学部才下令收购劫余的敦煌经卷。那时，中国国运衰微，国珍外流，陈寅恪称之为“吾国学术之伤心史”。（《陈垣敦煌劫余录序》）这样，就为中国敦煌学撒下了爱国的种子。

在第二阶段的深入发展期，敦煌学的研究主体逐渐由外国人变为中国人。它的标志是1944年国立敦煌艺术研究所的成立。在这个阶段的初期，战火纷乱，一批爱国学者在极端困难的情况下，取得了不凡的成绩。新中国成立之后，敦煌学研究虽然遭遇曲折，但从总体上讲，敦煌学研究在这个阶段获得了稳步深入的发展。这和中国学者的“学术爱国”的观念是分不开的。研究对象（中国敦煌）和研究主体（中国学者）的统一，是取得深入发展的根本原因。有学者指出：“迄今为止，敦煌学的研究论著，完全称得上汗牛充栋。”“经过半个多世纪的努力，姜伯勤、荣新江、方广锠、郝春文等一批学人脱颖而出。当前国内敦煌学界坦言，国人大可不必为此太过‘伤心’了。”① 这个观点，是以中国学者丰硕的学术成果为基础的。

第三个阶段，即敦煌学研究的全面发展期，既是我们所企盼的，更是敦煌学研究发展的必然结果。它的到来的标志是金德尔和夏尔玛的《敦煌佛教绘画》的出版。此书2012年正式出版，多年前即开始研究，2011年杀青付印，并印出样书。我们可以将付印之年2011年作为此书的问世时间。第三阶段，在研究主体上将发生重要变化——逐步加强中印学者合作，将敦煌学研究推向一个新的高潮。

我们所说的“中印学者合作”，并不排斥和其他国家学者的合作。学术乃天下公器。季羡林早在1988年就提出“敦煌在中国，敦煌学在世界”的响亮口号，并于2003年3月8日促成在日本京都大学成立“敦煌学国际联络委员会”（International Liaison Committee for Dunhuang Studies），缩写为ILCDS。七年来，这个委员会的干事所在国已扩大为八国（中国、日本、俄罗斯、法国、德国、英国、美国、哈萨克斯坦）。我想，下一个干事所在国应该是印度。

中印学者的合作，不但不会削弱敦煌学研究的国际合作，反而会大大加强这种合作。印度学者优良的国际意识和作风，会使敦煌学研究更具国际性。

经过风雨百年，敦煌学发展面临新的转型。对此，学术界虽有争议，但转型的趋势逐渐明朗。“转型”往哪儿转？往全面发展的方向转。这个“全面”包含以下几点：

1. 全面研究敦煌文献文物

以前有人说，敦煌学基本资料的收集、整理和刊布已经基本完

① 李四龙：《欧美佛教学术史》，北京大学出版社2009年版，第426页。

全。其实，这一观点缺乏事实根据。我们同意方广锠、王素的意见：还有一些我们想不到的地方，仍然收藏了敦煌资料。需要我们继续在搜寻、整理、刊布上下功夫。① 印度国家博物馆的收藏，在敦煌资料史上赫然在册，而对它们的整理、研究、刊布刚刚开始。最起码，只有将印度资料的工作完全做好了，才有可能说敦煌学的基本资料工作基本上做好了。而这项工作，其他人很难越俎代庖，只能由印度学者完成。当然，若能创造条件进行中印合作或多国合作，则是最为理想的。《敦煌佛教绘画》的刊布，为中印合作、多国合作提供了学术基础和思想基础。

2. 全面推广敦煌学的研究成果

在一个世纪的努力下，敦煌学研究取得了巨大成就。但是，这种成就多少有些孤芳自赏，没有很好地被相关学科所采纳吸收。这固然和相关学科的学者的学识有关，但更多的是敦煌学学者的推广力度不足的责任。诚如宋家钰所说："我们还缺乏根据敦煌文献、文物的研究对社会历史问题研究有重大突破和显著影响的著作。"② 实际上，敦煌学所涉及的是相关各国、各民族文化的方方面面，不是历史、文学、语言等若干学科所能涵盖的。所以，我们不能为敦煌学而敦煌学，而需要扩大学术视野，全面推广敦煌学的学术成果，让敦煌学的成果滋养和强健相关学科的肌体。这是敦煌学的价值和生命力所在。

3. 全面总结敦煌学的经验和教训

刘屹指出："进入21世纪以来，敦煌学界总结上一个百年学术史的愿望显得颇为强烈。但大家公认，到目前为止，我们还没有一部让大多数人满意的敦煌学学术史。恐怕在短期内也很难看到这样的学术史问世。"③ 出现这种情况的根本原因，是我们还没有来得及将百年来的敦煌学研究，进行全面、客观的梳理和总结，包括经验

---

① 中国敦煌吐鲁番学会等编：《敦煌吐鲁番研究》第12卷，上海古籍出版社2011年版，第504页。

② 刘进宝主编：《百年敦煌学：历史、现状、趋势》，甘肃人民出版社2009年版，第168页。

③ 中国敦煌吐鲁番学会等编：《敦煌吐鲁番研究》第12卷，上海古籍出版社2011年版，第502页。

也包括教训。有学者认为，中国敦煌学存在值得深思和重视的三大问题：第一，对于敦煌学这门学科本体有着许多模糊观念；第二，思维空间狭窄，思维方式陈旧，思维性格保守；第三，未能引进先进的科学方法论，未能实现理论性的重要建树。[①] 认识到问题，就有了前进目标。只有将敦煌学发展中的各种根本性、倾向性的问题，给予创造性的解决，一部公正、恰当、全面的敦煌学学术史，才会水到渠成、瓜熟蒂落。从这个意义上讲，历经百年仍无总结性的学术史问世，只说明敦煌学体硕命长，大器晚成，虽然已过一个世纪，但远未至其成熟期。

显然，做到上述三点，敦煌学研究就会从深入发展期转向全面发展期。而这全面发展，是离不开印度学者参与的。

[此文刊载于《深圳大学学报》(人文社会科学版) 2012 年第 1 期，第 10—15 页]

① 林家平、宁强、罗庆华：《中国敦煌学史》，北京语言学院出版社 1995 年版，第 16—19 页。

《道德经》印译的意义

一 《道德经》梵译曾是一桩历史公案

《史记·老子传》："老子者，楚苦县厉乡曲仁里人也，姓李氏，名耳，字伯阳，谥曰聃，周守藏室史也……居周久之，见周之衰，乃遂去，至关。关令尹喜曰：子将隐矣，强为我著书。于是老子乃著书上下篇，言道德之意，五千余言，乃去。莫知其所终。"老子和孔子同时代，比孔子年长。孔子曾向老子请教礼，回来后对弟子说："吾今日见老子，其犹龙邪！老子修道德，其学以自隐，无名为务。"这是孔子对老子的极高评价，也体现了孔子的慧眼识人和坦荡胸襟。孔老相会，是中国文化史乃至世界文化史上的一次伟大会面。老子不但得到孔子的高度评价，而且得到先秦诸子的一致推崇，在他们的典籍《墨子》《庄子》《韩非子》《荀子》《礼记》《吕氏春秋》《战国策》中，对其思想多有记载。正因为老子在中国文化史上声名赫赫，李唐王室为了巩固政权，尊其为宗室先祖。唐太宗多次下诏，给道佛排序。贞观十五年（641）帝谓僧曰："比以老君是朕先祖，尊祖重亲，有生之本，故令在前。"（《广弘明集》卷二八）尊祖重亲，和联姻一样，是古代帝王巩固地位的常用手段。但是，由于老子特殊的文化身份，使得李唐皇室的这次认祖，在中国文化发展史和中印文化关系史上，产生了放量效应。有学者说："老子是中国古代伟大的思想家、哲学家，他有着无与伦比的睿智。早在唐代，《老子》一书就被译成梵文流传国外，今天世界上仍有日文、英文、德文等译本流传。”① 老子的《道德经》由玄奘奉诏译汉为梵，开了中华学术以官方途径向外传译的先河。

《道德经》译汉为梵，是唐太宗李世民尊奉老子的重要决策，也是当时中外文化交流的客观诉求。唐代，中外文化交流空前繁荣，丝绸之路上，使者、商贾、僧人、伍卒、挑夫，不绝于途。中国的丝绸、陶瓷、茶叶、药材，源源西去，印度、中亚、西亚和欧洲的奇珍、方物，滚滚东来。在文化方面，印度和中亚诸国，先小乘后大乘，将佛教文化送来，中国也有大批僧人赴西天取经。在这繁忙的背后，不管是帝王、官员还是普通百姓，心中自然而然地产生了失衡的感觉。对等持衡，是人类的普遍心理。在精神文化方面，摩诃支那（伟大中华）应该送些什么经典到印度去呢？从学术地位、学理特色和政治条件上讲，将老子的《道德经》翻汉为梵，送到印度去，是不二的选择。

不过，玄奘有否奉诏将《道德经》译汉为梵，历代有争议。《佛祖统记》说：“上令翻《道德经》为梵文，以遣西竺。师曰：‘佛、老二教，其致大殊，安用佛言用通老义？且老子立意肤浅，五竺观之，适足见薄。’遂止。”（《佛祖统记》卷三十九）给人的结论是，玄奘停止了翻译，没有完成任务。现代学者也有认为：“翻译过程中，玄奘与道士的争论甚多。译《老子》事后来中辍。”②

那么，玄奘到底有没有将《道德经》译成梵语？大多数人认为，玄奘完成了任务。原因是，这是一个“皇帝工程”，不是皇帝一时兴起，而是有着光宗耀祖，以文光华的考虑。玄奘是唐代最聪明的和尚，和李世民及整个唐皇室有着极深的关系。他没有任何理由半途而废。而且，唐太宗下诏后，组成了一个三十多人的工作班子，派出重要官员参加，可以说是皇上钦点，兴师动众。唐太宗是一代英主，他要玄奘翻译《道德经》自有考量，不会做无把握之事。

玄奘游学印度十七年，行程五万里，所闻所见，百有三十八国，

① 张智彦：《老子与中国文化》，贵州人民出版社 1996 年版，第 2 页。

② 谭中、耿引曾：《印度与中国——两大文明的交往和激荡》，商务印书馆 2006 年版，第 174 页。

亲践者一百一十国。这样一位阅历丰富、道声高远的僧人，深知“不依国主，则法事难立”。贞观十八年（644）他抵于阗便上书太宗，太宗立即答复：“可即速来，与朕相见。”同时令人迎接慰问。他到沙州后再次上书，太宗在洛阳，命西京留守左仆射房玄龄组织隆重的迎接仪式。玄奘于贞观十九年正月二十四日抵长安，二月太宗在洛阳见到来谒见的玄奘，对他的才华、气质大为赞赏，劝他还俗从政。玄奘志在译经，太宗大力支持，对他说：“所须人、物、吏力，并与玄龄商量，务令优给。”同时给房玄龄下令，要他大力支持玄奘，一切费用由国库支付。玄奘和太宗关系密切。他专心译经，“专精夙夜，不堕寸阴”。同时，他还经常追随太宗左右，每译成一经，必请太宗作序，不达目的不罢休。太宗其实看重他的才华，几次要他还俗，“致之左右，共谋朝政”。“意欲法师脱须菩提之染服，挂维摩诘之素衣；升铉路以陈谟，坐槐庭而论道。”（《大正藏经》卷五〇）玄奘回答道：“仰惟陛下上智之君，一人纪纲，万事自得其绪。”现在看起来，这个回答真是非常得体，既拒绝了太宗的要求，又不得罪这位大皇帝，而且还狠狠地拍了一下马屁。[①]还俗从政，对玄奘这样一位名僧来讲，实在兹事体大，他难以从命，其他如将《道德经》译成梵文，则有何之难！

太宗要玄奘译《道德经》，还是外交上的需要。在玄奘归国前一年（贞观十七年），太宗派李义表、王玄策出使天竺。贞观二十一年，李义表等归国，向太宗汇报出使情况，提到向东印度迦摩缕波国童子王介绍《老子》。于是太宗下敕，要玄奘将老子《道德经》译汉为梵。

怀疑、否认玄奘翻译《道德经》的根源，在于《佛祖统记》。为了弄清真相，以正视听，我们引述道宣《续高僧传》卷四《译经篇·玄奘传》如下：

> 寻又下敕，令翻老子五千文为梵言，以遣西域。奘乃召诸黄巾，述其玄奥，领叠词旨，方为翻述。道士蔡晃、成英等，竟引释论《中百》玄意，用通道经。奘曰：“佛道两教，其致

① 季羡林：《玄奘与〈大唐西域记〉——校注〈大唐西域记〉前言》，载《大唐西域记校注》，中华书局1985年版，第112页。

天殊，安用佛言用通道义？穷窍言迹，本出无从。”晃归情曰：“自昔相传祖凭佛教，至于三论，晃所师尊，准义幽通，不无同会，故引解也。如僧肇著论，盛引老庄，犹自申明，不相为怪。佛言似道，何爽纶言？”奘曰：“佛教初开，深文尚拥，老谈玄理，微附佛言。肇论所传，引为联类，岂以喻词而成通极。今经论繁富，各有司南。老但五千，论无文解，自余千卷，多是医方。至如此土贤明，何晏、王弼、周颙、萧绎、顾欢之徒，动数十家注解老子，何不引用？乃复旁通释氏，不乃推步逸乎？”既依翻了，将欲封勒。道士成英曰：“老经幽邃，非夫序引，何以相通？请为翻之。”奘曰：“观老治身治国之文，文词具矣。叩齿咽液之序，其言鄙陋，将恐西闻异国，有愧乡邦。”英等以事闻诸宰辅。奘又陈露其情。中书马周曰：“西域有道如老庄不？”奘曰：“九十六道，并欲超生，师承有滞，至沦诸有。至如顺世，四大之术，冥初六谛之宗，东夏所未言也。若翻老序，则恐彼以为笑林。”遂不译之。①

上面这段文字应当准确可靠，道宣（596—667）与玄奘（600—664）是同代人，而且和玄奘关系密切。道宣的《玄奘传》至少告诉我们这样几点：其一，玄奘“翻了”《道德经》，即完成了翻译任务。其二，玄奘没有翻“老序”，因为如果翻了，恐怕引起笑话，所以不译。其三，“老序”不是老子所作，也不是太宗所作，可能是道士们的续貂之作。所以玄奘斥为“其言鄙陋”。其四，佛道之争无处不在，即使在“皇帝工程”中也有充分反映。其五，《佛祖统记》后出，其作者不地道，用“去中段留头尾”的办法，是非颠倒，误导读者。

《道德经》既已译成，是否传到印度，并无明文记载，也不见印度有传本。我们认为，《道德经》译成梵文之后传到印度，毋庸置疑。理由有三：其一，这是一项“皇帝工程”，推力强大。其二，当时中印人员交往不断，包括中国派遣使团。其三，印度迦摩缕波国

① 慧皎等撰：《高僧传合集》，上海古籍出版社1991年版，第135页。

童子王（kumara），与玄奘交情深厚，而且玄奘归国后，与佛教最高学府那烂陀寺一直保持着联系，传送渠道畅通。至于在印度不见传本，原因并不复杂。印度历来不重文本，气候炎热潮湿，纸质文本不易保存。更重要的原因是，《道德经》的译汉为梵，是当时政治和外交的需要，传到印度后作为外道的经文，是很难传之久远的。

二　现代印度人钟情老子的《道德经》

那么，《道德经》在印度有现代译本流传吗？薛克翘经过调查研究，答案是肯定的。他说：20 世纪 80 年代，印度北方一些城市的书摊出售印地文和乌尔都文《道德经》，而且印地文的《道德经》还不止一种版本。其中，北方邦瓦拉纳西全面服务协会出版、1984 年 4 月第三次印刷的译本，既非译自汉文，亦非译自英文，而是译自马拉提文。马拉提文译者在其 1959 年写的该书序言中说，他是在 20 年前得到《道德经》的英文译本并将它译为马拉提文，由于他不懂汉文，又无机会向中国的道教学者请教，生怕译文有误，故将译稿放置身边达 20 年之久，作了进一步的研究和思考后才斗胆付梓。可知印度人至少在 30 年代末即已见到英文本的《道德经》。印度其他文种的本子虽未见到，但仅据已知的四种文本来看，《道德经》在印度的流传已相当广泛，而且已至少流传了近 70 年。[①]

从上可知，《道德经》在现代印度有几个不同译本流传。这种流传是学理的自发，不是政治和外交的需要，是基于它和印度教主流文化的相契。这和作为印度主流文化革命者的佛教徒的态度来讲，是非常不一样的。所以，“今天的印地文《道德经》会被意译作《道奥义书》”。[②]《奥义书》是吠陀文献的重要组成，是印度哲学代名词。印度学者将《道德经》意译成《道奥义书》，表达了他们对老子思想的深度理解和由衷喜爱，是时代的进步。

现代印度人喜爱《道德经》，还有一个生动的例子。那就是哲

---

① 薛克翘：《中国印度文化交流史》，昆仑出版社 2008 年版，第 226 页。

② 同上。

学家奥修（Osho）对老子及其思想的弘扬与传播。自从老子《道德经》，由玄奘奉旨译成梵文传入印度，一千多年来似乎湮没无闻，没有了下文。然而，由于奥修（Osho）热情高涨而气势磅礴地对《道德经》的阐释与推介，使得《道德经》不但在印度，而且在全世界愈加精神焕发。

奥修对老子和《道德经》兴趣浓厚，在他的学术生涯里，有关老子和道德经的著作不在少数，译成中文，我们又能见到的就有以下多种：《〈道德经〉心释》（上下）、《老子心解》《天下大道：道德经中的哲学与智慧》《老子道德经》第1—4卷。在奥修的其他著作中，论及老子的就更多了。他在印度国内外，四处激情演讲，涉及内容十分广泛，几乎包括了东西方所有哲学大家：他知道老子的《道德经》，是最早译成西方文字的中国经典之一，知道《道德经》在中国、在全世界的学术地位。作为一位全才型、演讲型的哲学家，奥修是决不会放弃老子和《道德经》的。

奥修是一位演讲家、精神导师，不是一位翻译家、注经家。他对老子和《道德经》的理解，一方面来自他能见到的各种文献材料，另一方面出自他演讲的学术需要。也就是说，奥修不是一位传统意义上的汉学家，不会咬文嚼字。正是由于奥修扬长避短，以自己全部的知识储备和独特视角，天马行空般的叙事风格，故事和断言相结合的论述方法，使得他对老子和《道德经》的阐释，别开生面，独具匠心，洞烛精微。在全世界包括中国学者在内的所有《道德经》研究者中，奥修异军突起，独树一帜，为《道德经》研究开创了一片新天地。

奥修的著述，一方面海阔天空，恣肆汪洋；另一方面又别具慧眼，精义独见。本来以精深见长的五千言，到奥修那里成了一个长风万里的老子世界。

三　《道德经》译汉为印意义重大

既然在现代印度已有印地语版《道德经》，又有众多英译本供印度人阅读、研究，是否我们的《道德经》印地语翻译，已经没有必要、没有意义？完全相反，不但非常必要，而且意义重大。《道德经》应该有一个可靠的印地语译本。

目前流行于印度的《道德经》的印地语译本并非直接从汉语译出，也不是从英语本转译，而是从马拉提语转译而来，而马拉提语译本也并非从汉语译出，而是从英语本转译而来。简言之，目前印度的印地语《道德经》译本，是转译的转译。经典难译。对于这个二重转译本的《道德经》，我们不便多说什么，但是可以指出，不准、走样之处在所难免。鉴于印度流行的所有《道德经》译本，均为转译和转译的转译，完全有必要直接从汉语将《道德经》翻译成印度语言。在众多印度语言译本中，肯定以印地语译本最为重要。印地语是印度宪法规定的印度国语，在印度各种语言中使用者最众，与古代梵语的血脉关系最近。如果说梵语在印度的地位相当于古代汉语在中国，那么印地语在现代印度的地位大体相当于现代汉语在中国。《道德经》有了权威、可靠的印地语译本之后，对印度其他语言如乌尔都语、孟加拉语、达罗毗荼语的译本，就有了可靠的翻译参照。这种参照远胜于英译本，其中的道理，是不言自明的。

所以，组织中国印度的学者、翻译家合作，直接从汉语将老子《道德经》译成印地语，以汉印对照形式出版，是中国经典印译的重中之重，在中印文化交流史上有着非同一般的意义。

其一，《道德经》在世界和印度有着无可比拟的巨大影响。16世纪，大批西方传教士来中国传教，《道德经》开始了它的西方之旅，被域外广泛翻译与研究。目前，翻译文字已达28种。根据联合国教科文组织统计，在世界文化名著中，《道德经》的译著和发行量，位于《圣经》之后而居第二位。有学者认为：汉语体系的老学典籍就有2048种，加之历史上见于著录的注本在宋代已十有八九散失。[①]“丁魏在《老子典籍考：二千五百年来世界老学文献总目》中对《道德经》西行版本有更为具体的统计：英文（182种）、法文（109种）、德文（240种）、俄文（12种）、西班牙文（2种）、意大利文（11种）、捷克文（3种）、丹麦文（1种）、荷兰文（10

① 辛红娟：《〈道德经〉在英语世界：文本行旅与世界想象》，上海译文出版社2008年版，第7页。

种）、芬兰文（1 种）、挪威文（1 种）、保加利亚文（3 种）、瑞典文（4 种）、世界语（1 种）、奥地利文（1 种）、拉丁文（1 种）、葡萄牙文（1 种）、冰岛文（1 种）、匈牙利文（1 种）等。”[①] 在西传之前，《道德经》在公元 7 世纪就传入东亚诸国，“目前，各种版本的日文《道德经》典籍多达 399 种”。[②] 显然，以上的统计是不完全的，上述印度的三个译本并未统计在内。

印度读者热诚期待有一本适合他们的可靠的《道德经》译本。古代印度的帝王向中国使者索要《道德经》，而唐太宗下令将《道德经》译汉为梵。近代印度大学者，莫不喜爱《道德经》。泰戈尔也非常钟爱老子，甚至曾尝试翻译《道德经》，但终因条件不成熟而未竟。这种钟爱，一直延续到当代。当代学者和翻译家热情支持《道德经》的印地语翻译，就是一个生动例证。

其二，《道德经》在中国和世界上已有众多注本和译本。我们的《道德经》汉语—印地语对照本，不是简单地在众多译本中增加一种译本，也不是简单地在众多注本中增加一个注本。《道德经》汉印对照本的问世，意味着在世界四大文明之一的印度，有了一个权威、可靠的译本，并且为今后印度其他语言（如孟加拉语、乌尔都语、泰米尔语等）的准确翻译，奠定了可靠的基础。同时，还宣告《道德经》的一个新注释本的诞生。这个新注释本，博采众家之长，无门户之见，不但尊重专业名家的研究成果，也尊重业外确有建树的研究者的成果，如蒋沛昌的《老子今读》[③]。同时，我们还注重苦隐学者的研究成果，如徐梵澄的《老子臆解》[④]。《道德经》的

① 辛红娟：《〈道德经〉在英语世界：文本行旅与世界想象》，上海译文出版社 2008 年版，第 10 页。

② 同上书，第 8 页。

③ 蒋沛昌，高级工程师。1987 年退休后专治《论语》《老子》，孜孜不倦，锲而不舍。《老子今读》至今已出 3 版印 6 次，累计达 25000 册。他以中等文化教育程度者为阅读对象，文字明快通畅，注重各家注本比较，善于逻辑推理，颇多胜义。实令业内专家刮目相看。

④ 徐梵澄（1909—2000），旅印 30 余年，1979 年归国后，发愤整理旧著，撰写新作，有《徐梵澄文集》16 卷行世，为当代隐儒。《老子臆解》成于 1988 年，收于《徐梵澄文集》第 1 卷，尤为宝重。梵澄为人苦隐，清心著述，精通东西，故《老子臆解》辞约意新，引人入胜。

楚简本、帛书本的发现和研究，使令人的注释本愈加完善。近人对翻译理论和方法的研究有了长足的进步，我们超乎直译、意译和适译，而是采用更能体现原典精神的化译之法。① 这样，《道德经》（汉印对照）在释义、今译上具有后发优势，对老子的深入理解和世界传播产生新的推力。

我们完全相信，《道德经》（汉印对照）将是《道德经》翻译史、传播史上有着特殊地位的重要版本。

其三，由中国印度两国著名学者和翻译家，充分利用各自优势翻译老子《道德经》，这在《道德经》翻译史上是第一次。这个译本，是《道德经》的学术魅力和印度读者的钟情以及中印学者、翻译家合作的产物。没有皇帝的敕命，没有宣传的任务，没有商业的炒作。对中国学者和翻译家来说，有的是亮出文化家底，与人分享、交心；对印度学者和翻译家来说，是一种交流切磋，是对邻邦文化深切的把脉，是一种令人愉悦的收获，就像当年鸠摩罗什、玄奘他们翻译佛经那样。一切是那么自然，瓜熟蒂落，水到渠成。

《道德经》印译，将开创中国经典外译史上的一个新时代，是中印文化交流史上的当代佳话。

（此文刊载于《湖南科技学院学报》2015 年第 2 期，第 43—46 页）

① 化译，与徐梵澄之“创译”同义，即“取原文之义自作为诗”。是对鸠摩罗什、玄奘等的译学思想的发展与创新。他说：“华梵语文传统不同，诗词结构悬隔，凡言外之意，义内之象，旋律之美，回味之长，风神之秀，多无可译述；故当时尽取原著灭裂之，投入镕炉，重加锻铸，去其粗杂，存其精纯，以为宁失之减，不失之增，必不得已乃略加点缀润色，而删削之处不在少，迄今亦未尽以为允当也。”（《行云使者·序》）所谓化译或创译，犹如制冬虫夏草片剂：将泥沙等杂物洗净，将虫体和草体分离，按不同硬度要求磨成粉状，然后合成片剂，不添增任何成分，不但原汁原味，而且精华尽显。如此译文，可使原作光彩毕显，极其适合华梵互译。

以其所有，易其所无

——评狄伯杰译《论语》印地文版

2016年7月8日，出席“国际儒学论坛：亚洲文明交流互鉴”北京国际学术研讨会的狄伯杰教授（Prof. B. R. Deepak），送我一本刚刚问世的《论语》印地文版，并要我写篇评论文章。我觉得义不容辞，高兴地答应了，并和他合影留念。这本新著的书名直译应是“孔夫子名言集”，是印度读者很好接受的译名。

狄伯杰是印度尼赫鲁大学教授，也是中国学术界熟悉的印度学者。季羡林先生当年曾和他亲切交谈，说他少年英特，前途无量。如今，狄伯杰已成印度著名的中国学家，不但著述颇丰，而且经常出现在一些重要的学术会议上。熟悉他的人知道，狄伯杰是一位“拼命三郎”，用现在流行的话来说，就是“工作狂”，他恨不得一天有48个小时。

关于他的学术著作和论文，我们曾做如下评述：

狄伯杰就中印关系和中国文学发表了30篇较有影响的论文，并撰写了十几部专著。有影响的包括《印度与中国：外交政策方法和对策》（2016年）、《印中对话：文明视角》（2012年）、《印中关系：未来展望》（2012年）、《印度与中国，1904—2004：一个世纪的和平与冲突》（2005年）、《20世纪上半叶的印中关系》（2001年）、《我与柯棣华》（2006年），以及《中国诗歌：从诗经到西厢记》（2009年）、《中国文学史》（2013年，该书成为印度本科生与研究生的教材）。此外，他还编写了《汉印词典》（2003年）、《联合国语言词典》（2003 年，与 H. P. Ray 等人合编）。① 褚国飞采访的是中印关系研究专家狄伯杰，我们在这里要介绍的是中国文学翻译研究专家狄伯杰。在这方面，他有两项骄人的成果：一项是 2001 年出版的《中国文学史》，另一项是 2009 年出版的印地语版的《中国诗歌》译释。这两种著作，都是尼赫鲁大学中文专业本科生、研究生的教材，是当代印度学者对中国文学研究的最新成果和最高水平。尤其是《中国诗歌》的印地语译释，一空依傍，从无到有，是印度第一本中国古典诗歌的印地语译本，在中印文学交流史上具有填补空白的开创意义。

狄伯杰译《论语》的社会背景

印度大学教学与研究一般用英语，不太重视其他语言的文献和信息。这样，很容易造成某种倾向："第一，兴趣过分集中于某些有'时事价值'的特定主题。'这些主题或许在新闻界被广泛地探讨，或者具有一定的时事价值，因此往往会引起研究者的关注。'第二，没有充分利用第一手的中文资料。由于中文资料'比较复杂晦涩'，他们就大量甚至完全依赖英语资料。结果不少研究出现问题。这和印度的教学体制有关，'在利用中文原文第一手资料或者即便是在中国发现的第二手资料方面，从预科博士阶段开始，直至博士阶段越来越贫乏。在印度诸大学的论文中，鲜少有搜集了原始资料的痕迹。'他警告说：'如果他们不去从原始资源中利用一手的信息，那就前功尽弃了。'雷易的分析是一针见血的。造成这种情况的主要原因是中印学界的隔阂。从师觉月到法国、越南、日本学汉语，到现在普遍存在的主要利用英语资料来研究中国学，都是这种隔阂造成的。不过，进入 20 世纪 90 年代后，这种情况正

① 褚国飞：《龙象共舞：中印建交 60 周年——访印度尼赫鲁大学中印问题研究专家狄伯杰》，《中国社会科学报》2010 年 10 月 21 日第 4 版。现在，狄伯杰任尼赫鲁大学中国与东南亚研究中心教授、主任。——笔者注。

在逐步好转。”①

上述情况，从印度汉学家雷易博士（H. P. Ray）、马尼克（Prof. Manik Bhattacharya）、墨普德（Prof. Priyadarsi Mukherji）、邵葆丽（Prof. Sabaree Mitra）及狄伯杰开始，出现了实质性的好转。在狄伯杰翻译出版印地文版《论语》之前，印度学者已经在中国经典印译的道路上取得几项具有标志性意义的成果，如墨普德出版的孟加拉文版《鲁迅诗集》（*Poems of Lu Xun*）、印地文版《中国当代诗歌集》（*Contemporary Chinese Poems*）、孟加拉文版《艾青诗歌和寓言集》（*Poems and Fables of Ai Qing*）、孟加拉文版《毛泽东诗词全集与文学赏析》。

狄伯杰的《论语》印地文版正是在这样的背景下面世的，是印度学者翻译中国古代经典的重要成果，是他本人继 2009 年出版的印地文版《中国诗歌》之后的又一力作。在中印文化交流史和中印经典互译史上，具有重要的里程碑意义。无论是对狄伯杰本人还是中印文明交流互鉴，都是一件值得庆祝的大事。由于复杂的原因，中印文化交流史上曾出现“中国译印度经典一屋子，印度译中国经典不满一盒子”的局面。狄伯杰译《论语》印地文版的面世，为改变这种局面迈出了实质性的重要一步。《论语》是一部具有世界影响的中国经典，印度是一个有着 13 亿人口和悠久历史的文明大国，用印度国语印地文翻译出版《论语》，其意义是不言自明的。

至少从戒日王开始，印度人一直非常喜爱中国文化，他曾向玄奘询问了不少有关中国文化的问题。玄奘回国后曾奉唐太宗李世民之命将老子《道德经》译成印度梵文。后来，这个译本不见流传，但是《道德经》深受印度人民喜爱，在印度民间一直流传着好几个不同语种的《道德经》译本。舒明经（Prof. Shubhra Tripathi）教授经过考察之后觉得这些译本质量不高，于是决定自己将它译成一个新的印地文版本。经过两年多的努力，舒明经版的《道德经》即将问世。

---

① 郁龙余、刘朝华：《中外文学交流史·中国—印度卷》，山东教育出版社 2015 年版，第 487 页。

孔子《论语》在印度也有类似的情况。狄伯杰在印地文版《论语》的序言中对《论语》在世界各国的翻译史做了简述，并告诉我们：公元1809年，有一位名叫乔胥阿·马尔希曼的传教士，将《论语》的前九章从中文译成了英文出版。他为此获得了1000英镑。这件工作是在西孟加拉的一个小城室利罗摩堡里完成的。这位马尔希曼从来没有到过中国，但是他向居住在加尔各答的华侨学习中文，而且在翻译《论语》时也可能得到过他们的帮助。狄伯杰认为，在印度将《论语》从英文本转译成印地文或其他印度语言的情况，是完全可以肯定有的。直接将《论语》从中文译成印地文，在印度被认为是冒险之举。因为在中印文化关系史上，自唐代玄奘将《道德经》译成梵文，就再也没有将中国的古典文献直接译成印度语言。但是，狄伯杰认为，他翻译《论语》并非将自己置身于一个未知的陌生领域，因为他对中国历史、文学，尤其是古典文学是熟悉的，并且出版了两本著作。正是《论语》在印度有多个版本流传而译品质量不高的情况，促使狄伯杰下决心亲自出马翻译出版这本《论语》。

狄伯杰译《论语》的学术意义

狄译《论语》当然是直接从中文译成印地文的。在翻译时，他借助了中华书局出版的杨伯峻释注本。狄伯杰采用中文、印地文对照的形式，一是表示严谨，二是适合作为印度学生的课本用。和他的《中国文学史》《中国诗歌》一样，《论语》印地文译本，在尼赫鲁大学中文专业的研究生中，作为教材用书。

我出席完“国际儒学论坛”后，和出席这次会议的尼赫鲁大学博士生高丽婷（Bihu Ghosh）同机回深圳大学。飞机上，我拿出《论语》和她一起阅读。她非常高兴，说其中许多段落，狄伯杰老师曾经教过。现在重温，她觉得很有意思。我在随机的、不经意的翻阅讲解中，自己对《论语》也有了新的认识。

我们随意地翻着、看着、读着，说来也巧，接连翻到了五六处讲孝：如“有子曰：其为人也孝弟，而好犯上者，鲜矣”。“君子务本，本立而道生。孝弟也者，其为仁之本与!”如“子曰：弟子入则孝，出则弟，谨而信，泛爱众，而亲仁。”如孟武伯问孝，子曰：“父母唯其疾之忧”。如“子游问孝。子曰‘今之孝者，是谓能养。至于犬马，皆能有养。不敬，何以别乎?’”如“子夏问孝。子曰：‘色难，有事弟子服其劳，有酒食先生馔，曾是以为孝乎?’”我一边用中文和高丽婷交谈着，一边查看狄伯杰的译文。毫无疑问，译文正确、简练而不失丰义。这就是中国人信奉的“信、达、雅”，是十分难能可贵的。

狄伯杰治中国学，有三个有利因素：其一，他天资聪颖，又受到著名学者谭中先生亲炙，在现代汉语、古代汉语上都有扎实功夫；其二，印地文是他的母语，而印地文是梵文的最正宗、最嫡亲的后裔，被称为“现代梵文”。由于印地文大量继承了梵文、巴利文等古代印度语言的词汇，又从波斯文、阿拉伯文中吸收了不少词语，所以它的词汇量极为丰富，这样，为翻译汉语经典提供了极为有利的基础条件。其三，他是一个勤奋而追求卓越的人。他将《论语》译成印地文后，在课堂上讲解，听取大学生们的意见。然后他反复修改打磨，精益求精。

狄伯杰译《论语》能做到“信、达、雅”，是因为他将几个优势因素结合在了一起，发挥集聚效应。世界上有许许多多《论语》的外文译本，狄伯杰后来居上，将自己的翻译工作做到了极致，做到了时代的巅峰。同其他译本比起来，狄伯杰的《论语》印地文译本是最准确、最可靠、最雅致的。除了上述狄伯杰的三大有利因素外，还依靠了他的后发优势。

在经典翻译中，对于语言、观念相同相似之处，翻译时往往得心应手。例如，当我讲到孔子说“德不孤，必有邻”时，高丽婷立即说，印度的印地语、孟加拉语中也有这种观念。所以，狄伯杰的译文，再回译成汉语，就是“行大道之人从不形单影只，处处都有志同道合者”。字里行间，洋溢出的是何等豪迈气概！对翻译者来说，遇到这种情形时，当然会产生发自内心的愉悦。

但是，翻译是一件艰难的事情。鸠摩罗什曾说：“改梵为秦，夫失其藻蔚，虽得大意，殊隔文体。”（慧皎：《高僧传》）将梵文译成中文是这样，将中文译成梵文、印地文及任何一种外文也是这样。尤其当两种语言、两种文化在某些思维上遇到断裂、空缺时，译者就要呕心沥血，苦心经营，想方设法填补解决。这就是法云所说：“译之言易也，谓以其所有，易其所无。故以此方之经，而显彼土之法。”（《翻译名义集》第一卷）狄伯杰的办法，就是法云和尚说的“以有易无”的办法。我在给高丽婷讲“孝”时，就告诉她，“孝”这个概念是中国特有的，孔子在两千多年前提出，并不断被中国人强调。因为孝是解决代际关系的有效方案。孔子发现了它的重要性，并给予了充分强调。于是中国有了孝道文化，有了孝的概念。其他语言中没有，英文中没有，印地文中也没有。于是，狄伯杰就用“以有易无”之法构成संतानोचित शील（圣诞诺吉德希拉）一词来译孝，十分正确和相宜。此词直译就是“适宜于子嗣的品行”，或“子孙宜行的道德”。简练一点就是“子孙原则”“子孙规矩”或“子孙戒”“子孙法”。这个“希拉”就是“五项基本原则”及佛教“五戒”（潘查希拉）中的“原则”和“戒”。印度自古无孝道，当然就不会有“孝”这个概念。这在佛教东传时就知道的，而且成了当时排佛者的利器。现在，这个千古难题被狄伯杰解决了。因为印度虽然无“孝”的概念和词汇，但孝的行为自古至今是处处有的。用高丽婷的话来说，孝是一种“晚辈对长辈的敬爱”。相信圣诞诺吉德希拉（子孙戒）这个概念会在印度流行起来。这是《论语》印地文版贡献之一。

狄伯杰在《前言》中希望，在2016—2017年间将孔子的四部著作的印地文译本能够全部出版。因为，他不仅已经译好，而且已经校对完毕。

狄伯杰的这种积极性，来自他对中国经典的认识。他说：“我们若要了解中国，必须先了解中国人的心，而了解中国人的心，研究孔子著作是必不可少的。”基于这一认识，他不但译了孔子的《论语》，而且将他的其他著作也全都译成了印地文。

狄伯杰在《鸣谢》中说：《论语》印地文版的问世，得力于中国政府“丝路书香”工程的支持。不然，此书的出版是不可能的。

“丝路书香”工程让“一带一路”建设充满学术气息。狄伯杰的印地文版《论语》的发行问世，就是生动一例。

（此文刊载于《中国社会科学报》2016 年 11 月 22 日，刊载时略有删节）

《大唐西域记》焕发出了新的光彩

自从中国重返国际舞台中心，新的现象随之而生——历史文化的力量，在外交活动中越发显示出重要性。这在中国印度近年的交往中，表现得尤为突出。

2014 年 5 月，莫迪当选印度总理。李克强总理打电话向他表示祝贺。在交谈中，莫迪告诉李总理，中国唐代玄奘曾经访问过他的家乡。莫迪此言有可靠的文献依据，玄奘在《大唐西域记》卷第十一《瞿折罗国》中，说："瞿折罗国周五千余里，国大都城号毗罗摩罗，周三十余里。"还说："居人殷盛，家产富饶。"瞿折罗国即印度现在的古吉拉特邦，是莫迪的家乡和发祥之地。

2014 年 9 月，国家主席习近平访问印度。莫迪总理在家乡接待他，隆重热烈，充满文化气息。18 日，习主席应邀在印度世界事务委员会，发表题为"携手追寻民族复兴之梦"的演讲。习主席说："来到印度，就像走进了一条斑斓的历史长廊，昨天恢宏瑰丽，今天令人振奋，明天精彩可期。"他强调指出："中印两国有文字可考的交往史长达 2000 多年。佛兴西方，法流东国，讲的是中印两国人民交往史上浓墨重彩的佛教交流。"习主席与莫迪相约，2015 年将在自己的家乡陕西接待他。

今年 5 月，莫迪总理访华，习主席依约在家乡西安接待他。这次接访，引起世界关注。东方网、新华网分别以《习近平和莫迪在西安都干了啥?》《莫迪游西安习莫会上的陕西元素》为题，进行了长篇报道。《中印领导人交流近 6 小时》《参观大慈恩寺赞中印悠久交往史》《西安以盛大仿古入城式迎莫迪》等标题，醒目地告诉人们，此次接访，内容丰富多彩，充满历史文化气息。

赠送礼品，历来是外交活动的重头戏。据新华网报道：“最后，充满陕西元素的国礼亮相，习主席向莫迪赠送的国礼是珍贵出土文物铜车马的模型，以及中文和印地语的《大唐西域记》。”这两件国礼具有特殊的历史文化含义。铜车马代表了中国当时的最高工艺水平，《大唐西域记》是玄奘印度取经归来撰写的一部纪实性游记。古代印度，没有实录写史的传统，所以被马克思称为“没有历史的国家”。进入现代，无论是西方还是印度的学者，都认为要重建印度中古史，离开了中国典籍，是无法想象的。在中国典籍中，主要指法显的《佛国记》、玄奘的《大唐西域记》、义净的《大唐西域求法高僧传》和《南海寄归内法传》等求法高僧的游记。其中，以《大唐西域记》最为重要，它被喻为“中外文化交流史名著”。习主席《携手追寻民族复兴之梦》中的“佛兴西方，法流东国”一语，即典出此书《序论》。

由于《大唐西域记》的重要地位，早已被译为法语、英语、日语等外国文字。20 世纪七八十年代，季羡林先生带领十多位学者，对它进行了新的校注和今译。之后，中印两国的印地语专家，将其译成印地语，于 1991 年由外文出版社出版。由于这个译本，依据的是季羡林等人的当时最新的校注本和今译本，所以在众多外文译本中不失为佼佼者。原著中梵文的人名、地名、神名、专名、术语统统都恢复了原貌，这更是其他译本不可比拟的。

但是到如今，1991 年版的《大唐西域记》早已难觅踪影。于是，外文出版社决定重新出版此书。在启动和出版过程中，深圳大学印度研究中心和杭州佛学院有幸参与其间。无论正文的订正修饰，封面的设计定稿，以及版式的选用确认，反复推敲斟酌，前后达一年半时间，所花精力不足为外人道。朱璇博士全程跟进，她写有《印地文〈大唐西域记〉再版重印始末》一文。有兴趣者，可查阅《深圳大学印度研究通讯》2015 年第 2 期（总第 16 期）。

2015 年新版的《大唐西域记》（印地语版），引起了各界特别是印度朋友的重视。2015 年 3 月 19 日，印度驻广州总领事高志远先生（K. Nagaraj Naidu），在领事马诺吉（P. V. Manoj）的陪同下访问深圳大学。此访主要为两件事，一是了解商定印度文化关系委员会（ICCR）赠送深圳大学的泰戈尔铜像的具体安放地点；二是告诉中国朋友，他本人将要离开广州回印度外交部任职。在谭云山中印友谊馆，我们相谈正欢，蒋慧琳拿出一本《大唐西域记》的样书。我告诉他，出版此书和《泰戈尔落在中国的心》（征文获奖作品集）是我们这两年做的两件具体的事。高志远先生对征文比赛和出版获奖作品之事，是熟悉的。因为，2013 年 10 月 23 日，他曾出席首届"泰戈尔在我心中"征文比赛颁奖典礼暨《泰戈尔落在中国的心》首发式。让他感到大为兴奋的是这本印地语版的《大唐西域记》，他翻开书读了读，高兴地说，太好了。我们告诉他，将会通过最正规的渠道将它赠送给即将到访的莫迪总理。他说："好极了！"我说："莫迪总理是说印地语的，把这印地语的《大唐西域记》送给他，一定会很高兴。""那当然！"他说。我告诉总领事，这一本是精装本的样书，书脊是直角的，正式出版的书脊是圆的。所以，这本样书不能送给他。他非常理解，用手机拍了几张书影，还和我们合了影。

过了一个月，《大唐西域记》全部印好。外交部也告诉我们此书将请习主席亲自赠送给莫迪总理。为了确保习主席赠书是此书的首次亮相，我们和外文出版社约定，事先不搞书展，不对外宣传。现在看来，这样做的效果是好的。

5 月 14 日，习主席对莫迪说："大慈恩寺是中印友好交往的历史见证。今天我们共同参观大慈恩寺，回顾中印两大文明交流互鉴、两国人民友好交往的历史，就是要推动两国友好交流，为中印关系发展增添新的活力。"莫迪总理告诉习主席："玄奘法师是印中文化交流的象征。他的印度之行将印中两国人民很早就联系在一起。这次西安之行给我留下深刻印象。"

6 月 6—7 日，北京大学召开"21 世纪东方文化论坛首届国际学术研讨会"。我将此书赠送给组委会主席、北京大学东方学研究院院长王邦维教授。他是当年参加季羡林先生校注和今译《大唐西域记》工作的最年轻的学者。他见到此书，喜不自胜。著名作家陈祖芬帮忙照了一张赠书合影。其他与会者，如香港大学前校长王庚武先生、新加坡炎黄国际文化协会会长林祥雄先生等，闻讯皆颔首称好。

6月12—14日，“第三届中国—南亚智库论坛”在昆明召开。会上见到诸多著名专家学者，如著名国际印度学家谭中教授和夫人黄淑绮、印度世界事务委员会主席拉吉夫·巴提亚（Amb. Rajiv Bhatia）、印度中国研究所所长阿查里亚（Dr. Alka Acharya）、印度辨喜国际基金会高级研究员阮瑞山（Amb. T. C. A. Rangachari），等等。他们都对玄奘深表敬佩，认为玄奘的取经精神，是加强当今印中关系的巨大动力。巴提亚先生对去年9月接待习主席的场景依然历历在目，他抚摩着《大唐西域记》，说：印度世界事务委员会能接待习近平主席做演讲，是极大的荣幸。他非常赞同习主席在演讲中的观点：“中印携手合作，利在两国，惠及亚洲，泽被世界。”

1300多年前的《大唐西域记》，在当代中印友好交往中，焕发出了新的光彩。

（此文刊载于《湖南科技学院学报》2015年第9期内封）

附：《大唐西域记》（印地文版）再版后记

中国唐代玄奘（600—664）不仅是一位卓越的僧人，而且是一位伟大的文化使者。他的《大唐西域记》是一部世界名著，是研究印度古代历史文化不可缺少和无法替代的瑰宝。著名学者季羡林先生在1977—1983年间，组织10位专家进行注释。同时，他撰写了10多万字的《校注〈大唐西域记〉前言》。接着，他又组织人将其译成现代汉语。校注本、校注本前言和今译本是《大唐西域记》诞生以来最新最重要的研究成果。

在此成果基础上，在陈士樾先生的组织下，陈宗荣、陈力行、孙宝纲等中国翻译家和印度专家泰古尔先生合作，将《大唐西域记》译成印地文，并于1991年出版。原著中的大量梵语的人名、神名、地名、术语，在印地文版中都恢复了原貌，所以该译本是外文版中的上乘之作。

《大唐西域记》（印地文版）出版至今已经20多年，有兴趣的研究者和读者在书市上难觅其踪影。为此，外文出版社决定重新出版该书，联合深圳大学印度研究中心共同完成此项工作。我们相信，在2014中印友好交流年再版重印《大唐西域记》（印地文版），不但具有重要的学术意义，而且具有重要的现实意义。玄奘和《大唐西域记》所体现的"取经精神"，将激励中印两国学者和人民进一步发展中印关系，将我们两个伟大的国家建设成为友好合作、共同繁荣的典范。

郁龙余　舒明经

二〇一四年七月

伟大玄奘对于当今世界的意义

在中国，在印度，在全世界，出现过许许多多的伟大人物。但是，像玄奘这样随着岁月的流逝，越来越显现其万丈光芒，越来越为人们所关注和敬仰，是极为罕见的。玄奘为何如此神奇，如此富于魅力？我想和大家一起来探讨这个问题。①

一　玄奘充满艰难而神奇的一生

玄奘出身于书香门第，儒学世家，俗姓陈，名祎，生于公元600年（隋开皇二十年），圆寂于公元664年（唐麟德元年），终年64岁。

玄奘从小接受儒家思想教育，是一名孝子。可是他4岁丧母，9岁丧父，只得跟他的二哥陈素（法名长捷）到佛寺生活。

他12岁那年，朝廷决定在洛阳剃度27名僧人。玄奘因低龄矮小，没有被录取，他没有离开考场，连连观看度僧活动。考官郑善果十分好奇，问玄奘："想干什么？"玄奘答："想出家。""你一个小孩子，为什么要出家？"玄奘说："从远的说，将来继承如来的事业；从近的讲，把传到中国的佛法发扬光大。"（"远绍如来，近光遗法"）郑善果吃惊而感动，一个12岁的孩子竟有这样的志向！他

① 玄奘年表依据《玄奘》（杨廷福著，上海人民出版社1985年版）、《解读玄奘》（王赵民著，宗教文化出版社2014年版）所附《生平大事年表》《玄奘生平年表》而制。一是《祖国丛书》的一种，一是《宝庆讲寺丛书》的一种，比较严肃准确。为大家公认。

对人说："一般的以诵经为业容易成功，特殊的精神风骨难得。如果度他入门，将来一定会成佛家的伟人。"（"诵业易成，风骨难得。若度此子，必为释门伟器"）郑善果慧眼识宝，破格录取玄奘。此后，玄奘果然成了佛家伟人，而慧眼识宝的郑善果，也在新朝廷——唐朝做到了大理寺庙卿。

玄奘进入佛门，如鱼得水，在佛法修习上，突飞猛进，13 岁时获"神童"之誉。

15 岁时，隋末战乱。玄奘和二哥长捷法师入四川避乱，公元 622 年（唐高祖武德五年）玄奘在成都大慈寺受具足戒，正式成为佛家子弟。

大慈寺是川中名刹，建于南北朝时期，至今已逾 1600 年，古称"震旦第一丛林"。2014 年，我曾访问大慈寺，从知客觉勤法师处请得玄奘行脚图，现在《大唐西域记》印地文版的玄奘行脚图，即来源于此。

经过几年的刻苦努力，玄奘遍访各地名寺，向各位高僧请益，他的佛学造诣大为长进。公元 625 年（唐高祖武德八年）玄奘再次回首都长安时，被誉为"释门千里驹"，声名鹊起。

过了两年，长安庄严寺住持病逝，大臣萧瑀奏请皇帝，建议由玄奘担任庄严寺住持。但是，被玄奘拒绝了，他要到西天印度取经。这是为什么呢？因为玄奘名气越大，困惑越多，遍访各地高僧大德，失望越大，各派学说互相矛盾，莫衷一是。于是，玄奘想到佛教的发源地——西天印度去求取真经。

公元 627 年（唐贞观元年），27 岁的玄奘只身从长安出发，开始了漫长而充满艰辛甚至生命危险的求经之路。正是这从长安迈出的第一步，世界上少了一位名刹住持，却诞生了一位文化交流的伟大使者。

当时，正值岁末唐初，战争尚未平息，时局仍不稳定。玄奘等人的出境申请一拒再拒。不少人都打消了到印度求经的念头。但玄奘仍不改初心。

天有不测风云，这一年河南、陕西、甘肃等地遭遇大面积雹灾。朝廷通告僧道百姓，外出谋生（"下敕道俗，随丰四出"）。玄奘随着逃荒人群，一路西行。

一路上，玄奘面临一望无际的沙漠，孤独、饥渴、高原雪山、盗匪、野兽，等等。这无穷的艰险一个接着一个，明代吴承恩的小说《西游记》中描绘的“九九八十一难”，是一种艺术化的表达。玄奘的实际遭遇要比小说更加惊心动魄。但是，所有艰难险阻最后都被征服了。这中间，少不了印度人民的帮助。当玄奘一行路过菠萝奢大森林时，遇到了50多个强盗，抢走了他和同伴们的财物，挥刀将他们赶到了一个干涸的池塘中，准备一个个杀害，幸好池塘里长着很多藤蔓荒草，一个小沙弥发现南岸有一条刚好能容身的小水渠，和玄奘一起逃了出去。跑了二三里遇见一农夫，呼救。农夫放下活儿吹号，集合村上80多人赶走盗贼，将困在池塘里的人全部救了出来。

第二天，他们到达一个大城。遇见一位老婆罗门，传说他已有170岁，看上去只有30多岁。他体格魁梧，学识渊博。他得知玄奘一行遭劫，派人进城为他们募捐。玄奘为市民讲经，大受欢迎。

玄奘一路求法，拜访名师。当时印度的文化中心、佛教圣地那烂陀寺，是玄奘一心向往的地方。公元631年（唐贞观五年）玄奘31岁时，寺里学者听说玄奘前来，立即派人迎接。向寺主戒贤法师引见。戒贤法师德高望重，名震五印，人称“正法藏”。当他听说，玄奘从大唐为求法而来，激动得热泪盈眶，叫来弟子觉贤，令他讲述三年前的一幕。

原来，三年前戒贤病重，疼痛让他厌倦人生。不料夜里做了一梦，梦见三位天人劝他应将正法弘扬到还没有普及的地方去。其中一位天人告诉他：“三年后将有一位大唐僧人前来拜你为师，你安心等他来，然后教他正法。”众人听后，大为惊奇，玄奘更是感动、兴奋。

从此，玄奘在戒贤门下学习，那烂陀寺给玄奘最高待遇，享受这种待遇的连戒贤在内，一共只有10人。

名师出高徒，高徒出名师。戒贤法师正式开讲《瑜伽师地论》那天，听者几千人！其中一位从东印度来的，一会儿哭泣，一会儿言笑。他说：“曾在观世音菩萨像前发愿求做国王。菩萨现身告诉我不应有这种想法。并说今天在那烂陀寺戒贤法师将给东土大唐法师讲《瑜伽师地论》。今天我不仅见到了大唐僧人，还听到您真的为他登坛讲法，和观音菩萨预言的完全一样，所以我才悲喜交集!”

戒贤法师讲《瑜伽师地论》，声如洪钟，一如往昔。讲一遍花了15个月，讲得非常详尽。

玄奘在戒贤门下学习5年之后，就告别戒贤到南方各地寻师礼佛。

2年多后，他又回到那烂陀寺。戒贤法师又让出去访学。这样，玄奘在印度各地又学习了4年多时间。

等到玄奘再回到那烂陀寺，戒贤让玄奘为寺众讲《摄大乘论》及《唯识抉择论》。几年之后，玄奘在与寺内寺外大德切磋论辩中，声誉日隆，成了印度公认的佛学权威。

公元641年（唐贞观十五年）初春的一天，著名的曲女城法会开始了。五印度，18位国王出席，出席的还有大乘小乘3000多人，婆罗门及尼乾外道2000多人，那烂陀寺僧人1000多人，可谓人山人海，还有大象、舆、幢围绕，热闹非凡。

大会开始后，戒日王还请18位国王及高僧大德、婆罗门、各国大臣等入席供养。然后设狮子宝座，请玄奘升上富丽堂皇的论主宝座。玄奘阐扬大乘法旨，说明立论本意。那烂陀寺明贤法师宣读全论，另抄一本放在会场门外。遍告大众：“其中有一字若无理能破，请斩首谢罪!”

结果，第一天过去了，无人诘难提问。第二天，第三天过去了，直到第十八天仍然无人发表反对意见。玄奘获胜，人们奔走相告，信奉大乘的人尊称玄奘为“大乘天”（摩诃耶那提婆），信奉小乘的人尊称玄奘为“解脱天”（木叉提婆）。

在戒日王的提议下，玄奘又参加了五年一度的75天无遮大会。这实际上是一个非常奇特的布施大会，戒日王将他五年来的金银财宝，包括衣冠上的璎珞珠宝全部捐了出来，然后和他妹妹穿着布衣，一边礼佛一边说：“藏财于民!”各国国王见戒日王将日常衣物都捐赠了出来，又出钱把它们赎了回来。这次无遮大会到场受益者有50多万人！据说，这就是流传至今的印度大壶节。

公元643年（唐贞观十七年）五月，玄奘告别戒日王回国。两年后，公元645年（唐贞观十九年）正月二十四日，玄奘回到长安，二十八日，长安僧尼数万人在朱雀大街上夹道欢迎，举行盛大安置法会，争相一睹为快。玄奘从印度请回的佛经用20匹马驮着，总计520夹，657部。

唐太宗李世民知道玄奘已归国，十分高兴。在东都洛阳见到他之后，即为他的译经和撰写《大唐西域记》做出了最好的安排。玄奘在一生中为文化事业所做的最大贡献，就是撰写《大唐西域记》和佛经翻译。

《大唐西域记》由玄奘口授，弟子辩机笔受，共12卷，详细记录了他17年间亲历的110多国和所闻的28个国家的山川地理、历史沿革、风土人情，以及语言、文化、宗教、物产、传奇故事等，是研究印度和中亚的不可或缺的历史文献。

玄奘翻译佛经"日夜专心，不浪费分秒"（"专精夙夜，不堕寸阴"），先后在弘福寺、大慈恩寺、西明寺、玉华寺等8处译经。公元664年（唐麟德元年），2月5日半夜，辛劳一生的玄奘在玉华寺病逝，终年64岁。

从公元645年到664年，玄奘一共高质量地翻译佛经1335卷。这奠定了他"中国佛经翻译第一家"的地位。

纵观玄奘的一生，是精进奋斗的一生，是愈老弥坚的一生，是为中印友谊、为佛教事业不断做贡献的一生。

二　玄奘对中国印度文化的杰出贡献

作为一位伟大的译经家，玄奘对翻译事业的贡献是多方面的。他将中国译经事业推向了巅峰。译场制度建设比以前更趋完善。他虽译场三迁，但因有一套严格的制度保障，使得他十九年的译经岁月，成效卓然，先后共译出佛经75部1335卷，占唐代新译佛经一半以上。唐代译场制度，在职司分工上越来越明细。据后人总结，共有十一种职务：译主、证义、证文、度语、笔受、缀文、参译、刊定、润文、梵贝、监护大使。分工明确，各司其职。监护大使的设立，表明佛经翻译是皇帝工程。以上分工，是总体归类，许多职务并非一人而有多人担任。所以译场规模庞大，以玄奘《瑜伽师地论》的译场为例，来看一看当时的阵容：

> 三藏法师玄奘敬执梵文，译为唐语；弘福寺沙门灵会、灵隽、智开、知仁，玄昌寺沙门明觉、承义笔受；弘福寺沙门玄暮证梵语；大总持寺沙门玄应正字；大总持寺沙门道法、实际寺沙门明琰、宝昌寺沙门法祥、罗汉寺沙门惠贵、弘福寺沙门文备、蒲州寺沙门法祥、蒲州栖岩寺沙门神泰、廓州法讲寺沙门道深详证大义。
>
> 本地分中：五识身相应地、意地、有寻唯伺地、无寻无伺地凡十卷，普光寺沙门智道受旨缀文；
>
> 三摩多地、非三摩多地，有心无心地、闻所成地、思所闻地、修所成地凡十卷，蒲州普救寺沙门行友受旨缀文；
>
> 声闻地，初瑜伽种姓尽、第二瑜伽处凡九卷，玄法寺沙门玄颐受旨缀文；
>
> 声闻地、第三瑜伽处尽、独觉地凡五卷，汴州真谛寺沙门玄忠受旨缀文；
>
> 菩萨地，有余依地、无余依地凡十六卷，大总持寺沙门辩机受旨缀文；
>
> 摄异门分、摄释分凡四卷，普光寺沙门处衡受旨缀文；
>
> 摄事分十六卷，弘福寺沙门明浚受旨缀文；
>
> 银青光禄大夫行太子左庶子高阳县开国男臣许敬忠奉昭监。
>
> （《瑜伽师地论新译序》）①

职位的设置，完全根据译经的需要。玄奘译经第十年，译本《因明正理门论》因对文字误解而引起争论，玄奘感到润文的必要，于是上表请高宗派诸大臣对译文的“不安稳处，随事润色”。由于

① 马祖毅：《中国翻译史》上卷，湖北教育出版社 1999 年版，第 148—149 页。

玄奘的学识优势，他的译经不但数量巨大，而且质量经得住推敲。①

除了译经，玄奘对中国译学理论也有贡献。在《中外文学交流史·中国—印度卷》的第三章《佛典汉译与中国翻译学》中，我们认为唐代佛经翻译进入巅峰状态，它的标志就是玄奘和他的译著。在文与质、直译与意译上，玄奘有自己的标准，而且拿捏得当，为时人所重，称为“新译”。《续高僧传》说：“世有奘公，独高联类。往还震动，备尽观方，百有余国，君臣谒敬。言议接对，不待译人。披析幽旨，华戎胥悦，故唐朝后译，不屑古人。执本陈勘，频开前失。”现代学者也给予玄奘高度评价，季羡林说：“在佛经翻译史上，玄奘可以说是开辟了一个新的时代。”② 吕澂则认为：“一比较新旧译家和玄奘齐名的罗什、真谛、不空（这三人和玄奘是一向被称为中国译经四大家的）的所译的全部，还要多出六百余卷，就可了然。并且玄奘的翻译不单以量胜，又还以质胜。”③

作为中国乃至世界最伟大的佛经翻译家玄奘，给我们带来了翻译史上的巅峰时代，除了75部1335余卷经译之外，还给我们留下了丰富的译经理论与经验。

玄奘的翻译理论，主要为“五不翻”。周敦颐说：“唐奘法师论五种不翻：一秘密故，如陀罗尼。二含多义故，如薄伽梵具六义。三此无故，如阎浮树，中夏实无此木。四顺古故，如阿耨菩提，非不可翻，而摩腾以来常存梵音。五生善故，如般若尊重，智慧轻浅。”（《四部丛刊·翻译名义集序·周敦颐序》）在此之前，隋代灌顶《大般涅经玄义》载，广州大亮法师也有“五不翻”之说，内容与奘说大同小异。汤用彤认为，玄奘的五不翻之说，较之大亮，更为完备。（《隋唐佛教史稿》）可见，中国的翻译理论，是天下公器，在实践中不断完善，体现出时代的进步。

玄奘在前人和自己的翻译理论指导下，使自己的译风为之一新。季羡林说：“简而言之，我们可说，他的译风，既非直译，也非意

① 郁龙余、刘朝华：《中外文学交流史·中国—印度卷》，山东教育出版社2015年版，第73—74页。

② 《季羡林全集》第13卷，外语教学与研究出版社2010年版，第215页。

③ 吕澂：《中国佛学源流略讲》，中华书局1979年版，第339页。

译，而是融会直意自创新风。”（《大唐西域记校注·前言》）检验理论的天平是实践，他的“新译”备受推崇。吕澂说：“他的翻译最擅胜的地方，在由于学力的深厚，和对于华梵语文的通澈，所以能够自在运用文字来融化了原本所说的义理，借以发挥他自己信奉的一家之言。换句话说，就是玄奘能很熟练而巧妙地拿一家之言来贯通原本，甚至于改动原本。”[①] 玄奘的译风，是大家之风，不是简单地处理好文质与意译、直译关系的问题，而是以深厚学识为基础的。

印度学者柏乐天（P. Pradhan）和中国学者张建木，结合玄奘的译著《集论》《俱舍论》，著文分析他的译法。他们认为，玄奘运用了六个译法：补充法，省略法，变位法，分合法，译名假借法，代词还原法。[②] 柏乐天说：玄奘“是把原文读熟了，嚼烂了，然后用适当的汉文表达出来”。他是“有史以来翻译家中的第一人，他的业绩将永远被全世界的人们记忆着”（《伟大的翻译家玄奘》）。[③]

玄奘的佛经翻译情况列表如下（75 部、1335 卷）：

（1）缘起经（1 卷）

（2）大般若波罗蜜多经（600 卷）

（3）般若波罗蜜多心经（1 卷）

（4）显无边佛土功德经（1 卷））

（5）大菩萨藏经（20 卷）

（6）称赞净土佛摄受经（1 卷）

（7）佛临涅槃记法住经（1 卷）

（8）大乘大集地藏十轮经（10 卷）

（9）受持七佛名号所生功德经（1 卷）

（10）药师琉璃光如米本愿功德经（1 卷）

（11）说无垢称经（6 卷）

（12）如来示教胜军王经（1 卷）

① 吕澂：《中国佛学源流略讲》，中华书局 1979 年版，第 339 页。

② 马祖毅：《中国翻译史》上卷，湖北教育出版社 1999 年版，第 151—153 页。

③ 郁龙余、刘朝华：《中外文学交流史·中国—印度卷》，山东教育出版社 2015 年版，第 82—83 页。

（13）天请问经（1 卷）
（14）寂照神变三摩地经（1 卷）
（15）解深密经（5 卷）
（16）佛说佛地经（1 卷）
（17）甚希有经（1 卷）
（18）最无比经（1 卷）
（19）缘起圣道经（1 卷）
（20）分别缘起初胜法门经（2 卷）
（21）本事经（7 卷）
（22）称赞大乘功德经（1 卷）
（23）诸佛心陀罗尼经（1 卷）
（24）咒五首（1 卷）
（25）十一面神咒心经（1 卷）
（26）不空罥索神咒心经（1 卷）
（27）持世陀罗尼经（1 卷）
（28）六门陀罗尼经（1 卷）
（29）菩萨戒羯磨文（1 卷）
（30）菩萨戒本（1 卷）
（31）佛地经论（7 卷）
（32）阿毗达摩集异门足论（20 卷）
（33）阿毗达摩法蕴足论（12 卷）
（34）阿毗达摩识身足论（16 卷）
（35）阿毗达摩界身足论（3 卷）
（36）阿毗达摩品类足论（18 卷）
（37）阿毗达摩发智论（20 卷）
（38）阿毗达摩大毗婆沙论（200 卷）
（39）人阿毗达摩论（2 卷）
（40）五事毗婆沙论（2 卷）
（41）阿毗达摩俱舍论（30 卷）
（42）阿毗达摩舍论本颂（1 卷）
（43）阿毗达摩顺正理论（80 卷）

（44）阿毗达摩藏显宗论（40 卷）
（45）广百论本（1 卷）
（46）大乘广百论释论（10 卷）
（47）大乘掌珍论（2 卷）
（48）瑜伽师地论（100 卷）
（49）瑜伽师地论释（1 卷）
（50）成唯识论（10 卷）
（51）唯识三十论颂（1 卷）
（52）唯识二十论（1 卷）
（53）摄大乘论本（3 卷）
（54）措大乘论释（世亲菩萨释）（10 卷）
（55）摄大乘论释（无性菩萨释）（10 卷）
（56）辩中边论（3 卷）
（57）辩中边论颂（1 卷）
（58）显扬圣教论（20 卷）
（59）显扬圣教论颂（1 卷）
（60）大乘阿毗达摩集论（7 卷）
（61）大乘阿毗达摩杂集论（16 卷）
（62）大乘成业论（1 卷）
（63）大乘五蕴论（1 卷）
（64）大乘百法明门论（1 卷）
（65）王法正理论（1 卷）
（66）观所缘缘论（1 卷）
（67）因明正理门论本（1 卷）
（68）因明入正理门论（1 卷）
（69）大阿罗汉难提蜜多罗所说法住记（1 卷）
（70）异部宗轮论（1 卷）
（71）胜宗十句义论（1 卷）
（72）拔济苦难陀罗尼经（1 卷）
（73）八名香密陀罗尼经（1 卷）
（74）胜擅臂印陀罗尼经（1 卷）

（75）能断金刚般若波罗蜜多经（1卷）

玄奘的佛经翻译成就，为研究世界佛教史、中印佛教交流史的学者津津乐道。没有玄奘的成就，中国佛教翻译史必将重写。但是，对研究中外文化交流史、世界文化史特别是撰写印度中古史的学者来说，更为关注的是他的《大唐西域记》。

印度开国总理尼赫鲁（Jawaharlal Nehru）深刻认识到玄奘的贡献，在20世纪50年代和中国总理周恩来一起决定在那烂陀寺筹建玄奘纪念堂。他在监狱中所写的《世界史》中，专写一节《戒日王和玄奘》，说："在曷利沙（戒日王）统治期间，我们的老朋友玄奘来到了印度。他在归国途中写了一本游记，向我们讲述了大量关于印度和他前往印度时途经中亚诸国的所见所闻。"①

费正清（Johnking Fairbank）、崔瑞德（Denisv C. Twichett）主编《剑桥中国史》认为："玄奘是唯一对印度和中国的地理、风俗、物产和政治等方面有知识的人。"

诺贝尔经济学奖得主阿马蒂亚·森指出："玄奘西行的历史意义，早就超越了时间、地理和宗教的限制，成为全人类的共同财富。"

印度孟加拉佛陀达摩法会秘书长达摩帕尔说："在中印文化关系史上，玄奘确乎是一个起了最为重要作用的人物。……倘若没有他那字字珠玑般的著作，我们印度的历史就不会完整。通过他的著作，我们印度人今天才能了解我们的祖先，在各个领域所取得的种种成就。因此，我们对玄奘法师感激不尽。"

印度著名历史学家马宗达说："法显、玄奘、义净把自己的经历写成了相当厚的书，这些书有幸完整地保留了下来。……法显和玄奘广泛游览，几乎游遍全印。在这方面，他们比希腊旅行家有无可怀疑的有利之处。"

印度历史学家恩·克·辛哈和阿·克·班纳吉在《印度通史》中写道："中国的旅行家如法显、玄奘给我们留下了有关印度的宝贵记载。不利用中国的宝贵资料，要编一部完整的佛教史是不可

① ［印度］贾瓦哈拉尔·尼赫鲁：《爸爸尼赫鲁写给我的世界史》（上册），梁本彬等译，中信出版社2016年版，第158页。

能的。”

英国史学家史密斯（Smith）在《牛津印度史》中说：“印度历史对玄奘欠下的债是绝对不会估价过高的。”

日本龟田一郎在日本举行的“玄奘法师圆寂一千三百周年纪念筹备委员会”的会议上说：“他是一位史上少有的大旅行家，是一位卓越的翻译家。他的功绩遍及文化各领域，特别对于七八世纪的我国奈良朝文化的形成带来了极大的影响。”“直到今天，他作为日本文化的难忘恩人而受到人们的尊敬。”

镰田茂雄是一位有着《中国佛教通史》等70多部著作的日本中国佛教研究权威学者，他认为玄奘“在中国译经史上是一个划时代的人物”。他在《取经——玄奘三藏》中说：“在中国的佛教翻译史上，竺法护、鸠摩罗什、直谛、义净、不空五位译经三藏译出的经典总量是499部、1222卷，而玄奘一人译出的经典是76部1347卷。从卷数上看，比五位译经僧的总量还多125卷。”

韩国东国大学佛学研究院长吴亨根在《玄奘法师的译经与佛教的中兴》中说：“法师不仅为中国佛教的繁荣，也为韩国佛教的繁荣作出了很多贡献。”

冉云华是著名华裔学者，曾在泰戈尔创办的国际大学中国学院学习过，和谭云山的关系亦师亦友。他在《玄奘大师与唐太宗及其政治理想探微》一文中写道：“玄奘是一位名震中外，古今赞誉的人物。记得三十多年前，我初到印度去留学时，玄奘法师的大名，一再出现在印度古代史的课本中，曾使我大吃一惊。这并不是我不知道玄奘的事迹，而是没有想到他对印度文化史，竟然有那么重要的贡献；也没有估计到他在印度的知名度，还高于他在中华本土所受到的尊崇。”

玄奘是一位历久弥新的旅行家、翻译家、佛学家，他的传奇而精彩的人生像一部永不谢幕的电影大片。全世界的学者、文化史家钟情、仰慕他的《大唐西域记》和75部佛经翻译。对更多的人来说，从小时候开始，就被深深吸引住的是由《大唐西域记》演绎出来的神话小说吴承恩的《西游记》。在中国，因为《西游记》及其改编的电影、电视剧、动漫、连环画及各种网络作品，玄奘及他的三个徒弟成了家喻户晓、人人皆知的形象。世界各国特别是亚洲国家也是如此。日本西川景文长老于1964年3月在北京召开的“玄奘法师圆寂一千三百周年法会”上说：“玄奘大师带回许多经卷这件事本身，就是对日本佛教的伟大贡献。在我国通过《西游记》的故事，关于玄奘大师的事迹妇孺皆知。”

20世纪末到21世纪初，中印翻译家合作，将吴承恩的《西游记》译成了印地语。我们曾这样评价这一文化工程：“历时最久、费力最多、最具有代表性的，当属吴承恩的《西游记》印地文版的翻译、校对与出版。众所周知，《西游记》是中国四大古典名著之一，也是享誉全球的世界名著。1831年就有了日文译本，后又有了英、法、德、美、波、俄等国的译本。由于小说运用神话语言，描述玄奘师徒到西天印度取经的故事，所以很久以来，印度人一直对《西游记》怀有特殊的感情。不少有识之士，总想将其译成印度民族文字。但是，要翻译一部100回的中国古典名著，从语言功底、文化素养和时间、精力上讲，都不是一件易事。《西游记》的翻译工作从20世纪80年代末就由外文局开始组织启动，直到2009年才由外文出版社正式出版，可见其漫长译路之艰辛。是一批老专家经过20年奋斗，克服种种意想不到的困难，才将这部近2000页的文学巨著，成功翻译出版。《西游记》印地文版的出版，是中印文学交流史上一件大事，引起了有关专家和读者的高度评价……我们希望，印地语版《西游记》的出版发行，能为中国文学走向世界，为中国文学名著有更多世界各民族语言译本的问世，造福世界人民，提供富有借鉴和激励意义的经验。”①

由于玄奘的故事不老的魅力，各种各样新的影视作品，网络作品，还将层出不穷地涌现在人们的面前。

玄奘的杰出贡献，是对全人类的贡献，这是毫无疑义的，但是玄奘的贡献首先是对中国和印度的贡献，这一点更是毫无疑义的。

---

① 郁龙余、刘朝华：《中外文学交流史·中国—印度卷》，山东教育出版社2015年版，第508—511页。

三　玄奘精神必将造福全人类

对于玄奘的贡献，各国学者都有认知。印度、欧洲、日韩的学者，似乎认识得比中国学者更加深刻。因为他们认识到，如果没有玄奘等的文献资料，要想撰写一部完整的中古印度史是不可能的。现在，我们可以在此基础上，做进一步的开凿和认识。

人类文明史，曾经出现许多光辉灿烂的星辰，如古埃及文明、两河文明、古希腊古罗马文明、古波斯文明，等等。后来，这些星辰陨落了。至今，只有中国、印度人丁兴旺，文明昌盛。当然，中国、印度在近代也走过麦城，中国做了一百多年的半殖民地，印度做了三四百年殖民地。自 1947 年印度独立，1949 年新中国诞生，中印才走上了民主富强之路，如今成了世界上最大的发展中国家。中国的经济总量世界第二，印度世界第七。显然，这些排名都是暂时的，我们的人口规模、国土面积及人民的聪明勤奋程度，都不会让我们的排名总处于目前水平。

清朝末年，著名的“中兴之臣”张之洞曾有一句极深刻的劝学名言：“世运之明晦，人才之盛衰，其表在政，其里在学。”无论中外，每一个强盛的时代，都有一个强学支持者。康有为等维新派当年成立“强学会”，发行《强学报》的目的就是要从根本上强大起来。梁启超为了便于大家理解，将“学”解释成“思潮”。他说：“凡‘时代’非皆有‘思潮’，有思潮之时代，必文化昂进之时代也。其在我国自秦以后，确能成为时代思潮者，则汉之经学，隋唐之佛学，宋及明之理学，清之考证学，四者而已。”（《中国近三百年学术史》第 12 页）

这是一段非常经典的断语。汉朝初年，鬼神崇拜猖獗，汉武帝接受董仲舒“独尊儒术，罢黜百家”的主张，于是有了支持汉朝基业 400 年的经学。唐朝是世界公认的中国的强盛时代，作为思想支撑的是佛学。宋明无论是在科学技术还是文化艺术方面，都是中国超越前代的重要时期，作为思想支撑的理学，实际上是经学（儒学）和佛学互参互融的产物。清朝的考证学，即考据学，由古代的金石学发展而来。它作为时代潮流或时代之学，是力不从心的，最后走到了“整理国故”的末路上去了。虽然在学术上，清代的考证学取得了巨大的成绩，但是在中华民族“三千年未有之大变局”面前，简直是一无用处了。各国学者一直在讨论，一路领先的中国为何在清代特别是清末衰落了，重要原因是缺乏一个足够能使“文化昂进”的强大思潮即时代之学。

从上述可知，中国文明五千年不灭，衰而复盛，非常重要的原因，是我们通过佛教东传接受了印度文化。而在这个过程中，玄奘功勋卓著，永垂青史。汉朝经学、隋唐佛学、宋明理学、清朝考证学中，隋唐佛学的建构，玄奘无论如何应坐第一把交椅。

评价任何一位历史人物，除了看他的过去，还要看他的现在。令人惊奇和兴奋的是，玄奘不仅彪炳史册，而且深受当代人的青睐。这是什么原因呢？这是因为，玄奘翻译的佛经可能会过时，他置身其间的大乘、小乘之间的争论也可能失去意义，但是，他代表的舍身求法的玄奘精神，具有真正的普世价值和永恒意义。这一点，近年来，我在和印度朋友的交往中深深体会到了。20 多年前，中国和印度的学者合作将《大唐西域记》译成了印度国语印地语。1300 多年前的《大唐西域记》，在当代中印友好交往中，焕发出了新的光彩。这是中印文化交流史上的一件大事。玄奘舍身求法的精神，在印译版《大唐西域记》中体现得十分充分。这对于生活在当下的我们，重走玄奘路，发扬玄奘精神，无论是对我们的工作，还是我们的个人生活，都富有积极意义。

我们两国都处在社会高速发展期。一方面我们的物质生活比玄奘时代大大地丰富了，另一方面我们遇到的诱惑、陷阱、困难又大大地超过了玄奘时代。玄奘一路上遇到的困难，在吴承恩的小说《西游记》有了淋漓尽致的描写，总体来讲是“九九八十一难”。我们中国和印度在现代化建设中所遇到的诱惑、陷阱、困难，一百部《西游记》也写不完。但是，我们有信心克服一切困难。因为困难再大再多，在玄奘精神面前就会自惭形秽，甘拜下风。2014 年，习近平主席访问印度时，莫迪总理说：中国和印度是一种精神，两个身子。我想，这种精神中，应该包括玄奘精神。

印度是磨炼意志、陶冶情操的好地方。大家知道，中文中的修炼、苦修这个词汇，是梵文 tapa 的译词，原意就是“忍热”。印度兄弟为什么在世界上很优秀，世界 500 强中做 CEO 的越来越多，顶尖的科学家越来越多，原因之一是他们经受了印度的修炼。中国法显、玄奘、义净为什么那么出类拔萃？重要原因也是经受住了印度的修炼。

今天，我们在印度投资经商，修铁路，办工厂，教汉语，做外交工作，条件和玄奘时代相比，可以说是天上地下。但是和其他地方比，和中国的苏杭比，和瑞士日内瓦比还是比较艰苦的。所以玄奘精神不但需要，而且应该发扬光大。发扬玄奘精神，不但对我们的工作好，而且对我们个人的生活也好。我们知道，有的国家许多人把大量时间花在喝下午茶上，花在沙滩晒太阳上，花在声色犬马上，表面上看他们很享受、很幸福，但是，他们的幸福越享受越少，国家濒临破产，他们的国家是没有希望的，没有希望的国家是不会真正幸福的。有玄奘精神的人，奋发向上、无畏艰难的人，才是真正幸福的人。因为我们创造幸福，幸福越来越多。

（此文于 2017 年 11 月 7 日在印度加尔各答举行的“玄奘与中印友谊交往”研讨会上发表）

《泰戈尔作品全集》（中文版）面世的意义

由孟加拉语文学权威专家董友忱先生领导的研译团队，经过五年多的努力，《泰戈尔作品全集》中文版终于成功面世了。这是我国外国文学研译的重大成果，是一座新的里程碑，在泰戈尔研究史、中印文学交流史和中外文学交流史上有着重要意义。

泰戈尔是中国读者最喜爱的外国作家之一，无论是对我国五四新文学，还是对当下青年人的写作与思想，都有着很大的影响。研究中国外国文学史，泰戈尔是一个常新的课题。

一　泰戈尔作品中国翻译史概述

钱智修于1913年10月1日在《东方杂志》（第10卷4号）上发表《台莪尔之人生观》，1915年10月15日陈独秀在《青年杂志》（第1卷第4号）上用文言文翻译的四首《吉檀迦利》的诗，引起了中国知识界对泰戈尔的注意。到1924年他访华前后，在中国出现了一股泰戈尔旋风。泰戈尔曾经对中国五四新文学产生过重要影响。“从发生论上说，中国现代新文学，是中国传统文学与外国文学交流的产物。‘它既是对传统文学的继承，又是对传统文学的革新；既是对世界各国文学的借鉴，又是对世界各国文学的融化。’在现代中外文学关系史上，印度文学拔得头筹。这和泰戈尔有着很大关系。《五四新文学与外国文学》一书，将《五四新文学与印度文学》列为首章，并指出：‘我们研究“五四”新文学与印度文学关系，实际上是研究“五四”作家与泰戈尔为代表的印度文学的关系。’”①

从钱智修、陈独秀介绍、翻译泰戈尔至今，已经过去一百多年了。其间，中国对泰戈尔的介绍、翻译、研究从来没有中断。现在，我们将《中外文学交流史·中国—印度卷》的相关内容，抄录在这里：

“泰戈尔作品的译介，在中国先后出现过四次高潮。20世纪上半叶是第一次高潮。大量译介作品，对泰戈尔的争论也发生在这一阶段。这一阶段对泰戈尔的译介尚属初步，却为今后泰戈尔热的持续发展，打下了坚实基础。20世纪50—60年代是第二次高潮。在此时期，泰戈尔最重要的诗集、小说集出版，对泰戈尔的评介，结束了以往的混乱状态，渐渐统一于周恩来、季羡林的讲话精神。而且，这种评价基调，一直延续至今。20世纪80年代是第三次高潮。从孟加拉原文直接翻译泰戈尔作品成为风气，对泰戈尔的评论以及传记类著作的翻译、撰写，成一时之风。‘从1980年到1999年二十年间，各学术期刊公开发表的有关文章约有一百四十多篇。’21世纪以来是第四次高潮。共24卷的《泰戈尔全集》于2000年问世，这次高潮与第3次高潮在时间上完全衔接，但是在内涵上自成特色，从一般性的译介逐渐转为学科研究，出版了若干从比较文学、文化交流学、译介学等学科方法出发的研究成果。同时，一部完全译自原文、更加完全的《泰戈尔作品全集》的翻译出版工作，亦在泰戈尔诞辰150周年之际正式启动。这部由人民出版社出版的《泰戈尔作品全集》，是一项重大的文化工程，在中印文化交流史上具有重要意义。”②

泰戈尔作品在中国长销不衰，具体准确的出版数量难以统计。关于这种情况，我们曾有以下表述：

---

① 郁龙余、刘朝华：《中外文学交流史·中国—印度卷》，山东教育出版社2015年版，第193页。

② 同上书，第198页。

“除了大量单行本之外，还有大量选集、文集出版。比较重要的选集有：《泰戈尔作品集》（1—10卷），人民文学出版社1961年版；《泰戈尔小说全集》（A—C卷），四川文艺出版社1995年版；《泰戈尔剧作集》（1—4集）中国戏剧出版社1958—1959年版；《泰戈尔文集》（1—4卷），安徽文艺出版社1996年版；《泰戈尔小说全译》（1—7卷），华文出版社2005年版；《泰戈尔诗歌精选》（1—6卷），外语教学与研究出版社2007—2008年版。2000年，由河北教育出版社出版的《泰戈尔全集》24卷，虽然不是真正意义上的全集，但是有1000万字规模，是中国翻译泰戈尔著作的集大成式的成果，已经成为世界上最著名、最多读者的《泰戈尔全集》之一。”① 主编刘安武教授是一位谦谦君子。他主编的《泰戈尔全集》，因孟加拉语人手不足，一部分小说和戏剧是从印地语转译的。所以他说：“它不过是过渡版本，全部从孟加拉语译出的版本在不久的将来就要开始陆续与读者见面了。”②

董友忱主编的《泰戈尔作品全集》，有些什么特点呢？他在《中文版序言》中说：“这套书有两大特点：一是全部译自孟加拉原文，没有收录从印地语或英文转译的译文。二是全，也就是说，我们翻译了泰戈尔的全部作品，包括他创作的全部诗歌、小说、戏剧、散文（含游记、日记等，但是没有翻译、收录他编写的英语、孟加拉语、梵语的教材），还收录了诗人自己翻译和他认可的八部英文诗集的译文，以及他在国外发表的部分英文讲演稿的译文。”③ 除了董友忱先生讲的“全译自原文”“译文齐全”这两点之外，还有三个特点：

第一，是原典佳。任何一项翻译工程，原典选择极为重要。董友忱先生选择的是1967年国际大学编辑出版的《泰戈尔作品全集》普及版本（18卷）。这部普及版是为纪念泰戈尔诞辰125周年而重新编辑出版的，它依据的是国际大学在1939年泰戈尔还在世时出

---

① 郁龙余、刘朝华：《中外文学交流史·中国—印度卷》，山东教育出版社2015年版，第198页。

② 姜景奎主编：《中国学者论泰戈尔·序》，阳光出版社2011年版，第2页。

③ 董友忱主编：《泰戈尔作品全集》第1卷，人民出版社2015年版，第4页。

版的33卷的《泰戈尔作品全集》。"普及版本是三十三卷版本的重新编排，即将原来版本的两卷合成一卷，缩小了文字的行距和字号，两套书的内容是一样的，只是书稿说明部分增多了一些新材料。"①

第二，是译品质量高。董友忱先生带领的是一支老中青相结合的专家队伍，可以说囊括了我国孟加拉语人才的精华，还得到了印度、孟加拉国专家的帮助。这就为他们信达雅的译文在人才上奠定了基础。历年各位翻译家的已有译文，无论是从译法、经验还是译文本身，都对这支队伍后发优势的发挥，提供了可能。主编董友忱先生说："承担主编和翻译像泰戈尔这样大家的作品，我真是诚惶诚恐，如履薄冰，如临深渊啊！"② 正是这种心态，养成了翻译队伍对翻译工作的虔诚和精益求精的精神，保证了《泰戈尔作品全集》译文质量的高标准。为了译文的信达雅，译者除了互校之外，还为有些篇章专门请了润色专家。这显然是中国古代译场设"润文大德"的遗风。

第三，装帧精良。《泰戈尔作品全集》（18卷33本）精装版，给人的感觉是古典与现代的结合，豪华与淡雅的交融，中印元素的互鉴。总之，全集的装帧包括封面、版式设计及用纸安排，都是精心之作。2016年1月，我参加新德里世界书展，对我国及世界各国的参展书品有所巡礼观赏。我可以负责任地说：《泰戈尔作品全集》若能来得及参加书展，无论是内涵还是装帧，一定会获得高度评价。如果世界书展设装帧设计奖的话，应该把金奖颁给《泰戈尔作品全集》。

综上可知，《泰戈尔作品全集》共有五大特点：全部译自原文，译文最齐全，原典选择佳，译品质量高，装帧设计精良。

总之，《泰戈尔作品全集》中文版的问世，是我国外国文学翻译事业的一大收获，必将对中印友谊和文化交流产生积极而重要的影响。

---

① 董友忱主编：《泰戈尔作品全集》第1卷，人民出版社2015年版，第5页。

② 同上。

二　必将迎来泰戈尔接受的新高潮

中国对泰戈尔的接受，主要分两大层次，一是广大读者的阅读、赏析、感悟，二是专家学者的译介、研究。这两者相辅相成，互为表里，缺一不可。如果没有广大读者特别是青少年对泰戈尔作品的阅读、赏析、感悟，那么所谓的泰戈尔接受是没有根基的，是不可持续的；如果没有专家学者的孜孜不倦的译介、研究，提供高水平的翻译作品和研究成果，那么就无从体现泰戈尔接受的高层次，广大读者的阅读、赏析、感悟，也失去了依从。

在泰戈尔中国接受史上，五四前后是一次高潮。可以说，中国人的泰戈尔情结，是在五四前后结下的。接受决定于供给，供给决定于需求。1912 年建立中华民国，推翻了统治中国两千多年的封建制度，经过十几二十年的彷徨和奋勇，沉沦的越发沉沦，激进的越发激进。五四新文化应运而生。任何一种新事物的诞生，都是内生动力和外部推力相结合的产物。在中国五四新文化特别是五四新文化的外部推力中，泰戈尔扮演着特别角色，这是泰戈尔和其他外国诗人、作家之间的重要区别。

在中国接受泰戈尔的百年史上，有四件载入史册的大事：

一是 1924 年泰戈尔访华引发争议，而且持续发酵，直到今天依然让人莫衷一是。

二是谭云山在泰戈尔的支持下，在国际大学创办了中国学院。这在当时堪称奇迹。在几十年间，中国学院一直发挥着两国之间的桥梁作用，而且直到今天，它依然是中印学术文化交流的重要机构。

三是泰戈尔铜像在中国的落成。2000 年，由 ICCR 赠送的泰戈尔半身铜像在北京大学落成，印度时任总统纳拉亚南出席揭幕典礼。2010 年，由 ICCR 赠送的第二尊泰戈尔半身铜像在上海市落成，时任印度总统帕蒂尔出席揭幕典礼。2015 年，由 ICCR 赠送的第三尊泰戈尔半身铜像在深圳大学校园落成，为此深圳大学还举行了

“荔园景观‘泰戈尔铜像’摄影大赛”，引起了巨大反响和一致好评。

四是“泰戈尔在我心中”有奖征文大赛。这是全国性的征文比赛，至今进行了两次。第一次是2013年，第二次是2014年，分别出版了优秀获奖作品集《泰戈尔落在中国的心》。在这两次征文大赛中，我切身感受到了当代中国青年对泰戈尔的热爱，而且这种热爱呈现井喷式增长。现在，我们正和北京大学的同行酝酿举办第三届“泰戈尔在我心中”的征文大赛。我们准备将这一征文比赛，不间断地进行下去。因为，这是中国接受泰戈尔最鲜活的一种形式，深受中国读者特别是青少年的喜爱。

在泰戈尔的百年接受史中，中国学者对泰戈尔及其作品的研究从未中断。2011年，姜景奎主编出版了《中国学者论泰戈尔》一书，收入100位学者的105篇文章，可以反映出100年来中国对泰戈尔研究的概况。21世纪对泰戈尔及其作品的研究，“由于纳入了学科轨道，其规模与水平比以前有了显著提升。如孟昭毅为《中外文学交流史》一书撰写的《泰戈尔与中国》、王向远在《东方各国文学在中国》一书的《泰戈尔的译介》，侯传文《多元文化语境中的东方现代文学》中的《泰戈尔与中国现代诗学》《我国五四时期对泰戈尔的接受》《功夫在文学之外——泰戈尔现象》，唐仁虎等的《泰戈尔文学作品研究》一书，显示了当代中国学者泰戈尔研究的最新水平。《泰戈尔文学作品研究》一书有42万字，分《泰戈尔简论》《泰戈尔和中国》《泰戈尔诗歌的创作历程》《泰戈尔诗歌中的文化因素》《短篇小说》《中长篇小说》《戏剧》《文艺思想》，共八章32节。此书由唐仁虎等四人花数年时间合作完成，是目前中国研究泰戈尔作品最全面、最深入的一部专著，具有里程碑的意义”。[①]另外，侯传文的《话语转型与诗学对话——泰戈尔诗学比较研究》、魏丽明的《“万世的旅人”泰戈尔》、郁龙余与董友忱主编的《泰戈尔作品鉴赏辞典》等，都是重要成果。

泰戈尔的家乡在印度，但是泰戈尔在中国的影响不比印度小。

① 郁龙余、刘朝华：《中外文学交流史·中国—印度卷》，山东教育出版社2015年版，第199页。

中国人喜爱泰戈尔，一百多年以来从未减弱，而是越来越强烈，越来越普及。我在一次讲座中说，中国人喜爱泰戈尔有十大理由：

（一）少年天才

中国人和世界上其他民族一样，喜爱少年天才。翻开一部中国历史，其中就记录着许多神童的故事。在中国语言中，有着许多赞美神童的词语。几千年来，中国人提倡“诗书传家”“以文兴国”，所以对少年天才的推崇又甚于其他国家。泰戈尔七八岁开始作诗，12 岁发表长诗《心愿》，16 岁开始在文学月刊《婆罗多》上发表仿古诗，并谎称是在梵社图书馆中发现的 15 世纪诗人帕努辛赫的手稿。一位当时正在德国学习的孟加拉学者视其为古典诗歌典范，将它和欧洲抒情诗进行比较研究，并因此而获得博士学位。这个真实的故事，虽然有恶作剧的成分，但无损泰戈尔少年天才的形象，反而给他平添了几分独特个性。在中国读者心目中，泰戈尔是最有天资的外国诗人。

（二）德艺双馨

中国人的人才观，追求德艺双馨。泰戈尔除了是世界闻名的大诗人之外，还是享誉世界的小说家、戏剧家、散文家、音乐家、画家、美学家，同时也是教育家、思想家和社会活动家。他的作品伸张正义，揭露丑恶，对妇女、贱民等社会弱势群体，充满同情与爱心。他的名作，不论是诗歌、小说还是戏剧，莫不如此。读过他作品的人，像喀布尔人、莫哈玛娅等人的形象，都会永驻心头。泰戈尔在中国读者心目中宅心仁厚，多才多艺，既是道德的高峰，又是才艺的高峰，是德艺双馨的外国诗人。

（三）诗意动人

泰戈尔无论怎样多才多艺，诗歌始终是他的核心创作，诗意是他打动读者、沟通读者心灵的法宝。一百多年来，泰戈尔的诗句一直在世界流传。正如徐志摩所说：“他是百灵的歌声，他的欢欣、愤慨、响亮的谐音，弥漫在无际的晴空。”至今，他的许多名句依然让人难以忘怀。为了纪念泰戈尔诞辰，2010 年 5 月 10 日在上海世博会印度馆内，由印度驻沪总领事馆和上海市作协联合主办“心灵之桥”泰戈尔作品朗诵会。记者曹刚写道：“朗诵会以泰戈尔填词谱曲的印度歌曲开场，朗诵艺术家曹雷、刘家桢、狄菲菲声情并茂地演绎了《你的爱》《玩具》《灯火》《他在走来》等泰戈尔的知名诗篇。来自印度的两位诗歌爱好者用英语和孟加拉语朗诵《心是无畏的》，成为朗诵会的亮点。”（《新民晚报》2010 年 5 月 11 日）朗诵会引来了许多游客驻足倾听。泰戈尔在中国读者心目中，是最能打动心灵的外国诗人。

（四）形象可人

泰戈尔排行十四，在众多兄嫂的呵护中成长。他从小长得英气俊美，所以有家人故意对他横挑鼻子竖挑眼，如最疼他的五嫂，就总是说他长相的缺点。后来，泰戈尔写了不少剧本，他常常扮演戏中角色，扮相当然非常俊俏。老年之后，泰戈尔一副鹤发银髯的仙翁模样。世界各地的艺术家，不知为他画了多少肖像。中国大画家徐悲鸿也为他画过多幅，泰戈尔最喜欢的是坐在藤椅上的那幅画像。它将中国画的绵长柔和的韵味和诗人慈祥、深邃的神情极佳地结合起来。正是泰戈尔青年时的玉树临风、中年时的俊朗潇洒、老年时的仙风道骨，给无数中国人留下了美好而深刻的印象。在中国读者心目中，泰戈尔是最可人的外国诗人。

（五）出身名门

泰戈尔的先祖出身婆罗门，他祖父不但是著名企业家，而且还是大慈善家和宗教、社会改革家。作为加尔各答的名门望族，祖父一代开风气之先，引领加城乃至整个印度的经济和文化进行了革新；二哥是著名梵文学家，同时用英语、孟加拉语创作；三哥是著名教育家；五哥在诗歌、戏剧、音乐、绘画等方面都颇有建树；五姐则是印度第一位孟加拉语女作家。一个家庭在一代人中出了这么多杰出人物，实属罕见，是真正的书香门第。推崇“一门五进士”的中国人，自然对泰戈尔及其家族敬爱有加，大大提升了泰戈尔的声望。在中国读者心目中，泰戈尔是门庭最风光的外国诗人。

（六）名扬天下

毋庸置疑，泰戈尔的价值是西方人发现的，他因获诺贝尔文学奖而一举成名。但是，这仅仅是事情的一半。另一半是，西方需要泰戈尔。一位瑞士哲学家说：泰戈尔“降临于中欧兵劫以后的瓦砾场，使一群丧乱流离、惊魂未定的众生，得以领略东方恬静和平的福音，以减杀其生命的悲哀”。在泰戈尔之前，诺奖只是一个西方人的奖项，不具有世界影响。泰戈尔的诗歌给西方文坛带来了清风，西方诗人欣喜不已。让西方人始料不及的是，诺奖给了泰戈尔荣誉，而泰戈尔却给诺奖带来真正的全球影响。只有在泰戈尔之后，诺奖才享誉东方，成为真正驰名国际的文学大奖。在中国读者心目中，泰戈尔是最有国际名望的外国诗人。

（七）吹拂新诗

一位诗人在国外的影响，除了看其诗作的译文是否受欢迎之外，更重要的是要看他的风格和思想是否被人接受，对他国的诗歌创作有否产生影响。五四运动吹响了中国新文化运动的号角，中国新诗由此产生。中国新诗的兴起，在形式和意象上，直接得益于泰戈尔。泰戈尔活泼短小的散文诗在当时兼有东西方双重色彩，又具有“小诗”的特征，所以备受青睐。“短短几年工夫，小诗在众多诗体中便脱颖而出。”（张新：《中国新诗史》）后来，中国出现“新月派”，无疑和泰戈尔的《新月集》有关。尽管这一诗派存在的时间并不长，但受泰戈尔诗风吹拂迅速涌现的“小诗”，成了中国新诗的主体。在中国读者心目中，泰戈尔是对中国影响最大的外国诗人。

（八）名家译介

中国最早翻译泰戈尔的都是名家，如陈独秀、郑振铎、郭沫若、冰心、徐志摩，等等。其中，以郭沫若、冰心的影响最大。中国新诗第一人郭沫若，称自己诗的“第一阶段是泰戈尔式的”。中国新诗第一女诗人冰心说："我自己写《繁星》和《春水》的时候，并不是在写诗，只是受了泰戈尔《飞鸟集》的影响，把许多'零碎的思想'，收集在一个集子里而已。"他们的诗作，又影响了一代又一代中国人。后来，进入全面译介泰戈尔的时代，中国又涌现出石真、董友忱、白开元等一批卓越的翻译家。2000 年出版了《泰戈尔全集》，即将出版的《泰戈尔作品全集》，其特色是全部译自泰戈尔原文，不再出现"转译"情况。在中国读者心目中，泰戈尔是拥有最多"粉丝"的外国诗人。

（九）患难之交

泰戈尔不但是中国文化的知音，而且是中国人民的患难之交。中国抗战爆发后，一向称羡日本的印度人不知如何是好。泰戈尔是印度舆论的风向标，日本军国主义拼命拉拢他，给他送古瓷瓶，派诗人野口米茨郎套近乎，宣扬"亚洲是亚洲人的亚洲"，等等。泰戈尔有一颗正义之心，很快看清了真相，写了《敬礼佛陀的人》，鞭挞日本侵略者。他和野口米茨郎的三封论战信，成了著名的《诗人对诗人》一书。在最后一封信的结尾，泰戈尔写道："敬祝我所热爱的贵国人民，不成功，只懊悔。"患难见真情。周恩来总理 1956 年访问国际大学时，深情地说："泰戈尔不仅是对世界文学做出卓越贡献的天才诗人，还是憎恨黑暗，争取光明的伟大印度人民的杰出代表……中国人民对泰戈尔抱着深厚的感情，中国人民永远不能忘记泰戈尔对他们的热爱。"在中国读者心目中，泰戈尔是最受称颂和感念的外国诗人。

（十）走进教材

中华以文教立国，课堂神圣。教材体现国家的教育立场，什么人的作品进教材是极为重大而严肃之事。我们曾这样说过："泰戈尔赢得了一代又一代中国人的尊敬和喜爱。在教育部推荐的中学生课外阅读书目和大学中文专业的阅读参考书目录中，均有泰戈尔诗集。"（《泰戈尔诗歌精选·序》）泰戈尔走进了中国教材。中国有着全世界最多的中学生、大学生，一代又一代的中国学生阅读着泰戈尔，泰戈尔走进一代又一代中国人的心田。在中国读者心目中，泰戈尔是最亲近的外国诗人。

在《中外文学交流史·中国—印度卷》中，我们曾经这样说："此时，一门新的学问——泰戈尔学（简称'泰学'）就有了诞生的条件。'泰学'在印度语言中可称 Ravindranatha Takura Vidya，英语中则称 Studies for Ravindranatha Takura。我们相信，富有中国特色的，泰戈尔学的诞生为期不远了。"[①] 我们现在可以进一步说，随着《泰戈尔作品全集》的问世，一个研究泰戈尔的新高潮必将到来，向泰戈尔学的建立又迈进了一步。

三　中国泰戈尔研究的新课题

在泰戈尔中国接受史上，有这样一个规律，每当泰戈尔的作品批量出版，很快就会出现一个研究泰戈尔的高潮。1961 年《泰戈尔作品集》（1—10 卷）、2000 年《泰戈尔全集》（1—24 卷）的出版，是这样。现在《泰戈尔作品全集》（18 卷 33 本）的出版，也一定会掀起我国泰戈尔研究的新高潮。

我们这样说，并不表示对泰戈尔作品的翻译，已经穷尽，没有什么有价值的原典可供翻译的了。实际上，围绕泰戈尔，除了《泰戈尔作品全集》之外，还有不少原典或接近原典的作品，以及研究泰戈尔的经典著作可供中国翻译家继续耕耘。例如，2015 年出版的《原版〈吉檀迦利〉》（*The Original Gītānjalī*），就非常值得翻译出版。此书作者 U. N. 辛赫是国际大学的副校长，泰戈尔研究专家。国际大学是泰戈尔一手创办的。作为泰戈尔事业的继承者，他不但对泰戈尔满怀感情，而且对泰戈尔深有研究。他的这本《原版〈吉檀迦利〉》是详细叙述、解释、翻译英文版《吉檀迦利》和孟加拉文《吉檀迦利》异同的专著。此书的翻译出版，必将大大推动我国对《吉檀迦利》乃至整个泰戈尔作品的研究。

《原版〈吉檀迦利〉》以及这一类著作的翻译出版，将使中文版

---

① 郁龙余、刘朝华：《中外文学交流史·中国—印度卷》，山东教育出版社 2015 年版，第 204 页。

的泰戈尔文库的库藏更加丰富，在一定意义上说，是国家软实力的表现。

如果说《泰戈尔作品全集》中文版的问世，能够促进《原版〈吉檀迦利〉》这一类相关著作的翻译出版，那么还有一系列的研究和著述是必然要做的，就我的视野和理解，认为以下诸方面是应该抓紧做的。

《泰戈尔作品鉴赏辞典》修订再版。

此书出版之后，深受欢迎，而且还出了普及版。该书中有引文和附录，基本上都来自《泰戈尔全集》。现在《泰戈尔作品全集》已经问世，这本辞典应该与时俱进，重新修订出版，满足广大读者的需求。

另外，一本更加全面、权威的《泰戈尔辞典》的编写工作，应该提上有志者的议事日程。

撰写《泰戈尔世界接受史》。

董友忱主编的《泰戈尔作品全集》中文版的面世，为系统、全面地撰写《泰戈尔中国接受史》奠定了基础。中国学者应该在此基础上，经过数年的努力，撰写一本世界一流水平的《泰戈尔世界接受史》。此书由中国的泰戈尔研究专家来研究编写最为有利。因为对泰戈尔的接受，无论是从空间还是时间上讲，中国、印度是最主要的。在写好中国和印度的泰戈尔接受史的基础上，推而广之，撰写世界各国的泰戈尔接受史，循序渐进，符合事物发展规律。此前，中国已有学者对泰戈尔在世界各国的接受和影响，做出过一些研究，发表过若干成果，如刘健的《泰戈尔与苏联》、石海峻的《泰戈尔眼中的东方和西方》、姜永红的《印度和世界舞台上的泰戈尔》、雷武铃的《泰戈尔：从印度走向西方》、尹锡南的《世界文明视野中的泰戈尔》与《泰戈尔与阿根廷女作家的跨世情缘》、曾琼的《世界文学中的〈吉檀迦利〉：译介与研究》，等等。有了这些经验与积累，就能稳扎稳打，写出一部中国版的国际公认的《泰戈尔世界接受史》。

圣地尼克坦现象研究。

印度有许多文化圣地，祇园、菩提迦耶，那烂陀寺等，最新的一处是圣地尼克坦，圣地尼克坦也被译成“和平乡”，它的原意是

“静谧的土地”。这块离加尔各答有数小时车程的“静谧的土地”，因为泰戈尔而成了印度最年轻的文化圣地。静谧的土地本来是泰戈尔家族拥有的一块蛮荒之地。20 世纪初，泰戈尔用它办起了国际大学（Visva Bharati）。它的字面义是“世界印度”，要表达的意思是“世界鸟巢”。在这个世界鸟巢里，培养出了一代又一代大学生，成了民族解放和建设的精英。在这块不大的静谧的土地上，出了两位诺贝尔奖获得者——泰戈尔和阿马蒂亚·森。这是极为罕见的，被称为“圣地尼克坦现象”。

人类的进步，归根结底是文化的进步。民族的传承，主要是文化的传承。文化圣地在人类文化进步和传承中的作用，是独特而至关重要的。所以，各国各民族的文化圣地，包括印度圣地尼克坦，是值得深入研究的。

最重要的是加强对他的作品的研究。

《泰戈尔作品全集》中文版的面世，纵然有着众多意义，但最重要的是促使中国学者加强加深对泰戈尔作品的研究。对我们绝大多数人来说，以前的研究，都是以当时已有的中文译本为文本基础的。现在有了最新的《泰戈尔作品全集》中文版，为我们提供了新的研究平台，无论是学术研究的进步，还是对作品的准确理解，都离不开译作的进步。《泰戈尔作品全集》中文版的问世，是中国泰戈尔作品翻译史上最大最新的成果。依照这个新版本进行泰戈尔作品研究是应有之义。因为研究的对象决定研究的质量。中国的《道德经》，希伯来的《圣经》，每次发现一个新版本，都会带来一次新的研究热潮，而一次又一次的研究热潮，将《道德经》《圣经》的研究水平提升到一个更比一个高的水平。泰戈尔作品中文译本的出版，也完全符合这种情况。从这个意义上说，这次因《泰戈尔作品全集》的出版，中国的泰戈尔研究将出现一个新阶段。在这个新阶段里，一些错误将被纠正，一些模糊将被澄清，更多的是新内容、新材料和中国读者见面了，引发大家的阅读愉悦和新的感悟，产生大量研究新课题。

我们对泰戈尔的研究，因为《泰戈尔作品全集》中文版出版，而站在一条新的起跑线上。我们现在面临的许多问题，泰戈尔早有洞察。例如，日本右翼参拜靖国神社，他在1916年的《访日散记》中说："在与中国的海战中，日本赢得了胜利——将这胜利的标志像插荆棘似的贴在全国的傲慢行径上，是不美好的，日本应该懂得这一点。"又说："人类造庙堂、寺院，是为了缅怀永垂青史的业绩，而不是为了缅怀暴力。"[①] 我相信，通过新的阅读、体认《泰戈尔作品全集》，中国人民必将有新收获，在新的高度和深度上了解和接受泰戈尔。

对经典的态度，无论是本民族的还是世界各民族的，就是一个民族对人类文明的态度。中华民族的一个优秀传统，就是能正确对待自己和外来的文化经典，从而使自己生生不息，文化繁荣昌盛。对待泰戈尔的作品，我们一直保持严肃、谨慎、开放、虔诚的态度。但也不能排除当下有个别的人，对待泰戈尔的作品抱别出心裁而又自以为是的任性态度，这必然遭人唾弃。典型的是一位笔名叫冯唐的跨界人物，他任性翻译的《飞鸟集》遭到读者、媒体和专家的鞭挞，近半数网友给他打1分，郑振铎的译本则打9.1分。"《飞鸟集》震惊世界文坛"的文章也在网上迅速流传。"一个社会变坏是从讽刺诗人开始的。"（《第一财经日报》2015年12月18日第A15版）由于国内外负面反应强烈，出版社不得不将冯唐译的《飞鸟集》下架。这在中国外国文学翻译出版史上是罕见的。2016年5月7日，"泰戈尔与中国"学术研讨会在印度加尔各答召开，中国学者梅晓云发表论文《从冯唐译〈飞鸟集〉风波看泰戈尔的中国形象》受到与会学者的高度评价。在这次学术研讨会上，中国驻加尔各答领事马占武先生代表中方，向国际大学赠送由董友忱教授主编的、人民出版社出版的《泰戈尔作品全集》，表达了中国翻译界、出版界对泰戈尔的敬意；中国与会学者向中国驻加尔各答总领事馆赠送了深圳大学编印的《泰戈尔在深圳大学》一书，表达了中国广大读者对泰戈尔的热爱。

（此文刊载于《湖南科技学院学报》2016年第8期，第16—20页）

---

① 董友忱主编：《泰戈尔作品全集》第10卷，人民出版社2015年版，第600页。

1924年泰戈尔访华引发争议的根本原因

——答国际知名学者阿莫尔多·沈之问

2010年8月22—25日，在北京大学召开的国际学术研讨会“理解泰戈尔：新视野和新研究”上，出现了三个讨论热点。其中，第一个就是关于1924年泰戈尔访华引起争论的问题。① 无论是会议论文还是与会者发言，许多人都对这个问题抱有极大兴趣。阿莫尔多·沈（又译阿马蒂亚·森）这位泰戈尔的小同乡②，有足够理由关注自己前辈乡贤的国外评价。他为会议提供的论文《泰戈尔与中国》，和他1997年写的《泰戈尔与他的印度》形成呼应。③ 阿莫尔多·沈认为，1924年泰戈尔访华，在一部分中国知识分子中，产生了相当程度的反对和斥责。而现在也正是合适的时机来探究：“为什么1924年被翘首以待的泰戈尔伟大中国之行会带来如此多的问题。”④ 他认为，从某种程度上说那是一场悲剧（当然也有许多积极

---

① 在会议论文集《泰戈尔与中国》《理解泰戈尔：新视野和新研究》及与会学者发言中，形成了“1924年泰戈尔访华”“泰戈尔和中国学院”“泰戈尔与中国古典诗词”三个讨论热点。其中，又以第一个问题讨论最为热烈。

② 阿莫尔多·沈（Amartya Sen），1933年出生在泰戈尔的国际大学所在地——圣地尼克坦。其名为泰戈尔所起，意为“永生”。他的祖父克蒂莫享·沈（Kshitimohan Sen）是1924年泰戈尔访华代表团成员。1998年他获诺贝尔经济学奖，和泰戈尔获诺贝尔文学奖（1913）相距85年，成了圣地尼克坦的佳话。

③ 此文原刊于1997年6月26日《纽约书评》。载《惯于争鸣的印度人：印度人的历史、文化与身份论集》，刘建译，上海三联书店2007年版，第69—93页。

④ ［印度］阿莫尔多·沈：《泰戈尔与中国》，《深圳大学学报》2011年第1期。

的成效）。[①] 著名学者谭中不同意他的悲剧说，认为“中国的上层社会通过戴季陶、蒋介石，特别是周恩来总理到国际大学接受荣誉学位和他在国际大学讲演中对泰戈尔的称赞已经把1924年的不愉快（我认为‘悲剧’是莫须有的）抹掉了”。[②]

阿莫尔多·沈在文章中，给出了自己的解释，认为是“当时的政治环境使然”，“泰戈尔到达中国之时，中国就处于如此激烈的论争之中：一端是要继承与发扬中国传统文化的声音，另一端是新生积极分子深切关注改造当今世界，不要留恋传统历史”。[③] 他的分析是深刻细致的，有很大的逻辑说服力。

印度著名的泰戈尔研究专家沙潘·摩炯达认为，是因为受到了西方人的影响。他说：“最早抗议与发出不和谐声音的不是中国的年轻左派，而是英国报刊。1924年4月24日的《北京导报》Peking Leader 刊载了有关的社论与署名‘西方人’（Westerner）的读者来信。”“那封读者来信说：‘有足够的理由质问哲学家和诗人泰戈尔，他访华的目的何在？是提倡精神理想吗？如果这样的话，他夸大民族的骄傲、激起民族偏见怎么能达到这样的目的呢？难道亚洲没有犯下够他关注的罪恶？难道他找不到足够的事情去鼓励中国人有高尚的思想而不是对欧洲指手画脚呀?!’有意思的是，泰戈尔在中国呆得越久，这种情绪就越膨胀以至在共产党领导的中国青年中发酵。”[④]

中国学者则较多地认为，是当时国内外的信息局限造成对泰戈尔访华的种种误解甚至歪曲。例如，青年学者侯传文为会议提交了一篇名为《认同、误读与化用》的论文，讨论泰戈尔对《老子》的接受。在他的新著《话语转型与诗学对话——泰戈尔诗学比较研究》中，指出：“我国五四时期的文化人对泰戈尔也有许多误读。如在文学方面，突出了他善于幻想和超越现实的一面，忽略了他关

---

① ［印度］阿莫尔多·沈：《泰戈尔与中国》，《深圳大学学报》2011年第1期。

② 谭中：《泰戈尔是中印之间的金桥》，载北京大学东方文学研究中心《理解泰戈尔：新视野和新研究》（2010年8月22—25日国际学术研讨会论文集），第269页。

③ ［印度］阿莫尔多·沈：《泰戈尔与中国》，《深圳大学学报》2011年第1期。

④ 王邦维、谭中主编：《泰戈尔与中国》，中央编译出版社2010年版，第56页。

心人生、关注实际的一面；在社会政治方面，夸大了他的出世隐退和保守妥协的一面，忽视了他作为改革家和社会活动家的积极入世、斗争进取的一面；在哲学思想方面，强调了他追求梵我同一的无限境界的一面，消解了他执着生活、热爱人生的一面；在文化思想方面，强调了他因袭继承的传统性的一面，隐没了他突破创新的现代性的一面；在东西方问题上，抓住了他关于东方精神文明抵制西方物质文明的宣扬，丢掉了他对‘活生生的西方文化’的赞美和向西方学习的主张。”① 中国社会科学院资深研究员刘建则强调信息的稀缺，认为：鲁迅批评泰戈尔赞美“萨蒂”，“失于偏颇”。原因是“在他那个时代，除了一些诗集，泰戈尔的大部分作品并未译成中文，有关资料亦相当匮乏。因此，鲁迅很难对泰戈尔形成准确而全面的判断和评价”。②

谭中引用了一个尼赫鲁等人的观点，使我们对真正原因的了解又前进了一步。他说：“尼赫鲁和其他人曾经把中印两国的发展的主要分歧聚焦于一个英文字母‘r’之上——中国是‘revolution’（革命），印度是‘evolution’（进化）——，两者之间只有一个字母的差别。”③ 一个字母的差别，深刻揭示了中印民族争取独立解放的道路的不同，离1924年泰戈尔访华引发争论的真正的原因只隔一道门了。

我们认为，以上学者都在尽力找寻1924年泰戈尔访华发生争议的真正原因，并且取得了空前的成功。我们从来没有像今天这样，接近事情的真相。但是，我们又认为，以上各家所述虽然都是重要原因，但还不是根本原因。

那么，1924年泰戈尔访华发生争论的根本原因是什么呢？

我们先来分析一下陈独秀这个特殊人物。他是1924年责难泰戈尔访华最力者，又是最早将泰戈尔诗歌介绍来中国的翻译者。④ 他

---

① 侯传文：《话语转型与诗学对话——泰戈尔诗学比较研究》，中国社会科学出版社2010年版，第315页。

② 刘建：《在“有限”中证悟“无限”的欢乐》，《社会科学报》2010年8月5日第6版。

③ 王邦维、谭中主编：《泰戈尔与中国》，中央编译出版社2010年版，第153页。

④ 陈独秀用“五言”诗形式，翻译了泰戈尔《吉檀迦利》中的第1、2、25、36首诗。

于1915年10月15日在《青年杂志》第1卷第4号上，发表了四首《吉檀迦利》中的译诗。在“注”中他这样介绍：“达噶尔，印度当代之诗人，提倡东洋之精神文明者，曾受诺贝尔和平奖，驰名欧洲，印度青年尊为先觉，其诗富于宗教哲学之理想。”除了将“文学奖”误认为“和平奖”之外，陈独秀此时对泰戈尔的评价均属允当。但到1923年10月27日，他在《中国青年》杂志第20期上发表《我们为什么欢迎泰谷尔?》一文。1924年，他在不到两个月的时间中，集中发表了11篇文章，责难泰戈尔访华。① 这些文章有三个特点：“（一）时间集中。几乎全在1924年泰戈尔访华期间，有时在一个刊物上同时发三篇文章，如1924年5月28日的《向导》第67期。5月30号泰戈尔就在上海乘船去了日本。显然，这些文章都是逐客令。（二）文章短小。陈独秀的文章都非常短小急促，有的只有一百多个字，如《太戈尔是一个什么东西!》：‘太戈尔初到中国，我们以为他是一个怀抱东方思想的诗人，恐怕素喜空想的中国青年因此更深入魔障，故不得不反对他，其实还是高看了他。他在北京未曾说过一句正经，只是和清帝、舒尔曼、安格联、法源寺的和尚、佛化女青年及梅兰芳这类人，周旋了一阵。他是一个什么东西!’显然，这是一篇心胸狭小的骂人文章。（三）化名发表。也许陈独秀觉得自己的文章有失身份，所以都署名‘实庵’。以上三点出现在陈独秀身上，实际上反映了深刻的时代烙印、阶级烙印，不是偶然的，也不仅仅是陈独秀的个人情绪。”②

① 这些文章分别是：《我们为什么欢迎泰谷尔?》（《中国青年》第20期，1923年10月27日）、《太戈尔与东方文化》（《中国青年》第27期，1924年4月18日）、《评太戈尔在杭州、上海的演说》（《民国日报·觉悟》，1924年4月25日）、《太戈尔与梁启超》（《向导》第63期，1924年4月30日）、《好个友好无争的诗圣》（《向导》第63期，1924年4月30日）、《太戈尔与清帝及青年佛化的女居士》（《向导》第64期，1924年5月7日）、《太戈尔在北京》（《向导》第67期，1924年5月28日）、《巴尔达里尼与太戈尔》（《向导》第67期，1924年5月28日）、《太戈尔是一个什么东西!》（《向导》第67期，1924年5月28日）、《诗人却不爱谈诗》（《向导》第68期，1924年6月4日）、《太戈尔与金钱主义》（《向导》第68期，1924年6月4日）、《反对太戈尔便是过激》（《向导》第69期，1924年6月11日）。

② 郁龙余：《中国人心中的泰戈尔》，载北京大学东方文学研究中心《理解泰戈尔：新视野和新研究》（2010年8月22—25日国际学术研讨会论文集），第311页。

人们不禁要问，为什么 1915 年的陈独秀到 1924 年竟判若两人？要搞清楚这个问题我们不得不极简要地回顾一下中国的现代史和“五四”新文化运动。

从历史进程、社会形态、文化状况讲，中印两国在近代以前大体相似。但是，自近代以来，中印两国走的是不同的道路，出现了非常不同的情况。这主要表现为：

独立解放的道路不同。印度走的是非暴力的独立道路，从甘地到尼赫鲁一脉相承，其间虽有阿罗频多和 S. C. 鲍斯等人主张暴力革命，但始终不能成为主流，或改变斗争方式，如阿罗频多，或在“二战”中陷于两难境地，如鲍斯。中国走的是武装革命的道路，从孙中山到毛泽东一脉相承，其间虽有保皇改良的声音，但是十分孱弱。

打倒推翻的对象不同。印度自公元 1600 年后，渐渐沦为西方殖民地，1857 年印度民族大起义失败后，则完全沦为英国殖民地。所以，印度的民族精英要推翻和打倒的，就是英国殖民当局。中国是一个半殖民地半封建国家，虽然饱受帝国主义欺凌，但国家政权还掌握在代表西方列强利益的中国人手中。所以，中国的民族精英们要打倒和推翻的，首先是中国的反动政府。

对传统文化的态度不同。印度民族精英靠什么打败英国殖民者，靠留英学来的民主政治或现代科技？显然不是。因为民主政治和现代科技，不但不能解放印度人民，而且成了英国殖民统治的工具。他们赶走英国殖民者、拯救民族的唯一有效武器，是印度的传统文化。所以，印度所有的爱国知识分子视传统文化为神圣，是民族生存和发展的希望。对抗殖民者的武器——非暴力，也取自民族的传统思想。在反殖独立斗争中，武器越是民族的，就越有杀伤力。除了“非暴力”（ahiṃsā）之外，甘地还有意地选用了民族语言的“不合作”（Asahayog）、“坚持真理”（Satyagraha）、“自治”（Svaraj），而决不用英语词汇。我们曾经说过：“印度学者在比较研究中知己知彼，敬祖重道，高声礼赞传统诗学”，“印度比较诗学高屋建瓴，俯视西方学术，不跟风、不失语，充满批判精神。”[①] 其实，何止是诗学，在所有文化领域中，印度学者的这种自尊自爱立场是普遍常态。中国民族精英对传统文化的立场正好相反，采取的是否定与批判的态度。“五四”新文化运动提出“打孔家店”的口号，因传统文化顽固，所以后来口号中又加了一个“倒”字，非要“打倒孔家店”不可。在整部中国历史中似乎只能看到“吃人”二字。“全盘西化”的叫声，甚嚣尘上。有没有不同的声音呢？有的。不过人数不多，被扣上“保皇党”“玄学鬼”的帽子后，就几乎销声匿迹了。为什么中国精英要如此仇视民族的传统文化呢？原因很简单，传统文化是中国旧政权的护身符。精英们要弃旧图新，要打倒腐朽、反动的旧政权，自然要将它的护身符一起打倒。

独立解放的道路、打倒推翻的对象和对传统文化的态度，这三者的关系不论是在中国还是在印度，在逻辑上都是一致的。也就是说，打倒推翻的对象的不同，决定了独立解放道路和对传统文化态度的不同。无可否认，中国自 1840 年尤其自 1919 年以后，批判传统文化的选择，是当时形势的需要，是不得已而为之。今天的我们不能不加分析地全盘否定“五四”新文化运动，不然又会犯“五四”全盘否定传统文化同样的错误。

清末民初，是中国历史上最动荡、混乱、黑暗的年代。所有爱国者都在思考革命救国之道。就连出家僧人，也提出了“三大革命”（教理革命、教制革命、教产革命），不然不足以救佛教。于是出现“政治家、诗人、佛学家三位一体，造成变法、诗歌、佛学的三位一体”[②] 的独特社会景象。在印度的民族独立运动中，出现了民族精英“手持《薄伽梵歌》赴汤蹈火”的动人场面；而在中国，很难想象会出现“手拿《四书五经》冲锋陷阵”的景观。国情不同，斗争的对象、目标不同，其策略、手段亦不同。

了解了以上情况，我们对泰戈尔 1924 年访华引发争议，遭到中国左派精英的嘲讽、责难，就不会吃惊了。当时，泰戈尔的倡导、

① 郁龙余等：《中国印度诗学比较》，昆仑出版社 2008 年版，第 568 页。

② 王广西：《佛学与中国近代诗坛》，河南大学出版社 1995 年版，第 149 页。

维护东方传统文化的身份，与中国社会的前进方向，显得极不协调。这就是 1924 年泰戈尔访华引发争议并导致一系列不愉快事件的根本原因。抓住了这个根本原因，其他的问题就都不难回答了。当然，我们不应回避，当时的左派是幼稚的，不成熟的，有许多做法，是失礼的。阿莫尔多·沈一再强调，泰戈尔在印度国内和国外的文化身份是不同的。在国内，泰戈尔倡导民主、科学，甚至认为甘地太过传统而与之争论；在国外的维护东方传统文化的身份，一方面是因为他受到“一战”惨祸的刺激，的确看到了西方文化的本质性缺陷；另一方面是受到西方崇拜者的赞扬的裹胁。应该说，当时泰戈尔对西方文化的了解，在总体上要比中国的左派精英来得全面和深刻。

随着历史的前进，不论是民间还是官方，都对 1924 年泰戈尔访华引起的争议，有了新的认识。1956 年，中国总理周恩来在国际大学对泰戈尔的高度评价，应该引起国际学者的足够重视。他说：“泰戈尔不仅是对世界文学作出卓越贡献的天才诗人，还是憎恨黑暗、争取光明的伟大印度人民的杰出代表。中国人民永远不能忘记泰戈尔对他们的热爱。中国人民也不能忘记泰戈尔对他们的艰苦的民族独立斗争所给予的支持。至今，中国人民还以怀念的心情回忆着 1924 年泰戈尔对中国的访问。”① 这位老资格的中国共产党人上述的这段讲话意味深长，为 30 年前的那场争议做了公正的结论。

1961 年，中国著名学者季羡林写出长篇文章《泰戈尔与中国：纪念泰戈尔诞生 100 周年》。他说：泰戈尔“有光风霁月的一面，也有怒目金刚的一面。他能退隐田园，在大自然里冥想，写出那些爱自然、爱人类、爱星空、爱月夜的只给人一点美感的诗歌，但是他也能在群众大会上激昂慷慨地挥泪陈辞，朗诵自己的像火焰一般的爱国诗歌；当他看到法西斯、军国主义以及其他魑魅魍魉横行霸道的时候，他也能横眉怒目、拍案而起，写出刀剑一般尖锐的诗句

① 《新华半月刊》1956 年第 6 期。

和文章。"① "周恩来以他政治家的睿智和感召力，在政治上为泰戈尔评价确定基调；季羡林则以印度学首席专家的学术说服力，在学术上为泰戈尔评价划出了框架。事实证明，周恩来的基调和季羡林的框架，经住了历史考验。因为它们是与时俱进及实事求是的，是以学术研究为基础的。"②

在今天中国人的心目中，泰戈尔是一位道德高尚的爱国者，才华盖世的大诗人，中国人民的患难之交，和中国文缘持久而深厚。这四大美好形象正好吻合中国人交友之道的四大原则：崇德、爱才、急难、惜缘。但是，由于沟通的问题，许多印度学者并不很清楚，中国人对泰戈尔有了非常一致的全新的评价。如果阿莫尔多·沈知道，也许就不会提出这个悲观的问题了。

另外，我们必须考虑泰戈尔本人对那次访华的感受。1925 年，泰戈尔在《在中国的谈话》中说："我从来不曾这样愉快，也从来不曾像与你们这样密切地与任何别的民族接触过。有些人，我觉得我们仿佛从小就已经相识。我在此逗留期间，一切都被安排得十分美好，我感到愉快。"③ 诗人在 80 岁时，依然对 1924 年的中国之旅，怀有美好的记忆。他在一首诗中深情地写道：

在我生日的水瓶里
从许多香客那里
我收集了圣水，这个我都记得。

---

① 季羡林：《中印文化关系史论文集》，生活·读书·新知三联书店 1982 年版，第 159 页。这篇长文写于 1961 年 2 月 21 日，但当时没有全文发表。其中的一些内容以《纪念泰戈尔诞生一百周年》为题，发表于《文艺报》1961 年第 5 期。其余内容以《泰戈尔与中国》《泰戈尔的生平、思想和创作》为题，发表于《社会科学战线》1979 年第 2 期和 1981 年第 2 期。全文发表于《中印文化关系史论文集》之中。1978 年 12 月 17 日，他在"羡林按"中说："这是将近二十年前写的一篇纪念泰戈尔的文章。由于一些原因，当时没有发表。"季羡林在这个按语中，对泰戈尔做出了这样的评价："他热爱祖国，同情人民，反对殖民主义和法西斯侵略，对中国人民始终怀着深厚的感情。他的作品曾经在某种程度上影响五四运动以后中国新文艺的创作，他对中国的感情在印度人民中引起广泛的响应。"

② 郁龙余：《中国人心中的泰戈尔》，载北京大学东方文学研究中心编《理解泰戈尔：新视野和新研究》，国际学术研讨会论文集，2010 年 8 月，第 313 页。

③《在中国的谈话》，刘建译，国际大学出版社 1925 年版，第 112—113 页。

有一次我去中国，
那些我从前没有会到的人
把友好的标志点在我的前额
称我为自己人。
不知不觉中外客的服装卸落了，
内里那个永远显示一种
意外的欢乐联系的
人出现了。
我取了一个中国名字，穿上中国衣服。
在我心中早就晓得
在哪里我找到了朋友，我就在哪里重生，
他带来了生命的奇妙。①

我想，泰戈尔的这些美好感受，应在阿莫尔多·沈的“也有许多积极成果”之列吧。我们应尊重泰戈尔本人的感受，不必过多渲染其所谓的“悲剧”色彩。何况在今日中国，泰戈尔在外国诗人中享有独尊地位。

今天，我们纪念泰戈尔诞生 150 周年，除了客观、公正、准确评价这位伟大诗人之外，还应学习他的高贵品格，毫不动摇地支持中国抗战、支持中印文化交流的坚定立场。谭中说，泰戈尔是中印之间的金桥。我们应倍加珍惜、爱护这座金桥。

对于中国人来说，通过泰戈尔这座金桥虚心主动地向印度学习，是极为重要的。

独立以后，印度人民在自己当家做主的情况下，不拘泥于争取独立时的道路、方法及对传统文化的立场，而是与时俱进，建立世俗政权，全面继承民族传统文化，同时对不合时宜的部分做出限制或禁止。如“萨蒂”制度、种姓制度、童婚习俗，等等。对西方文化，凡是有利于民族生存和发展的，都加以吸纳利用，反之则坚决排除。凡是与民族文化相冲突的，如酗酒、杀牛、色情等，则严加

① 《泰戈尔诗选》，谢冰心、石真、郑振铎、黄雨石译，人民文学出版社 2000 年版，第 181—182 页。

管制。印度的这些政策和作为所体现的精神，值得中国借鉴和参考。

当下中国的情况，已完全不同于“五四”时代。我们须应时而进，使我们的思想适应已经改变了的客观情况。20 世纪 80 年代的中国文化热和当下方兴未艾的国学热，反映了百姓和知识精英回归传统精神家园的热切希望。我们应审时度势，顺应民意，认真回顾、反思“五四”以来的文化之路，吸取历史教训，以便制定一条跟上时代步伐，与实现中华民族复兴的伟大目标相符的新的文化之路。在中华民族伟大复兴的旅途中，印度是一个极佳的参照。

加强中印文化交流，造福中印两国人民和世界人民，是对泰戈尔的最好纪念。

［此文刊载于《深圳大学学报》（人文社会科学版）2011 年第 1 期，第 14—18 页］

谭云山：殖民时期中印关系的伟大智者

谭云山被称为中印现代关系史上友谊金桥的一位建造者。他于1927年在新加坡受到泰戈尔邀请，1928年来到印度国际大学，1937年成立中国学院，一直到1983年在菩提迦耶圆寂，凡五十余年一直为中印文化交流奔忙。著名学者季羡林说："云山先生踏着法显、玄奘、义净等古代高僧大德的足迹，从事继承和促进中印两个伟大民族间的传统友谊，可以说是穷毕生之力。"[①] 时代虽不同，但是"最后他们都以文化交流的辉煌业绩彪炳史册，其无量功德赢得后人的敬仰"。[②]

印度真正学科意义上的现代汉学的开拓，肇始于国际大学。谭云山在《印度之汉学》中指出："汉学之在近代印度始具规模者，梵斯佛菩尔提（Visva-Bharati）大学可称为发祥地。该校始创汉学研究于其研究部（Vidya-Bhavana）时为一九二一年，沙司铎氏（Vidhushekhara Bhartacharya Shastri）任该部主任。一九二四年，诗圣太戈尔（Rabindranath Tagore）应北京各大学主办之学术讲演会邀请来游中国，该会主席为晚近大学者梁启超先生——当时曾有交换学者与教授之建议，拟请沙司铎氏偕同其他学者自印度和平庄

① 谭中：《谭云山与中印文化交流》，香港中文大学出版社1998年版，第xvi页。

② 郁龙余等：《梵典与华章——印度作家与中国文化》，宁夏人民出版社2004年版，第465页。

(Santiniketan）来北京讲授梵文并研究中文；一面则请梁启超氏与其他中国学者数人至和平庄协助研究汉学之机关，同时研究梵语。”[①] 由于种种原因，这个动议并没有实现。印度国际大学汉学研究获得实质性的发展，是在泰戈尔的支持下，谭云山建立中国学院之后。

1928年，谭云山应国际大学研究部主任沙司铎之邀，开班教授中文，“学者凡五人，其中二人为大学教师，三人为研究工作者。两教师之一为默克海略氏（Probhat Kumar Mukherji)，为梵斯佛菩尔提大学教授兼图书馆长，博学多识，为孟加拉名作家。……但开班教授此课者，余并非第一人。当余至该校以前，已另有中国学者林君讲授中文历史二年矣。除该程以外，晚近英国大语言家戈林博士(Dr. Colins)，时为该校比较语言学教授，亦从余研究中国经学。戈氏通语言达五十种，熟谙中国文字，余赠以老子及四书，彼即以研读焉。”[②]

中国学院，又称中文学院，在印度语言中被称为Chīna Bhavana，直译为“中国宫”或“中国大厦”。但实际上，她从成立的那一天起，一直是国际大学中一个独立经费、独立管理、独立教学的特殊学院。直到1951年，国际大学由私立大学改为国立大学。在中印现代关系史上，特别是在那中国全民抵抗日本侵略、印度人民反对英国殖民统治的悲壮岁月中，中国学院发挥了难以替代的巨大作用。

中国学院的原动力是泰戈尔，她的实际缔造者是谭云山。泰戈尔和谭云山是一对异国忘年交，他们之间的故事使人感动。正是泰戈尔和谭云山之间的人世少有的隆情厚谊，才催生了中国学院和印度现代汉学。另外，谭云山百折不挠、庄敬弘毅，以及中国、印度的许多英杰的鼎力支持，也是中国学院成功的不可或缺的条件。

1933年，谭云山为中印学会立下宗旨：研究中印学术，沟通中印文化，融洽中印感情，联合中印民族，创造人类和平，促进世界大同。这个宗旨后来变为中国学院的宗旨，是谭云山为之奋斗终生的三十六字真言。谭云山有几个身份，一是国际大学教授，中国学

① 谭云山：《印度之汉学》，《图书月刊》第一卷1941年第7、8期，第54页。

② 同上书，第55页。

院院长；二是中印学会秘书，实际的操作手；三是文化专员，这是抗战胜利后国民政府给的头衔。当然，他还有几个软身份，泰戈尔的朋友与学生，尼赫鲁的朋友，甘地的敬仰者，释迦牟尼的信徒。在谭云山的一生中，他始终坚持了两个最基本的身份。一是中国人的身份，始终拿着中国护照；二是学者的身份，他始终热衷于教学和学术。一度有人劝其加入国民党，但是他婉拒了。但是，仍有极少数人怀疑他的身份。面对这种怀疑，他理直气壮地说："文化学术事业，最为清高尊严，苟借此掩蔽，以从事政治活动，岂不损人格与自丧地位？曷能讲学？至于遇有中国官员来印，辙来访问中国学院，这是一种游历参观性质，亦为一种同情与爱护，尊重文化学术之表示。绝对不能同政治关系，混为一谈。"① 以上是 1950 年谭云山为新加坡《南洋商报》所写特稿《谭云山与国际大学中国学院》的内容。

谭云山自认识泰戈尔开始，为中印文化事业奋斗终生，主要取得七大功绩。

一　白马投荒，创建中国学院

1927 年 7 月，谭云山在新加坡和心仪已久的诗圣泰戈尔相识。泰戈尔慧眼识英才，热情邀请不到 30 岁、没有大学文凭的谭云山到国际大学任教。意气风发的湖南才俊谭云山，深感知遇之恩，决心白马投荒，为中印文化交流贡献终身。1928 年 9 月，谭云山结束自己在南洋的大有前途的事业，告别新婚妻子来到印度的圣地尼克坦。谭云山认识到，要在圣地尼克坦站住脚，真正将中印文化交流事业开展起来，必须有一个运作机构和场所。于是，筹资建设中国学院大楼成了谭云山工作的重中之重。在《建设国际大学中国学院计划书》中，谭云山写道："本学院院所，包括一会堂兼图书室并教授二人学员十人之住室及厨房等。建筑费约需三万罗比。合中币

① 新加坡《南洋商报》1950 年 9 月 7 日。

约三万三千元。”[①]

谭云山当初的思路，是个人捐款或公家拨款均可。“若由一人独捐，则以其人名名此建筑，以为纪念。若由众人合捐或公款提拨，则另作特别纪念。如将来范围扩充，可再建筑一独立会堂与一独立图书馆等。”[②] 这个计划说明，谭云山有相当高明的管理才华和发展眼光。1934 年 10 月，谭云山携带泰戈尔的书信及建院计划书回国。上下奔波游说，终获成功。“所募集的款项，已足够修建一所中国学院的房舍及购置必需的用具。”[③] 除了金钱之外，谭云山还收获了更为宝贵的精神财富：“我获得了我国几乎所有重要人物的同情与热心。这些人中，我要列举下面的几位，即现代中国的文化领袖之一，蔡孑民先生，今日中国最崇高伟大的人物与领袖蒋委员长，考试院院长戴季陶先生，立法院副院长叶楚伧先生，行政院副院长兼财政部长孔祥熙先生，教育部长陈立夫先生，中央研究院院长朱家骅先生。而戴季陶先生之鼎力倡导与陈立夫先生之热忱赞助，尤令人感激不已。”[④] 在谭云山的奔走下，1935 年 8 月，泰戈尔收到由南京中印学会汇出的 31712 卢比 7.5 安那的建设款。1936 年，谭云山回到印度，立即开始建设中国学院大楼。1937 年 4 月 14 日是印度孟加拉历元旦，中国学院宣告成立。泰戈尔兴奋不已，说：“今天在我真是一个伟大的日子。这是我久已期望的日子。”又说：“今天开幕的这所学院，将成为中印两国日益增长的更广泛的了解的中心与象征。”[⑤] 他为中国学院写了一首《赞颂诗》和一首《颂诗》（*song*）。圣雄不能亲临，他致信泰戈尔祝贺道：“谨祝中国学院为中印新交谊之象征。”致信谭云山说：“你的努力，很有价值，谨祝其成功圆满。”原本答应担任开幕式主席的国大党主席尼赫鲁，因病（实为英兵所阻）没有出席，就委托他的独生女儿英迪

① 谭云山：《印度国际大学中国学院》，金克木译，原载《印度日报》，重载于《时事月报》。参见《深圳大学印度研究通讯》2009 年第 3 期（总第 4 期）。原稿存深圳大学谭云山中印友谊馆《谭云山文献》。

② 同上。

③ 同上。

④ 同上。

⑤ 同上。

拉带来了“一封很感动人的长信”，称这是一次“伟大的典礼”，“其伟大处正在一则唤起悠久的过去的回忆，一则也在其预告将来的同盟以及锻炼出使中印更加接近的新的连锁”。[①]

中国方面对中国学院的成立，也表示了巨大的热忱。大批政要名流、社会贤达来信来电。1937 年 4 月 1 日，蒋介石以委员长身份致电泰戈尔：“闻中国学院开幕，曷胜欣忭。亟愿与阁下合作以阐扬东方文化，致人类于和平幸福，而导世界于康宁协和。谨电致贺，并颂健康。”[②] 蔡元培、戴季陶、陈大齐同日致电泰戈尔：“太戈尔先生慧鉴：中国学院成立，曷胜欣慰。愿共同努力，发扬东方之学术与文化，以进入人类和平幸福之域，而谋大同世界之实现。谨以至诚祈中印文化合作伟大之成就，并祝先生暨诸同志健康。”[③]

在中印友人倾力支持下，谭云山以中国学院首任院长的身份开展建院工作。总体而言，进展顺利。1942 年，建院五周年之际，蒋介石夫妇又捐一笔款。谭云山不无感激地写道：“最近蒋委员长与蒋夫人又捐了三万罗比的一笔巨款，为扩充院舍之用。”[④]

在泰戈尔的支持下，谭云山成功筹建中国学院大楼，大楼正门上方由当时国民政府主席林森手写的“中国学院”四个大字赫然醒目。从建院那天起一直到现在，中国学院始终是国际大学最耀眼的景观，她和谭云山的名字紧紧连在一起。

二　募集图书，建印度首个中文图书馆

图书馆对于一个学院的重要性，谭云山十分清楚。所以，无论是在 1933 年由他起草的《中印学会：计划、总章、缘起》中，还是在印度的印中会一经成立，由他在泰戈尔指导下起草的《建设国

---

① 谭云山：《印度国际大学中国学院》，金克木译，原载《印度日报》，重载于《时事月报》。参见《深圳大学印度研究通讯》2009 年第 3 期（总第 4 期）。原稿存深圳大学谭云山中印友谊馆《谭云山文献》。

② 同上。

③ 参见深圳大学谭云山中印友谊馆《谭云山文献》第 1 卷。

④ 新加坡《南洋商报》1950 年 9 月 7 日。

际大学中国学院计划书》（以下简称《计划书》）中，都十分强调中文图书馆的建设。他在《计划书》中说："本学院先设一图书室将来再扩充成一图书馆，专收罗各种新旧中文书籍以及有关于中国文化史地等之其他各种外国文字之书籍。"①

由此可见，谭云山想建的中文图书馆，是包括各国文字在内的中国文化图书馆。甚至他还想往文化博物馆方向发展，在《计划书》中他还写道："如果将来事实可能，并增设一文化馆，以陈列中印两国各种有关文化之事物。"②

图书募集工作进展顺利，谭云山说："我募来的书籍，甚至比我预计的数目还要多。中国中印学会，购赠了十余万卷中文书。其他友人与出版家等，也捐赠了此数的一半。大部分都是关于中国佛学、经学、史学、哲学、文学、艺术等的重要而珍贵的书籍。"③ 中国中印学会成立于1935年5月的南京，蔡元培任理事会主席，戴季陶为监事会主席。"中印学会一成立，就决定向印中学会赠送一批图书，在国际大学建立中国图书馆。这批图书陆续运出，首批就有六万册，前后共有十多万册。中印学会所赠图书至今仍是国际大学的镇校之宝。"④

1949年之后，中国学院的中文图书馆建设，不断得到新的动力。其中，最值得一提的，是1957年1月周恩来总理访问印度，接受国际大学荣誉学位，发表演讲、捐款并赠书。谭云山特别珍视和周恩来的友谊，特别将周总理赠书的书目卡片抄录后珍藏起来。1967年谭云山退休，在《谭云山文献》中记录着当时的馆藏情况：

中国学院图书馆

中印学会赠书　22314册

自购、总图书馆转给他人赠书中文7125册

其他文字2331册，共9456册

---

① 新加坡《南洋商报》1950年9月7日。

② 同上。

③ 同上。

④ 郁龙余等：《梵典与华章——印度作家与中国文化》，宁夏人民出版社2004年版，第463页。

周恩来总理赠书　11762 册

1967 年 7 月 1 日存书 43532 册

第一批中印学会赠书为谭云山 1934 年亲自在南京购置，费银 2 万元。书目 845 类，共 20097 本

第二批书亦由谭云山在南京亲自计划订购并指导

以上两批共收到 983 类，共 26753 本

这些细节记录说明，自建院到退休，谭云山始终关注中国学院的图书馆建设。

谭云山深知佛典在中印文化交往中的重要性。“基于此点，谭教授请求当时之最高政治当局及教育部，惠捐上海频伽大藏经十部。于收到藏经后，彼即分赠下列各个文化机关：

（1）加尔各答大学 Calcutta University，

（2）巴特那大学 Patna University（比哈尔邦），

（3）贝纳拉斯印度教大学 Benaras Hindu University（北方邦），

（4）安达拉大学 Andhra University（今安达拉邦），

（5）槃达喀东方研究院 Bhandarkar Oriental Research Institute（今麻哈拉施特拉邦的浦那 Poona），

（6）文开特什瓦拉东方学院 Sri Venkateswara Oriental Institute（今开拉邦的提鲁跛提 Tirupati），

（7）国际印度文化学院 International Academy of Indian Culture（今巴基斯坦的拉合尔 Lahore），

（8）大菩提社 Maha Bodhi Society（今北方邦的鹿野苑 Sarnath），

（9）孟加拉佛教会 Bengal Buddhist Association（加尔各答），

（10）国际大学中国学院 Visva-Bharati Cheena-Bhavana（圣地尼克坦）。

此上海频伽藏共有释典一九一六部，计八四一六卷，合订成四一四厚册，附有樟木夹板，共装成四十夹。他希望此举能引起印度学者对中文研究的浓厚兴趣，并借此增进两国间的亲密友谊。”①

① ［印度］巴宙：《中国第一位驻印“文化大使”》，载谭中《谭云山与中印文化交流》，香港中文大学出版社 1998 年版，第 167 页。

三　成立中国语言文学专业，招生开课

印度的中文教育以加尔各答为最早。因为加城是印度第一商埠，离东南亚较近，有较多华人在此经商与居住。华人中又以具有重文传统的客家人居多，所以中文教育在20世初，即已在加城华人中出现，教育对象主要是他们的子女。教育程度只停留在小学、中学层级。

印度大学的中文教育始于1918年加尔各答大学，但由于缺乏合格师资，学生常送到法国、越南、日本培养。印度高校的中文教育走上正轨，始于国际大学的中国学院，始于谭云山。

国际大学中国学院院章总则第二条说："本院目的乃在建立并发扬中印文化之交流，因此本院将供给中国学者研究印度语文、宗教及哲学等，以及印度学者研究中国语文、宗教及哲学等之方便，而佛教为所有研究之中心。"这说明，中国学院既重视学习，又重视研究；既为中国学者提供学习印度文化的条件，又为印度学者提供学习中国文化的条件。为了达到这个目标，中国学院采取了两大有效措施：一是设立"中国文化讲座"和"中国佛学会讲座"，二是设立学员甲乙两种奖学金。

从结果来看，中国学院的专业教学是非常成功的。在不长时间内，国际大学成了印度的中国学摇篮，印度各大学的中国学师资几乎都来自国际大学，或者与国际大学有关。谭云山最早的学生只有五名，其中二名是教师，三名是研究人员。著名孟加拉文作家、图书馆长慕克吉教授就是其中之一。利用中国教育部设立的奖学金，谭云山组织交换的教授有师觉月（P. C. Bagchi）、蒲罗丹（Pradhana）和巴帕特（P. V. Bapat）。师觉月和蒲罗丹，都到过北京大学进行研究与教学。师觉月是印度著名中国学家，出任过国际大学副校长。蒲罗丹为著名梵文教授。巴帕提的交换并没有去中国，而是在国际大学中国学院做三年研究（1945—1947）。他出任过德里大学佛学系主任。在印度的留华学生中，日后成绩卓著的有白春晖（Paranjpe）、泰无量（Amitanth Tagore）、南希真（Ramanan），等等。中国派往印度的留学生有王汉中、沈锜、魏鉒荪等，都学有所成，在印度大学获得博士学位。

通过其他渠道到印度，接受中印学会和中国学院各种形式帮助的中国学子，不胜其数。后来事业有成的就有周达夫、吴晓铃、石素真、常任侠、徐梵澄、金克木、游云山、杨允元、巫白慧、冉云华、李开物、杨瑞林、糜文开等。其中，游云山不大为人熟悉。其实，她就是大名鼎鼎的台湾尼众领袖晓云法师。1998 年正值谭云山 100 周年诞辰，她在题词中写道：“余得住于学院前后五载，承谭院长之关照，感念之致！”① 不少印度学人通过中国学院或得到中国学院帮助，而成就事业者亦不在少数，其中，包括郭克雷（V. V. Gokhale）、慕克吉（P. Makherji）、苏季子（Sujit Mukherji）等。

谭云山十分爱护学生。他说，此生最大希望、最大财富是学生。他是用心、用生命来从事教育工作的。他十分赞赏孟子的“三乐”思想。有一次他去德里大学，中文系的学生闻讯请他开讲座。他就以孟子的“三乐”为题开讲，学生多少年后还赞叹不已。除了对孟子的崇敬之外，还有谭云山自己身世的原因。孟子说：“君子有三乐，而王天下不与焉。父母俱存，兄弟无故，一乐也；仰不愧于天，俯不怍于人，二乐也；得天下英才而教育之，三乐也。”谭云山是孤儿，幼失怙恃，尽孝之乐对他来说已不可奢得。于是他移孝作慈，对学生格外爱护。谭云山不仅在印度大学开设中文课程，而且以卓越的教风，树立了神圣的教师形象。有些学生称他为“中国圣人”，原因多从此来。

四 组织中印学者交流、学生留学

20 世纪上半叶，中国和印度都处于一个特殊的历史时期。中国

① 原件存在深圳大学谭云山中印友谊馆。

发生抗日战争和国共内战，印度处于英国殖民统治之下。中国朝野都需要印度特别是印度人民的支持，印度人民希望得到中国政府和人民的支持，而印英当局则心态复杂，既需要和中国保持同盟关系，又不愿意中国和印度民族力量走得太近。谭云山和中国学院刚好能满足中印之间处理复杂关系的需要。中印之间的许多学者、学生的交流，是通过中印学会和印中学会来操作的，谭云山则是实际的操作者。

在那段特殊岁月里，印度到中国访问的高级学者，几乎都是通过谭云山安排的。1944 年 5 月，贝拿勒斯大学副校长、著名哲学家拉达克里希南访问中国，开启了印度学者来华讲学的先河。1945 年 11 月，印度东方艺术学会副会长、著名美学家甘歌利应邀来华讲学，都由中印学会参与安排。

1943 年，中印两国政府商定互设留学生奖学金。同年 11 月，印度派出首批留学生 10 名（实到 9 名）来华，受到中国各方面的热烈欢迎。中国派去的 10 名留学生（6 人就读大学，4 人学习实业与工程），也受到印度人的热烈欢迎。

1947 年，印度成立临时政府，政权开始回到人民手中，尼赫鲁进一步加强中印学者、学生交流。当年派出著名汉学家师觉月到北京大学为首任讲席教授，并派出 10 名公费留学生，其中 3 名为大学助教，7 名为硕士。作为对等，中国派往印度的首任讲席教授是谭云山。从中国派出的公费、自费留学生源源不断来到印度。

中国的印地语（印度国语）教育始于 1942 年的昆明东方语文专科学校，首任印地语教师辛哈（K. K. Sinha），由谭云山从国际大学选送。1949 年，东方语专合并于北京大学东语系。

特殊年代，特殊身份，谭云山为中印学者、学生交流做出了特殊贡献。他在 1946 年 3 月 15 日写给教育部长朱家骅的信中说："由部补助徐琥（梵澄）每月印币三百盾及常任侠、杨允元每月各二百盾，当由部中先一次寄给六个月。该六月之期，转瞬即满，应请部中继续予以补助，并将款先行汇发，俾各得安心工作，毋任感祷。"① 从这封信中可以看出，谭云山为当时的中印学者、学生交流，担负着非常重要而艰难的任务。信中提及的徐梵澄、常任侠、杨允元，后来都在学术上做出了巨大贡献。而在《谭云山文献》中保存下来的此类文稿非常多，说明他当年工作的辛劳与责任。

五 组织中印政要、名流进行互访

中印朝野在那个特殊年代的特殊关系，给了谭云山在组织安排政要、名流互访、交往中发挥才华的绝佳机会。1939 年 8 月，印度国大党领袖尼赫鲁应邀访华取得重大成功。他受到中国朝野 193 个社会团体的热烈欢迎，接待规格完全是国家元首标准。当时，日机轰炸频繁，尼赫鲁在重庆期间，五次躲进防空洞。但是，正是这次访问，大大增进了他对中国的了解。他说："中国人的承受压力的能力是令人吃惊的。但最使我印象深刻的是他们的从容镇定和抗战到底的决心。"② 尼赫鲁的这次成功访华，和谭云山出色的幕后运作是分不开的。1939 年 8 月 18 日谭云山致重庆各部门的一封电报说："重庆分送中央党部朱秘书长，并转蒋总裁、戴院长、教育部陈部长，并转孔院长、叶部长钧鉴，印度领袖定于廿日飞华，已代致欢迎。到请款待。谭云山叩。"③

作为对尼赫鲁访华的回访，戴季陶于 1940 年冬访问印度。谭云山与戴季陶关系特殊，一是戴在中印学会、中国学院成立过程中角色重要，二是他对佛学有深厚造诣。谭云山称其为季师，给其他要人写信，称大鉴、钧鉴，对戴则称慈鉴。戴季陶这次访印，谭云山安排他和泰戈尔会见，和圣雄甘地会见。印度报章对戴访印进行了大量报道。当时，尼赫鲁已入狱，戴带着蒋介石的信和礼品到尼家慰问。尼在狱中对蒋和戴都写了回信表示感谢。拜访甘地则由大企业家巴佳基（J. Bajaj）陪同。这也是谭云山的有意安排。这次访

① 此信存深圳大学谭云山中印友谊馆《谭云山文献》，第 4 册。

② 《尼赫鲁选集》第 10 卷，新德里，1972 年，第 112 页。

③ 《谭云山文献》，深圳大学谭云山中印友谊馆。

问，对甘地的“非暴力”思想和“新的自卫手段”，有了直接了解。1942年2月，蒋介石夫妇访印，是中印关系史上一件大事。真正的目的，是说服印度民族领袖巩固同盟国阵营，同时要求英国尽早还政于印度人民。在谭云山的巧妙安排下，蒋氏夫妇与尼赫鲁在国际大学中国学院和去加尔各答的火车上会面，有足够的交流机会。为了和甘地进行沟通，谭云山陪同蒋氏夫妇来到甘地的“三等车厢”办公室，商谈五个多小时。还安排印度首富比尔拉用家庭素筵招待蒋氏夫妇，尼赫鲁作陪。这次访华，从总体上讲，取得了很大成功，1942年6月，甘地写信给蒋介石，表示无保留地支持中国抗战。

在接待社会贤达、宗教人士方面，谭云山也是全力以赴。重建鹿野苑中华佛寺，是道阶、德玉等高僧的心愿。在谭云山的努力下，新加坡商人李俊承出资在唐代佛寺原址附近购地兴建。1939年，宏伟的新寺落成，从缅甸请得巨大玉佛一尊。同年，李俊承出版《印度古佛国游记》，民国政府主席林森为其题词“淑世仁踪”。1940年初，太虚法师率中国佛教团访印。太虚是中国佛学会理事长，在中外佛教界有着广泛影响。他拜访了尼赫鲁，尼与太虚进行了长时间的交谈。太虚还专程访问国际大学，除了和泰戈尔交谈之外，还和谭云山就佛教发展问题进行了深入的讨论，希望谭云山利用自身优势，为重振菩提迦耶多出力。他给谭云山的题诗，表达了自己的殷切希望：

中华孔老释三家，次第曾开福慧花；
好译大乘还梵土，菩提树再茁灵芽。

徐悲鸿的印度之旅，可以说时间长、成果多，在中印文化交流史及徐悲鸿艺术发展史上，都是极为浓重的一笔。徐悲鸿为甘地、泰戈尔所作的人头画像，在各国画家的同类作品中享有盛誉。在甘地、泰戈尔支持下，徐悲鸿在国际大学和加尔各答举办画展，泰戈尔亲自写序，热情称赞徐的绘画艺术。在国际大学期间，徐悲鸿吃住都在中国学院，和谭家结下了深厚友谊。

从以上数例可知，谭云山待人接物，尽心尽力。除了知名人物以外，还有更多当时并不知名但又需要帮助的人。谭云山也热情有加，慷慨相助，“直到伤害自己为止”。

六 沟通中印民众，为抗战服务

除了在中印上层人士中做大量牵线、联络工作之外，谭云山还利用自己的特殊身份，直接向印度普通民众做演讲，宣示中国人民的抗战立场。回到国内，又利用一切机会，向中国民众通报印度人民支持抗战的立场和行动。中国需要印度人民支持，以争取抗战早日胜利。印度人民需要中国支持，促进民族独立早日实现。谭云山深知这两者互助互长关系，他发表一系列演讲、文章，在沟通中印民众，化解矛盾上，发挥了很大作用。1942 年 3 月 7 日，谭云山所写《良心的呼吁》一文，印度几乎所有大报，都有发表。文章呼吁印度民众，为了自己的利益，为了世界和平，暂时停止抗英，参加到反抗德日法西斯的运动中来。1943 年 7 月 7 日，是卢沟桥事变六周年，印度国大党举行中国日。谭云山应邀出席并作演讲，他说：“我向国际友人、印度朋友保证，不管遇到什么困难，中国决不停止抵抗。我们为独立而战，为人类的公道与正义，为种族平等与自由而战。我们中国人最看重的是信用。孔子说：足食、足兵、民信三者中，最重要的是民信。一个独立、强大的中国对国联只会有益，不会有损，对整个世界也是如此！”

国大党发动的支持中国抗日的活动，谭云山积极参加和支持。1938 年，国大党选派五名优秀医生援华。谭云山回到国内，对他们给予种种帮助。巴苏医生在 1938 年 11 月 29 日的日记中写道：“要是没有谭云山教授的不断关心与帮助，我们也许就完全脱离潮流了。”[①] 谭云山为了便于交际，给每一位医生取了中国名字。他的做法是，在每位医生的姓后面加上一个中华的华，巴苏医生就叫巴苏

---

① ［印度］B. S. 巴苏：《巴苏日记》，顾子欣、王其良译，商务印书馆 1988 年版，第 52 页。

华。因为又方便又上口，大家都乐于接受。

支持都是互相的。中国人民对印度人民的独立解放运动，也给予了极大支持。谭云山是表达和实现这种支持的桥梁。当印度人民遭遇大灾害，中国人民在经济极端困难的状况下，依然给予力所能及的帮助。1943—1944 年印度孟加拉大饥荒，死亡数百万人。宋庆龄、戴季陶等发起捐款，情况非常感人，有幼儿园小朋友做出小工艺品，出售后当善款捐出。谭云山将这些善款捐给了加尔各答的印度大菩提社，由他们去拯救饥民。

谭云山长期生活在印度，在印华人所做善举，都会和他联系在一起。1944 年 5 月底，谭云山突然接到甘地的一封电报，说："我向中国表示美好的祝愿和热爱。"原来，在 5 月 25 日，六名中国人去拜访刚出狱的甘地。他们请甘地在以前的合影上签名，并为"哈里真"基金捐了一些钱。甘地为这六个人题赠："1944 年 5 月 25 日向中国表示我最良好的祝愿，世界对中国抱有极大的期望。"甘地的题赠和电报，已经将谭云山当作中国人的代表。而事实上，谭云山也确实当得起这个代表。

七　著书立说，出版刊物

作为一名学者，著书立说是应有之义。在那战乱、奔波的岁月里，谭云山用中英文写下了许多著作，不得不令人惊叹。据不完全统计，谭云山的主要著作有：

（一）英文

1. 编写的书

（1）*Cultural Interchange between India and China*（1937）

（2）*Buddhism in China Today*（1937）

（3）*What is Chinese Religion*（1938）

（4）*India's Contribution to Chinese Culture*（1942）

（5）*Chinese Studies in India*（1942）

(6) *My Dedication to Gurudeva Tagore* (1942)

(7) *The Visva-Bharati Cheena-Bhavana* (1944)

(8) *The Spirit of Indian and Chinese Cultures* (1949)

(9) *Great World Union and Union of Asia* (1949)

(10) *Ahimsa in Sino-Indian Culture* (1949)

(11) *Sino-Indian Relationship* (1950)

(12) *Ways to Peace* (1950)

(13) *The History of Chinese Language and Literature* (1952)

(14) *Awakening of Consciousness: Sri Aurobindo's Message to the World* (1957)

(15) *Twenty Years of Visva-Bharati Cheena-Bhavana* (1957)

(The above books were all published by the Sino-Indian Cultural Society, Santiniketan, India)

(16) *Modern China* published by Kitabistan, Allahabad, 1944

(17) *China, India and the War*, published by the China press, Calcutta 1944

2. 编辑的期刊

The Sino-Indian Journal《中印学报》1947，1948

(二) 中文

1. 《海畔诗集》，广州，1930 年
2. 《印度洋上》(诗集)，广州，1931 年
3. 《世界历法与历法革命》，南京，1933 年
4. 《印度周游记》，南京，1933 年
5. 《印度丛谈》，上海，1935 年
6. 《印度自治》，上海商务印书馆，1935 年
7. 《印度六大圣地图志》，上海，1935 年
8. 《圣哲甘地》，南京，1936 年
9. 《诗圣泰戈尔与中日战争》，重庆，1939 年
10. 《印度人民对吾抗战同情》，重庆，1939 年
11. 《现代中国讲演集》，重庆，1939 年

12.《南洋回忆》，新加坡，1950 年

13.《祖国观光诗及其他》（诗集），印度中印学会，1959 年①

和现代一些著作等身的学者比，谭云山的著作在数量上并不丰多，但自有特点。正是这些特点，奠定了他在现代中外文化交流史上的不朽地位。

首先，谭云山是位思想者。他慎于思，敏于行。经过深思熟虑，而且在自己的行为实践中得到检验的，才付诸笔端。其次，谭云山学佛，善于内省。重感悟认知，不好侃侃而谈。所以，谭云山的文章言简意赅，内涵深远。虽然几十年过去了，社会发生了天翻地覆的变化，但是依然经得住考验。不仅如此，许多文字至今仍可奉为座右铭。例如，他为中印学会拟定的宗旨，后来又成为中国学院的宗旨。这三十六字，对于今天办在印度的孔子学院或整个中印文化交流事业，依然是可以奉为准则的。又如他对“中国教”的定义，不但精当、全面，而且深刻。② 最能体现谭云山精神气质的是他的《中印箴铭》：

立德立言，救人救世；
至刚至大，有守有为；
难行能行，难忍能忍；
随缘不变，不变随缘；
自觉觉他，自利利他；
己立立人，己达达人；
慈悲喜舍，禅定智慧；
格致诚正，修齐治平。

值得我们今天愿为人类进步事业做出贡献的志士仁人所学习和效法。③

① 谭中：《谭云山与中印文化交流》，香港中文大学出版社 1998 年版，第 301—302 页。

② 谭云山认为：“中国教”的宗旨是至善、至美，实践是正心、修身、齐家、治国以达到世界的太平幸福，天堂是天下大同，最终目的是天人合一。

③ 关于谭云山精神，详见《〈中印箴铭〉六十四字真言初解》。

谭云山是学者，但是为了强身健体的需要，他自创了一套《太极神功》，这套神功的口诀不但为中华武文化增添了新鲜血液，也显示了他的哲思与文采：

《太极神功》

上段：发端（起功）

《天地与我并生，我与天地共存》

（一）太极动两仪生

（二）两仪交四象转

中段：精进（本功）

《万物皆备于我，我与万物为一》

（一）乾通达

（二）坤开展

（三）震上旋

（四）巽后转

（五）坎荡漾

（六）离点然

（七）艮声峙

（八）兑深远

下段：圆满（结功）

《放之则弥合六，退之则藏于密》

（一）乾坤一，宇宙全

（二）百物长，万事成[①]

谭云山从小善诗，而且是多面手，不仅善旧体诗，也善新体诗、白话诗；不但用汉语作诗，而且写英文诗。其中，以旧体诗为最重要。他以诗记事、明志、述怀。一读他的诗，一个活生生的诗人形象就出现在眼前。所以，研读谭云山的诗，是了解他本人的最重要的第一手材料。1959 年刊行的《观光祖国诗及其他》，是谭云山的重要诗集，收有观光祖国诗三篇廿四首，附赠陈毅元帅诗二首；新中国成立后观光诗前二篇十六首，近诗九首；浴三洋诗三篇，每篇

① 谭中：《谭云山与中印文化交流》，香港中文大学出版社 1998 年版，第 132 页。

均五言二十句。另外，1968 年 8 月谭云山作《忆昔八章》，是赠给妻子陈乃蔚的。“这八首诗更是谭云山对个人、对时局、对中印关系、对中国国内发展种种变化的一种大总结。”① 所以，是最见心见性的。

除了作诗之外，谭云山也有若干译诗。长期居住印度的谭云山，因交际和工作的需要，他除了通晓英语之外，还对梵语、孟加拉语有研究，从事汉梵、孟汉翻译。1934 年，泰戈尔在锡兰举行的释迦牟尼“成道、诞生、涅槃”纪念大会，被推为主席，他在会上诵了一首赞佛诗。事后泰戈尔用孟加拉文写出送给谭云山。1935 年 5 月 18 日，加尔各答的大菩提社（Maha Bodhi Society of India）举行释迦牟尼诞生纪念会，请泰戈尔做主席。他在会上除了发表演说，还诵出两首佛诗。这两次会上所作佛诗，均由谭云山从孟加拉语译成汉语。谭云山对 1935 年的佛诗的汉译如下：②

（一）

佛陀吾师尊，佛陀吾救主。
汝之诞生地，真实在此处。
此处之世人，残酷且苛刻。
惟汝之仁慈，拯彼于永劫。
助彼生信心，不复自失坠。
彼因忘记汝，乃忘凶恶日。

（二）

请就汝宝座，于彼堡垒门。
当彼正傲慢，狂乐且欢宴。
惟汝之光明，出自双目间。
战胜彼醉命，无限之凶险。
彼将无告者，蹂躏于脚跟。
彼为柔弱者，锻制此锁链。

① 谭中：《谭云山与中印文化交流》，香港中文大学出版社 1998 年版，第 141 页。
② 谭云山：《泰戈尔甘地与佛教》，《中央日报》1935 年 11 月 2 日第 2 版。

从谭云山的译诗可知，泰戈尔确是现代佛家大菩萨，戴季陶喻其为“维摩诘长者”，非常贴切而形象。同时，又可知谭云山译佛诗功底不凡，颇有唐宋译经遗风。

谭云山对出版工作看得很重，他总是千方百计迎难而上。其中，有两项值得一提。其一，他将1938年泰戈尔和日本诗人野口米茨朗之间关于侵华战争的四封辩论信，以《诗人对诗人》（*Poet to Poet*）的书名出版，在当时产生了巨大影响。其二，他在1947至1948年，得到师觉月的支持，编辑出版《中印学报》（*The Sino-Indian Journal*），对中印文化交流颇具意义，只是因缺乏经费而不得不停止。

以上，就是谭云山从1927年认识泰戈尔，许身中印文化交流事业，到1967年退休四十年间，为中国学院的开创与建设所立下的七大功绩。1967年退休之后，他继续为中国学院操劳之心不变，但“不在其位不谋其政”，加上其他一些因素，谭云山逐渐将精力投放到中印佛教交流事业之上，主要是在菩提迦耶筹建世界佛学苑。这也是谭云山当年投身中印事业的初衷之一。可以说，谭云山的人生分为两大阶段：1927年之前，主要在中国和东南亚，共29年，为其人生第一阶段；1928年至1983年主要在印度，共55年，为其人生第二阶段。在印度期间谭云山的事业和生活历程又可分为两个阶段：1928年进入国际大学至1967年退休，为中国学院阶段，共40年；1967年至1983年逝世，虽然仍常住中国学院，但心在菩提迦耶，并终老于斯，共16年，为菩提迦耶阶段。

从中国学院到菩提迦耶，谭云山的心路历程，在《忆昔八章》中表述得十分清楚。《八章》之二：“荏苒流光四十年，儿孙绕膝已成群；成家立业等闲事，一炷心香为救人。”他将在中国学院“成家立业”的40年视作“荏苒时光”。这是一位退休者的淡定心态。《八章》之五：“中印交流已肇端，犹存佛愿未曾完；几时削发作僧侣，脱去白衣着黄衫。”这说明研佛、事佛是他的宿愿。但到晚年，他向佛之心愈老弥坚，还有时事与现实的原因。这在《八章》的最后一首诗中表述得更为清楚：“娑婆世界孽缘深，自性净清自照明；

愿代众生无量苦，皈依释伽学忍仙。”①

谭云山最后16年，为建造菩提迦耶世界佛学苑，呕心沥血，劳苦功高。《佛光大辞典》第7卷有条目“谭云山”，对其所做贡献，评价颇高。谭云山在中印现代佛教交流史和世界现代佛教发展史上，令人景仰和感叹！

谭云山逝世后，印度总理英迪拉·甘地夫人写信给谭中说：“他是位伟大学者，是崇高的文化人。泰戈尔师尊和我父亲都敬爱他。他和圣地尼克坦心连心，对增进印度和中国两大文明之间的了解作了巨大贡献。”② 中国著名学者季羡林在谭云山诞辰百年纪念文集的前言中，这样写道：“真正从事继续构建中印友谊金桥的人却不是太多，这样的人必须具备大勇气和大智慧，识见逾越侪辈，目光超出常人。换句话说，就是这样的人决非常人，决非等闲之辈。如果用一个譬喻的话，就是我们常用的凤毛麟角。世界上，在中国，有没有这样的人呢？有的，他就是谭云山先生。”③

我们认为：“谭云山作为一名杰出的中国学者。为了中印文化交流，为了印度的中国学建设，奋斗到生命的尽头，最后终老五天。他是一位友谊的使者，文化的传播者，中华民族的赤子忠臣，印度人民的忠诚朋友。在那个翻天覆地的时代，他为中国和印度这两个伟大民族所作出的历史贡献，随着历史的流逝而显得越来越灿烂。中国古代对国家社稷有大功之人，无论朝廷还是民间都有谥号。现在是新时代，已无此惯例。但若论其牺牲之大，贡献之巨，当谥‘文忠’。”④ 时代发展到今天，我们回头再去看谭云山这位时代的伟大智者和他创办的中国学院，不觉得中国学院就是最早的海外孔子学院吗！谭云山不就是最早的孔子学院院长吗！谭云山和中

---

① 《忆昔八章》定稿于1968年8月2日，是给妻子陈乃蔚的赠诗。诗末有记：“赠妈：尘缘将了，来事未定。一时激动有感，赠此八章，聊当四十年辛劳艰苦同居纪念。从今不言家务，不谭闲话，不谈是非。存心养性，反省求己。冀能长生久视，离苦得乐也。”《忆昔八章》为存稿，见《深圳大学印度研究通讯》2009年第3期（总第4期），原稿存深圳大学谭云山中印友谊馆《谭云山文献》。

② 谭中：《谭云山与中印文化交流》，香港中文大学出版社1998年版，第295页。

③ 同上书，第xvi页。

④ 郁龙余等：《梵典与华章——印度作家与中国文化》，宁夏人民出版社2004年版，第457页。

国学院，对今天的中外文化交流来说，有着重要的借鉴意义和榜样作用。谭云山的一生，焕发着一种精神——谭云山精神。谭中先生和我将谭云山精神概括为："献身中印友好，立意天下大同；修齐治平弘毅，难行能行终身。"① 时代发展到今天，中印成了引领亚洲乃至世界前进的重要力量，而文化交流依然是相互发展关系的重要内容。谭云山精神，值得我们在中印、中外文化交往中大力弘扬。

（此文刊载于《湖南科技学院学报》2014 年 11 月，第 36—43 页。收入沈丹森、孙英刚编《中印关系研究的视野与前景》，复旦大学出版社 2016 年版，第 275—293 页）

---

① 谭中、郁龙余主编：《谭云山》，中央编译出版社 2012 年版，第 184 页。

《中印箴铭》六十四字真言初解

《中印箴铭》是谭云山先生晚年对自己一生的思想总结，留给后人的一笔最宝贵的精神财富。当今之世，风云变幻。六十四字真言如雾海灯塔，愈显光芒。

一　谭云山其人其事

谭云山（1898—1983），在湖南长沙第一师范时，是毛泽东的学弟。1927 年，在新加坡受到印度诗圣泰戈尔的邀约，第二年告别新婚妻子陈乃蔚，只身来到印度国际大学教授中文。1937 年，在泰戈尔的全力支持下，谭云山在中国经过多年的募款募书，终于建成中国学院。泰戈尔任命他为中国学院教授、院长。他为中国学院拟定的宗旨是：

> 研究中印学术，沟通中印文化，
> 融洽中印感情，联合中印民族，
> 创造人类和平，促进世界大同。

在院长任上，他一连工作了三十年，直到 1967 年退休。之后，他又为筹建菩提伽耶的世界佛学苑，呕心沥血十多年，最终在中华佛寺圆寂。

谭云山为中印友谊、中印文化交流付出了毕生的精力，为中国人民的抗日战争，为印度现代中国学的建立，做出了巨大贡献。他和印度诗圣泰戈尔、圣雄甘地、开国总统普拉萨德、开国总理尼赫鲁等结下深厚友谊；他和毛泽东、周恩来、刘少奇、陈毅等肝胆相照、荣辱与共；他对蒋介石、陈立夫、戴季陶、朱家骅等秉公办事、恪尽职守；他和蔡元培、太虚大师、徐悲鸿等是心心相印的朋友；金克木、常任侠、吴晓铃、徐梵澄、巫白慧等印度学大师，都曾受到他的悉心照应。

印度总理英迪拉·甘地，称他是“伟大学者”“崇高的文化人”，一代学术宗师季羡林称他为建构中印友谊金桥的人，《梵典与华章——印度作家与中国文化》说他“功比玄奘”，“德配鉴真”。

为了缅怀他的功绩，1998 年香港中文大学出版了纪念他百年诞辰的《谭云山与中印文化交流》。2008 年 11 月，由中国人民对外友好协会、北京大学、北京外国语大学和深圳大学联合发起召开“谭云山师觉月 110 周年诞辰国际学术研讨会暨首届中国—南亚国际文化论坛”。会前在深圳大学为“谭云山中印友谊馆”开幕，谭中率世界各地谭云山 20 余位后人，和师觉月三位女儿出席开幕式及“泰戈尔·谭云山·国际大学与中印友谊”学术会议。2011 年 7 月，文化部主办召开“谭云山现象与 21 世纪中印文化交流——中印文化艺术界高层论坛”。现在，中央编译出版社又隆重出版《谭云山》一书，和中国人民对外友好协会一起举办首发式，有这么多中外嘉宾出席。这一切都告诉我们，随着中国改革开放的脚步声，谭云山——这位中华民族孤悬海外五十多年的现代文忠离我们越来越近了。自然而然，越来越多的人希望学习谭云山，从他身上汲取前进的力量。

谭云山的一生，是曲折而壮丽的一生，值得学习的地方很多，最值得学习的是他的精神。

二　熔铸中印思想精粹

谭云山精神贯穿于他的一生，最集中、最精练的体现是他的《中印箴铭》。谭云山生活在天翻地覆的年代，经历了五四运动、抗战、内战和国共政权更迭，他始终把握民族大义，维护祖国的统一与尊严。他集学者、院长、居士于一身，赢得了时贤的敬重和后辈的敬仰。晚年，他将自己修身、治学、处世的人生心得，以《中印箴铭》的形式，写信送给至亲和得意弟子，意在嘉勉与切磋。《中印箴铭》是谭云山的人生总结和思想结晶，是对中国印度数千年生存智慧的熔铸和提炼，既有儒家、道家的思想精粹，又有以佛家面貌出现的印度思想精粹。《中印箴铭》全文如下：

立德立言，救人救世；
至刚至大，有守有为；
难行能行，难忍能忍；
随缘不变，不变随缘；
自觉觉他，自利利他；
己立立人，己达达人；
慈悲喜舍，禅定智慧；
格致诚正，修齐治平。

箴铭，就是箴言、座右铭，具有生命活力的格言。印度人称为Vacana或Vacanāvalī，就是格言或格言花串。《中印箴铭》只有六十四字，但内涵博大精深，是精粹中的精粹，至宝中的至宝。

立德立言，是中国儒家的至理名言。《左传》说："太上有立德，其次有立功，其次有立言。"向往不朽，是人类普遍的追求。儒家的"三不朽"，正是建立在这种普世追求的思想基础之上，在中华民族发展史上，产生过巨大的推动作用。在《中印箴铭》中，没有"立功"字样，这是受四言句文体所限。但在文意中，无疑包含着立功的内容。在中国文化中，"三不朽"是一个不可分割的观念整体。打开中国历史可以发现，正是一位又一位通过立德立功立言追求不朽的圣贤志士，为中华民族增添了无尽的荣光。没有他们的不朽事迹，我们可能还在黑暗中摸索。印度是一个出圣人的地方。何以出圣人？不外立德立功立言三途。从佛陀、罗摩到现代三圣甘地、阿罗频多和泰戈尔，莫不如此。

救人救世，是中国古已有之的思想。《孟子》上说："救民于水火之中。"《左传》说："救灾恤邻，道也。"谭云山所说"救人救世"，除了中国的"救民救灾"的世俗意义之外，还有印度佛教、印度教的救度众生脱离苦海的意义。

至刚至大，有守有为，是儒、道思想。怎样才能立德立言，如何才能救人救世？必须自己做到至刚至大。"无欲则刚，有容乃大。"这是儒家的一贯坚持。同时，还必须做到"有守有为"，这主要是道家的观点。道家强调无为而治，"无为则无不为"，注重"守"，在《道德经》中有"守中""守静笃""守其雌""守其辱""守其母"，等等。谭云山所说"有守"，还包括对基本道德原则的遵守，即操守。"无为"是道家的方法，"无不为"才是目的。所以，道家实际上也是主张有为的。当然，儒家的有为观更加积极主动，甚至有"知其不可而为之"（《春秋公羊传》）的提法。印度的有为观主要体现在瑜伽学派中的"业瑜伽"（Karmayoga）中。大史诗《摩诃婆罗多》的核心是《薄伽梵歌》，而业瑜伽思想是其灵魂。"一旦正法衰落，非法滋生蔓延。"这一鼓舞士气的诗句，在印度几乎家喻户晓。在印度民族独立运动中，有义士手持《薄伽梵歌》而赴汤蹈火。

难行能行，难忍能忍，是儒、佛两家的思想。中国《周易》强调："天行健，君子以自强不息。"《论语》说："士不可不弘毅，任重而道远。"为了成功，需要一种开创精神，"筚门蓝缕，以启山林"，更需一种坚韧不拔的精神，"锲而不舍，金石可开"。在前进道路上，除了自然界的困难之外，更多的困难来自人类社会。克服这种人为的困难，需要的是忍的精神。在中国，忍和容是一种美德。"必有忍，其乃有济；有容，德乃大。"（《尚书·君陈》）孔子提倡忠恕之道。从先秦起，中国人讲"忍心""忍耻""忍垢"，等等。至南宋吕本中则说："忍之一事，众妙之门。"（《官箴》）印度的忍耐思想具有浓厚的宗教色彩，是印度文化的三宝之一。《瑜伽论》说："自无愤勃，不报他怨，故名忍。"释迦牟尼有许多称号，其中之一是"忍仙"或"忍辱仙"。忍是佛教的重要功课，佛教中有着众多与忍相关的术语，如忍衣、忍力、忍智、忍水、忍地、忍行，等等。随着佛教在中国的传播，中国民间受到深刻影响。谚语“忍人所不忍，能人所不能”，和谭云山的“难行能行，难忍能忍”有着异曲同工之妙。

随缘不变，不变随缘，就是中国古人所讲的“与时屈伸”（《荀子·不苟》）、“与时偕行”（《周易·艮卦》），就是讲“天时、地利、人和”诸因素的统筹。中国所讲因时、因地、因人制宜的思想，只有世俗意义，没有宗教色彩。印度佛教的“缘起”（Pratityasamutpāda）思想则充满宗教情怀，万事万物皆有缘分。佛教用缘起论来反对婆罗门教的种姓论。谭云山身处风云变幻的时代，又长期生活在印度，随缘思想根深蒂固，是他的基本生活态度。《中印箴铭》中的两个“随缘”，意义是一致的，但两个“不变”的意义并不一样。“随缘不变”中的“不变”，是指对随缘态度的不变；“不变随缘”中的“不变”，是指对其他基本原则的坚守，同时又强调随缘，即“不变而随缘”。这样，谭云山的随缘是积极主动的，不是消极被动的，更不是随波逐流或宿命论的。

自觉觉他，自利利他；己立立人，己达达人。这是中印精神文化的高度融合。老子、孔子都非常强调教育和教师的作用，老子说：圣人“行不言之教”，称善于救人、救物是“袭明”。这袭明就是内聪明，和佛教自称“内明”，是同一思路。孔子作为百世之师，自己就非常重视教师的作用，说“三人行，必有吾师焉”。中国的尊师重教是世界闻名的，但都是在世俗层面上强调的，正如韩愈所说：“师者，所以传道受业解惑也。”在印度，则把师教提升到了宗教的层面。在中国，天、地、君、亲、师，老师排在父母亲之后。在印度，老师排在神之后，父母之前。其实，释迦牟尼本人就是一位师傅。佛（Buddha）就是觉的意思。从王子到成佛，是自觉的历程；成佛之后直到涅槃，是觉他的历程。谭云山将自己毕生的人生体会写成《中印箴铭》，并慷慨示人，是又一个自觉觉他的范例。

中国、印度从来不反对自利、自立、自达。孔子提倡做学问要做“为己之学”，不要做给别人看的“为人之学”。他说：“夫仁者，己欲立而立人，己欲达而达人。”（《论语·雍也》）曾国藩对“立”和“达”作过这样的解释：“我要步步站得稳，须知他人也要站得稳，所谓立也。我要处处行得通，须知他人也要行得通，所谓达也。”（《书赠促弟六则·恕》）从自觉到达人，这四句话所表达的思想，是中印人民在精神文化领域对全世界的莫大贡献。许多世界名人都说过类似的话，是否从中受到什么启发，我们不得而知。但是我们知道，这四句话中国人、印度人说得最早。

慈悲喜舍，禅定智慧，慈与仁，是中华民族最早、最重要的思想观念之一。慈，是老子的“三宝”之一。他说：“夫慈，故能勇。”“夫慈，以战则胜，以守则固。天将建之，如以慈垣之。”老子的“慈”和孔子的“仁”，实际上同义，只是道家和儒家的不同表述。长期以来，中国人并称仁慈。慈悲，是印度文明的三宝之一，在梵语里有不同表述。我们一般将karuṇa译为慈悲、慈爱，将maitrī 译为仁慈、友爱。佛教中的大慈大悲为 Mahākaruna 的翻译。在印度，慈悲与施舍是联系在一起的。在过去，凡是良家主妇，早晨开门第一件事，就是对乞讨者布施。一般的施舍，称为 dāna，重大的施舍称 yogadāna，也就是贡献的意思。Yoga，意为关系、和谐、财富，将 Yoga 施舍出去，实际上不仅仅是捐钱，也是积功德。所以，人人都乐意。禅（Dhyān），意译“静虑”，定（samādhi）就是坐姿。中国人一般统称为打禅、坐禅。智慧是般若（Prajñā）的意译。慈悲喜舍，禅定智慧。就是慈悲为怀，乐于奉献，进行思想修为，提升智慧定力。原本是印度的观念与作为，由于佛教的传播，对中国来说早已变得非常熟悉，内化成了自己思想的一部分。

格致诚正，修齐治平，这是中国人最熟悉的人生设计，就是：格物、致知、诚意、正心、修身、齐家、治国、平天下。《大学》中的原文是：“物格而后知至，知至而后意诚，意诚而后心正，心正而后身修，身修而后家齐，家齐而后国治，国治而后天下平。”这是儒家专门为读书人设计的人生道路。这条道路，曾吸引了无数中国读书人，创造出两千年灿烂的古代文明。至近代，在西方文明的冲击下，这条道路遭到了不少人的怀疑。现在，随着西方的衰落和东方的崛起，越来越多人相信，儒家的这条人生之路是正确的。谭云山在写下《中印箴铭》之时，西方的败象和东方的复兴，还不像现在这样明显。这恰恰说明了谭云山的高瞻远瞩和先见之明。

古人云："富贵者送人以财，仁人者送人以言。"（《史记·孔子世家》）谭云山留给后人的是《中印箴铭》六十四字真言。

三 如何学习六十四字真言

在讨论如何学习《中印箴铭》之前，应该先讨论什么人可以或者说应该学习？我认为，人人都可以或应该学习谭云山的六十四字真言。但是两种人最最需要学习，一种是已经功成名就的成功人士，另一种是正在为成功奋斗的人士。

几乎所有的成功者都日思夜虑，如何保住已有的业绩，如何进一步发展。这六十四字真言可以在精神上给予成功人士巨大的正能量。立德、立功、立言，只有精神不朽的人，才能真正与世长存。救人救世，为人类做贡献，为他人活着的人，就会永远活在他人心里。自觉觉他，自利利人，己立立人，己达达人，就是走共同发展之路。一个人聪明是小聪明，让大家都聪明才是真正的大聪明；一个人获利再大也大不到哪里去，让大家都获利才是真正的大赢家。

创业难守业更难。如何守业？只有不断发展，永远进取，不能小富即安、中富即安。一自满，无形中认为自己的事业已到顶点，物盛而衰，必然逐步走向衰败。下坡路是从思想自满开始的。学习六十四字真言中的"至刚至大，有守有为"，意志雄心要刚强，发展宏图要远大，不但要守业，更要有新的作为。进才是最好的守，有所新作为才能有效守成。

成功人士容易受到种种诱惑，跌入种种陷阱。真正领会了六十四字真言中的"慈悲喜舍，禅定智慧，格致诚正，修齐治平"，就像有了"泰山石敢当"，可百无禁忌、百毒不侵了。

世界著名刊物，环球资源属下的《世界经理人》杂志派记者来访，其读者大都是成功人士，有数十万之众，网上读者更多，不少人对灵修很感兴趣。印度是灵修之乡，我对灵修有过考察与研究。十多年前，有媒体就奥修问题采访我，我告诉他们，奥修只是一个时髦，二三年就过去了。现在看来，我的判断完全正确。不破不立，不立不破。我就把谭云山的《中印箴铭》六十四字真言推荐给《世界经理人》，并且告诉记者，灵修在印度盛行，但一直不占主导地位。释迦牟尼成佛的过程，就清楚地说明了这一点。谭云山六十四字真言，不是灵修的产物，是他人生思想的总结。我们学习它，进行思想修为，必然受益。我说："谁要是真正学好了这六十四个字，就能无往而不至。"他们将我的看法，登载在《世界经理人》2012 年 7 月号上。

对于正在迈向成功的奋斗者，谭云山六十四字真言能给予巨大的鼓舞和激励。在奋斗途中，不免遭遇挫折，许多令人丧气的困难可能来自人为，不平、愤懑、委屈是常有的。怎么办？学习谭云山六十四字真言，从中汲取力量。难行能行，难忍能忍。这是奋斗者在面临困难时，必须具备的坚韧不拔的品质。同时，只要具备了这种品质，就没有克服不了的困难。

谭云山的一生充满艰难困苦。20 世纪 30 年代的中国是多么困顿，在那种情况下要募款在印度建中国学院，其难度好比登天。1962 年中印边境发生战争以后，两国关系降到冰点，在那种境况中，既要尊严地生活又要为今后两国关系的发展做好准备，更不是一般人所能把握。谭云山自号"忍仙"，坚持"难行能行，难忍能忍"。1970 年 5 月，印度总理英迪拉・甘地问他：天安门上的"毛微笑"（Mao smile）是什么意思？谭云山告诉说：是表示友好。从此，中印关系逐渐好转，一直发展到今天的战略合作伙伴关系。可以说，现在我们的奋斗者，在奋斗途中碰到的困难，都不会超过谭云山。只要想想谭云山，还有什么迈不过去的沟坎。

谭云山不是企业家，他经营的不是公司，而是中国学院，其实比经营公司更难。在国际大学改为国立大学之前，中国学院的经济全由谭云山操持，一切是那么井然有序，游刃有余。这和他的达观态度和刚毅性格紧密相关。

文化改变世界，精神驾驭人生。谭云山精神是东方智慧的结晶，值得每一位成功人士和奋斗者将它当作心中的座右铭。

我如此推崇谭云山六十四字真言，是出于自己切身的体悟。我遇到过许多对我有重要影响的导师。最重要的有两位，一位是季羡林，另一位是谭云山。季羡林对我耳提面命，有亲炙之恩。谭云山则从未谋面，完全是因为受到他的精神感召而受教。季羡林对我的影响，集中在学术品格，谭云山对我的影响，集中在人格精神。我推崇谭云山，是因为不敢私享，愿与天下有识之士共勉。

［此文于2012年9月22日在北京中国人民对外友好协会和平宫举行的《谭云山》（谭中、郁龙余主编）首发式上发表］

《梵汉佛经对勘丛书》述评

历史上，中国以汗牛充栋的《汉文大藏经》《藏文大藏经》（《甘珠尔》《丹珠尔》）和大量各类研究论著，以及数量巨大的蒙文大藏经、满文大藏经与傣文大藏经，不但稳坐世界第一佛经翻译大国的宝座，而且稳坐第一佛经研究大国的宝座。至近代，随着国运式微，中国僧俗两界对佛经的翻译与研究，均乏善可陈。而国外学者对此投入大量精力，出现了众多成果。其中，特别引人注目的是，发现和整理出版了一批数量可观的佛经梵文原典。例如，在汉译佛经中占据庞大篇幅的《般若经》，其梵文原典《十万颂般若经》《二万五千颂般若经》和《八千颂般若经》等均有完整的抄本。又如，印度出版的《梵文佛经丛刊》（Buddhist Sanskrit Texts）收有三十多种梵文佛经校刊本。其中与汉译佛经对应的梵文原典有《神通游戏》（《方广大庄严经》）、《三昧王经》（《月灯三昧经》）、《入楞伽经》、《华严经》、《妙法莲华经》、《十地经》、《金光明经》、《菩萨学集》（《大乘集菩萨学论》）、《入菩提行论》、《中论》、《经庄严论》（《大乘庄严经论》）、《根本说一切有部毗奈耶》、《阿弥陀经》、《庄严宝王经》、《护国菩萨经》、《稻秆经》、《悲华经》、《撰集百缘经》、《佛所行赞》、《如来秘密经》（《一切如来金刚三业最上秘密大教王经》）和《文殊师利根本仪轨经》等。此外，诸如《金刚经》《维摩诘经》《阿毗达摩俱舍论》《因明入正理论》和《辨中边论》等这样一些重要的汉译佛经也都已经有梵文校刊本。①

---

① 黄宝生：《〈梵汉佛经对勘丛书〉总序》，载黄宝生《梵学论集》，中国社会科学出版社 2013 年版，第 320 页。

然而，进入21世纪情况出现了变化，中国又成了世界佛经翻译、研究的执牛耳者，完成和正在完成一批具有重要学术影响的研究项目。其中，一项具有标志性意义的成果是《梵汉佛经对勘丛书》的译注和陆续出版。

《梵汉佛经对勘丛书》属于国家社会科学基金重大项目《梵语研究及人才队伍建设》，至今已出四种：《梵汉对勘〈入楞伽经〉》《梵汉对勘〈入菩提行论〉》《梵汉对勘〈维摩诘所说经〉》和《梵汉对勘〈神通游戏〉》，即将出版的有《梵汉对勘〈佛所行赞〉》。项目主持人为中国社会科学院学部委员、著名梵学家黄宝生。

一百多年来，国际佛教学术界出现了利用梵文佛经原典研究佛教的"新潮流"。"引进这种'新潮流'，利用梵文佛经原典研究与佛教相关的中国古代文献的先驱者是陈寅恪、汤用彤、季羡林和吕澂等先生"[①]。但是，由于当时的人力、财力有限，难以持久深入开展。到近一二十年，终于时来运转，在老学者的培养下中国已经出现了一批年轻的梵文学者，并有志于梵文原典研究。黄宝生"感受到了这股学术气息，心有所动，而于2007年夏至2009年夏，开设了一个为期两年的梵语研读班。参加这个研读班的学生都已具备梵语语法基础知识，我的任务是带领他们精读梵语原典"[②]。

2009年，中国社会科学院接受了国家社科基金重大委托项目《梵语研究及人才队伍建设》。于是成立了以黄宝生为主任的梵文研究中心，来执行这个重大项目。黄宝生开设了一个为期三年的梵文班，一方面担承这个班的教学任务，另一方面主持译注、出版《梵汉佛经对勘丛书》。经过数年的努力，获得了人才培养和学术成果的双丰收。经济发展和学术研究关系密切。黄宝生比起他的老师季羡林和金克木来，幸运很多。他说："回顾我一生，跋涉在梵学路上，乐在其中。"[③]

《梵汉佛经对勘丛书》的译注出版，是一个系统工程，除了争

---

① 黄宝生：《〈梵汉佛经对勘丛书〉总序》，载黄宝生《梵学论集》，中国社会科学出版社2013年版，第321页。

② 黄宝生编：《梵语文学读本》，中国社会科学出版社2010年版，前言第3页。

③ 同上书，第6页。

取足够的资金和培养专业人才之外，还要对它有远大而深入的学术考量。从事梵汉佛经对勘研究，到底有何学术价值？黄宝生从四个方面做了回答：

第一，有助于解读汉译佛经。汉译佛经对现代中国读者来讲，存在古今语言和中印义理两个隔阂。“通过梵汉佛经对勘，则可以针对汉译佛经中义理和语言两方面的读解难点，用现代汉语予以疏通和阐释。”①

第二，有助于解读梵文佛经。公元12世纪后佛教在印度几近消失，由于方言、俗语和转抄中的错误，佛教经典的解读成了印度学者和国际学者的一个难点。这和中国读者面临的困难是相似的。众多的汉译佛经的存世，又使中国学者在解读佛经方面，具有了得天独厚的优势。“如果我们能在梵汉佛经对勘研究方面多做一些工作，也是对国际佛教学术作出应有的贡献。”②

第三，有助于“佛教汉语”研究。在一千多年的佛经翻译中，形成了“佛教汉语”。佛教汉语对中国的影响十分巨大。“近二三十年中，佛教汉语研究已成为一门‘显学’。”但是，这支队伍中缺乏通晓梵语者。希望中国学者在大量梵汉佛经对勘研究的基础上，编出佛教汉语语法和词典。“这样，不仅拓展和充实了中国汉语史，也能为现代学者阅读和研究汉文佛经提供方便实用的语言工具书。”③

第四，有助于中国佛经翻译史研究。中国号称“翻译大国”，但是至今没有一部令人叹服的《中国佛经翻译史》。“因为佛经翻译史中的一些重要论题，诸如佛经原文的文体和风格，翻译的方法和技巧，译文的质量，只有通过具体的梵汉佛经对勘研究，才会有比较切实的体认。”④ 毫无疑问，《梵汉佛经对勘丛书》的问世，为撰写一部内容充实、真切的《中国佛经翻译史》，提供了丰富的必备材料。

---

① 黄宝生：《〈梵汉佛经对勘丛书〉总序》，载黄宝生《梵学论集》，中国社会科学出版社2013年版，第321页。

② 同上。

③ 同上书，第322页。

④ 同上书，第323页。

以上是黄宝生在实施《梵语研究及人才队伍建设》项目之初的“学术设想”，从已经出版的4部梵汉对勘佛经来看，这些“学术设想”通过不懈努力都变成了实际的“学术价值”。

《梵汉佛经对勘丛书》能够取得阶段性的重要成果，除了上述四大学术价值的驱动之外，对工作步骤和书品内容的精心设计，也是重要原因。

主持人黄宝生为《梵汉佛经对勘丛书》的研究和出版，制订了一个长远计划，第一期出10本，完成一部，出版一部，不追求一时的速度和数量。同时，抓紧当下，集中时间精力进行译注。于是，2011年出版3部，2012年出版1部，4部共计2165千字。这四部梵汉对勘佛经，已见规模和品质，为今后的译注出版工作，树立了榜样。

那么，《梵汉佛经对勘丛书》在佛经的翻译和研究史上，取得了什么经验？拥有什么地位呢？

一　博采众长　推陈出新

一切学术进步都是在前人成果的基础上取得的，黄宝生也不例外。他说：“编订校刊本的本意是为研究提供方便。前人已经编订出版的校刊本我们不应该‘束之高阁’，而应该充分加以利用。”“正因为前人已经编订出版了不少梵文佛经校刊本，我们今天才有可能编辑出版《梵汉佛经对勘丛书》。”①

利用前人的研究成果，目的是将学术推向前进。为此，黄宝生推陈出新，博采众长，使得《梵汉佛经对勘丛书》成为当代同类著作中的佼佼者。

（一）集成创新，务求对学术研究有实际价值

中国对佛经的翻译和研究，如何实现跨越式发展？唯一的办法是集成创新。这种创新应该是综合的、系列的、多功能的。创新的

① 黄宝生：《〈梵汉佛经对勘丛书〉总序》，载黄宝生《梵学论集》，中国社会科学出版社2013年版，第323页。

直接目的是为佛经的阅读、研究，为佛教发展史、佛经翻译史、佛教传播史、佛教梵语、佛教汉语的研究提供服务。服务的对象既包括中国人，也包括各国的研究者。

《梵汉佛经对勘丛书》通过一系列创新，达到了自己的设计目的。《梵汉佛经对勘丛书》的版面内容布局，“是将梵文佛经原文按照自然段落排列，依次附上相应段落的现代汉语今译和古代汉译。古代汉译若有多种译本，则选取其中在古代最通行和最接近现存梵本的译本一至两种，其他译本可以依据对勘的需要用作参考”。① 《梵汉佛经对勘丛书》梵文原典采用“天城体”梵文字母，并给予断句。这既是形势所然，又是一个正确的选择。历史上梵文字母数变，雅利安人在公元前6世纪以后，使用的是“梵寐书”（Brahmi），又称“婆罗迷字”。另一种流行的文字叫佉卢字（kharosthi），又名驴唇体。公元4—5世纪，北印度出现笈多（Gupta）文字。至公元6世纪又出现悉昙文字（Si ddhamatrka），公元7世纪出现“城体文字”（Nagari），8世纪出现夏拉大文字（Sharda）。到公元11世纪左右，终于出现了被认为是完美无缺的文字——“天城体”（Devanagri），意即神仙（天）创造的文字，并使用至今。现存佛经梵文校刊本，大多数使用天城体。这种字体使用最广泛，记音最准确。汉文对勘中，今译用简体字，古译则按原貌使用繁体字，但都给予了新式标点。

《梵汉佛经对勘丛书》不是版本学意义上的校刊本，但是许多版本问题都得到了解决。丛书并不标榜自己是新译佛经，而实际上它就是地地道道的新译佛经。今后，佛学院学佛经，教授、学者研究佛经，社会人士学习佛经，最好的读本，就是这套《梵汉佛经对勘丛书》。这就是它的实际的学术价值。在汗牛充栋的佛经中，《梵汉佛经对勘丛书》能脱颖而出，靠的是它的集成创新。以它的综合性、多功能，赢得了中国读者和国际学者的肯定。

（二）选择梵文原典最佳版本，并参照其他版本

中国集中力量对佛经进行对勘研究，比国际上晚了许多时间。

---

① 黄宝生：《〈梵汉佛经对勘丛书〉总序》，载黄宝生《梵学论集》，中国社会科学出版社2013年版，第323页。

但是，具有后发优势。可以充分利用国际上已有的对勘研究成果，选用优秀的校刊本作为底本，同时选用多个校刊本作为参考，以此来提高《梵汉佛经对勘丛书》的质量。能否选择最佳梵文版本作为对勘的底本，是决定成败的关键，非常考验学者学术功底。首先，要对国际上梵文佛经校刊本的情况非常熟悉。我们以《入楞伽经》梵文版本史为例，来了解黄宝生是如何进行梳理和评价的。

南条文雄编订的《入楞伽经》梵文校订本（以下简称《南本》），出版于1923年。《南本》依据六个梵文抄本，并参照中国三种汉译本及藏译本。1932年，铃木大拙依据《南本》译成英文出版（The Lamkavatara Sutra，A Mahayana text，1932）。黄宝生认为："南条文雄和铃木大拙这两位日本佛教学者对《入楞伽经》的现代研究作出了开创性的贡献。"（《梵汉对勘〈入楞伽经〉导言》）

1963年，由印度学者维迪耶（P. L. Vaidya）编订的《妙法入楞伽经》（*Saddharmalam Kavatarasutram*）出版。以南条文雄的文本为底本，利用南本的校注进行加工整理。"因此，它实际上是南条文雄编订的修订本。"（《梵汉对勘〈入楞伽经〉导言》）

进行梵汉《入楞伽经》对勘，梵本便以维迪耶本为底本，同时也参考南条文雄本。因为维迪耶本中不仅存在一些排印中出现的文字讹误，也有一些读法不如南条文雄本。在这一点上，尤其能体现南条文雄利用梵汉佛经对勘方法的优势。（《梵汉对勘〈入楞伽经〉导言》）

（三）选定对勘汉译本，综合考虑诸多因素

《入楞伽经》在佛教史上地位重要，中国古代先后有四个汉译本。第一个是昙无谶译《楞伽经》（四卷），在唐代已失传。第二个是求那跋陀罗（Gunabhadra）译《楞伽阿跋多罗宝经》（四卷），简称求译。求那跋陀罗是中印度人，公元435年来华，468年去世。第三个是菩提留支（Bodhiruci）译《入楞伽经》（十卷），简称菩译。这位菩提留支是北印度人，公元508年来华。（《续高僧传》卷第一）于延昌二年（513年）在洛阳汝南王宅及邺都金华寺译出《入楞伽经》。（宝臣《注大乘入楞伽经》）第四个是实叉难陀（Siksananda）译《大乘入楞伽经》（七卷），简称实译。

求译“四卷回文不尽，语顺西音，致令髦彦英哲措解无由，愚类庸夫强推邪解”。菩译“十卷虽文品少具，圣意难显，加字混文者泥于意，或致有错，遂使明明正理滞以方言”。实译“则详五梵本，勘二汉文，取其所得，正其所失，累载优业，当尽其旨，庶令学者幸无讹谬”。（法藏《入楞伽经玄义》）对法藏的评语，黄宝生有自己的见解：“三个汉译本中，选择了求译《楞伽阿跋多罗宝经》和实译《大乘入楞伽经》。原因是前者流传最广，而后者内容齐全。但在对勘中，也根据需要参照菩译《入楞伽经》。”（《梵汉对勘〈入楞伽经〉导言》）

从上述可知，黄宝生对汉译佛经版本的选择无疑是非常正确的。但是，如果能将菩译也列为对勘汉译版本，从翻译学的视角看，具有重要意义。因为按照法藏的观点，菩译的主要问题是“加字混文”。“因为对照现存梵本，菩译中时常采用阐释性译法，或添加阐释性文字。因此，菩译本的篇幅要比实译本多出四分之一。这种阐释性译法通常有助于读者理解原文，但也有可能掺杂译者个人主观理解而偏离原意，如法藏所说‘或致有错’”。（《梵汉对勘〈入楞伽经〉导言》）恰恰是这种“有助于读者理解”和“或致有错”，是翻译学研究的重要内容，若能将求译、菩译、实译三个古译和黄宝生的今译，同时对勘印出，将是一件有意义的事情。

（四）今译古译互相辉映

《梵汉佛经对勘丛书》最根本的创新，是它的现代汉语今译。所谓现代汉语今译，是译注者根据梵文佛经原典做出的新译。这种做法具有两个好处：一是便于国内外同行学者“检验或核实对勘者对原文的解读是否正确”。二是国内有一些尚不通晓梵文而在利用汉译佛经从事相关研究的学者，“现代汉语今译可以供他们参考，为他们的研究助一臂之力”。[①] 除此之外，梵文佛经原文中的一些疑点或难点，通过对勘和今译，便能得到解决。通过阅读今译，“古

① 黄宝生：《〈梵汉佛经对勘丛书〉总序》，载黄宝生《梵学论集》，中国社会科学出版社 2013 年版，第 324 页。

代汉译佛经中的一些文字晦涩或意义难解之处产生豁然开朗的感觉”。[①] 其实，“今译”“新译”应标识为“黄宝生译”，简称“黄译”，以示和今后其他译注者的区别。

佛经汉译，除了古今之隔，还有梵汉语之隔。国外早有学者称，梵语和汉语是世界上尖锐对立的语言。在中国，有一千多年的译经史，著名佛经一译再译，译者大多数是中外著名的高僧大德，如鸠摩罗什、玄奘、义净，等等。保留下来并广为流传的大都是译经精品。今译要和这些古译精品对照刊出，需要真正的高手，是历史将黄宝生推上了中国当代佛经译主的舞台。

佛教汉译自宋代以后就基本断灭。至近现代，虽然出现了陈寅恪、汤用彤、季羡林、金克木、吕澂等佛经研究的大家，但是时势未到，他们都没有时间、精力等条件，来进行成规模的佛经新译。

黄宝生成为佛经新译的主力，是用半个世纪的时间逐步炼成的。1965 年他从北京大学梵文巴利文专业毕业后，一直从事梵学研究。各种著作甚多，其中译著有《印度哲学》《惊梦记》《佛本生故事选》（合译）、《故事海故事选》（合译）、《摩诃婆罗多》（合译）、《印度诗学论著合编》《奥义书》《薄伽梵歌》。以上译著都是印度古代经典中的精华。有了以上历练，由黄宝生来主持《梵汉佛经对勘丛书》，可谓水到渠成，众望所归。

资历能力是一回事，付出时间精力倾心打造又是一回事。在完成主持、翻译印度大史诗《摩诃婆罗多》后，黄宝生在《〈摩诃婆罗多〉译后记》中说：“我全神贯注，日以继夜地工作。常常是夜半搁笔入睡后，梦中还在进行翻译。在这些日子里，《摩诃婆罗多》仿佛与我的生命合二而一，使我将生活中的其他一切置之度外。我能体验到淡化身外之物给人带来的精神愉悦，而这种精神愉悦又能转化成超常的工作效率。我暗自将这称为‘学问禅’，也就是进入了思维入定的‘三昧’境界。”[②] 黄宝生历时十年主持完成的《摩诃婆罗多》汉译本五卷 6 册，达 500 万言，“是和印度精校梵文本、

---

① 黄宝生：《〈梵汉佛经对勘丛书〉总序》，载黄宝生《梵学论集》，中国社会科学出版社 2013 年版，第 324 页。

② 黄宝生：《梵学论集》，中国社会科学出版社 2013 年版，第 213 页。

英译本并称的《摩诃婆罗多》的第三大文本。”是中国当代翻译史上的一件大事。并且，“显示出我国在两千年译经过程中形成并发展起来的翻译外国超大型经典的传统后继有人”。[1] 像翻译《摩诃婆罗多》《佛经》这样的人类优秀文化遗产的艰巨工程，不但需要出众才华，还需要这种“学问禅”（Vidya Dhyan）。因为，只有有了这种“学问禅”，浩繁的学术工程才能在艰难中前行，最终顺利完成，才能推陈出新，无愧于古人，无愧于时代。才能做到今译、古译互相辉映，显示应有的后发优势。

二　尊重国际学术成果

印度自阿育王时代起，佛教就传向世界各国，开启了佛经翻译、研究的新纪元。至近现代，国际佛经研究加入了西方学者，以其不同的视角、方法、知识储备和执着精神，使这个古老的学科勃发出青春的力量。如何将中国、印度、西方和日本的研究互相比较，在比较中互相借鉴、补充，做到优势互补，是《梵汉佛经对勘丛书》取得成功的重要保障。黄宝生深知向国内外同行学习、借鉴的重要性，并将它落实到自己的实践中。在梵文原典编订本的选择上，黄宝生特别倚重国际成果。

《入楞伽经》以印度学者维迪耶的《妙法入楞伽经》为底本，以日本学者南条文雄的梵文《入楞伽经》为参考文本。

《入菩提行论》有四个梵文校刊本：第一个是俄国学者米纳耶夫（Minayaf）的校刊本，出版于 1889 年。第二个是印度学者夏斯特利（H. Sastri）的校刊本，出版于 1894 年。第三个是法国学者普善（Poussin）的校刊本，出版于 1902—1904 年。第四个是印度学者维迪耶（P. L. Vaidya）的编订本，1960 年出版。经过比较，对勘本“《入菩提行论》的梵文底本采用维迪耶编订本，并参考普善编订本。维迪耶编订本中有些文字讹误显然是在转录和排印时出现

① 郁龙余：《〈摩诃婆罗多〉全本汉译的意义》，《外国文学评论》2006 年第 4 期。

的，我主要依据普善本（简称 P 本）和智作慧的注释（简称 P 注）予以订正。但我不直接改动原文，而是在注释中注明”。[①]

《维摩诘经》是中国人特别喜欢的一部大乘佛经，关于它的梵文抄本的出现具有戏剧色彩。在很长的时间里，一直没有发现《维摩诘经》的梵文抄本。鉴于它的重要地位，国际佛经研究的学者们不得不从汉译本和藏译本转译，1944 年出版了德译本，1962 年出版了法译本，1972 年出版了英译本，1976 年出版了从法语转译的英译本和从藏译转译的英译本，1999 年又出版了从汉译转译的英译本。“在学术界普遍认为《维摩诘经》已经失传时，它却于 1999 年突然显身问世。那是日本大正大学综合研究所的学者在中国西藏的布达拉宫发现的。” 2001 年，他们获得了《维摩诘经》的影印件。“在 2004 年，这个研究所出版了《梵藏汉对照〈维摩经〉》，内容包括梵文《维摩诘经》的拉丁字体转写本、藏译本以及支谦、鸠摩罗什和玄奘的汉译本，以对照的形式排列。其中梵文《维摩诘经》的拉丁字体转写完全按照抄本的原貌，不作任何文字改动。2006 年，又出版了《梵文维摩经》校订本。”[②] 这个校订本的产生，主要利用了三个汉译本和一个藏译本，订正了抄本中的文字讹误或脱漏，并在注脚中对这些订正做出提示或说明。黄宝生的梵汉对勘研究，使用的正是这个梵文校对本。

《神通游戏》的梵语编订本共有三种。第一种是 1877 年印度学者密多罗（R. L. Mitra）的编订本，第二种是 1902 年德国学者莱夫曼（S. Lefmann）的编订本，第三种是 1958 年印度学者维迪耶（P. L. Vaidya）的编订本。而这三种编订本之间有着密切的关系。密多罗本依据印度和尼泊尔的五个抄本编订。维迪耶认为这个编订本产生较早，质量不能令人满意。莱夫曼编订本在密多罗本的基础上，又结合欧洲的六个抄本，编订方法更科学、质量有明显提高。维迪耶编订本以莱夫曼本为基础，基本遵循莱夫曼的读法，并在校

① 黄宝生：《梵汉对勘〈入菩提行论〉导言》，载《梵汉对勘〈入菩提行论〉》，中国社会科学出版社 2011 年版，第 5 页。

② 黄宝生：《梵汉对勘〈维摩诘所说经〉导言》，载《梵汉对勘〈维摩诘所说经〉》，中国社会科学出版社 2011 年版，第 3 页。

注中列出密多罗编订本中的一些不同读法。显然，维迪耶编订本后出，是对前两个编订本的继承和订正。“我这次进行梵汉对勘使用的是维迪耶的编订本（Lalitavistarara，The Mithila Institute，Darbhanga，1987），同时参考莱夫曼的编订本（简称 L 本）和密多罗的编订本（简称 M 本）。”① 作为后来者，黄宝生具有后发优势，如何利用好这种后发优势，需要科学的态度。他说：“我在梵汉对勘工作中使用的是维迪耶编订本的纸面文本，而在录入电脑时，要用 GRETIL 的电子文本。这个电子文本依据莱夫曼编订本纠正了维迪耶编订本中的一些错字。对这些已经改正的文字，我就不再恢复原来的错字。而对另外一些没有纠正的错字，我不直接改动原文，而以注译的方式订正。此外，这个电子文本也难免有新出现的错字，我则依据维迪耶编订本的纸面文本直接予以改正。”②

从上述引文可知，黄宝生对国际佛经研究成果的尊重和继承。并且在此基础上再接再厉，不断进步。错，不因其小而不纠；新，不因其难而不创。唯有如此，我们的学术研究才能推陈出新，一代更比一代好。所以，黄宝生译注的《梵汉对勘〈入楞伽经〉》《梵汉对勘〈入菩提行论〉》《梵汉对勘〈维摩诘所说经〉》《梵汉对勘〈神通游戏〉》，从版本学的视角看，是优于前辈国际学者的。这是正常的情况。学术就是在继承中发展，在借鉴中出新。

三　在继承中自成一家

黄宝生师出名门，受到北京大学季羡林、金克木两位梵学大师的亲炙。季羡林和金克木是中国现代印度学的开创者。1960 年，季、金合作开设中国第一个梵文、巴利文班，黄宝生是这个班上的学生。他在《梵学论集》的代序中回忆道：“我与梵语结缘，有很大的偶然性。1960 年我考上北京大学中文系，报到时，却告知我已

① 黄宝生：《梵汉对勘〈神通游戏〉导言》，载《梵汉对勘〈神通游戏〉》，中国社会科学出版社 2012 年版，第 18 页。

② 同上。

被调到了东语系。而到了东语系，又把我分配在梵文、巴利文专业。这是命运给予我的恩赐，使我得以在季羡林和金克木两位教授亲自执教下学习了五年。在这五年中，我们不仅学会了梵文、巴利文和英文这些语言工具，也对印度古代文化的博大精深，尤其是印度佛教对中国文化的深远影响有了深切认识。"①

1996 年，黄宝生写了一篇《人生的幸运》祝贺季羡林 85 岁寿诞。他说："在梵语教学中，季先生传授给我们一丝不苟的作风。梵语历史悠久。在长期发展中，形成了丰富的语汇和复杂的语法。每个名词有八个格，三个数，二十四种语尾变化，你必须掌握它们的规律，还必须死记硬背。否则，你查梵文字典都不会查。季先生在讲课中，在布置我们做作业中，始终严格要求我们认准每个名词和动词的变化形态，最忌讳瞎蒙瞎猜。解读一首古典梵文诗，犹如组装一架机器，大部件和小零件全部安装准确，机器就会转动起来。"除了学习语言之外，北大五年黄宝生他们还学习各个类型的文学作品，史诗、往世书、故事文学、古典梵文叙事诗和戏剧，还选读了梵语佛经《金光明经》《佛所行赞》和《根本说一切有部律事》等。中国讲究师承关系，老师用自己的心血去教学生，学生不忘老师的栽培。黄宝生说："每当取得一点成绩时，我都感念季先生的恩德。他的学问和精神，已经融化在我的血肉中。"② 季羡林也对黄宝生赞赏有加，常常引以为豪。

季羡林在清华大学西洋文学系就读时，对历史系陈寅恪和北京大学教授来清华中文系兼课的朱光潜所开的《佛经翻译文学》和《文艺心理学》最感兴趣。1936 年赴德国留学，因为"二战"到 1946 年才能回国。德国哥廷根大学的西克教授（Prof. Emil Sieg）和华兹希米德教授（Prof. Emst Waldschmidt）是他终生不忘的梵文恩师。

金克木家学渊源，曾祖、祖父、父亲都是前清秀才。然而他靠游学成才。1941 年至 1946 年他游学印度各地，对印度学和哲学尤

① 黄宝生：《梵学论集》，中国社会科学出版社 2013 年版，第 1 页。

② 韩素音等：《人格的魅力——名人学者谈季羡林》，延边大学出版社 1996 年版，第 147 页。

感兴趣。他师从名家高善必（Dharmanand Kosambi）学习梵文、巴利文，后又协助郭克雷（V. V. Gokhale）对梵文《集论》进行校刊。1946年回国后任武汉大学哲学系教授，1948年调任北京大学东语系教授。

由于季羡林、金克木两位教授学历背景不同，在教授1960级梵文、巴利文班时，分工也有所不同。黄宝生在《金克木先生的梵文成就》中说："两位先生共同开拓梵学研究领域，终于使中国的梵学研究成为名副其实的印度学研究。他们发挥各自的特长，季先生侧重研究佛典语言、佛教史、中印文化交流史和梵语文学；金先生侧重研究梵语语言学、梵语文学、印度哲学和宗教。"① 和季羡林一样，金克木在专业上对黄宝生有重大影响。黄宝生说：金克木曾写有《佛学谈原》一文，"提出了一个事关中国当代佛学研究的重大问题，也就是应该加强对佛经梵语原典的研究。惟有追究原本，才能加深对汉文佛经的理解。……金先生以鸠摩罗什的译经文体以及另外两部汉译佛经《楞伽经》和《心经》为实例，作了示范分析"②。

在北京大学办学史上，1960级梵文、巴利文班人数不多，但出了不少名家。这和季羡林、金克木两位的倾心付出是分不开的。"这届梵文、巴利文班中，后来在学术上有所作为的学生都永远铭记两位先生的恩德。"③ 黄宝生在对两位老师的评价中，找到了自己师承的联结点，同时发现了自己的发展方向。

黄宝生除了师承季羡林、金克木之外，还虚心向国内外各位名师请教。他说："在治学方法上，我自然而然会受到季羡林和金克木两位业师的影响。同时，我也自觉地向所内前辈学者学习，尤其是对钱锺书先生的学术著作，都怀着敬仰的心情认真地读过。打通中外文学，打通人文科学，这是我们在外国文学研究中应该努力追求的学术目标。如果说我是季羡林和金克木两位先生的'受业弟子'的话，那么，我也自认为是钱锺书先生的'私淑弟子'。面对

① 黄宝生：《梵学论集》，中国社会科学出版社2013年版，第201页。

② 同上书，第204页。

③ 同上书，第191页。

诸位先生的学术造诣，我深知自己在一生的学术道路上，必须谦虚又谦虚，容不得半点骄傲和自满。”①

五十年以来，一心向学，谦虚谨慎和淡泊名利，已经成了黄宝生的性格习惯和生活方式。他除了向老师们学习之外，更多的是向书本学习。在主持《梵汉佛经对勘丛书》项目的过程中，通过书本他向中国历代译经大师学习，向国际佛经研究大家学习，才得以顺利开创这一浩大的传世工程。

江山代有才人出。黄宝生经过半个世纪的刻苦历练，广采博取、熔铸百家，成为继季羡林、金克木之后的又一位梵学大家。由于他卓越的梵学成就，经国际著名梵文大师夏斯特利（Prof Satya Vrat Shastri）推荐、评委会评选，黄宝生于2012年荣获印度总统奖。2015年，他又获得印度“莲花奖”，成为中国继季羡林之后获此殊荣的第二人。

《梵汉佛经对勘丛书》诞生在当代中国，其实它是当下和历史上众多学者的智慧和心血的结晶，是一项告慰先贤、功在当代，泽被子孙的学术工程，超越了古今、国别和宗教信仰。

让人更加高兴的是，这个重大研究项目，既出成果又出人才，具有可持续发展性。《梵汉佛经对勘丛书》，是国家社科基金重大委托项目《梵语研究及人才队伍建设》的一部分。项目主持人黄宝生全面执行任务，在出科研成果的同时，始终把人才培养放在重要地位。一批年富力强的青年学者，从梵文爱好者逐渐脚踏实地地成长为梵文佛经对勘研究的有生力量。所以，中国当代的梵学研究后继有人。另外，所出成果具有多样性，也和人才培养紧紧结合在一起。黄宝生在2007年至2009年所办梵语研读班，编著教材《梵语文学读本》时，就吸收了一批年轻学者参加。② 这是一部700页的皇皇大著。他在《梵语文学读本》的前言中说：“我确实感到国内

① 黄宝生：《梵学论集》，中国社会科学出版社2013年版，第2页。

② 黄宝生在《梵语文学读本》前言中说：“那些语法解析则是由研读班的学生们依据我的讲授所记笔记，并结合自己的学习心得编写的，最后由我审定。”并一一列出了38位学生的名字和分工情况。

应该有类似这部读本的《梵语哲学读本》和《梵语佛经读本》，这只能寄希望于国内新一代的梵语学者了。"① 另外，黄宝生还计划编著《梵语诗学读本》和《梵汉词典》，并为此作了相当多的前期准备。相信，中国年青一代的梵语学者，不会辜负黄宝生的殷切期望，在黄宝生等老学者的带领和鼓励下，将梵学研究不断进行下去。

有学者指出："数码化时代，传统的纸本大藏经不会消亡，它不但继续存在，并将进一步向装帧豪华的方向发展，向信仰型方向倾斜。理想的大藏经应该同时具备义理型、信仰型和备查型三种功能形态。"② 黄宝生译注的四部《梵汉对勘佛经》告诉我们，理想的大藏经除了义理、信仰、备查三大功能之外，还应具备培养新生力量的读本功能。由此，使佛经研究产生自生性的可持续发展的能力。这种发展，可以是纵向的，也可以是横向的。

［此文于2013年10月8—10日在北京举行的印度文学研究会第十四届年会暨"梵语文学与印度现代文学"研讨会上发表。刊载于《深圳大学印度研究通讯》2013年第3期（总第11期），第33—43页］

① 黄宝生编：《梵语文学读本》，中国社会科学出版社2010年版，前言第5页。

② 方广锠：《中国写本大藏经研究》，上海古籍出版社2006年版，第38页。

颁奖典礼与获奖感想

12 月 1 日，印度总统普拉纳布·慕克吉为我颁授了一个奖——杰出印度学家奖。这是 2015 年由印度文化关系委员会（ICCR）设立的国际大奖，奖给世界各国对印度学研究做出卓越贡献的学者。首位获奖者是德国一位八十多岁的著名印度学家，我是第二人。

慕克吉总统是印度的资深政治家。当选总统前，他做过财政部长、国防部长、外交部长等多个高级职位。他干练、果断、善于克服困难解决问题，享有“印度救火队”的美誉。

我和慕克吉先生接触不多，近距离的只有三次。

第一次是在 2011 年 8 月 15 日，在印度驻广州总领事馆举行印度 64 周年独立日庆典上。他时任外交部长，和驻华大使拉奥琦一起来穗举行庆典启动仪式。我和印度研究中心的黄蓉老师等应邀出席，目睹他点灯，聆听他演讲。因为是庆典，嘉宾众多，我们没有就具体问题进行深入交谈。但是，他那温文尔雅的印象已深入我心。

2015 年 11 月 21 日，在首届印度学家大会上，我第二次近距离见到了慕克吉总统。在《一次世界印度学家的盛大结集》一文中，我这样写道：

> 会场庄严肃穆，坐北面南的高坛上，是一尊释迦牟尼的全身石像，头顶上高悬着紫红色的华盖和帐幔。佛像前，则安放着总统的宝座。宝座后左右两侧各站立四名威武雄壮的国家仪仗士官。不久，全体起立，国歌声起，印度总统慕克吉先生在侍卫的簇拥下徐步走进大厅，升座入位。

开幕式由外交部长斯瓦拉吉主持，接着是总统慕克吉致辞，ICCR主席金德尔先生发言。开幕式上，慕克吉总统为德国学者Heinrich von Stietencron颁授“杰出印度学家奖”。开幕式后，总统和各国印度学家合影留念。

当天晚上，慕克吉总统设宴招待各国印度学家。入席前，他和每位与会者一一握手交谈，如老友叙说家常，随和而儒雅。我在和他握手交谈时，同行的朱璇博士给拍下了一张视角、光线和神情俱佳的照片。

第三次见面，就是这次颁奖典礼。地点依然在总统府的中央大厅，不同的是这次完全是为了给我一个人颁奖。据我所知，单独为一位外国学者在总统府举行如此隆重盛大的颁奖典礼，这是第一次。

十多天过去了，当时的场景依然历历在目。

中午十二点多，ICCR的接待官员将我和女儿郁秀还有尼赫鲁大学的狄伯杰教授，一同接到总统府。当我们沿着长长的画满彩绘的过道来到中央大厅时，只见已经坐满了人。令我感动的是，年届九旬的国宝学者夏斯特利先生和夫人也已早早入座。他是一位驼背老者，夫人又长年坐轮椅，见到他们兴奋的神态，我感动得说不出话来。而夏斯特利教授又有一个习惯动作，站起身来和我热烈拥抱。其实，在前一天中午ICCR主席金德尔教授设的欢迎宴上，他已拥抱我一次，并邀请我和女儿到他家做客。和夏斯特利教授夫妇一起就座的，都是印度文化学术界的名流宿老，以及特邀嘉宾我国使馆文化参赞张志宏先生。

我和女儿被安排在左侧一排的第1、2号座位。坐下不久，总统府司仪告诉我们，为了颁奖顺利进行，需做一些排练。司仪说一口纯正的英语，先和郁秀排练了两遍，然后由郁秀陪我练了一遍。之后，司仪过来要我再练一遍，并告诉我，正式开始时她首先说一两分钟赞词，当听到我名字时便往前横跨两步走到中央大厅红地毯上等待，再次听到我名字时便迈步行到总统面前领奖。此时，总统宝座上坐着一位老者扮演总统。我认真练了一遍，见模特老者和蔼可亲，便颔首合十向他表示谢意。

大约下午一时十分，乐队奏响印度国歌，全体起立，总统慕克吉先生在热烈掌声中来到中央大厅。他入座后，司仪开始诵读赞词。我依例向慕克吉总统走去，尚有几步时，他从座位起身从侍卫官手上接过奖牌，然后郑重地颁授给我。我和慕克吉总统手持奖牌稍稍左转，面向各路媒体记者。然后我右转走向讲台发表获奖感言。在一阵掌声之后，我念一段中文，狄伯杰教授译一段印地文。当念到“这次陪同我来领奖的是我的女儿郁秀，她 16 岁写的《花季·雨季》在中国家喻户晓”时，大厅里响起了热烈的掌声，郁秀忙站起来欠身致意。最后我说：“让我用曾经响彻中印上空的口号来结束《获奖感言》——印地基尼，帕依帕依；基尼印地，帕依帕依！(中印人民是兄弟！)”时，中央大厅里又响起热烈掌声。

在我发表《获奖感言》之后，典礼主持人印度外交国务部长阿克巴先生发言评述。然后是总统慕克吉先生致辞。他说：“我非常高兴能将‘2016 杰出印度学家’奖授予中华人民共和国尊贵的郁龙余教授”，“他因对印度研究的重大贡献而被博学的评审专家团评为获奖者。”

慕克吉总统致辞之后，是 ICCR 主席金德尔教授致辞。他是印度著名的大学问家，对汉学、藏学、蒙古学、日本学深有研究。他在正式致辞前将三页发言稿请侍卫官递呈给慕克吉总统。所以，他致辞时，总统一边听一边仔细阅读。金德尔主席长我十八岁，和我的关系在师友之间。自 2011 年首次见面之后，我俩便成了莫逆之交。他在致辞中，竟将我比作鸠摩罗什，让我实在不敢当。

颁奖典礼结束，音乐声起。慕克吉总统起身前行，走到我座位前招手示意，邀我一同步出大厅，全场起立鼓掌。总统和我走出中央大厅，左转来到摄影厅，那里摆着四把椅子，三张形制相同，一张椅背、椅座用材不同，这是总统的专座。慕克吉总统一边示意我在他身旁坐下，一边也在自己的专座就位。我们坐下就交谈了起来，我告诉他，深圳大学的泰戈尔铜像树好了，等总统方便时前往揭幕。他点头笑了笑。一会儿，他示意 ICCR 工作人员，在我旁边添一张椅子，请我女儿郁秀坐下。没想到这张椅子竟找了一阵子，我就和总统继续说话，直到摄影师们要我们朝前看准备拍照。摄影一共是五个人，坐在总统左侧的是我和郁秀，坐在右侧的是外交国务部长阿克巴和 ICCR 主席金德尔。

摄影结束，总统和我们告别。我们被引到旁边的另一个大厅中茶叙。这里已经挤满了人，大家边用点心饮料，边互相交谈。见我们父女来了，祝贺的、道喜的蜂拥而上，让我应接不暇。我接过侍者送上的食盘，正边用边交谈，ICCR 的官员送上一张二万美元的奖金支票。我告诉总统府新闻主任，这笔奖金将用于中印文化交流事业，让它发挥更大作用，做更大贡献。人群中有作家，有诗人，还有好几位记者。他们对我的获奖，表示出极大的兴趣，希望我接受采访。我请他们与 ICCR 官员联系，最后决定由《印度时报》记者傍晚到酒店采访。这是一张英文大报，记者用英文问，郁秀做翻译，我用中文回答。这位记者是印度首任教育部长的孙子，所提问题很有深度。送走记者不久，使馆孙戈参赞夫妇和企业家王绍东先生来酒店道贺，设便宴招待我们父女。

颁奖典礼之后，印度各种媒体纷纷报道；国内外学术界的朋友，争相祝贺，有的写信，有的作诗。可以说，很是热闹了一阵子。热闹之后，需要冷思考，可以说感想很多。其中，有两点值得和大家分享：

其一，成功在于不懈的坚持。

在《获奖感言》中，我是这样说的："中国古代圣人孟子有一段名言：'民为贵，社稷次之，君为轻。'我将它改造成自己的座右铭：'成事为重，名次之，利益为轻。'我用半个世纪的时间，将印度语言文化研究，从专业变成职业，又从职业变成终生事业。事实证明，这个座右铭对我是行之有效的。"如果说，这次获得"杰出印度学家"奖，是一个成功的标志的话，那么我成功的诀窍就是永不懈怠的坚持，心无旁骛的坚持，迂回曲折而又不忘初心的坚持。

其二，成功从相信自己开始。

做任何事情，要相信自己，要看得起自己。现在，不少中国知识分子浮躁、失落。原因之一，他们在国际上没有发言权，不但国际问题没有发言权，而且中国问题也没有发言权。2016 年 12 月 14

日，网上“中国好学者”有一篇长江学者写的文章《悲哉：中国学者对中国问题，没有国际发言权》。为什么会造成这种局面？主要是我们中国学者自己看不起自己。外国人有意无意打压、贬损我们占三分，我们自己从观念、政策到语言习惯看不起自己，占七分。所以，中国学者想要成功，首先要从相信自己、看得起自己做起。

这次获奖，国内外学者都很高兴，问我有什么感想，有什么可以分享的。我最想告诉大家的就是这两条：成功一靠坚持，二靠自信。

［此文刊载于《深圳大学印度研究通讯》2016年第3期（总第20期），第43—46页］

郁龙余教授答《印度时报》记者问*

记者：Firoz Bakht Ahmed
时间：2016 年 12 月 1 日
地点：新德里 Eros Hotel
电话：9810930350
口译：郁秀
笔译：吴蔚琳
定稿时间：2016 年 12 月 28 日

郁龙余：与印度文化浪漫相伴的中国人

Firoz Bakht Ahmed：在您可有其他选择的情况下，是什么让您选择印度作为您一生的研究对象？

郁龙余：1965 年，我考入北京大学，进入季羡林领导的东方语言文学系，可以选择三个专业。我选择了印地语、日语、泰语三个专业，而最终印地语专业选择了我。这好像是神明的安排。我还想

---

* **郁龙余**，中国的印度学家，研究印度长达半个世纪之久。最近在印度总统府荣获由印度总统颁发的、由印度文化关系委员会（ICCR）设立的第二届国际印度学家大奖。印度学可定义为印度次大陆的历史文化、语言、文学的学术研究。郁教授认为，如果中国有天造地设的伙伴，那一定是印度，因两国有许多相似之处。本文是 Firoz Bakht Ahmed 采访郁教授的摘录。

告诉你，我的母校三林中学，是上海浦东的一所农村中学。2016 年 11 月 26 日，是她的 120 周年诞辰。从纪念册上得知，季羡林教授的得意弟子、著名的梵文学家蒋忠新，是这所中学 1960 届毕业生。我们那个年代学习梵文专业、印地语专业，主要因为印度是一个文明古国，中印两国之间存在着 2000 多年有文字可考的文化交流史。

Firoz Bakht Ahmed：在那些时日，有哪一位人物吸引您研究印度吗？

郁龙余：吸引我学习印地语、研究印度文化的人，主要是季羡林先生和金克木先生。

当时，季羡林先生是东方语言文学系主任，是著名梵文学家。我和朱璇博士写的《季羡林评传》的第一章是《当代中国的首席印度学家》。他在德国留学十年，1946 年回国后，创建北京大学东方语言文学系，是中国现代印度学的奠基者和中国东方学的创立者。我在北京大学 19 年，受季羡林的影响非常巨大。1984 年，我从北京大学到新建的深圳大学，后来成为文学院的首任院长。但是，季羡林先生对我的关心、支持一直没有中断。金克木先生是东方语言文学系印地语教研室主任，他在 20 世纪 40 年代留学印度，是中国著名的印度学家。他的《梵语文学史》，是中国人了解、学习印度古代文学的必读书。

季羡林先生、金克木先生在大学里对我的影响很大。这种影响，既有名人效应，更有具体的学业指导。在我的中学老师中，对我影响最大的是陈一冰老师。他是美国哥伦比亚大学文学硕士，当时中国留美学生领袖。他的三个子女陈祖德、陈祖芬、陈祖言都很有名。是他鼓励我报考北京大学，没有他的鼓励，我就不会有学习印度语言文化的机会了。

Firoz Bakht Ahmed：在中国有学生学习印度文化或印地语吗？

郁龙余：印地语专业、梵文专业，在很长一段时间内，只有北京大学等少数中国大学才开设。现在，随着中印关系的日益密切，学习印地语的学生越来越多。据我所知，目前中国至少有 7 所大学开设印地语专业。杭州佛学院开设了一门梵文课程，有 380 人报名。有的学员从上海乘飞机去听课。可见梵文在中国大受欢迎。从

2017 年开始，深圳大学也将开设印地语课程，任课教师由印度文化关系委员会（ICCR）派来。

从 1984 年开始，深圳大学陆续开设了有关印度文化的 13 门课程，如印度文化史、印度文化概要、中国印度文学比较、中国印度诗学比较、印度电影欣赏、印度文化遗产、《摩奴法论》今析，等等。

2005 年，深圳大学成立印度研究中心。这是中国南方第一个专门研究印度的学术机构，经过十多年的努力，它在中国和国际学术界已经声名远扬。2016 年 11 月，由它承办的“第二届世界印度学家大会”，来自中国、印度、德国、法国、智利等国的一百多位学者，欢聚一堂，讨论“印度学在中国”“印度学在世界”等五个课题。2008 年，深圳大学印度研究中心还在学校的支持下，成立了“谭云山中印友谊馆”，接待了无数国内外的访问者，成了中印友谊的加油站。

Firoz Bakht Ahmed：你最喜欢印度什么？

郁龙余：中国和印度有许多相同之处，也有许多相异之处。无论是相同还是相异之处，我都很喜欢。正像我的老师金克木先生所说：中印相同之处，如两条美丽的平行线；中印相异之处，则相映成趣。

我喜欢印度主要有两个方面：首先，印度是一个伟大的文明古国和文化大国。中国现代的伟大作家鲁迅先生说：中国和印度“虽兄弟眷属，何以加之！”所以，我在《印度文化论》中说：“印度是 3000 年中外文化交流史上中国获益最多的一位良师益友。”其二，印度是一个新兴的世界经济大国。有学者认为：“中国和印度的结合将是不可战胜的。”总之，印度是我们值得引以为荣的伟大邻邦，合作发展，前景光明。（《印度文化论》p. 9）

以上是我十多年前的观点。现在有了新的发展。2015 年 11 月，我出席在印度总统府召开的首届世界印度学家大会。我在为大会写的《印度学研究的世界意义》一文中说：印度的“梵我一如，万物有灵”“慈爱厚生，非战戒杀”“信仰自由，宗教对话”“尊师重教，教学神圣”“多元共存，天包地容”五大观念，具有明显的普世价值，对世界新秩序的建设有着重要的意义。

当然，文明古国的复兴，必然是传统和现代性的平衡。印度和中国所以能成为当今世界的两个最大的发展中国家，正是这种平衡的极佳体现。

Firoz Bakht Ahmed：中印关系有多古老？

郁龙余：中国和印度的文化关系是世界上最古老的文化关系之一。一般认为，在中国汉代元狩元年（前122），张骞出使西域后向汉武帝报告说发现了西南一个大国“身毒”（印度）。实际上，中印之间的关系比这早得多。印度的《治国安邦术》（*Arthaśāstra*）一书中提到“中国蚕茧和成捆的中国丝都是从中国来的”这句话，而这本书一般认为成书于公元前400至前300年。在中国诗人屈原（公元前340—前278）的诗歌中，说月亮中有一只兔子，而且“月兔”的故事流传至今。据季羡林先生考证，月兔最早出现于印度故事之中。也就是说，中国的月兔是从印度来的。

大家知道，中国是世界上最重视文字的国家。中国是世界上唯一在山上大规模不间断凿石刻字的国家。和印度交往的事迹，印度的大量故事、思想，在中国典籍中都有记载。所以，西方和印度的学者都说，离开了中国的典籍，重建印度中古史是不可能的。挖掘中国史料研究印度古代文化，是一项伟大的文化工程，值得中印两国学者花大力气坚持不懈地做下去。

中国印度的相似之处，主要体现在文化价值观上。现在有人讲“价值观外交”，讲的是政治价值观，是比较肤浅的。文化价值观是历史上长期积累的、根本性的、具有生命力的。中印之间相似的文化价值观主要体现在五大思想基础。它们是：“天人合一”与“梵我一如”“仁爱和合”与“慈爱不害”“民惟邦本”与“长老会制”，“恕道思想”与“容忍观念”，“中庸之道”与“中观思想”。可以说，这是一笔宝贵财富。在世界上再也找不出两个语言、文字、历史不同的民族，在思想上竟然存在这么多的相同相似之处。我们应该珍视这笔祖先留下了的独一无二的无价之宝。

Firoz Bakht Ahmed：印度人对中国人是善意的，请问普通的中国人如何看待印度人？

郁龙余：在如何看待印度的问题上，中国大体上有三种人，第一种是学者，非常看好印度，上面谈的观点是学者们经过研究得出的结论。第二种是好奇者，觉得印度一切都是那么神秘，与众不同，总是有百看不厌的情感。第三种是走马观花的旅游者，由于受到文化素养方面的局限，凭一时印象说话，认为印度“脏、乱、差”。这个评价和西方人评价二十多年前的中国差不多。这种观点虽然很片面，但是并无恶意。许多印度朋友到现在的中国访问之后，特别是访问了中国的一些新兴城市像深圳、上海浦东之后，也有这种感觉。我对印度环境的改善很有信心。1993 年，我第一次到印度出席第十届“《罗摩衍那》国际大会”，到了许多印度的城市与农村。今天的印度和那时见到的已经大为不同，产生了天翻地覆的变化。这种变化，在中国无非是发生得早一点。所以，就环境而言，中国和印度之间主要是“早与晚”的问题。不是“好与差”的问题。

Firoz Bakht Ahmed：在印度获得著名的“杰出印度学家”奖非常了不起。您在中国，是否因为研究印度而获过奖项？

郁龙余：我不为获奖而工作，我的工作就是对我最大的奖。但是，我在印度获得这个顶级的奖，感到非常光荣。我的中国同行，以及印度、法国、德国、智利同行都纷纷写信作诗，表达祝贺。深圳大学印度研究中心的同事，更是大受鼓舞，决定专门编印一本纪念册，专门记录这次颁奖典礼，让更多的人分享荣誉。

1984 年我到深圳大学之后，虽然教了许多课程，但是有关印度文化的课程是主要的。所以，我的许多大奖如《梵典与华章——印度作家与中国文化》《中国印度诗学比较》等，都和研究印度文化有关。2016 年 1 月，我出席新德里世界书展，我的三本书签订了七个出版外文版的合同。其中包括北京大学出版社的《印度文化论》签订了英文版、印地文版的合同，山东教育出版社的《中外文学交流史 · 中国—印度卷》签订了英文、印地文版的合同，《季羡林评传》签订了英文、印地文、泰米尔文版的合同。其中，《中外文学交流史 · 中国—印度卷》的英文、印地文版，《季羡林评传》的印地文版，又入选了中国“丝路书香”资助计划。对作者来讲，这些虽不是奖项，但也是一种荣誉和肯定。

当然，我这次获得的“杰出印度学家奖”是层次最高的奖。深圳大学外国语学院的张晓红院长在全校的科研工作会议上对我说：“这是一个顶级的专业奖”。文学院的一位教授说我得了一个“皇帝奖”，此话有些幽默和调侃，将总统称作皇帝，但也说明这是一个高级别的大奖。

Firoz Bakht Ahmed：嗯，问一个尖锐的问题！印度和巴基斯坦这两国，为什么中国更接近巴基斯坦？

郁龙余：这是一个政治问题，像我这样的学者不适合作答。但既然你问到了，我认为，巴基斯坦是中国长期的朋友。政治上和地理上讲都有很多因素促使中巴两国彼此受益。然而，这远远不够。诚如以上所讲，中国和印度有五大相同、相似的思想基础，有着无比辽阔的合作空间。中印之间的合作可以和中巴一样好，甚至更好！

Firoz Bakht Ahmed：印度与美国交往更密，您认为中国会不会不给印度同等的地位？

郁龙余：你提这个问题还是一个政治问题。我想，作为政治家考虑本国利益最大化，几乎是一种本能。但是这里需要解决一个“短期利益”与“长远利益”相结合的问题。美国是一个没有历史的国家，他们缺乏思考和处理“长远利益”的经验与积极性，而只是一味地强调当下的短期利益。我曾写过一篇文章《美国总统智囊读本·序言》，想推荐一些中国、印度及东方其他历史悠久国家的治世理政的经典文章，帮助美国的智囊们克服短视症。这种短视症是很可怕的，中东、北非的乱局，殃及整个欧洲、中亚，从根源上讲是这种政治短视症引起的。

现在，美国的政治家总想拉拢印度，中国和其他一些国家的智囊很是担心，担心美国会把南亚变成中东。我是不担心的，因为印度有历史和经验，印度的政府和真正的高人应该对美国的做法心知肚明，像懂行的人看危险游戏一样。可怜的是，玩游戏的美国总是失手，不但让自己很难堪，而且还会重创自己。

总体而言，我对中国和印度的前景充满信心，对世界的发展前景充满信心。美国将在中国和印度的帮助下走出困境。

（英文访谈发表于 2017 年 3 月 4 日《印度时报》FIRSTPOST，英文标题为“China is a Well-meaning Friend of India Yu Longyu Thinks, India and China are Natural Pals”，英文内容与中文内容略有不同）

参考文献

［澳］A. L. 巴沙姆主编：《印度文化史》，闵光沛等译，商务印书馆 1997 年版。

白求恩国际和平医院编写组编，盛贤功执笔：《柯棣华大夫》，人民出版社 1979 年版。

北京大学东方文学研究中心：《东方研究》，国际文化出版公司 2002 年版。

北京大学东方文学研究中心：《理解泰戈尔：新视野和新研究》（2010 年 8 月 22—25 日国际学术研讨会论文集）。

北京大学南亚研究所编：《中国载籍中南亚史料汇编》，上海古籍出版社 1994 年版。

《薄伽梵歌》，张保胜译，中国社会科学出版社 1989 年版。

薄贵利主编：《强国宏略》，人民出版社 2016 年版。

蔡枫、黄蓉主编：《跬步集：深圳大学印度学研究文选》，北京大学出版社 2011 年版。

曹永胜等：《南亚大象：印度军事战略发展与现状》，解放军出版社 2002 年版。

常任侠：《丝绸之路与西域文化艺术》，上海文艺出版社 1981 年版。

常任侠选注：《佛经文学故事选》，中华书局 1959 年和 1961 年版。

常任侠：《中印艺术因缘》，上海出版公司 1955 年版。

陈传康、郁龙余主编《深圳市旅游发展规划》，同济大学出版社 1992 年版。

陈公元：《古代非洲与中国的友好交往》，商务印书馆 1985 年版。

陈翰笙：《印度莫卧儿王朝》，商务印书馆 1979 年版。

陈明:《文本与语言:出土文献与早期佛经比较研究》,兰州大学出版社2013年版。
陈明:《印度佛教神话:书写与流传》,中国大百科全书出版社2016年版。
陈明:《中古医疗与外来文化》,北京大学出版社2013年版。
陈义华:《后殖民知识界的起义:庶民学派研究》,中央编译出版社2009年版。
陈寅恪:《金明馆丛稿二编》,生活·读书·新知三联书店2001年版。
陈元、钱颖主编:《"一带一路"金融大战略》,中信出版社2016年版。
崔连仲:《从佛陀到阿育王》,辽宁大学出版社1991年版。
崔连仲等选译:《古印度吠陀时代和列国时代史料选辑》,商务印书馆1998年版。
崔连仲、武文:《古代印度文明与中国》,岳麓书社2007年版。
[德] E. 施勒伯格:《印度诸神的世界——印度教图像学手册》,范晶晶译,中西书局2016年版。
[德] 爱克曼辑录:《歌德谈话录》,朱光潜译,人民文学出版社1982年版。
[德] 韦伯:《印度的宗教——印度教与佛教》,康乐、简慧美译,广西师范大学出版社2005年版。
董友忱主编:《泰戈尔作品全集》(第10卷),人民出版社2015年版。
[法] 伯希和:《交广印度两道考》,冯承钧译,中华书局1955年版。
[法] 格鲁塞:《印度的文明》,常任侠、袁音译,商务印书馆1965年版。
范祥雍:《洛阳伽蓝记校注》,上海古籍出版社1978年版。
方广锠:《印度禅》,浙江人民出版社1988年版。
方广锠:《中国写本大藏经研究》,上海古籍出版社2006年版。
冯承钧:《冯承钧学术论文集》(2册),上海古籍出版社2015年版。

冯承钧:《中国南洋交通史》，商务印书馆 2011 年版。
《甘地自传》，向达译，中华书局 1934 年版。
高杨、荆三隆:《印度哲学与中国佛学文集》，太白文艺出版社 2005 年版。
葛维钧:《印度社会政治简史》，中国社会科学院南亚与东南亚研究所，1988 年。
耿引曾:《汉文南亚史料学》，北京大学出版社 1991 年版。
耿引曾:《中国亚非关系史》，社会科学文献出版社 2014 年版。
谷棣、谢戎彬主编:《我们误判了中国》，华文出版社 2015 年版。
广东人民出版社编:《印度革命胜利的曙光》，广东人民出版社 1970 年版。
郭良鋆:《佛本生故事选》，黄宝生译，人民文学出版社 2001 年版。
郭良鋆:《佛陀和原始佛教思想》，中国社会科学出版社 1997 年版。
郭良鋆、葛维钧:《梵语入门》，中西书局 2016 年版。
郭良鋆译:《经集》，中国社会科学出版社 1998 年版。
《国际汉学》第二十五辑，大象出版社 2014 年版。
［韩］金大中:《21 世纪的亚洲及其和平》，北京大学出版社 1994 年版。
［荷］戴闻达:《中国人对非洲的发现》，商务印书馆 1983 年版。
［荷］威·伊·邦特库:《东印度航海记》，姚楠译，中华书局 1982 年版。
侯传文:《话语转型与诗学对话——泰戈尔诗学比较研究》，中国社会科学出版社 2010 年版。
胡光利、梁志刚:《季羡林大传》，哈尔滨出版社 2013 年版。
胡晓明主编:《释中国》（第二卷），上海文艺出版社 1998 年版。
黄宝生编:《梵语文学读本》，中国社会科学出版社 2010 年版。
黄宝生编著:《梵语文学读本》，中国社会科学出版社 2010 年版。
黄宝生:《梵汉对勘〈入菩提行论〉》，中国社会科学出版社 2011 年版。
黄宝生:《梵汉对勘〈神通游戏〉》，中国社会科学出版社 2012 年版。

黄宝生:《梵汉对勘〈维摩诘所说经〉》,中国社会科学出版社 2011 年版。

黄宝生:《梵学论集》,中国社会科学出版社 2013 年版。

黄宝生:《梵语佛经读本》,中国社会科学出版社 2014 年版。

黄宝生:《〈摩诃婆罗多〉导读》,中国社会科学出版社 2005 年版。

黄宝生译:《奥义书》,商务印书馆 2010 年版。

黄宝生:《印度古代文学》,知识出版社 1988 年版。

黄宝生:《印度古典诗学》,北京大学出版社 2000 年版。

黄忏华:《印度哲学史纲》,商务印书馆 1936 年版。

黄思骏:《印度土地制度研究》,中国社会科学出版社 1998 年版。

黄夏年:《东来西去——中外古代佛教史论集》,中国社会科学出版社 2006 年版。

黄心川、葛黔君主编:《玄奘研究文集》,中州古籍出版社 1995 年版。

黄心川:《印度佛教哲学》,中国社会科学出版社 1979 年版。

黄心川:《印度近代哲学家辨喜研究》,中国社会科学出版社 1979 年版。

黄心川:《印度近现代哲学》,商务印书馆 1989 年版。

黄心川:《印度哲学史》,商务印书馆 1989 年版。

黄心川主编:《南亚大辞典》,四川人民出版社 1998 年版。

黄心川主编:《玄奘研究》,陕西师范大学出版社 1999 年版。

黄迎虹:《感化型政治——以圣雄甘地绝食的理论与实践为例》,上海人民出版社 2012 年版。

慧超著,张毅笺释:《往五天竺国传笺释》,中华书局 2000 年版。

慧立、彦琮:《大慈恩寺三藏法师传》,中华书局 1983 年版。

季羡林:《1857—1859 年印度民族起义》,人民出版社 1958 年版。

季羡林:《比较文学与民间文学》,北京大学出版社 1997 年版。

季羡林等:《大唐西域记校注》,中华书局 1985 年版。

季羡林:《佛教与中印文化交流》,江西人民出版社 1990 年版。

季羡林:《季羡林全集》,外语教学与研究出版社 2010 年版。

季羡林、刘安武编选:《印度两大史诗评论汇编》,中国社会科学出版社 1984 年版。
季羡林、刘安武主编:《东方文学名著题解》，中国青年出版社 1989 年版。
季羡林:《天竺心影》，百花文艺出版社 1980 年版。
季羡林:《玄奘与〈大唐西域记〉——校注〈大唐西域记〉前言》，载《大唐西域记校注》，中华书局 1985 年版。
季羡林:《原始佛教的语言问题》，中国社会科学出版社 1985 年版。
季羡林:《中印文化关系史论文集》，生活·读书·新知三联书店 1982 年版。
季羡林:《中印文化交流史》，新华出版社 1993 年版。
季羡林主编:《东方文学辞典》，吉林教育出版社 1992 年版。
季羡林主编:《东方文学作品选》，湖南人民出版社 1986 年版。
姜景奎、郭童编:《多维视野中的印度文学文化：刘安武先生 80 华诞纪念文集》，阳光出版社 2010 年版。
姜景奎主编:《印度文学研究集刊》第 5—6 辑，上海译文出版社 2002—2003 年版。
姜景奎主编:《中国学者论泰戈尔》，阳光出版社 2012 年版。
蒋忠新译:《摩奴法论》，中国社会科学出版社 1986 年版。
金克木:《比较文化论集》，生活·读书·新知三联书店 1984 年版。
金克木:《梵竺庐集》（丙·梵佛探），江西教育出版社 1999 年版。
金克木:《梵竺庐集》（甲·梵语文学史），江西教育出版社 1999 年版。
金克木:《梵竺庐集》（乙·天竺诗文），江西教育出版社 1999 年版。
金克木:《甘地论》，美学出版社 1943 年版。
金克木:《古代印度文艺理论文选》，人民文学出版社 1980 年版。
《金克木集》（八卷），生活·读书·新知三联书店 2011 年版。
金克木:《天竺旧事》，生活·读书·新知三联书店 1986 年版。
金克木:《印度文化余论》，学苑出版社 2002 年版。
孔菊兰:《巴基斯坦民间文学》，宁夏人民出版社 2008 年版。
孔菊兰主编:《乌尔都语汉语词典》，高等教育出版社 2014 年版。

李崇峰:《佛教考古：从印度到中国》，上海古籍出版社 2014 年版。
李四龙:《欧美佛教学术史》，北京大学出版社 2009 年版。
李涛主编:《南亚地区发展报告 2012》，时事出版社 2013 年版。
李霞:《圆融之思——儒道佛及其关系研究》，安徽大学出版社 2005 年版。
李铮、蒋忠新:《季羡林教授八十华诞纪念论文集》，江西人民出版社 1991 年版。
李志纯编:《印度史纲要》，正中书局 1947 年版。
李志夫:《印度思想文化史：从传统到现代》，东方出版社 1995 年版。
李祖德、陈启能主编:《评魏特夫的〈东方专制主义〉》，中国社会科学出版社 1997 年版。
连云山:《谁先到达美洲》，中国社会科学出版社 1992 年版。
梁启超:《佛学研究十八篇》，中华书局 1936 年版。
梁漱溟:《东西文化及其哲学》，商务印书馆 1999 年版。
梁漱溟:《印度哲学概论》，上海人民出版社 2005 年版。
林承节:《独立后的印度史》，北京大学出版社 2005 年版。
林承节:《印度近二十年的发展历程：从拉吉夫·甘地执政到曼莫汉·辛格政府的建立》，北京大学出版社 2012 年版。
林承节:《印度民族独立运动的兴起》，北京大学出版社 1984 年版。
林承节:《印度史》，人民出版社 2004 年版。
林承节:《印度史》，人民出版社 2006 年版。
林承节:《印度现代化的发展道路》，北京大学出版社 2001 年版。
林承节:《殖民统治时期的印度史》，北京大学出版社 2004 年版。
林承节:《中印人民友好关系史（1851—1949）》，北京大学出版社 1993 年版。
林承节:《中印人民友好关系史》，北京大学出版社 1993 年版。
林家平、宁强、罗华庆:《中国敦煌学史》，北京语言学院出版社 1995 年版。
林良光:《印度政治制度研究》，北京大学出版社 1995 年版。
刘安武、倪培耕、白开元主编:《泰戈尔全集》（二十四卷），河北教育出版社 2000 年版。
刘安武:《印度两大史诗研究》，北京大学出版社 2001 年版。
刘炳荣:《印度史》，太平洋书店 1927 年版。
刘芬:《印度》，世界知识出版社 1956 年版。
刘建、朱明忠、葛维钧:《印度文明》，中国社会科学出版社 2004 年版。
刘进宝主编:《百年敦煌学：历史、现状、趋势》，甘肃人民出版社 2009 年版。
刘深:《谁说深圳是小渔村》，深圳报业集团出版社 2011 年版。
吕澂:《印度佛学源流略讲》，上海人民出版社 1979 年版。
吕澂:《中国佛学源流略讲》，中华书局 1979 年版。
吕文郁等:《宝安人物风物》，北方文艺出版社 2001 年版。
马祖毅:《中国翻译史》上卷，湖北教育出版社 1999 年版。
毛世昌主编:《印度贱民领袖、宪法之父与佛教改革家——安倍德卡尔》，中国社会科学出版社 2013 年版。
梅德愚:《因明大疏校释》（2 册），中华书局 2013 年版。
[美] 爱德华·W. 萨义德:《东方学》，王宇根译，生活·读书·新知三联书店 1999 年版。
[美] 本·卡森:《美利坚沉思录：伟大国家的自白与自省》，裴筱宁译，中信出版社 2014 年版。
[美] 大卫·卢登:《新编剑桥印度史：南亚农业史》，资谷生译，云南人民出版社 2015 年版。
[美] 柯文:《在中国发现历史》，中华书局 2002 年版。
[美] 罗伊·C. 克雷文:《印度艺术简史》，王镛等译，中国人民大学出版社 2004 年版。
[美] 马士:《东印度公司对华贸易编年史》（1635—1834），区宗华译，林树惠校，章文钦注，广东人民出版社 2016 年版。
[美] 梅维恒:《绘画与表演——中国绘画叙事及其起源研究》，王邦维、荣新江、钱文忠译，中西书局 2011 年版。
[美] 梅维恒，徐文堪编:《梅维恒内陆欧亚研究文选》，兰州大学出版社 2014 年版。

［美］欧文·拉兹洛：《巨变》，杜默译，中信出版社 2002 年版。

［美］托马斯·R. 梅特卡夫：《新编剑桥印度史：英国统治者的意识形态》，李东云译，云南人民出版社 2015 年版。

［美］约翰·F. 理查兹：《新编剑桥印度史：莫卧儿帝国》，王立新译，云南人民出版社 2014 年版。

孟昭毅、郁龙余、朱璇：《天竺纪行——郁龙余、孟昭毅学术之旅》，北京大学出版社 2013 年版。

（明）多罗那他：《印度佛教史》，张建木译，四川民族出版社 1988 年版。

南亚研究编辑部：《印度宗教与中国佛教》，中国社会科学出版社 1988 年版。

《尼赫鲁自传》，知识出版社 1956 年版。

培伦、董本建：《印度通史》，黑龙江人民出版社 1990 年版。

邱永辉等：《南亚宗教发展态势研究》，社会科学文献出版社 2014 年版。

邱永辉、欧东明：《印度世俗化研究》，巴蜀书社 2003 年版。

邱永辉：《现代印度的种姓制度》，四川人民出版社 1996 年版。

邱永辉：《印度教概论》，社会科学文献出版社 2012 年版。

邱永辉：《印度宗教多元文化》，社会科学文献出版社 2009 年版。

饶宗颐：《中印文化关系史论集——悉昙学绪论》，香港中文大学中国文化研究所 1990 年版。

［日］池田大作、［印度］尼拉坎达·拉达克里希南：《走向人道世纪：谈甘地与印度哲学》，李长声译，四川出版集团、四川人民出版社 2014 年版。

［日］荻原云来编：《梵汉对译佛教词典》，新文丰出版公司 1976 年版。

［日］荻原云来编纂：《梵和大辞典（汉译对照）》（影印本），新文丰出版公司 1979 年版。

［日］高楠顺次郎、木村泰贤：《印度哲学宗教史》，高观庐译，商务印书馆 1935 年版。

［日］木村泰贤：《小乘佛教思想论》，演培法师译，贵州大学出版

社 2013 年版。

[日] 木村泰贤:《原始佛教思想论》,欧阳瀚存译,贵州大学出版社 2013 年版。

[日] 平川彰:《印度佛教史》,庄崑木译,商周出版社 2004 年版。

[日] 三上次男:《陶瓷之路》,文物出版社 1984 年版。

[日] 水野弘元:《佛教文献研究》,许洋主译,法鼓文化事业股份有限公司 2003 年版。

[日] 梶山雄一:《佛教中观哲学》,吴汝钧译,佛光出版社 1992 年版。

[日] 梶山雄一:《印度逻辑学的基本性质》,张春波译,商务印书馆 1980 年版。

[日] 小野秀原:《佛教哲学》,张绂译,商务印书馆 1925 年版。

[日] 宇井伯寿、山口益:《中印佛教思想史般若思想史》,肖平、杨金萍译,贵州大学出版社 2013 年版。

[日] 宇井伯寿:《瑜伽论研究》,慧观、周丽玫等译,宗教文化出版社 2015 年版。

[日] 羽田亨:《西域文化史》,耿世民译,新疆人民出版社 1981 年版。

[日] 羽田亨:《西域文明史概论》,耿世民译,中华书局 2005 年版。

[日] 羽溪了谛:《西域之佛教》,贺昌群译,商务印书馆 1956 年版。

[日] 中村元:《东方民族的思维方法》,林太、马小鹤译,淑馨出版社 1989 年版。

[日] 中村元:《东方民族的思维方法》,浙江人民出版社 1989 年版。

尚会鹏:《印度文化传统研究:比较文化的视野》,北京大学出版社 2004 年版。

尚会鹏:《印度文化史》,亚太图书出版社 1998 年版。

尚会鹏:《种姓与印度教社会》,北京大学出版社 2001 年版。

尚劝余:《尼赫鲁时代中国和印度的关系(1947—1964)》,中国社会科学出版社 2009 年版。
沈开艳等:《印度经济改革发展二十年：理论、实证与比较》，上海人民出版社 2011 年版。
释东初:《中印佛教交通史》，东初出版社 1991 年版。
[苏] 巴拉布舍维奇、季雅科夫主编:《印度现代史》，北京编译社译，生活·读书·新知三联书店 1971 年版。
[苏] 尼·彼·阿尼凯也夫:《古印度哲学中的唯物主义流派》，丁彦博译，上海人民出版社 1958 年版。
孙波:《徐梵澄传》，社会科学文献出版社 2009 年版。
孙波:《徐梵澄精神哲学入蹊》，华东师范大学出版社 2013 年版。
孙晶译释:《示教千则》，商务印书馆 2011 年版。
孙晶:《印度吠檀多不二论哲学》，中国社会科学出版社 2014 年版。
孙晶:《印度六派哲学》，中国社会科学出版社 2015 年版。
孙晶、朱明忠主编:《印度吠檀多哲学史》，中国社会科学出版社 2013 年版。
孙士海主编:《南亚的政治、国际关系及安全》，中国社会科学出版社 1998 年版。
孙士海主编:《印度的发展及其对外战略》，中国社会科学出版社 2000 年版。
《泰戈尔作品全集》，人民出版社 2015 年版。
谭云山:《观光祖国诗及其他》，印度中印学会 1959 年版。
谭云山:《圣雄甘地》，中国台湾正中书局 1936 年版。
谭云山:《诗圣太戈尔与中日战争》，独立出版社 1939 年版。
谭云山:《世界历法与历法革命》，南京大陆印书馆 1931 年版。
谭云山:《印度丛谈》，申报月刊社 1935 年版。
谭云山:《印度人民对我抗战同情》，独立出版社 1939 年版。
谭云山:《印度周游记》，新亚细亚学会，1933 年。
谭云山:《中国近代政治经济社会讲演集》，独立出版社 1939 年版。
谭中、耿引曾:《印度与中国：两大文明的交往和激荡》，商务印书馆 2006 年版。
谭中、凌焕铭主编:《海外华人与中国梦》，中央编译出版社 2015

年版。
谭中：《谭云山与中印文化交流》，香港中文大学出版社 1998 年版。
谭中、郁龙余主编：《谭云山》，中央编译出版社 2012 年版。
谭中主编：《CHINDIA 中印大同——理想与实现》，宁夏人民出版社 2007 年版。
汤用彤：《汉魏两晋南北朝佛教史》，中华书局 1955 年版。
汤用彤选编：《汉文佛经中的印度哲学史料》，商务印书馆 1994 年版。
汤用彤选编，李建欣、强昱点校：《印度佛教汉文资料选编》，北京大学出版社 2010 年版。
汤用彤：《印度哲学史略》，中华书局 1960 年版。
汤用彤著，汤一介主编：《理学 · 佛学 · 印度学》，中国台湾佛光文化事业有限公司 2001 年版。
唐孟生、孔菊兰：《巴基斯坦文化与社会》，民族出版社 2006 年版。
唐孟生：《印度苏非派及其历史作用》，经济日报出版社 2002 年版。
唐仁虎、刘曙雄、姜景奎编：《印度文学文化论》，北京大学出版社 2000 年版。
唐仁虎、魏丽明等：《中印文学专题比较研究》，北岳文艺出版社 2007 年版。
万金川：《佛典研究的语言学转向：佛经语言学论集》，中国台湾正观出版社 2005 年版。
王邦维：《大唐西域求法高僧传校注》，中华书局 1988 年版。
王邦维：《佛教史话》，商务印书馆 1991 年版。
王邦维：《佛经故事选》，中华书局 2007 年版。
王邦维：《华梵问学集》，兰州大学出版社 2014 年版。
王邦维：《季羡林先生与北京大学东方学》，阳光出版社 2011 年版。
王邦维：《南海寄归内法传校注》，中华书局 1995 年版。
王邦维、谭中主编：《泰戈尔与中国》，中央编译出版社 2010 年版。
王邦维：《唐高僧义净生平及其著作论考》，重庆出版社 1996 年版。
王广西：《佛学与中国近代诗坛》，河南大学出版社 1995 年版。
王宏纬：《当代中印关系述评》，中国藏学出版社 2009 年版。

王京生主编:《十大观念》，深圳报业集团出版社 2011 年版。
王树英:《季羡林论中印文化交流》，新世界出版社 2006 年版。
王树英:《季羡林学术著作选集》，新世界出版社 2015 年版。
王树英:《印度民间故事》，北京大学出版社 1984 年版。
王树英:《印度神话传说》，北京大学出版社 1987 年版。
王树英:《印度文化简史》，人民出版社 2011 年版。
王树英:《印度文化与民俗》，中国社会科学出版社 2007 年版。
王树英:《宗教与印度社会》，人民出版社 2009 年版。
王向远等:《佛心梵影——中国作家与印度文化》，北京师范大学出版社 2007 年版。
王向远:《东方各国文学在中国——译介与研究史述论》，江西教育出版社 2001 年版。
王镛:《中外美术交流史》，湖南教育出版社 1998 年版。
魏丽明等:《“万世的旅人”泰戈尔从湿婆、耶稣、莎士比亚到中国》，中央编译出版社 2011 年版。
闻中:《梵·吠檀多·瑜伽——印度哲学家维韦卡南达思想研究》，中国美术学院出版社 2013 年版。
巫白慧:《吠陀经和奥义书》，中国社会科学出版社 2014 年版。
《巫白慧集》，中国社会科学出版社 2010 年版。
巫白慧译解:《〈梨俱吠陀〉神曲选》，商务印书馆 2010 年版。
巫白慧:《印度哲学：吠陀经探义和奥义书解析》，东方出版社 2000 年版。
巫百慧:《印度哲学与佛教》，中国佛教文化研究所 1991 年版。
吴焯:《佛教东传与中国佛教艺术》，浙江人民出版社 1994 年版。
吴俊才:《甘地与现代印度》，中国台湾正中书局 1987 年版。
吴俊才:《印度近代史》，中国台湾中华文化出版事业委员会 1954 年版。
吴俊才:《印度史》，中国台湾三民书局 1990 年版。
吴汝钧:《梵文入门》，中国台湾鹅湖出版社 2001 年版。
吴汝钧:《印度佛学研究》，中国台湾学生书局 1995 年版。
吴信如:《印度古代思想述要佛教源起》，中国藏学出版社 2007

年版。
吴学国:《奥义书思想研究》,人民出版社2017年版。
吴学国:《存在·自我·神性:印度哲学与宗教思想研究》,中国社会科学出版社2006年版。
《习近平谈治国理政》,外文出版社2014年、2015年版。
夏金华:《中国学术思潮史·佛学思想》,上海社会科学院出版社2006年版。
向达辑:《大唐西域记古本三种》,中华书局1981年版。
向达:《唐代长安与西域文明》,生活·读书·新知三联书店1957年版。
向达:《印度现代史》,何炳松校,商务印书馆1929年版。
肖一平等编:《妈祖研究资料汇编》,福建人民出版社1987年版。
辛红娟:《〈道德经〉在英语世界:文本行旅与世界想象》,上海译文出版社2008年版。
[新西兰] M. N. 皮尔森:《新编剑桥印度史:葡萄牙人在印度》,郜菊译,云南人民出版社2014年版。
[匈] 卡尔·波兰尼:《新西方论》,海天出版社2017年版。
徐梵澄:《古典重温:徐梵澄随笔》,北京大学出版社2007年版。
《徐梵澄集》,中国社会科学出版社2001年版。
徐梵澄:《蓬屋诗存》,孙波点校,社会科学文献出版社2009年版。
《徐梵澄文集》(十六卷),上海三联书店2006年版。
徐梵澄译:《五十奥义书》,中国社会科学出版社1984年版。
徐继畬:《瀛环志略》(二册),华文书局1969年版。
徐懋庸:《印度革命史》,新生命书局1933年版。
徐文堪:《欧亚大陆语言及其研究说略》,兰州大学出版社2013年版。
徐文堪:《吐火罗人起源研究》,昆仑出版社2005年版。
徐远和、李甦平、周贵华、孙晶主编:《东方哲学史》(五卷),人民出版社2010年版。
许地山:《印度文学》,商务印书馆1931年版。
许倬云:《中西文明的对照》,浙江人民出版社2013年版。

薛恩伦:《印度建筑的兼容与创新：孔雀王朝至莫卧儿王朝》，中国建筑工业出版社 2015 年版。

薛克翘等:《印度近现代文学》，昆仑出版社 2014 年版。

薛克翘:《佛教与中国古代科技》，中国国际广播出版社 2011 年版。

薛克翘:《佛教与中国文化》，昆仑出版社 2006 年版。

薛克翘:《神魔小说与印度密教》，中国大百科全书出版社 2016 年版。

薛克翘、唐孟生、姜景奎等:《印度中世纪宗教文学》，昆仑出版社 2011 年版。

薛克翘:《象步凌空：我看印度》，世界知识出版社 2010 年版。

薛克翘:《印度民间文学》，宁夏人民出版社 2008 年版。

薛克翘:《中国印度文化交流史》，昆仑出版社 2008 年版。

薛克翘:《中国与南亚文化交流志》，上海人民出版社 1998 年版。

薛克翘:《中印文化交流史话》，商务印书馆 1998 年版。

薛克翘:《中印文学比较研究》，昆仑出版社 2003 年版。

薛克翘主编:《简明南亚中亚百科全书》，中国社会科学出版社 2004 年版。

薛克翘主编:《中印文化交流百科全书详编》，中国大百科全书出版社 2015 年版。

薛克翘主编:《中印文化交流百科全书》，中国大百科全书出版社 2014 年版。

扬之水:《桑奇三塔：西天佛国的世俗情味》，生活·读书·新知三联书店 2012 年版。

杨富学:《印度宗教文化与回鹘民间文学》，民族出版社 2007 年版。

杨永平:《尼赫鲁建国思想研究》，云南人民出版社 2011 年版。

姚南强:《因明学说史纲要》，上海三联书店 2000 年版。

姚南强主编:《佛学经典命题》，江西人民出版社 2010 年版。

姚南强主编:《因明辞典》，上海辞书出版社 2008 年版。

姚南强:《宗教社会学》，东华大学出版社 2004 年版。

姚卫群编著:《印度哲学》，北京大学出版社 1992 年版。

姚卫群:《佛教般若思想发展源流》，北京大学出版社 1996 年版。

姚卫群:《佛教与印度哲学研究》，中国大百科全书出版社 2016 年版。
姚卫群:《古印度六派哲学经典》，商务印书馆 2003 年版。
姚卫群:《婆罗门教》，中国社会科学出版社 2011 年版。
姚卫群:《印度婆罗门教哲学与佛教哲学比较研究》，中国大百科全书出版社 2015 年版。
姚卫群:《印度宗教哲学百问》，今日中国出版社 1992 年版。
姚卫群:《印度宗教哲学概论》，北京大学出版社 2006 年版。
《叶均佛学译著集》，中西书局 2015 年版。
叶少勇:《〈中论颂〉——梵藏汉合校·导读·译注》，中西书局 2011 年版。
叶少勇:《〈中论颂〉与〈佛护释〉——基于新发现梵文写本的文献学研究》，中西书局 2011 年版。
尹锡南:《华梵汇流：尹锡南教授讲印度文学与中印文学关系》，中央编译出版社 2014 年版。
尹锡南译:《印度比较文学论文选译》，巴蜀书社 2012 年版。
尹锡南:《印度比较文学发展史》，巴蜀书社 2011 年版。
尹锡南:《印度的中国形象》，人民出版社 2010 年版。
尹锡南:《印度文论史》，巴蜀书社 2015 年版。
尹锡南:《印度中国观演变》，时事出版社 2014 年版。
尹锡南:《英国文学中的印度》，巴蜀书社 2008 年版。
尹锡南:《“在印度之外”：印度海外作家研究》，巴蜀书社 2012 年版。
尹锡南:《中印人文交流研究：历史、现状与认知》，时事出版社 2015 年版。
[印度] A. L. 巴沙姆主编:《印度文化史》，商务印书馆 1997 年版。
[印度] B. R. 狄伯杰:《中印情缘》，中译出版社 2016 年版。
[印度] B. S. 巴苏:《巴苏日记》，商务印书馆 1988 年版。
[印度] D. D. 高善必:《印度古代文化与文明史纲》，王树英、刘建等译，商务印书馆 1998 年版。
[印度] D. P. 辛加尔:《印度与世界文明》（二卷），庄万友等译，

商务印书馆 2015 年版。

［印度］R. C. 马宗达等：《高级印度史》，张澍霖等译，商务印书馆 1986 年版。

［印度］S. K. 恰特吉：《印度和中国的古代交往》，张联荣译，选自《南亚与东南亚资料》总第 17 辑。

［印度］S. 达斯笈多：《印度哲学史》（二卷），林煌州译，中国台湾国立编译馆 1997 年版。

［印度］阿马蒂亚·森：《惯于争鸣的印度人》，刘建译，上海三联书店 2007 年版。

［印度］阿玛蒂亚·森、让·德雷兹：《印度：经济发展与社会机会》，黄飞君译，社会科学文献出版社 2006 年版。

［印度］阿姆利特·拉耶：《普列姆昌德传》，王晓丹、薛克翘译，北京师范学院出版社 1989 年版。

［印度］奥修：《〈道德经〉心释》（上、下），谦达那译，陕西师范大学出版社 2007 年版。

［印度］巴布尔：《巴布尔回忆录》，王治来译，商务印书馆 1997 年版。

［印度］巴萨特·库马尔·拉尔：《印度现代哲学》，朱明忠、姜敏译，商务印书馆 1991 年版。

［印度］迪帕克·拉尔：《印度均衡》，北京大学出版社 2008 年版。

［印度］甘地夫人口述，伊曼纽尔·波奇帕达斯笔录：《甘地夫人自述》，亚南译，时事出版社 1981 年版。

［印度］甘地：《印度自治》，谭云山译，商务印书馆 1935 年版。

［印度］贾瓦哈拉尔·尼赫鲁：《爸爸尼赫鲁写给我的世界史》（上册），梁本彬等译，中信出版社 2016 年版。

［印度］杰伦·兰密施：《理解 CHINDIA——关于中国与印度的思考》，蔡枫、董方峰译，宁夏人民出版社 2006 年版。

［印度］卡·古普塔：《中印边界秘史》，王宏纬译，中国藏学出版社 1990 年版。

［印度］克里尚·巴蒂亚：《英迪拉·甘地》，上海师大外语系译，上海人民出版社 1977 年版。

［印度］克里希那·克里巴拉尼：《泰戈尔传》，倪培耕译，漓江出版社 1984 年版。

［印度］毗耶娑：《摩诃婆罗多》（六卷），黄宝生等译，中国社会科学出版社 2005 年版。

［印度］桑迪潘·德布：《印度理工学院的精英们》，北京大学出版社 2010 年版。

［印度］师觉月：《印度与中国——千年文化关系》，姜景奎等译，北京大学出版社 2014 年版。

［印度］首陀罗迦：《小泥车》，吴晓铃译，人民文学出版社 1962 年版。

［印度］泰戈尔：《在中国的谈话》（*Talks in China*），刘建译，国际大学出版社 1925 年版。

［印度］西沃丹·辛赫·觉杭：《印地语文学的八十年》，刘安武译，中国大百科全书出版社 2016 年版。

［印度］希达坎特·麻哈巴特拉：《心灵的藻井》，谭中译，北京文化艺术出版社 2003 年版。

［印度］夏尔玛：《精神之源泉》，印度德里黎明出版社 1993 年版。

［印度］辛哈、班纳吉：《印度通史》（1—4），张若达等译，商务印书馆 1973 年版。

［印度］月天：《故事海选》，蒋忠新、黄宝生、郭良鋆合译，人民文学出版社 2001 年版。

印顺法师：《印顺法师佛学著作全集》（二十三卷），中华书局 2009 年版。

［英］A. A. 麦唐纳：《印度文化史》，龙章译，中华书局 1948 年版。

［英］A. K. 渥德尔：《印度佛教史》，王世安译，商务印书馆 1987 年版。

［英］C. A. 贝利：《新编剑桥印度史：印度社会与英帝国的形成》，段金生译，云南人民出版社 2015 年版。

［英］D. H. 梅勒编：《交流方式》（剑桥年度主题讲座），彭程等译，华夏出版社 2006 年版。

［英］艾勒克·博埃默：《殖民与后殖民文学》，盛宁、韩敏中译，

辽宁教育出版社 1998 年版。
[英] 彼得·弗兰科潘:《丝绸之路——一部全新的世界史》，邵旭东、孙芳译，浙江大学出版社 2016 年版。
[英] 查尔斯·坎利奥特:《印度教与佛教史纲》，李荣熙译，商务印书馆 1982 年版。
[英] 内维尔·马克斯韦尔:《印度对华战争》，陆仁译，世界知识出版社 1981 年版。
[英] 托马斯·莫尔:《乌托邦》，戴镏龄译，生活·读书·新知三联书店 1956 年版。
[英] 约翰·马歇尔（John Hubert Marshall）等:《塔克西拉》，云南人民出版社 2002 年版。
[英] 约翰·马歇尔:《犍陀罗佛教艺术》，王冀青译，甘肃教育出版社 1989 年版。
郁龙余编:《切磋集：深圳大学比较文学二十年论文集》，北京大学出版社 2005 年版。
郁龙余等:《印度文化论》，北京大学出版社 2016 年版。
郁龙余等:《中国印度诗学比较》，昆仑出版社 2006 年版。
郁龙余、董友忱主编:《泰戈尔作品鉴赏辞典》，上海辞书出版社 2011 年版。
郁龙余:《梵典与华章——印度作家与中国文化》，宁夏人民出版社 2004 年版。
郁龙余、黄蓉等:《印度文学研究的学术历程》，重庆出版社 2016 年版。
郁龙余、刘朝华:《中外文学交流史·中国—印度卷》，山东教育出版社 2015 年版。
郁龙余:《“龙象共和”是历史的神圣召唤》，《深圳大学学报》（人文社会科学版）2014 年 3 月。
郁龙余、孟昭毅主编:《东方文学史》，北京大学出版社 2001 年版。
郁龙余:《中国印度文学比较》，中国社会科学出版社 2001 年版。
郁龙余、朱璇:《季羡林评传》，山东教育出版社 2016 年版。
郁龙余主编:《泰戈尔诗歌精选（儿童诗）》，外语教学与研究出版社 2008 年版。

郁龙余主编:《泰戈尔诗歌精选（神秘诗)》，外语教学与研究出版社 2008 年版。

郁龙余主编:《泰戈尔诗歌精选（生命诗)》，外语教学与研究出版社 2008 年版。

郁龙余主编:《泰戈尔诗歌精选（自然诗)》，外语教学与研究出版社 2008 年版。

郁龙余主编:《中国印度文学比较论文选》，中国美术学院出版社 2002 年版。

郁龙余主编:《中印文学关系源流》，湖南文艺出版社 1987 年版。

张弛:《印度政治文化传统研究》，中国政法大学出版社 2014 年版。

张高翔:《印度教派冲突研究》，人民出版社 2012 年版。

张广达:《文本、图像与文化流传》，广西师范大学出版社 2008 年版。

张广达:《文书、典籍与西域史地》，广西师范大学出版社 2008 年版。

张国庆:《中和之美》，巴蜀书社 1995 年版。

张立文主编，向世陵著:《中国学术通史·魏晋南北朝卷》，人民出版社 2004 年版。

张曼涛主编:《印度佛教史论》，《现代佛教学术丛刊》93，中国台湾大乘文化出版社 1978 年版。

张敏秋主编:《跨越喜马拉雅障碍——中国寻求了解印度》，重庆出版社 2006 年版。

张敏秋主编:《中印关系研究（1947—2003)》，北京大学出版社 2004 年版。

张星烺编注，朱杰勤校订:《中西交通史料汇编》（六册)，中华书局 1977—1979 年版。

张友鸾:《古译佛经寓言选》，商务印书馆 2015 年版。

张玉安、裴晓睿:《印度的罗摩故事与东南亚文学》，昆仑出版社 2005 年版。

张智彦:《老子与中国文化》，贵州人民出版社 1996 年版。

张宗祥:《洛阳伽蓝记合校》，商务印书馆 1930 年版。
章巽校点:《大唐西域记》，上海人民出版社 1977 年版。
章巽校注:《法显传》，上海古籍出版社 1985 年版。
郑永年:《未来三十年》，中信出版社 2016 年版。
中国敦煌吐鲁番学会等编:《敦煌吐鲁番研究》（第十二卷），上海古籍出版社 2011 年版。
中国人民对外友好协会、中国印度友好协会、中国南亚学会编:《中印友谊史上的丰碑——纪念印度援华医疗队》，世界知识出版社 2008 年版。
《中国印度见闻录》，穆根来、汶扛、黄倬汉译，中华书局 1983 年版。
周叔迦:《周叔迦佛学论著集》（2 册），中华书局 1991 年版。
周一良主编:《中外文化交流史》，河南人民出版社 1987 年版。
周祖谟:《洛阳伽蓝记校释》，中华书局 1963 年版。
朱立元主编:《天人合一：中华审美文化之魂》，上海文艺出版社 1998 年版。
朱明忠:《奥罗宾多》，云南教育出版社 2009 年版。
朱明忠:《恒河沐浴——印度教概览》，四川民族出版社 1994 年版。
朱明忠、尚会鹏:《印度教：宗教与社会》，世界知识出版社 2003 年版。
朱明忠:《印度教》，福建教育出版社 2013 年版。
朱庆之编:《佛教汉语研究》，商务印书馆 2009 年版。
朱天顺主编:《妈祖研究论文集》，鹭江出版社 1989 年版。
朱新天:《印度教万神殿艺术：印度王后井探秘》，Franco-Indian Research Pvt. Ltd. 2008 年版。
左学金、潘光、王德华主编:《龙象共舞：对中国和印度两个复兴大国的比较研究》，上海社会科学院出版社 2007 年版。

褚国飞:《龙象共舞：中印建交 60 周年——访印度尼赫鲁大学中印问题研究专家狄伯杰》，《中国社会科学报》2010 年 10 月 21 日。
高奇琦:《“华尔兹困局”及其破解之道》，《中国社会科学报》“国际月刊”2015 年 9 月 17 日。

黄宝生：《神话和历史——中印古代文化传统比较》，《外国文学评论》2006 年第 3 期。

黄宝生：《印度古典诗学和西方现代文论》，《外国文学评论》1991 年第 1 期。

黄蓉：《护生与不害——〈护生画集〉在印度》，《湖南科技学院学报》2015 年第 1 期。

黄蓉：《文学本位回归原典——以〈梵语文学史〉为例看比较文学教材的编写》，《湖南科技学院学报》2016 年第 7 期。

季羡林、郁龙余：《华夏天竺　兼爱尚同：关于印度作家与中国文化关系的对话》，《深圳大学学报》2004 年第 4 期。

廖波：《印度的语言困局》，《东南亚南亚研究》2015 年第 3 期。

刘建：《在“有限”中证悟“无限”的欢乐》，《社会科学报》2010 年 8 月 5 日第 6 版。

墨普德：《“汉学”还是“汉印学”？探寻一个包罗万象的科学阐释》，《深圳大学印度研究通讯》2014 年第 3 期（总第 14 期）。

谭云山：《泰戈尔、甘地与佛教》，《中央日报》1935 年 11 月 2 日第 2 版。

谭云山：《印度国际大学中国学院》，金克木译，1942 年 8 月 18 日。

谭云山：《印度之汉学》，《图书月刊》第一卷，1941 年第七、八期。

习近平：《携手追寻民族复兴之梦》，人民网—人民日报，2014 年 9 月 19 日。

［英］罗思义：《西方的现实：不带民主伪装的独裁》，《环球时报》2013 年 9 月 16 日。

［印度］阿莫尔多 · 沈：《泰戈尔与中国》，黄蓉译，《深圳大学学报》2011 年第 1 期。

郁龙余、G. K. 契特：《中印学者畅谈中印合作与发展前景》，《南亚研究》2006 年第 1 期。

郁龙余：《禅诗与苏非文学》，《复旦大学学报》1998 年第 3 期。

郁龙余：《敦煌学研究的新里程碑：简论〈敦煌佛教绘画〉》，《深圳大学学报》2012 年第 1 期。

郁龙余:《黄帝与梵天》,《外国文学研究》1997 年第 2 期。
郁龙余:《“龙象共和”是否可能?——论中印关系现实困境及其发展前景》,《学术前沿》2013 年第 9 期(总第 25 期)。
郁龙余:《〈摩诃婆罗多〉全本汉译的意义》,《外国文学评论》2006 年第 4 期。
郁龙余:《女神文学与女胜文学》,《北京大学学报》1996 年第 3 期。
郁龙余:《泰戈尔的自然观与自然诗》,《文史哲》2002 年第 4 期。
郁龙余:《徐梵澄的印度哲学文学经典汉译》,《南亚研究》2010 年第 1 期。
郁龙余:《印度古代文学的世界影响》,《深圳大学学报》1999 年第 3 期。
郁龙余:《印度诗学阐释方法》,《深圳大学学报》2003 年第 5 期,人大复印资料 2004 年《外国文学研究》第 1 期全文转载。
郁龙余:《用自己的语言研究中印关系》,《深圳大学学报》2006 年第 4 期。
郁龙余:《中国对印度古代文学的再接受——兼论比较文学的中国印度起源》,《中国比较文学》2011 年第 2 期。
郁龙余:《中国学在印度》,《学术研究》2000 年第 1 期。
郁龙余:《中西印审美主体构成》,《北京大学学报》2000 年第 2 期。
郁龙余:《中印味论诗学源流》,《天津师大学报》2000 年第 5 期。

Aural Stein, *Innermost Asia*, Oxford at the Clarendon Press, 1928.
Nimmi Kurian, *Emerging China And India's Policy Options*, Publisher: Lancer Publishers and Distributors, 2001.

后 记

2016年1月6—14日，印度新德里举办世界书展，郁龙余老师、黄蓉和我受邀参加。临行前，我和科研秘书蒋慧琳将郁老师近三年来有关“一带一路”的十余篇文章以《“一带一路”开创人类文明新纪元》为名结集成册。新德里书展上收获颇丰，深圳大学印度研究中心三种图书参展并签订英文、印地文、泰米尔文的版权转让协议。1月12日，我们受邀访问辨喜国际基金会（Vivekananda International Foundation），与基金会主任维吉先生（General N. C. Vij）、研究员拉维·萨瓦赫尼先生（Lt Gen Ravi Sawhney）、萨赫伊先生（Mr. CD Sahay）、名誉研究员阮瑞山大使（Amb. T. C. A. Rangachari）、高级研究员威诺德·阿南德准将（Brig. Vinod Anand）等十余位印度重要智库学者围绕“一带一路”和中印关系进行座谈。临行前编印的这本册子中不少观点引起了在场印度友人的浓厚兴趣，他们希望我们编印英文版，供印度学者参考。

2017年5月17日，山东教育出版社副总编祝丽女士、国际部主任钱锋女士，印度尼赫鲁大学狄伯杰教授，郁老师和我就《季羡林评传》英译和印译一事座谈。席间聊起这本在印度颇受欢迎的小册子，大家一致建议结集出版。于是我和蒋慧琳将郁老师近年来在各种场合写过、谈过的关于“一带一路”话题的论文、演讲稿、采访稿收集起来，同时精选已发表的中印文化关系文章数篇，一并收入书稿。

编辑之初，我们曾做过粗略统计，“一带一路”倡议自习近平于2014年6月5日在“中阿合作论坛第六届部长级会议”上提出以来，市面上以“一带一路”为名的出版物已达九百余种之多，且大有增长之势，是否有必要再编撰一本以“一带一路”为名的书？随着编辑工作逐渐深入，我们发现，这本书不仅应时应景，而且颇有深意。我想就此略谈几点自己的体会。

“一带一路”宏大愿景与构想，诞生于新形势下深化互利共赢格局的周边外交大背景，这本书围绕中印千年文化关系，探索文明互鉴的思想基础，为“一带一路”倡议提供智力支持。上篇“‘一带一路’与中国印度文化关系”便是这种努力的集中反映。它从中印两千多年文明交往中汲取灵感和智慧，提出“民惟邦本的民主观”“孔夫子的中庸之道”“‘和而不同’的关系准则”“‘己所不欲，勿施于人’的处世原则”“天下大同的社会观”为“一带一路”的指导理念（《“一带一路”开创人类文明新纪元》）；它提炼出中印文化的精髓与古典天下观，即中国的“天下大同”与印度的“世界一家”（vasudhaiva kutumbakaṃ），主张用自己的语言探讨两国的深义文化（《用自己的语言研究中印关系》）；它从哲学高度熔铸实现中印大同（CHINDIA）的思想基础，通过比较天人合一与梵我一如、仁爱和合与慈爱不害、民惟邦本与长老会制、恕道思想与容忍观念、中庸之道与中观思想，理解两国思想的相通与融摄（《实现中印大同（CHINDIA）的思想基础》）；它继承和发扬近代诗圣泰戈尔、“现代玄奘”谭云山倡导的“中印学”（Sino-Indian Studies），主张从文明内部探讨共有价值，“中印学就是中印两张脸互看，印度人民如果深入研究中国文化就能更多地理解印度自己的文化，反之亦然”（《中印同心，为重建世界新秩序而努力》）；它体察到两国人民不断增长的寻求相互了解的精神追求，提出“以‘天下大同’为情怀、以‘你情我愿’为原则、以‘春风化雨’为方法”的典籍外译的原则和方法（《迎接中外文化交流的新高潮——从2016新德里世界书展说起》）……

天下大同、天人合一、仁爱、恕道、中庸等来自儒道思想，世界一家、梵我一如（brahmataikyam）、慈爱（maitrī）、不害（ahiṃsā）、忍（kṣānti）、中观（madhyamaka）则是印度文化的关键词。革命时期的甘地能将不同种族、种姓、宗教、地域、阶级的人们凝聚一心，靠的是对古老智慧的新解与今用。如今我们构建“人类命运共同体”，倡导“龙象共舞”“1 + 1 = 11”，同样需要从古老的中印智海中汲取养分。在郁老师与季羡林先生、印度总理经济顾问契特先生的两篇对谈中，不约而同地讲到“和”这一共通的文化现象。季先生主张“拿来”与“送去”的平衡，他赞扬泰戈尔既是一位“拿来主义者”，也是一位“送去主义者”，既对外国文化态度开放、善于消化和吸收，又有文化自信和奉献精神（《华夏天竺兼爱尚同——关于中印文化交流的对话》）。当郁老师提到印度两个常用词 yogadāna（贡献）和 dānadharma（善行，赠予的宗教）与中国的“乐施好善”“扶弱助贫”有相同的强烈的赠予取向时，契特回应说，两国早已具备自我吸收、分享不同意见和处理不同挑战的经验，两国人民自觉以自我为世界楷模而行动（《中印学者畅谈中印合作与发展前景》）。这正是两国擅有的由此及彼、以己达人观念的延伸，与百年前谭云山在《中印箴铭》总结的中印思想精髓“自觉觉他，自利利他；己立立人，己达达人”遥相呼应（《〈中印箴铭〉六十四字真言初解》，下篇“中国与印度：在精神层面上相互加深了解”）。

思想的和谐是大同理想的基础。徐梵澄曾言：“求世界大同，必先有学术之会通；学术之会通，在于义理之互证。在义理上既得契合，在思想上乃可和谐。”《〈玄理参同〉序》泰戈尔、谭云山所创的“中印学”是个多面向的全新术语。它既是一个构建中的历史概念，又是一个具有探索性、实验性、在场性和交互性的文化语汇。因此，对它的理解不能始于文本终于文本，而需要历经实践的检验，否则就如无源之水，久必干涸。下篇“中国与印度：在精神层面上相互加深了解”，从宏观的文化关系探讨转向微观的人与事。每一篇文章、讲稿的背后，亦有一段交往逸事，它们连缀成当代中印文化交流中真实的图景，有强烈的亲历感和现场感，备显真诚与可贵。

在编辑这本书的过程中，2016 年 11 月 11—13 日，我们在明华国际会议中心承办了一场高规格的国际学术会议“第二届世界印度学家大会”，硕学鸿儒毕至，共商中印友好大计。同年 12 月 1 日，郁老师应印度文化关系委员会之邀，接受时任印度总统慕克吉先生

(Pranab Mukherjee) 在总统府颁授的“杰出印度学家奖”，成为世界上第二位、中国第一位获此殊荣的学者。这一褒奖看似来得出人意料，实则水到渠成。作为在印度语言、文学和文化领域深耕四十多年的学者，已经不经意地将“专业变成了职业，又将职业变成了终生事业”(《颁奖典礼与获奖感想》)，成为中印友好事业的积极倡导者、推动者和践行者。这些不仅大量反映在他的辞章文牍中，而且融入工作的方方面面和点点滴滴。下篇所撷取的正是点滴工作中一个个生动的剖面。

2006 年“现代玄奘”谭云山先生哲嗣谭中先生将谭云山文献悉数捐赠给深圳大学，2008 年 11 月 21 日谭云山中印友谊馆在深圳大学开馆，从此“谭云山学”在深圳大学扎下了根。

2010 年 2 月 5—20 日，郁老师应印度文化关系委员会 (ICCR) 之邀访问新德里、孟买和加尔各答十五天，推动“中印经典互译项目”。我当时正在德里大学文学院留学，有幸陪同左右，见证许多重要时刻。在印度外交部东亚司的办公室里，时任东亚司司长班浩然先生 (Gautam Bambawale) 将温家宝总理和辛格总理共同倡议的“中印文化交流百科全书”计划呈给郁老师。在尼赫鲁大学中国与东南亚研究中心、德里大学东亚系、孟买大学梵文系、索菲娅女子学院印地语系、加尔各答捷台伍坡大学、加尔各答大学等做讲座和交谈中，印度师生对郁老师倡议的“中印经典互译项目”兴致勃勃，纷纷要求加入此工程。同行的天津师范大学原文学院院长孟昭毅教授笑称郁老师是“民间大使”。

2010 年 10 月，印度文化关系委员会委派的第三位讲席教授、印度中央邦博帕尔高等教育学院和政府研究生院英语系主任舒明经教授 (Prof. Shubhra Tripathi) 来深圳大学讲授印度英语文学。她因对郁老师建议的中华经典印译兴趣甚浓，在专业研究之余，开始印译《道德经》。历经七载，2017 年 10 月她的全本印地文版《道德经》在外文出版社出版，不论是负责审稿的北京大学金鼎汉教授、国际广播电台原印地语部主任陈力行先生和外文局专家波拉普先生 (Janki Bllabha)，还是协助翻译的印度研究中心的老师们，无不为之欣喜。从玄奘将五千言《道德经》译汉为梵的悬案，到 20 世纪灵修大师奥修（Osho）对《道德经》天马行空般地心释，再到当代印度学者对《道德经》的全新译释，这个完美的时间之弧勾勒出的不正是一段跨越时空的文明对话吗？

2014 年，郁老师组织人力、物力重印《大唐西域记》印地文版，历时一年半。2015 年 5 月在印度莫迪总理访华期间，习近平主席在西安将此书与出土文物铜车马模型作为国礼送给了来访的莫迪总理。郁老师在《大唐西域记》印地文版后记中称赞的“取经精神”与他所总结的“谭云山精神”共同成为中印文明交往史上历久弥新的精神动力。

2014 年，印度文化关系委员会决定向深圳大学赠送一尊泰戈尔半身铜像，2015 年 10 月 10 日此像矗立于文科楼前的一片郁郁葱葱的草坪上。此前郁老师已出版《泰戈尔诗歌精选》六卷、《泰戈尔作品鉴赏辞典》，参撰《泰戈尔及其作品研究》，并担任《泰戈尔作品全集》总顾问。2013 年、2014 年我们和北京大学东方文学研究中心、杭州佛学院联合在全国范围内举办“泰戈尔在我心中”有奖征文比赛，好评如潮，李肇星先生为征文比赛获奖作品集作序。2015 年我们又举办“荔园景观‘泰戈尔铜像’摄影比赛”，并编印《泰戈尔在深圳大学》，印度来访友人阅后，无不惊讶中国“泰戈尔热”的火热程度。2017 年 11 月 8 日，当我和吴蔚琳在新德里将一本《泰戈尔在深圳大学》画册呈送给慕克吉总统时，只见他饶有兴致地一页页欣赏画册里的摄影作品，频频颔首微笑，并朗诵了其中一句泰戈尔的诗：My heart, the bird of the wilderness, has found its sky in your eyes.（我的心是旷野的鸟，在你的眼睛里找到了天空。）

我们深知，以上种种，只是灿若繁星的中印文化交流史中的零星片段，我们编辑这本书，正是希望沿着这微小却不灭的星光继续前行，期待终有一天星光汇成星海，照见一片美好的光明前景！

朱 璇

二〇一七年十二月二十日

《“一带一路”开创人类文明新纪元》入选《深圳学派建设丛

书》（第六辑）的消息传来，大家非常高兴。郁老师考虑到我刚从妇产院回到家里，就请黄蓉师姐接着做出版前的各项工作，包括按照出版社要求对书稿进行体例编排、修改。其中，部分工作得到了余纯莹、练泳杏、韦妍诸同学的支持、帮助。本书作者除了他本人，还有黄蓉和我。郁老师嘱我在此一并写明，以为周知与鸣谢。

朱璇　又及

二〇一八年十月二十三日